梵文贝叶经与佛教文献系列丛书 ⑧
Series of Sanskrit Manuscripts & Buddhist Literature 8

《中论佛护释》译注

AN ANNOTATED CHINESE TRANSLATION OF THE BUDDHAPĀLITAMŪLAMADHYAMAKAVṚTTI

叶少勇　著
YE Shaoyong

中西書局

图书在版编目(CIP)数据

《中论佛护释》译注 / 叶少勇著. —上海：中西书局，2021(2023.5 重印)

ISBN 978-7-5475-1873-1

Ⅰ.①中… Ⅱ.①叶… Ⅲ.①佛经-古文献学-研究 Ⅳ.①B942

中国版本图书馆 CIP 数据核字(2021)第 173032 号

《ZHONGLUN FOHU SHI》 YIZHU

《中论佛护释》译注

叶少勇 著

责任编辑 王 媛
装帧设计 郑初阳 叶少勇

出版发行 上海世纪出版集团
中西書局(www.zxpress.com.cn)
地 址 上海市闵行区号景路 159 弄 B 座(邮政编码：201101)
印 刷 上海中华印刷有限公司
开 本 787 毫米×1092 毫米 1/16
印 张 23.25
字 数 440 000
版 次 2021 年 9 月第 1 版 2023 年 5 月第 4 次印刷
书 号 ISBN 978-7-5475-1873-1/B·111
定 价 118.00 元

前　言

2009年6月，笔者向北京大学提交了题为《〈中论颂〉与〈佛护释〉——基于新发现梵文写本的文献学研究》的博士论文，其中已经包含《佛护释》第1、2、7、13品共四品的汉语译注。2011年该论文在中西书局出版时，我删去了译注部分，并在前言里说："考虑到这一文献在中观思想史上有重要地位，却从未有汉译本，因此我想留待将来译全后单独出版。"当时没有想到，这个"将来"竟是十年之后。

佛典翻译不易。虽然古代的汉译佛典是一个巨大的宝藏，而现今，无论译者还是读者都是现代人，不宜直接照搬古例。但是，如果基于现代汉语重新创制一套术语系统，工程浩大不说，反倒是让熟读佛典的专业人士不知所云。因此，这里笔者尝试走"中道"——佛教的专有术语尽量承袭古译，只有在古代译词容易导致误解或混淆的情况下才启用新词；对于非专有词汇以及句法行文则纯以现代语体译出。同时考虑到《佛护释》的哲学经典属性，无论使用古语还是现代语都尽量直译而少作修饰，力争原文中的每个词在译文中都有体现。

本译文主要从完成于9世纪初的《佛护释》藏译本转译，只有约八分之一有梵文原本可参。近一个世纪以来，教界和学界已经有很多藏译汉的实践，甚至形成辨识度颇高的"藏译腔"。与汉译佛典不同，藏译佛典有很重的仿译性质，其中有大量的语法现象只为翻译梵典而生，而不见于本土藏语文献。由于这一特点，我们可以在相当程度上通过藏译推测还原其梵文原本。而如果不懂梵文，仅仅熟识藏文就开展由藏译本转译汉语的工作，就容易望文生义，难以准确把握藏译文句的意义。在翻译《佛护释》的过程中，笔者努力透过藏译推测其梵本的词汇和句法，尽可能以梵文思考而非藏文。所以，说本译文是译自"由藏译本所恢复的梵文本"也无不可。这一方法并非故作曲绕，而是有其内在逻辑。对这一方法提供支撑的，除了完整的《中论颂》梵本和残存的《佛护释》梵本，还有《明句论》梵本中可以比证的类同段落，以及可以追索梵巴语原文的各种引文。

对古代文本的翻译应尽可能地包含文献学研究信息，即所谓"研究式翻译"。本译文的脚注部分即基于这一目标展开。首先，为了最大程度上拼凑恢复佛护释文的梵本面貌，笔者尽力追索其中引文的梵语、巴利语平行本，并在其他梵文材料中比证类同段落。其次，为了将《佛护释》置于整个《中论颂》阐释文献网络之中加以审视，笔者比较诸家注释，注出佛护对《无畏疏》不具名地引用或仿写，并且摘译诸家注释中对偈颂字词文脉的异解和对关键概念的阐释。

本书的译注部分努力做到忠实原文而避免主观，仅在导论部分阐发了笔者对佛护思想的解读。笔者曾提出将龙树所代表的中观古学判为认识论虚无主义，引发了一些反对的声音，目前主要集中在网络上。质疑和争论当然是有意义的，前提是双方都在一手文献中寻求支持，而非依据佛学概论之类的书籍。本书的导论部分逐段摘引佛护释文以支持认识论虚无主义的解读，同时也简要分析了流行的反本质主义阐释是如何不适用于中观古学。

本书的写作得到多位师友的热情支持和无私帮助。首先感谢我的博士导师也是梵语授业之师段晴先生，正是在她的指引下我才有机会接触到《佛护释》的梵文写本，并最终深入中观学领域。在日本学习期间，辛嶋静志先生曾带领我逐字释读《佛护释》写本，使我得窥梵文写本学堂奥。恍然间先生已经往生西归，每遇梵本漫漶难解之处就会想起辛嶋先生的言教，感念不已。还要特别感谢斋藤明先生。2005年在伦敦的国际佛教学大会上初次见面后不久，斋藤先生便将他以《佛护释》为题的博士论文签名寄赠于我，这本论文成为我此后十余年的案头书，本译文即从中获益匪浅。我走上由文献学而入中观哲学的道路，很大程度上也源于留日期间从斋藤先生处所受教益。

姚治华教授曾通读本书初稿并给予宝贵建议。就书中的一些义理问题，我曾多次与般灯法师和王俊淇博士讨论并深受裨益，王俊淇博士还多次帮助我查找资料。2021年春，我曾在北京大学召集一学期的课外读书会，阅读《佛护释》第一品藏译与我的译稿，参加者有般灯法师、李晓楠、高婷、陈一兰、黄清扬、李梦溪、马晟楠和黄佳瞳，大家提出了很多改进建议。在此一并致以谢忱。

郑初阳先生为我们的系列出版物设计了典雅的Shastra西文字体，并针对梵藏汉语混合排版对字体进行了优化，还负责本书的装帧设计，绘制书中图表以及审校版面布局，此处谨致谢忱。

衷心感谢于晓非先生、尹雪钰先生对我的鼓励和对本书的支持。衷心感谢许群芳女士、杨文瑛女士的慷慨支助。衷心感谢那些给予支助而此处未能列出的净名云道场的网友们。

衷心感谢上海中西书局对本书出版的大力支持，以及责任编辑王嫒女士的细致审校和各项支持。

衷心感谢孟建彤、闫红线伉俪一直以来的鼎力支持和无私帮助。

衷心感谢我的妻子和家人对我的支持、理解和包容。此书终校之时，正值我的女儿出生，希望这种善缘聚会为她今后的人生带来吉祥。

最后，一切功德回向众生，本书所有错谬，由笔者一人负责。

叶少勇

2021年8月

目 录

缩略语与符号

AbhK-Bh	*Abhidharmakośabhāṣya*, ed. Pradhan 1975
AbhK-Vy	*Sphuṭārthā Abhidharmakośavyākhyā*, ed. Wogihara 1932–1936
AMgD	*An illustrated Ardha-Magadhi Dictionary*, 5 vols., Shri Ratnachandraji, Agra, 1923–1938, Reprint, Tokyo: Meicho Fukyūkai, 1977
AN	*Aṅguttaranikāya*, ed. Morris and Hardy 1885–1900 (PTS)
BHSD	*Buddhist Hybrid Sanskrit Grammar and Dictionary, Volume II: Dictionary*, Franklin Edgerton, Yale University Press, 1953.
BP_{Ms}	原民族图书馆藏《中论佛护释》(*Buddhapālitamūlamadhyamakavṛtti*)梵文残本，校勘：叶少勇 2011b, 93–156
CPD	*A Critical Pāli Dictionary*, begun by V. Trenckner, ed. D. Andersen *et al.*, Copenhagen, 1924–.
D	德格版(sDe dge)藏文大藏经，编号依『西藏大藏經總目録(東北帝國大學藏版)』，東北帝國大學法文學部，1934。
Dhp	*Dhammapada*, ed. von Hinüber and Norman 1995 (PTS)
Divy	*Divyāvadāna*, ed. Cowell and Neil 1886
dJ	梵文《中论颂》狄雍刊本，de Jong 1977
GM	*Gilgit Manuscripts*, ed. Nalinaksha Dutt, 4 vols., Srinagar, 1939–1959
Jā	*Jātaka*, ed. Fausbøll 1877–1896 (PTS)
JIP	*Journal of Indian Philosophy*
K.	*kārikā* 偈颂
$MK_{Ms\ Dr}$	哲蚌寺藏《中论颂》(*Mūlamadhyamakakārikā*)梵文写本，参叶少勇 2011b, 173；陆辰叶 2020
$MK_{Ms\ M}$	原民族图书馆藏《中论颂》(*Mūlamadhyamakakārikā*)梵文写本，校勘：叶少勇 2011b, 83–92
MN	*Majjhimanikāya*, ed. Trenckner and Chalmers 1888–1899 (PTS)
Ms	= BP_{Ms}
NidSa	*Nidānasaṃyukta*, ed. Chung and Fukita 2020
P	北京版藏文大藏经，编号依『影印北京版西藏大藏経(大谷大学圖書館藏)總目録附索引』，鈴木學術財團，1962。
Pā	Pāṇini, *Aṣṭādhyāyī*
PsP_K	《明句论》(*Prasannapadā*)第 17 品第 1–20 颂梵文校勘本，Kragh 2006

PsP$_{\mathrm{L}}$ 《明句论》(*Prasannapadā*)梵文校勘本，La Vallée Poussin 1903–1913

PsP$_{\mathrm{M}}$ 《明句论》(*Prasannapadā*)第 1 品梵文校勘本，MacDonald 2015, I

PsP$_{\mathrm{Ms\ O}}$ 《明句论》(*Prasannapadā*)梵文贝叶写本，牛津大学鲍德里氏图书馆(Bodleian Library)藏，记述见塚本啓祥・松長有慶・磯田熙文『梵語仏典の研究 III 論書篇』，京都：平樂寺書店，1990, 239, 第 16 号；Anne MacDonald. "The *Prasannapadā*: More Manuscripts from Nepal." *Wiener Zeitschrift für die Kunde Südasiens* 44: 168。

PTS The Pali Text Society, London

PTSD *The Pali Text Society's Pali-English Dictionary*, ed. T. W. Rhys Davids and William Stede, PTS 1921–1925.

SHT *Sanskrithandschriften aus den Turfanfunden*, ed. Ernst Waldschmidt *et al.*, Wiesbaden/Stuttgart: F. Steiner, 1965– (Verzeichnis der orientalischen Handschriften in Deutschland, Bd. 10), T. 1–.

SN *Saṃyuttanikāya*, ed. Feer 1884–1898 (PTS)

Sn *Suttanipāta*, ed. Andersen and Smith 1913 (PTS)

Spk Buddhaghosa, *Sāratthapakāsinī*, *Saṃyuttanikāya-aṭṭhakathā*, ed. Woodward 1929–1937 (PTS)

St 藏译《中论佛护释》斎藤明校勘本：Saito 1984

T 『大正新脩大藏經』，高楠順次郎，渡辺海旭編，100 卷，東京 1924–1934。依中华电子佛典协会(CBETA)电子版。

YSK 龙树造《六十如理颂》(*Yuktiṣaṣṭikākārikā*)，校勘：李学竹、叶少勇 2014

YSV 月称《六十如理释》(*Yuktiṣaṣṭikāvṛtti*)梵文残本，校勘：李学竹、叶少勇 2014, 125–143

Uv *Udānavarga*, ed. Bernhard 1965

ZY 《藏要》，欧阳竟无编，第 1–3 辑。标注举例："ZY 1-15, 6b1–2 (2, 922)"表第一辑第十五种，第 6 叶背面第 1–2 行，括号中表相当于上海书店 1991 年影印本第 2 册第 922 页。

《安慧》 安慧造《大乘中观释论》，卷 1–9：ZY 2-18；T 30, no. 1567, 136a–158c；卷 1–18：《中华大藏经》，第 68 册，第 778 页；《高丽藏》第 1482 号，第 41 册，第 102 页

《般若灯》 清辨造《般若灯论》(*Prajñāpradīpa*)，藏译：D no. 3853, Tsha 45b–259b；汉译：T 30, no. 1566, 50c–136a

[梵] 《中论颂》及《中论佛护释》梵文本，依叶少勇 2011a, b

《佛护》 《中论佛护释》(*Buddhapālitamūlamadhyamakavṛtti*)，梵文残本：BP$_{\mathrm{Ms}}$；藏译：D no. 3842, Tsa 158b–281a, P no. 5242, Tsa 178b–317b；校勘本：Saito 1984

《观誓》 藏译观誓造《般若灯论疏》(*Prajñāpradīpaṭīkā*)，D no. 3859, Wa 1b–287a, Zha 1b–338a, Za 1b–341a

《校释》 《杂阿含经校释》，王建伟、金晖 2014

《六十如理》 龙树造《六十如理颂》(*Yuktiṣaṣṭikākārikā*), 校勘: 李学竹、叶少勇 2014

《明句》 月称造《明句论》(*Prasannapadā*), 梵本: PsP_L, PsP_M, PsP_K; 藏译: D no. 3860, 'a 1b–200a

《青目》 鸠摩罗什译《中论》(龙树颂, 青目释), ZY 1-15; T 30, no. 1564, 1a–39c

〔什〕 《中论颂》鸠摩罗什译文, 依叶少勇 2011a

《无畏》 藏译《中论无畏疏》(*Mūlamadhyamakavṛtti Akutobhayā*), D no. 3829, Tsa 29b–99a; 校勘本: 安井光洋 2015

《中论颂》 龙树造颂, 梵藏汉校勘本: 叶少勇 2011a; 藏译: D no. 3824, Tsa 1b–19a

= 意义或行文相同

≈ 意义或行文大致相同

* 该梵文词为构拟而无直接文献证据

° 若干梵文字母的省略

.. 一个无法辨识的字

... 未知数量的字

() 构拟的字

«» 抄手插入的字

[] 不确定的释读

导　论

一、《中论颂》及其注释

在公元 2 世纪时的印度，以说一切有部为代表的小乘阿毗达磨已经体系渐备，大乘经典尤其是般若经的流布也有了一定积累。但般若经中“一切皆空”的主张主要以结论的方式呈现，其语录体形式也显得结构松散而不够系统。龙树（Nāgārjuna，二三世纪）的《中论颂》（*Mūlamadhyamakakārikā*）是现存的系统组织大乘空观理论的最早论著，是大乘佛教的义理基石。

《中论颂》的偈颂行文简明扼要，不借助注释有时难以理解，在印度曾出现多种注本，观誓（Avalokitavrata）的《般若灯论疏》（即清辨《般若灯论》复注，D no. 3859, Wa 73a5）曾提到八家：龙树（自注）、佛护（Buddhapālita）、月称（Candrakīrti）、提婆设摩（Devaśarman，五六世纪）、古挐室利（Guṇaśrī，五六世纪）、德慧（Guṇamati）、安慧（Sthiramati）、清辨（Bhāviveka）。吉藏的《中观论疏》提到罗睺罗跋陀罗（Rāhulabhadra）曾“释八不乃作常乐我净四德明之”（T 42, no. 1824, 40c16–18），可能是对《中论颂》的一部分所作的注释。此外，传为无著所作的《顺中论》（T 1565）是对皈敬颂的注释，再加上鸠摩罗什所译《中论》（青目释），则在印度有名可考的注释就有 12 家。其中，相对比较完整并流传至今的有 7 种[1]：

1. 《中论无畏疏》（*Mūlamadhyamakavṛtti Akutobhayā*，简称《无畏》），佚名著于约 4 世纪，唯存藏译（D 3829, P 5229）。
2. 青目释《中论》（以《青目》代称），著于约 4 世纪，唯存鸠摩罗什（Kumārajīva, 343–413或350–409）汉译（T 1564）。
3. 《中论佛护释》（*Buddhapālitamūlamadhyamakavṛtti*，简称《佛护》），约五六世纪，现存藏译（D 3842, P 5242）与梵文残本（BP_{Ms}）。
4. 《般若灯论》[2]（*Prajñāpradīpa*，简称《般若灯》），清辨著于约 6 世纪，存藏译（D 3853, P 5253），以及波罗颇蜜多罗（Prabhākaramitra, 565–633）汉译（T 1566）。
5. 《般若灯论疏》（*Prajñāpradīpaṭīkā*，以《观誓》代称），观誓著于约 8 世纪，唯存藏译（D 3859, P 5259）。
6. 《大乘中观释论》（以《安慧》代称），安慧著于约 6 世纪，唯存宋代惟净与法护等于11世纪的汉译本，且译文质量不佳，共18卷，《大正藏》（T 1567）收前9卷，《中华藏》（卷68，第778页始）与《高丽藏》（第1482号）中收全本。
7. 《明句论》（*Prasannapadā*，简称《明句》），月称著于约7世纪，存梵本（PsP_L, PsP_M, PsP_K）和藏译（D 3860; P 5260）。

1　详细的文献介绍参看拙著 2011b, 18–21。

2　此题名依藏译。唐代慧赜的《般若灯论释序》（T 30, no. 1566, 50c6–7）称：《般若燈論》者，一名《中論》。本有五百偈，龍樹菩薩之所作也。这里清辨的释本题为《般若灯论释》，《般若灯论》则为《中论（颂）》的别称。这一别称在哲蚌寺藏《中论颂》梵本中得到证实，其题名作 *prajñāpradīpamādhyamikakārikā*，参陆辰叶 2020, 56–57。

《中论颂》共27品，若将开篇的两首皈敬颂计算在内，按《无畏》传本共计447颂，按《明句》传本则有449颂，颂文次序与个别词句在不同注家之间还有传本差异(参看拙著2011b, 51–79)。

《青目》和《无畏》是《中论颂》最早的两部注释。篇幅都比较简略，以随文释义为主，而且两书有一半以上的同质部分，可能存在同源关系。前者唯存汉译，即5世纪初年鸠摩罗什所译《中论》。此一译本对汉传佛教的义理研习和宗派沿革产生了深远的影响，至今仍是汉语世界研习《中论》的基本参考。《无畏》唯存藏译本，西藏有传其作者为龙树，汉语文献中也有龙树造《无畏论》的说法[1]，但由于《无畏》中引用了提婆的《四百论》等原因，学界一般不视之为龙树自注。[2]

印度大乘佛教在4世纪时兴起了瑜伽行(Yogācāra)思潮，5世纪时，无著(Asaṅga)、世亲(Vasubandhu)的著作将大乘阿毗达磨推向顶峰。面对高度组织化的瑜伽行派理论，为龙树的偈颂作体系化的理论阐释，是摆在当时中观学家面前的一项任务，《佛护》和《般若灯》两部注释便于五六世纪应运而生，其篇幅相比前述两部注释大有扩展。《佛护》忠于龙树原义，着重补充了大量情景问答式引语，以随言出过的归谬方式梳理其论证过程。其后清辨的《般若灯》更加注重建构自己的体系，援入陈那的因明方法以步步为营的逻辑演绎解析龙树偈颂，并对佛护一些释文提出批判。与《佛护》及之前的注释相比，《般若灯》有两个鲜明的思想特点，一是将二谛用为支柱性理论，在胜义上主张“空”的同时，在世俗上承认“有”。再就是对当时流行的唯识理论加以批判，确立了中观、瑜伽的思想对立。

《佛护》与《无畏》的关系也相当密切，其中常常大段袭用《无畏》释文，或在其基础上进行扩充，却从未明示或暗示这些文句出自龙树。而且，有时《佛护》与《无畏》的观点有很大差异，个别颂序排列都不相同，似不将《无畏》视作权威。

7世纪时月称著《明句》以注《中论颂》，赞成佛护的归谬体系而批判清辨的逻辑演绎，确立了中观派的内部对立。这两个体系后来被归纳为应成派(Prāsaṅgika)与自续派(Svātantrika)[3]。《明句》虽然继承了佛护的归谬方法，却也在相当程度上受到清辨的二谛理论的影响。

拙著(2011b, 13)曾列出一个大乘佛学源流图，这里再做调整扩充[4]:

---

[1] 《龙树菩萨传》(T 50, no. 2047a, 184c20–21)：(龍樹)又造《無畏論》十萬偈，《中論》出其中。

[2] 新近的研究参斋藤明 2003a, b。

[3] 也称为“随应破派”和“自立量派”。根据目前掌握的材料，这两个名称主要流行于藏传佛教之中，“自续派”的名称出现在一部11世纪的梵语笔记《相论疏》(**Lakṣaṇaṭīkā*)之中(Yonezawa 1999)，其作者也有可能是藏人。

[4] 图中部分内容参考了斋藤明 2012, 31–33。般灯法师向笔者提供很多有益的建议，郑初阳先生帮助设计绘制图表，谨致谢忱。

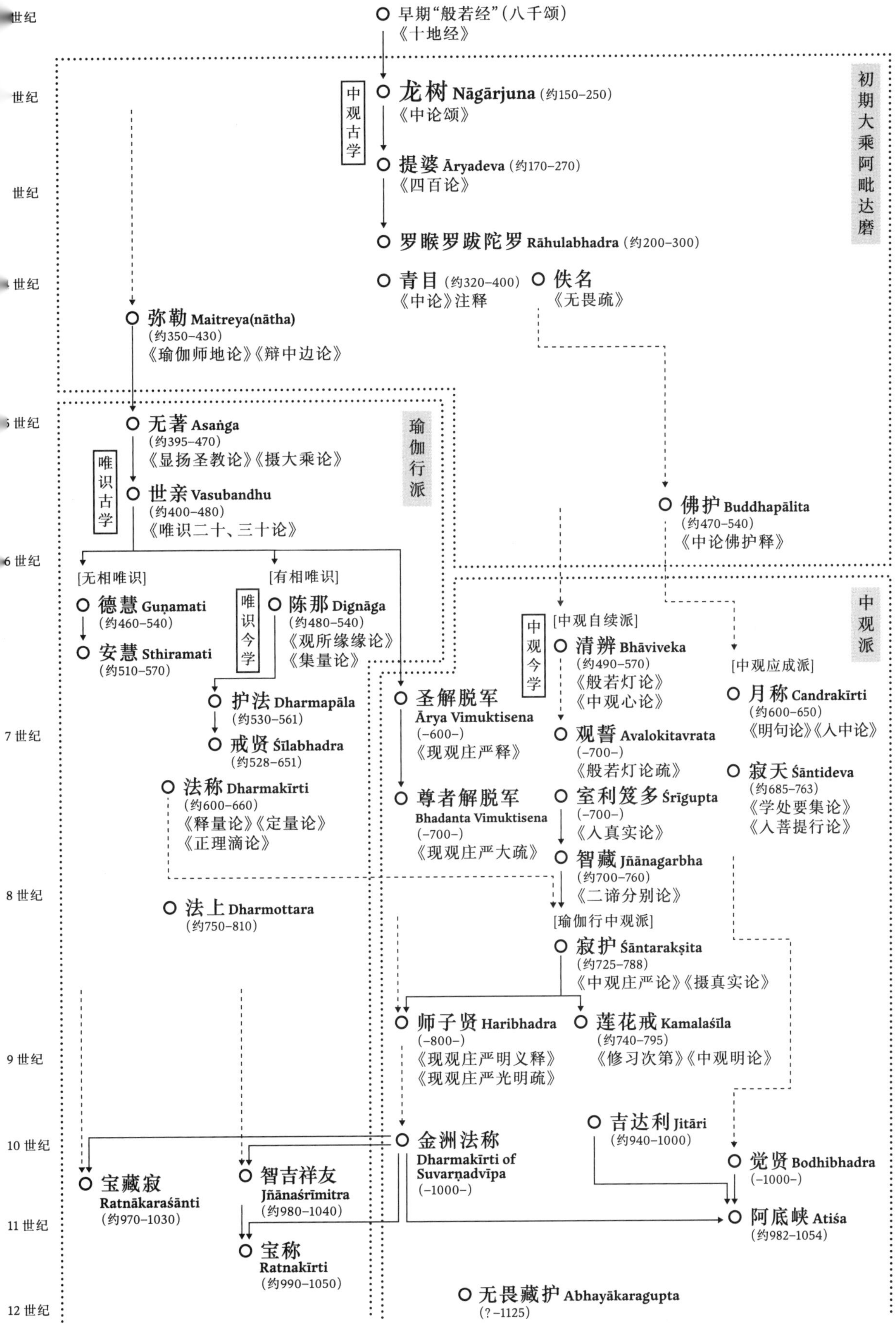
世纪
早期"般若经"（八千颂）
《十地经》
世纪
初期大乘阿毗达磨
中观古学
龙树 Nāgārjuna（约150–250）
《中论颂》
提婆 Āryadeva（约170–270）
《四百论》
世纪
罗睺罗跋陀罗 Rāhulabhadra（约200–300）
世纪
青目（约320–400）
《中论》注释
佚名
《无畏疏》
弥勒 Maitreya(nātha)
（约350–430）
《瑜伽师地论》《辩中边论》
世纪
瑜伽行派
无著 Asaṅga
（约395–470）
《显扬圣教论》《摄大乘论》
唯识古学
世亲 Vasubandhu
（约400–480）
《唯识二十、三十论》
佛护 Buddhapālita
（约470–540）
《中论佛护释》
6 世纪
[无相唯识]
[有相唯识]
德慧 Guṇamati
（约460–540）
安慧 Sthiramati
（约510–570）
唯识今学
陈那 Dignāga
（约480–540）
《观所缘缘论》
《集量论》
中观派
中观今学
[中观自续派]
清辨 Bhāviveka
（约490–570）
《般若灯论》
《中观心论》
[中观应成派]
月称 Candrakīrti
（约600–650）
《明句论》《入中论》
护法 Dharmapāla
（约530–561）
戒贤 Śīlabhadra
（约528–651）
7 世纪
圣解脱军
Ārya Vimuktisena
（–600–）
《现观庄严释》
观誓 Avalokitavrata
（–700–）
《般若灯论疏》
寂天 Śāntideva
（约685–763）
《学处要集论》
《入菩提行论》
法称 Dharmakīrti
（约600–660）
《释量论》《定量论》
《正理滴论》
尊者解脱军
Bhadanta Vimuktisena
（–700–）
《现观庄严大疏》
室利笈多 Śrīgupta
（–700–）
《入真实论》
智藏 Jñānagarbha
（约700–760）
《二谛分别论》
8 世纪
法上 Dharmottara
（约750–810）
[瑜伽行中观派]
寂护 Śāntarakṣita
（约725–788）
《中观庄严论》《摄真实论》
师子贤 Haribhadra
（–800–）
《现观庄严明义释》
《现观庄严光明疏》
莲花戒 Kamalaśīla
（约740–795）
《修习次第》《中观明论》
9 世纪
吉达利 Jitāri
（约940–1000）
10 世纪
金洲法称
Dharmakīrti of Suvarṇadvīpa
（–1000–）
宝藏寂
Ratnākaraśānti
（约970–1030）
智吉祥友
Jñānaśrīmitra
（约980–1040）
觉贤 Bodhibhadra
（–1000–）
11 世纪
阿底峡 Atiśa
（约982–1054）
宝称
Ratnakīrti
（约990–1050）
无畏藏护 Abhayākaragupta
（？–1125）
12 世纪

二、中观学的思想分期

一般认为中观派的开创者是龙树。斋藤明(1988, 40)研究指出, 6世纪的清辨最早使用"中观派"(梵文: Mādhyamika, 藏文: Dbu ma pa)一词来标称自派并与瑜伽行派形成对立, 因此清辨应被视作中观派的实际创立者, 而龙树则是"大乘阿毗达磨"的肇始(Saito 2006)。有鉴于此, 笔者曾提议(2011b, 11)将以龙树为代表的思想体系称为"中观思想", 将清辨以后的各个中观体系称为"中观派思想"。为了更为清晰, 这里笔者想借用唯识学的分期概念, 提议以两个新词来标示中观学的思想分期: 龙树、提婆、佛护的著作以及《无畏》中所体现的思想体系, 可以称为"中观古学"或"古义", 清辨及其后的思想则可称为"中观今学"或"今义"。二者的主要区别在于, 后者依托二谛框架, 通过在世俗上承认假有而建立中道, 并且与瑜伽行派产生了明确的思想对立。应注意, "古义"和"今义"并非纯以时间先后划分, 中观今义的思想发端很可能早于清辨, 鸠摩罗什所译《青目》之中就有今义的倾向。[1]

在中观古义文献中, 龙树、提婆存留至今的文献以偈颂体为主, 相比之下, 佛护的注释长行则更为翔实, 可以作为中观古学的思想样本。

三、《中论佛护释》文献概述

佛护的生卒年代, 一般依宇井伯寿(1929)所推测的470–540年, 也有学者认为应更早。[2] 多罗那它的《印度佛教史》以及《佛护》藏译本的跋文中都提到佛护是多部论释的作者, 但流传至今的却只有这一部《中论颂》注释而已。[3] 关于他的生平也只有多罗那它《印度佛教史》中的记述(张建木 1988, 142, 150; Chimpa and Chattopadhyaya 1970, 186, 197):

---

[1] 参看拙文 2021, 181–182。《青目》中所体现的思想多有不一致之处, 所以难以明确归入古义或今义。据僧叡序文, 鸠摩罗什翻译《青目》时, "其中乖阙烦重者, 法师皆裁而裨之"(T 30, no. 1564, 1a28–29), 因此难以判断其中语句是出自青目还是鸠摩罗什之手。

[2] 白館戒雲(1991, 50)认为《佛护》先于《无畏》而作, 建议佛护的年代约为230–330年,《无畏》著者的年代约为260–360年。斋藤明(2000, 115, 注58)认为佛护的年代处于罗睺罗跋陀罗(约200–300)和清辨(约490–570)之间, 而应更靠近前者, 他后来的文章(例如Saito 2006, 159)用"约370–450"来标示佛护的年代。

[3] 米泽嘉康(Yonezawa 2019, 60)曾指出佛护其他著作的如下两条线索。月称《四百论释》(*Catuḥśatakaṭīkā*)8.25颂释文中曾将一颂归于佛护名下(Suzuki 1994, 156), 该颂不见于佛护的中论释文。此外,《相论疏》(**Lakṣaṇaṭīkā*, Yonezawa 2019, 60–61)写本上有一段藏文笔记将《般若灯》所引关于"缘起"(pratītyasamutpāda)词源的一种解释归于佛护, 而这一说法也不见于佛护的中论释文。

佛护生于南印度的耽婆罗国(*Tambala)的雁戏(*Haṃsakrīḍa),在该国出家,从龙友(*Nāgamitra)的弟子僧护(*Saṃgharakṣita)[1]学法,主要活跃于南印度,驻锡于弹荼补梨(Dantapurī)寺,宣讲教法,曾为龙树与提婆的论著撰写多部注疏。有一弟子名作莲花慧(*Kamalabuddhi)。

《中论佛护释》的藏译本(D 3842, P 5242)由智藏(Jñānagarbha)与西藏译师焦若·鲁意坚赞(Cog ro Klu'i rgyal mtshan)于9世纪初译出。藏译《佛护》第23–27品的释文与藏译《无畏》的差异很小,尤其第23品第17颂之后直至第27品结束,与《无畏》几乎完全一致。这五品释文的简约风格为《无畏》所特有,与《青目》也多有内容重合之处,而与《佛护》前22品风格迥异,因此笔者猜测这部分是以《无畏》文本补《佛护》之缺。考虑到这部分重合文本之中还是有细小的文本差异,这一添补很可能是发生在印度原本的流传过程之中,而非西藏译传之中。《般若灯》中曾多次引用《佛护》并加以批判,却从未引用第22品之后的内容。新发现的梵文残叶也不包含这一部分的内容。所以,目前尚不清楚究竟是佛护本来就没有为这部分作释,还是作了却没能流传下来。须指出,《佛护》的前22品释文中引用了《中论颂》第23、24、27品的偈颂[2],说明佛护所见的《中论颂》传本同样是27品,这点与其他注家并无差异。

在原民族图书馆藏梵文写本(现藏于西藏博物馆)之中,笔者发现了《佛护》的梵文残本[见第(34)–(35)页插图],共存11叶,包括对偈颂2.5–16、7.1–14、7.17–22、7.30–33、8.13、9.1–3、10.2–8、13.7–8、14.1–2、20.11–18的释文。[3]若以藏译《佛护》全部27品来估算,这一梵文残本所保存的内容约为九分之一,若只以出自佛护之手的前22品来计算,则为八分之一。

《佛护》藏译本的文本校勘与现代语译本情况如下:

藏文本校勘:

Walleser 1913–1914(篇初至第13品第2颂); Lindtner 1981(第18品); Saito 1984(全27品); 蒋扬仁钦 2019(全27品)

---

1 此处张建木误译,依 Chimpa and Chattopadhyaya 1970, 186。多罗那它记载清辨也随中印度的僧护学法,目前尚不清楚与佛护的老师——南印度的僧护是否为同一个人。

2 见本书第236页(引用23.2颂),第247、304页(引用27.8颂),第303页(引用24.10颂),第307页(引用24.8颂)。

3 发现过程参拙著2011b, 1–3。校勘本见拙著2011b, 93–156。本书中所附校勘本有新的修订。

现代语译:

第 1 品: 大竹照真 1931–1936(日译); Frauwallner 1969, 222–223(部分德译); 奥住毅 1979(日译); Fehér 1984(英译); 叶少勇 2013(汉译)

第 2 品: Tachikawa 1974(第 1–6 颂注释英译); 奥住毅 1985(日译); 叶少勇 2014(汉译)

第 15 品: 金子芳夫 1980(日译)

第 17 品: 三谷真澄 1996(日译)

第 18 品: Lindtner 1981(英译); 奥住毅 2000(日译); 巌城孝憲 1989(日译)

第 22 品: 三谷真澄 1988(日译)

第 1–16 品: Saito 1984(英译)

全 27 品: 蒋扬仁钦 2019(汉译)

选节英译: Ames 1986b

四、佛护的中观古学思想

在 2016 和 2017 年发表的两篇拙文之中,笔者将以龙树为代表的早期中观思想,也就是中观古学,判属为"认识论虚无主义",引发了一些争议。笔者之所以坚持这一观点,是基于两点考量。首先,笔者认为认识论虚无主义是最接近中观古学思想特征的现代哲学框架,其与本体论虚无主义的最大不同之处在于,认识论虚无主义所否定的并不是形而上学意义上的存在,而是符合凡夫所感、所知那样的存在,是主张符合凡夫所认识的事物是绝无可能存在的。其次,笔者也期望以"虚无主义"这一鲜明的字眼提示中观古学的独特之处。这种激进立场即使在印度也没有被承袭下来,今学即转向"反本质主义"(anti-essentialism)[1],当今学人理解中观,往往代入今学的理论阐释,从而削弱中观古学的思想力度。

笔者这一观点的对立面,主要是对龙树中观所进行的反本质主义阐释,为了简洁起见,此处将不再对反本质主义阐释内部作古今流派的观点细分,而是取其主要特征,即以中观今学的二谛框架来理解龙树的空观思想,认为龙树所否定的不是事物的全部存在,而只是自性这个独立不变的本质内核。这种阐释方式认为,一切事物不能以自性的方式存在,也就是胜义上不存在,却可以有世俗的存在,也就是无自性地、观待地、缘起地存在,简言之即:世俗上缘起有,胜义上自性空,即现代人常说的"缘起性空"。这里将在前揭两文的基础之上,围绕《佛护》中的文本证据来梳理中观古学的认识论虚无主义立场,并说明以二谛为纲的反本质主义阐释框架并不适用于中观古学。为方便查考,所引每段佛护释文均编以序号,并在括号中给出其出现在本书译文中的页码。

---

1 这一用词取自 Spackman 2014。

（一）无自性

在中观学之中，“空”(śūnya，形容词)即是无自性(niḥsvabhāva，形容词)，“空性”(śūnyatā，抽象名词)即是无自性性(niḥsvabhāvatva，抽象名词)，这应该没有异议，问题的核心是“自性”指什么。

2016年的拙文提出，龙树的批判论证遵循一种认识论的“封闭原则”，即凡夫认识过程中的概念必将其预设指示对象封闭于其所指引的状态之中。例如，“行走者”所指之人就必须永远行走而不能停止(《中论颂》2.16)，否则即概念不成立。龙树又说事物如果以自性而存在，就不会有任何变化和观待(例如《中论颂》24.32)。那么这里的自性就对应于被概念所封闭的预设指示对象，也就是说自性是与表立概念时的所构想完全一致的存在。这点正如佛护所说：“你构想时间等[事物]以自性而存在，如你所构想的存在是不可能的。”(见后引§17)如此一来，只要以概念指称事物，同时又认为事物有变化或观待，就会陷入自相矛盾。这是龙树破斥的突破口。

“自性”是以说一切有部为代表的小乘部派建构本体论时所用的基础概念，是为事物寻求一个恒定的身份。他们认为有自性的事物也可以生灭无常，可以万变不离其宗，自然不会接受这种封闭原则。那么龙树要破斥自性，就须先迫使对手就范于这一原则。所以，前揭拙文指出龙树还有一个双方都可接受的“怀疑主义前提”，简言之就是，所感、所知世界的存在并非可由感觉经验证明，而是要先被悬搁，哲学探求只能先聚焦于概念定义，一个存在者首先是一个被主张的概念，概念定义是检视存在的唯一考量，离此则无其他有效手段。这样便只能先假设外部存在着一个恰如此概念所标定的事物，此事物自然须要恒定地拥有所标定的特性，否则就不是其所指，于是概念对预设指示对象的封闭得以确立。

这种怀疑主义就体现为对现实感觉经验的否认，例如：

> 生成以及坏灭者，若汝以为是可见，
> 即是出于妄愚痴，而见生成与坏灭。(《中论颂》21.11)

佛护对该颂的释文有助于理解这一立场：

§1(287–288) 你认为：“诸事物的生成和坏灭是现前可见的，对此还须思考什么其他道理？”而这是不合理的。[……]“生成和坏灭是可见的”，虽然愚痴蔽心的愚者是这样认为，但生成和坏灭不可能是可见的。为什么呢？因为，如果有生成和坏灭，是依于有(bhāva)还是无(abhāva)？有与无都是不存在的，没有了它们，就没有了依处，生成和坏灭可见怎么会合理？

佛护还在2.22、7.28、22.9颂的释文中否定了“现见”(pratyakṣa),说其对于存在毫无证明效力,唯出自愚痴。

这样,基于怀疑主义前提迫使对方接受封闭原则,进而推导出对方的本体论的自相矛盾之处,得出事物唯有其名而无其体的结论,就是“无自性”。正如龙树《七十空性论》第29、41、42颂说“唯名”(nāmamātra)、“唯计执”(vikalpamātra),《佛护》也多次用到“唯是言说”(vyavahāramātra)的表述,这就等于彻底否定了凡夫所感、所知的世界的存在性。换句话说,凡夫凡有所感所知,都是循着执著自性的方式产生,都是在臆造毫无存在可能性的对象,这样也就不可能从凡夫的认识中剥离出一个绝对错谬的自性执著,却赦免其余的部分,承认其相对合理性。这就是为什么笔者要为这种“虚无主义”之前加一个“认识论”的限定。龙树所遮破的自性并未完全遵循小乘部派的本体论定义,而是在认识论维度上予以推进。

无论是小乘的主张还是龙树的批判,针对自性都遵循着同样的原则:存在就是有自性,无自性即不存在。小乘部派所主张的自性是支撑现象的存在者,而非附加于现象之上的可有可无的东西,也就不可能说事物无自性也可以存在。龙树认为自性实际上是言说概念的预设指示对象,凡夫的自相矛盾的概念体系不可能有指示对象,也就不可能指向存在。如《中论颂》1.10ab所说:“于无自性诸事物,存在性即不可得。”再如:

> 若离自性与他性,从何而又有事物?
> 有自性与他性在,事物才得成立故。(《中论颂》15.4)

他性就是其他事物的自性(parabhāvasya svabhāvaḥ,参15.3颂),有自性才能有事物存在,没有自性就不可能有事物。佛护对该颂的释文也有助于我们理解这一立场:

> §2(201) 如果有任何事物存在的话,[它]要么是自性,要么是他性。因此,有了自性和他性事物才能成立,既然没有自性也没有他性,这个时候又怎么会有一个离自性、他性的无可指称、非自非他的事物呢?

龙树对自性的归谬批破,常被概括为“缘起故空”,即以对方所认同的缘生现象来否定自性的存在可能性。这点本无异议,而反本质主义阐释往往认为,无自性非但不妨碍无常的缘生法的存在,反而只有无自性,缘生法才能存续,这一理解既不符合小乘部派的形而上学原则,也不符合龙树“无自性即不存在”的表述。

有时反本质主义会这样来融通:龙树所说的“无自性即不存在”,意思是没有自性就没有“有自性的”存在,凡龙树所破,都须补充“有自性的”加以限定。如果止步于此，笔者倒也认同。因为，按照认识论虚无主义阐释，凡夫认识事物必然依循执著自性的模式。然而，反本质主义往往接着说，否定了有自性的事物，就等于肯定或在某种程度上肯定无自性的生灭现象。前面说过，笔者认为中观古学的认识论虚无主义体系不可能兼容这一表述，在古学文献中也找不到支持这一理解的证据，反而可以找到相反的表述，例如：

业不生起以何故？以其无有自性故。（《中论颂》17.21ab）

这里龙树说，无自性并不是生起的原因，而恰是不生的原因。再如：

此若是空云何生？此若是空云何灭？
即使是空亦导致，不灭不生之过失。（《中论颂》20.18）

此颂的前后文是在批破果的存在性，有自性的果不能有生灭很容易理解，而该颂明确说无自性的、空的果也不能生灭。再来看佛护对该颂的注释：

§3（276–277） 一个自性空（svabhāvena śūnyam）、自体不成立（ātmanâprasiddham）的果，它怎么会生起，怎么会灭？而如果构想，果虽无自性却有生灭，对此就要说，难道是这个果的体性（bhāva）之外的其他东西有生灭吗？如果是果体性之外的其他东西有生灭，它怎么就成了果呢？因为，[这]是非果生而不是果[生]。

再如：

空者是即不可能，拥有生成及坏灭。（《中论颂》21.9ab）

佛护释文：

§4（286） 首先，自性空的事物不可能有生成和坏灭。为什么呢？因为不存在。因为，对于无自性者，它们属于谁所有呢？由于没有自性，对于一个连“是它”这样的言说都无可施设的东西，怎么能说“某者生”或“某者灭”呢？因此，空者不可能有生成和坏灭。

这些释文都很清晰，其认识论意义也很明显，“自性”指一个事物本身，即施设概念的对象，无自性即所指之物不存在，自然不会有其生灭。“无自性”和“空”指的不是生灭无常，而是无生无灭。这些行文中也都不可能再加上“有自性的”作简别语，因为事物前面已经有了“无自性”或“自性空”的简别。所以，至少从字面来看，中观古学所要表达的是“空故不起”，而非“空故缘起”。

（二）缘起

龙树颂文中确实曾推举“缘起”这一概念，但这并不等于在某种层面上承认有依缘而生的事物，从而支持“空故缘起”。2017年的拙文曾提出区分两个概念以分析龙树的缘起观，一个是作为抽象性的“缘起”（pratītyasamutpāda），是缘起理，一个是作为生灭现象的“缘生”（pratītyasamutpanna）事物，是缘生法。两个概念在《杂阿含经》中就曾被分开讨论。《中论颂》24.18说“缘起”就是“空性”，并不能理解为空性就是无常变易性所以不妨碍事物依缘而生。该颂中的“缘起”一词是抽象名词，是将缘起理与空性等同起来，并未直接谈及缘生法。而在《六十如理》中，龙树明确将缘起理与缘生法对立起来，指出如果认为事物有生灭，恰恰没有理解缘起的意义：

即使此人执著于，极细微物有生起，
此人即是无智者，不见从缘而生义。

若人于彼有为法，计执有生亦有灭，
彼等即是不了知，缘起轮盘之运转。[1]

可见龙树所主张的缘起理，并不是承认有依缘而生的事物，而正相反，是说要理解缘起理就要认识到没有丝毫的事物有生灭。龙树有此表述并不奇怪，《中论颂》第1品破缘，第17品破业果，第20品破因果，第21品破事物生灭，所贯彻的就是这一思想。缘起理是对凡夫所见缘生事物的否定，自然可以和“空性”也就是“无自性性”划上等号，前面说到无自性即不生，所以中论归敬颂中说缘起理就是“无生”（anutpāda）。于是这几个概念就在龙树的文本中获得统一：无自性即不存在，即空，即无生无灭；无自性性即空性，即无生之理，亦即缘起理。

佛护对归敬颂的注释也清晰展现了这种概念关系，在指出《中论颂》主旨是“缘起”之后，佛护讨论了龙树讲授缘起的目的：

§5（2–3）［问：］那么，［龙树］讲授缘起的目的何在？答：［……］意欲开显事物的真实性（yathābhūtatā），所以讲授缘起，［……］［问：］什么是诸事物的真实性？答：无自性性（niḥsvabhāvatva）。［……］此处有人说：既然知一切、见一切、有大悲的如来，已经亲自在各处以各种方式宣说开显了缘起，此处再次讲授的目的是什么呢？回答：如来确实已经亲自宣说开显了缘起，然而，是依世间言说（lokavyavahāra）之力，用“生”等名言来宣说开显的。而现在仍

[1] 这两颂藏译存而梵本不存，藏译不区分缘起与缘生法二词，据上下文两颂论题应是如何见缘起之理，而非见缘生事物。

有一些人执著名言本身，不理解甚深缘起，认为：诸事物还是有的，因为有"生""灭""去""来"这些说法的缘故。总得有点东西，才能思维其常、断、一、异，而对于兔角等不存在的东西，就不会产生这些[说法]。为了向有此想法的这些人开显缘起的自性，阿阇黎[龙树]就以道理(yukti)和教量(āgama)为首，讲授此[缘起]。

这一段说得很清楚，佛陀随顺世间言说，依"生"而说缘生法，而龙树开显的是"甚深缘起"，是要破除"生""灭"这些对缘生现象的描述。这段话所批判的缘起观很有代表性。这些人认为既然说生灭，总是要有点东西在生灭，不能说一切都如兔角般无有。那么，佛护既然反对这种观点，难道他主张一切事物都如兔角般是无？这个问题稍后就会有答案。现在我们再来看一段佛护围绕缘起所设计的对话。在论主破斥"生"之后，敌方开始发难：

§6(100) [对方]说：那么你岂不是擅用兵器就砍向母亲？你竟然贪于争辩而破斥缘起理！回答：这不是缘起理。对于说缘起者(pratītyasamutpāda-vādin)，没有正生的事物，也没有正生事物的生起[之事]。这才是缘起义："缘于彼而彼现起，彼彼以自性而寂。"(《中论颂》7.16ab)

如佛护所说，作为诸佛之母的缘起，其意义不是"生"，而是自性寂灭，也就是无自性，无自性即不存在，所以无物可生，也无生起之事。

此外，缘起理与缘生法两个概念的分立，在二谛归属上也有体现。缘生法作为凡夫经验中的生灭现象，显然应归世俗，而缘起是空性、无自性性的甚深道理，是对凡夫经验的否定，是见道圣者的境界[1]，应归入胜义谛。这点在佛护对归敬颂的注释中得到了确认：

§7(1) 他(佛陀)说此"缘起"之甚深胜义谛，无有灭亦无有生，无有断亦无有常，无有来亦无有去，无有多亦无有一，是一切戏论的息灭，是趣向涅槃城的至善正道，向说此[缘起]的这位正等觉、诸说法者中之最胜者，敬礼！

因此，中观古学所推举的缘起是甚深缘起[2]，就是胜义空性、无自性性，是对世俗所见缘生法的否定，而不是肯定，所以不支持反本质主义阐释所主张的无自性而有缘生法。

---

1 参《中论颂》24.40：若人观见于缘起，彼者[亦]即是观见，此等苦[谛]与集[谛]，以及灭[谛]与道[谛]。

2 佛护以"假托施设"深化了缘起的意义，参本章第(四)小节，尤其第(19)–(20)页。

（三）中道

“中道”被认为是中观学的核心主张，而该词在《中论颂》中只出现了一次，所以这里先就中道的哲学意义来探讨龙树的中道观。作为一种哲学立场，中道就是远离“有”“无”两种边见（极端观点），有时也表述为远离“常”“断”两种边见。龙树的空观显然远离了“有”和“常”的极端，关键在于如何远离“无”和“断”，先看龙树对该边见的界定：

> 事物之有若不成，无亦即是不成立。
> 因为有之变异性，人们即称之为无。（《中论颂》15.5）
>
> 谓彼以自性存在，非不存在即是常。
> 认为先前曾出现，而今不存则成断。（《中论颂》15.11）

可见，龙树所定义的无见、断见是认为事物先有而后无，是“有之变异性”（bhāvasyânyathābhāvam），是基于“有”的“无”。这样，对“有”（bhāva）的预设既是有见、常见的基础，也是无见、断见的基础。这点可以参看：

> 如果承认有事物，则致常、断见之过。（《中论颂》21.14）
>
> 事物为有即是常，事物无有即是断，
> 有事物则有二[见]，是故事物应除遣。（《七十空性颂》21）[1]

那么，无自性即不存在，也就否定了两种边见的共同基础，以釜底抽薪的方式远离了二边见，这就是中道。

这里龙树所定义的“无见”或“断见”，应称为“断灭主义”（annihilationism）而非“虚无主义”（nihilism），[2] 其过失在龙树看来恰恰是空得还不够彻底，还以“有”为前提。把这个前提也彻底空掉，就是中道。

现在来看佛护对中道的阐释。《佛护》中一段对话先以敌方口吻质难：

> §8（249）有人说：所谓“无此世，无他世，无化生有情”等见解，与所谓“一切事物无生无灭”的见解，两者有什么差别吗？

“无此世，无他世，无化生有情” 是佛经中常批判的“虚无论”（nāstivāda），听起来似乎与中观的“一切皆空”没什么差别。佛护的回答是：“两者有巨大差别。”接着他举出三个喻例。第一，一个未经思择而弃舍的凡夫，和一个经过思择而弃舍的阿罗汉，有很大不同，前者有无明结缚。第二，盲人和有眼人都说一个地方

---

[1] 笔者译自藏文本。

[2] 在中观学语境内对“断灭主义”和“虚无主义”的区分还可参看 Ferraro 2017, 74, n. 2。

不平整，但有很大不同，前者还是会绊倒。第三，在一场诉讼中两个人证词相同，但一个人并未亲见，是因帮人或拿钱而作证，另一个人是亲见而作证，两人有很大不同，前者是妄语。这种回应的说服力在于何处还有待思考，清辨就曾在《般若灯》中批评说这等于没有回应。但这里有一点值得注意。面对"虚无论"的质疑，佛护并没有依二谛框架通过承认世俗上的缘生法来回避，而是承认了虚无论者与中观论者的主张在表述上是一致的，区别仅在于一个是伪称，一个是亲见。受佛护的影响，清辨和月称的《中论颂》注释中也都设置了同样的问题，却都选择了以承认世俗缘生来回应。[1]

在这三个喻例之后，佛护接着说：

> §9（250）说有说无都是依于见，我们视诸事物如兔角一般是无，而为了远离言语的过失，[我们]不说[事物]"既不是有也不是无"，而是这样说：由于它们是依缘而生，有与无皆应视作如同倒影一样。

这里所表现的中道立场，符合上面所分析的龙树中道，有见与无见都是基于对事物的"见"，如果主张事物如兔角一样彻底无有，也就离开了二见。这也解答了前面§5中的疑问，佛护的确主张一切如兔角般无有。

这段话后半部分值得注意。佛护认为既否定有又否定无容易引起"言语过失"，也就是言语矛盾导致的无效表达，因为一般认为不是无就是有，不是有就是无。所以中观便改换表达方式，通过世人容易接受的缘生现象作为起点展开归谬论证，达到无自性的结论之后，指出基于事物的有见和无见都如同倒影一样，唯是名言显现，实则毫无所有。注意这与承认缘所生法并不相同。

反本质主义阐释所说的中道，往往不如上述。常以"自性空"不碍"缘起有"来远离断见一边，也就是虽然主张胜义上空，在世俗上却承认有因果生灭相续的现象，认为如果连这个也否定掉就会落入断见。这种依托二谛建立中道的做法并不符合古学体系。例如《佛护》中原文袭用《无畏》的一段话，说中道是胜义：

> §10（205）这样，因为观见诸事物的存在性与不存在性有多种过失，所以，所谓诸事物无自性，这就是观见真实性，就是中道，这就是胜义成立（paramārthasiddha）。

此外，《中论颂》和《佛护》都曾批判过认为存在一种不落于断、常、一、异的因果相续的主张。例如，在《中论颂》21.14 指明常见、断见都是基于有见之后，21.15 颂接着以敌方口吻提出质疑，认为即使承认有事物，只要是因果生灭相续，例如在生死流转之中有一个"有体"（bhava，古译"有"），就不会导致断常过失：

---

1 参看拙文 2021, 178–181。

虽然承认有事物，而无断灭无恒常，
因为彼因与果之，生灭相续即有体。(《中论颂》21.15)

接着龙树对此展开批判:

如果彼因与果之，生灭相续即有体，
灭而不复生起故，则有因断之过失。(《中论颂》21.16)

佛护对该颂注释如下:

§11 (290–291) 如果果和因的生灭相续就是有体，[……] 由于因灭而不再生，就导致了因断的过失。有人说: 不会的。因为果并不异于因。因为，果不可能异于因而别有，你也曾说: "缘于彼而彼现起，首先彼彼非同一，彼彼亦非是别异，因此非断亦非常。"(《中论颂》18.10) 所以，由于果不异于因，因就不会成为断灭。回答: 我虽然这么说过，你却没有理解其真实的意义。因为，如果是事物灭而事物生，两者怎么会不导致一或异呢?

佛护指责敌方对《中论颂》18.10的误解尤其值得注意。有人认为，龙树既然说依缘而生就是非一非异、非常非断，那么就等于承认存在着非一非异、非常非断的缘生事物。佛护表示反对，他将该颂理解为归谬结构: 如果认为由因生果，不是落入一或常，就是落入异或断，必然导致错谬，没有别的出路，也就是说，根本不可能构想出一种既不常又不断的因果相续的存在方式，中道不可能这样建立。[1]

(四) 假托施设

下面来看《中论颂》中唯一一次提及"中道"的场合:

我们主张彼缘起，[本身]即是此空性，
此即假托而施设，此者亦即是中道。(《中论颂》24.18)

该颂可总结成一个等式: 缘起 = 空性 = 假托施设 = 中道。[2] 前面说过这里的"缘起"是抽象原理，指示无自性性，即空性。无自性即消解了二边见的共同基础，就是中道。前引§7说缘起是胜义，§10说中道是胜义，这样，在佛护语境中缘起、空性、中道三者相等就容易理解，而"假托施设"也出现在这一等式中则不易理解，该词的字面意义难以与胜义相联系。

---

[1] 关于这一点还可以参看《中论颂》17.20 颂及诸家注释。详细讨论参见拙文《龙树对断见的破斥与鸠摩罗什的译介和重建——以〈中论颂〉及其汉译为中心》,《唯识研究》，待刊。

[2] 该颂语法结构可有不同理解，但大体都不妨碍得出此等式，等号的意义还可细究，此处不再深入，可参看 Oetke 2007。月称释文认为该颂意为: 空性、假托施设、中道是缘起的别名(viśeṣasaṃjñā)，见PsP_L 504.14–15。

假托施设一词在《中论颂》中只出现这一处，未有展开。而且很遗憾佛护对该颂的注释没有流传。不过，佛护在其他部分的释文多次论及假托施设，这被称为佛护思想的一大特色，[1] 其后的注释家未见对此概念有如此重视。

“假托施设”梵文作 upādāya prajñapti，罗什译作“假名”，upādāya 是独立式，源自upa-ā-√dā，有取来、依托之义。prajñapti 是 pra-√jñā 的致使动词（使了知）加上 ti 这一后缀构成动作名词，表施设、安立之义。笔者所译“假托施设”，“假”字既来自upādāya 的假借之义，也来自prajñapti的不实之义。后者可参考prajñaptisat “施设有”一词，古译也作“假有”，与“实有”（dravyasat）相对。

先来看佛护对假托施设的基本定位。前面说过龙树破斥了基于生灭的因果关系，同样也否认了事物之间的观待关系，例如《中论颂》第 10 品破斥了燃料与火之间的各种关系，尤其第 10.10–11 颂破斥了两者的相互观待：[2]

> 此物观待[彼]而成，彼物即是所观待，
> 却又观待此而成，则谁观待谁而成？（《中论颂》10.10）
>
> 此物观待[他]而成，此物未成怎观待？
> 若是已成而观待，此之观待不合理。（《中论颂》10.11）

然而《中论颂》8.12 却说：

> 缘于业而有作者，缘此作者而有业，
> 除此之外我不见，[二者]成立之因由。

如果把该颂末句的否定之否定理解为肯定，就是说作者和业可以互相观待而成立，这就与龙树对相互观待的破斥相矛盾，佛护即以“假托施设”予以疏解：

> §12（128） 我不是说作者和业是无，我只是反驳了认为他们的造作行为是实有或非实有的构想，我认为作者和业都是假托施设。[……] 作者是缘于业、依于业、观待于业而被施设和称说为“作者”，而他的业也是缘于这个作者而被施设和称说为“他的业”。所以，这两者是有观待的施设（sāpekṣā prajñapti），而没有自性上的成立和不成立。因此，这样地不认许这两者是有是无，就是依中道的施设。除了这种施设之外，[我]见不到二者的其他成立之相。

主张缘一物而生一物须要以事物存在为前提，也就是有自性，这就是§5中所说的错误的缘起观，《中论颂》也多次予以破斥。这里佛护将这种“有观待的生起”

---

[1] 参三谷真澄 1991, 43，其中提到这一点最早由丹治昭義于 1981 年刊文指出。

[2] 《佛护》对相互观待的破斥参本书第 150 页。

替换为"有观待的施设"，亦即假托施设，认为这样就避开了自性的预设。关于这点还可以参看：

> §13(185) 对于那些执著于事物以自性而可得的人，通过这个空性的名言，也就是缘起，[来显示]由因缘力而有事物的施设，事物不是以自性而可得[……]

> §14(252) 诸佛世尊的教法就是，事物不过是以因和缘而施设，不是有和无。

以上段落中佛护将"依因缘生起"替换为"依因缘施设"，可以说是对"缘起"意义的深化，从而将假托施设引向§5中说的"甚深缘起"，[1]两者都是指向无自性性。

下面来分析构成假托施设的两个要素：依托什么？施设什么？第二个问题容易回答，§12中说"施设"和"称说"同义，那么所施设的就是言说，是名言概念。至于依托什么，来看另一段佛护释文：

> §15(298) 如果佛陀是依托诸蕴而被施设，这意义不就是佛陀无自性吗？因为，如果是以自性而存在，又何用假托施设？他的自性是什么，就可以以什么来施设。而由于他没有自性，所以才以取[蕴]来施设。

这段意思是如果存在这个事物本身（自性），就可以依其自性而施设其名，无须依托他物，这就是名体相称的施设，而非假托施设。而如果须假托他者来施设一个名言，就是说没有符合此名所指的对象，也就是唯是空名而无自性。这点在前面讨论自性一节已经涉及。还可参看《佛护》：

> §16(264) 因此，应当知道名为"时间"的事物是毫无所有的，是以假托施设而成立。

那么，所依托的他物是实有其体，还是同样唯是空名而无自性？在大乘思想框架之下这个问题不难回答，例如《般若经》中说"一切法但假名"[2]。§15中说依托五蕴施设佛陀，五蕴本身也是无自性，也是假托施设。由此可知佛护所说的假托施设，就是依托言说而施设言说。[3] 由此可以归纳出两种施设模式，一种是预设外部世界中对象（自性）的存在，认为是在其上施设名言，名言的意义与（预设）

---

[1] Salvini 2011一文注意到"假托施设"(upādāya prajñapti)与"缘起"(pratītyasamutpāda)二词语法结构的一致性和意义关联。

[2] 梵汉文本参见前揭2016年的拙文注12。

[3] 《佛护》中未见与此义完全一致的表述，而《般若经》中多见，例如《大品般若经》(Kimura 2006, 104.18–19): *sarva ete dharmā lokavyavahāram upādāya prajñaptā na punaḥ paramārthena*. 笔者译文：此一切法是假托世间言说而被施设，而不以胜义。

指示对象相对应，这是佛护所批判的执著自性的施设模式。而假托施设是基于名言而施设名言，名言的意义与指示对象无关，只产生于种种概念的相互观待之中。这就是§12中所说，只有名言施设的相互观待，没有因缘生灭的相互观待，这样也就避开了自性的预设。

再来看假托施设本身的含义。“施设”（prajñapti）与“所施设”（prajñapta/prajñapita）在意义上都可以指“言说”而有所混同，但如果强调后缀 ti 所指示的事件本身的意义，“假托施设”（upādāya prajñapti）一词的意义便更为抽象。前面说到佛护用假托施设指示缘起的甚深义，那么正如可以将缘起与缘生法分别归入胜义和世俗，也可以将抽象意义的假托施设视作胜义。这只是一个思路，并无明确的文本证据，但可以帮助理解假托施设何以能够出现在前述四项等式之中。既然凡夫所认为的存在都只不过是假托所施设的言说，而没有作为指示对象的自性，那么揭示这一原理的假托施设也就可以指示无自性性，后者正是连接“缘起 = 空性 = 假托施设 = 中道”这一等式的值。

以无自性性来贯通这个四项等式，所注重的是这些概念偏于否定的一面，同时也应注意佛护曾说过事物“是以假托施设而成立”（§§12, 16）。类似的表述还有：

> §17（280）有人说：如果时间也不存在，因、果以及和合也不存在，其他还存在什么？这样就成了虚无论（nāstivāda）。回答：不是的。你构想时间等[事物]以自性而存在，如你所构想的存在是不可能的，而它们是以假托施设而成立（sidhyati）。
>
> §18（240）因为，对有、无的一切构想都与常、断的过失相联系，而缘起则在有见和无见之外，所以就脱离了常见和断见的过失。因此，应当理解，我确定地认为事物是假托施设。这样，作者、业、果报、受用者、烦恼、身的说法也就是合理的（upapadyate），而不会导致常、断的过失，轮回也是成立的（sidhyati）。

既然假托施设的事物是“毫无所有”（§16），就应说不成立、不合理，怎么能说“成立”“合理”呢？而且还以假托施设来避开虚无论，这似乎并不纯是否定意义。前面已经讨论过假托施设的意趣是“唯是施设”，即只有言说层面上的观待，而没有存在层面上的观待。因此，“以假托施设而成立”并不能落实到言说之外的存在层面上去理解。再结合前面§9中说的“我们视诸事物如兔角一般是无，而为了远离言语的过失……”，笔者认为这里佛护说“成立”与“合理”指的就是避免言语过失。再看佛护的另一段话：

§19(302) 因此，先是一个人于自方观点抱有爱著，通过假托而施设为有，而另一个人通过假托而远离有无，成立中道，施设为“此有故彼起，此无故彼不起”，你说这两人之中哪一个不理解假托所施设的意义呢？因此，假托所施设的意义就是，凡是假托而被施设的[事物]在一切形式上都是自性空，所以不可说是有是无，唯此，在言说词句(vyavahārapada)上才没有过失。

一方面，以假托施设来否定自性，也就彻底否定了一切对象性的存在。这其中正体现了认识论虚无主义的进路，其所否定的是如其名而有其体的存在。另一方面，以假托施设来建立言说上的合理性。所谓“言语过失”就是基于如其名而有其体的自性模式建立“有”“无”之说，进而导致自相矛盾。是假托施设便与存在层面断开连接。那么，佛护说一切事物以假托施设的形式而合理成立，就可以理解为只有以言说层面的假托施设来看待一切事物，才能言之成理而避免矛盾。反之，如果顺着反本质主义的阐释方向，把“事物以假托施设而成立”理解为言说所施设的事物在言说之外有其合理成立的一面，倒显得十分曲折。

上面的讨论很容易让人联想起龙树的一颂：

若以空性为合理，于彼一切为合理。(《中论颂》24.14ab)

2017 年的拙文曾论及此颂，罗什译作“以有空义故，一切法得成”容易引起误解。既然空性和假托施设可以划上等号，那么佛护所说的事物以假托施设而合理成立，就可以作为解读该颂的钥匙。

以这种假托施设的合理性就可以建立佛陀基于世俗言说的教法的合理性。§19 之中的“此有故彼起，此无故彼不起”就是佛陀教法，§18 之中的“业”“果”等以及“轮回”也可以理解为佛陀教法。再如：

§20(71) 这里，诸佛世尊所说法主要是基于蕴、界、处，如果蕴、界、处是无，这些[教法]岂不是无意义(vaiyarthya)？[……] 因此，我们以缘起远离有、无的过失，开显非断非常，而不说“无”。所以，对于我们，基于蕴、界、处的教法不会无意义。

单看这一段话很容易理解为：因为事物不是无，而是依缘而生，所以佛说有蕴、界、处。而如果将这段话置于前面所讨论的佛护语境，就知道这一理解是行不通的。这里的“缘起”指的不是依一物生一物，而是依因缘施设言说，等同于“空性”之理。这里的“有、无的过失”是指基于自性的施设模式所导致的自相矛盾。这里“有意义”的“蕴、界、处教法”，指的就是基于名言而施设名言的假托施设。

（五）二谛

反本质主义可能会说，上面所体现的虚无主义立场都是就胜义而言，只能代表中观学的一面，而其还有另一面，即世俗上认同有的一面。将这两面综合起来看，就不能将中观判为虚无主义。但问题是，古学文献中有没有支持这一面的文本。

中观今学文献中常说，从世俗上讲（saṃvṛtitaḥ）某事物是有。究竟如何定位“世俗有”，今学各派之间还有争论，但总的来说，都认为世俗谛并非纯是认识或言说层面的妄见，还有一个与之联系或对应的存在层面，说它是无常变易也好，名言所显也好，甚至识所变现也好，总之世俗中所感所知的事物不能像兔角一样离了名称就什么都没有。如果把“世俗谛”（saṃvṛtisatya）当作是意识层面的知见，那么今学一般认为其外还有一个“世俗有”（saṃvṛtisat）的层面。或者说，在今学之中世俗谛和世俗有的界限已经模糊，世俗谛往往也兼世俗有之义。今学认为世俗有的存在方式可以讨论，但其存在本身不可否定，因为其上担着构建因果与伦理的使命，须以此来避免落入断见。下面来看古学文献有没有从世俗谛跨到世俗有的迹象。

《中论颂》中唯有 24.10 一颂阐述了世俗谛：

> 如果不依于言说，不能解说最胜义，
> 如果不悟入胜义，不能证得于涅槃。

世俗谛也称“言说谛”（vyavahārasatya），所以把颂中“言说”当成世俗谛也无问题。而这里指出，世俗谛的价值在于“解说”胜义，这点十分关键。通过世俗言说向众生传达离言的胜义真实，这里突出的只是世俗谛的言说教化功能，而没有涉及存在的层面，并未进一步承许世俗有的合理性。因此，至少在龙树的文本中找不到承认世俗假有的明确证据。可惜佛护对该颂的释文没有流传，但是在其第 22 品释文的末尾引用了这一颂，并且接着说：

> §21（307）这里，以世俗谛而说“瓶存在”“篱笆存在”，还以此[世俗谛]说它们是无常，所谓“瓶碎了”“篱笆烧了”。而当思考真实之时，瓶和篱笆都是假托所施设，是不可能有的，认为它们碎和烧的见解怎么可能合理呢？再者，依于世俗之力也说如来无常，所谓“如来老了”“如来涅槃了”，当依胜义思考之时，如来是不可能有的，认为[如来]老和涅槃的见解怎么可能合理呢？

这一段所突出的也是以世俗谛来说，而非“在世俗上有”，而且这段话的目的在于，世俗谛所说皆是虚妄，所说的事物是不可能有的。在其他地方，佛护也多次用到“世间言说”（lokavyavahāra）一词，表达的意思都是依世俗说，而非依世俗有，例如：

§22(252) 因此，当作世间言说事的时候，世间公认为是实(tathyam)的东西，世尊也说它是实，世间公认为不实(atathyam)的东西，世尊也说它不实，世间公认为既实又不实的东西，世尊也说它既实又不实。这样就好像，有两个城市居民为某事而前往一个城市，进入一座神庙去参观，开始观看[壁]画。其中一个人说："这个手执三叉戟的就是那罗延天，这个手执轮盘的就是大自在天。"另一个人说："你认错了，手执三叉戟的是大自在天，手持轮盘的是那罗延天。"两人发生争论，便去找住在旁边的出家人，礼敬之后向他说明了各自的想法。这个[出家人]对一个人说："你所说属实(satya)。"对另一个人说："[你所说]不实(asatya)。"这里，虽然这个出家人知道，此处并没有任何大自在天，也没有那罗延天，那些只是附在墙上的绘画，然而依于世间言说之力，说"此属实""此不实"并没有妄语的过失。同样，世尊虽然见到诸事物自性是空，依于世间言说之力也说此是实，此不实，此既实又不实。

由此可见，佛护所强调的世俗谛的价值是沟通教化。真实的情况是不存在所说的事物，而为了教化众生需要暂时与其达成言说上的一致，这就是上一节所说的建立言说合理性的意义所在。通过这一合理性，也就是依于世俗言说之力，就可以向众生解说胜义，而解说的内容恰恰是世俗所见一切法都不存在，唯是言说。为了沟通方便对世俗言说暂加以利用，不等于承认世俗中所说事物的外在性和存在性。言说合理性与存在合理性之间有一道鸿沟，没有明确的文本证据表明龙树或佛护曾经跨越过去。

(六) 结论与思考

讨论至此，中观古学的几个概念模块已经咬合形成闭环，无自性是说如凡夫所感所知那样的事物都毫不存在，体现了认识论虚无主义。对无自性的推导需要基于凡夫对缘生现象的认同，而推导的结果是，这些事物在外部世界毫不存在，只是概念网络之中的假托施设，这就是甚深缘起理。既然事物不存在，也就没有其有、无、断、常，即契入中道。而传达这一道理又须通过言说，目的是让听众解悟其所见的一切原是毫无所有。在中观古学的这一体系之中，笔者没有见到支持"世俗上承认假有"的文本证据，也看不出有这个必要。

但是，很难说所有的疑问在古学文献中都得到了解决。例如，虽然依于言说施设言说的"假托施设"概念和凡夫所认识的存在断开了连接，但其合理性是否暗示了另一种意义的存在？佛护也有过一些暗示，例如：

§23(304) 如来是假托所施设,怎么可以说是有是无呢?[……] 作为假托所施设的如来,又怎么可以说是无呢?正如无花果树的花是无,就没有施设。[……] 因此,这样的如来远离了有、无的观点,不可以住此世者而缘取如来,对此的愚痴缠绕其心,真实见就隐而不现。

"无花果树的花"应与"兔角"喻意一致,那么这段似乎是说假托所施设的言说并非如兔角一样毫不存在,末句也似乎暗示了如来的另一种存在,但缺乏清晰的说明。类似的表述还有:

§24(179) [佛]说的"性欺诳者"即是虚妄,如果[这]就是说"性欺诳者即是无",那么请你回答:没有了性欺诳者,这里何者成欺诳?因为,既然无有谁成欺诳?如果也可以成欺诳的话,那么兽主派行者与无系派行者的财物也可以被盗贼所侵害。

一切有为法以欺诳为性,欺骗凡夫执为实有,这与假托施设的概念相通。这里的比喻也与"兔角"类似,因为兽主派和无系派都不蓄财物。那么这段是在说欺骗凡夫的虚妄显现并非毫无所有,但具体有什么则缺乏进一步说明。应该看到,这类例子中所暗示的存在并非凡夫所认识到的事物,凡夫所臆造出来的事物仍然毫不存在,所以并不影响认识论虚无主义的基调。

此外,在不做本体论预设的情况下如何建立道德伦理?这在现存中观古学文献中也难以找到特别明确的解释,常见的回应往往是无穷消解,例如佛护说:

§25(251) 有人说:如果一切事物等同于涅槃,法与非法就没有差别,岂不是一切努力都没有意义?回答:如果你如实而观,还会认为有努力吗?[……]对于心智愚痴者,努力是有的,而对于观见真实性者,没有任何所作之事。

这样的回应也许能够在辩论中立于不败之地,但其实践指导意义毕竟不甚明了。考虑到中观古学是对般若空观的最初阐释,现存文献也十分有限,也许我们难以期望从其中拼出一份清晰完整的思想实践地图。也许正是由于这一点,中观今学重新定义二谛框架以承认世俗假有,从而改变了中观古学的认识论虚无主义的属性。同时也应该看到,当清辨的中观今学蔚然成形之时,另一大乘理论体系已经存在了逾一个世纪,即瑜伽行派。

笔者认为,唯识古学对遍计所执自性的否定在相当程度上继承了中观古学的认识论虚无主义。唯识学中的依他起自性常被用来对应于中观今学所承许的世俗缘起,于是就有了中观"真无俗有",瑜伽"真有俗无"的说法,笔者认为这是概念的混淆。中观今学的世俗假有是言说所显,而唯识的依他起是离言自性

(nirabhilāpyasvabhāva)。中观古学对离言世界基本保持静默，既不说有也不说无，而唯识学则先示其离言，继而施以名言说为实有，我理解这种做法在早期是以指导瑜伽实践为导向，而非纯为哲学建构。

唯识学选择在龙树所破斥的言说自性(abhilāpyasvabhāva)之外另立离言依他起，就可以在继承龙树批破世俗所见诸法的同时，以阿赖耶识缘起另行构建伦理和实践体系。由此所建立的因果是离言的真实因果，不同于中观今学依世俗谛而承许的假有因果。这样看来，这两条道路都可以视作中观古学基础之上的发展，不同之处在于，5 世纪兴起的唯识古学以三性框架继承了中观古学的认识论虚无主义对所感所知世界的“颠覆”，再另立离言的赖耶缘起以替换被龙树消解的世俗因果，用以指导观修实践；而 6 世纪以降的中观今学则重新定义二谛框架进行内部调配，在世俗假有的层面上“挽救”世界，从而走向“缘起有自性空”的反本质主义。

五、关于归谬论式的争议

清辨的《般若灯》曾二十余次批判《佛护》释文，月称在《明句》中又反批清辨而支持佛护，本书在译注部分中均已注出。由于这些公案牵涉太广，这里拟不展开讨论，仅就其中有关归谬论证的争议略作梳理。[1]

归谬论证(prasaṅga)即不自立论，通过推导出敌方命题的自相矛盾之处而破敌论。这种论证方法往往基于敌方命题导出与常识相悖的荒谬推论，即“若如你所说则应成某种过失”，所以也有将 prasaṅga 译作“应成”。这样，敌方一方面不得否认基于其主张的推论，另一方面又不得否认常识，导致自相矛盾。

龙树的《中论颂》中大量使用了归谬论证，《佛护》追随龙树的方法补充了许多归谬论式，而清辨对佛护的二十余次批判之中有近半数就是针对其所补充的归谬论式，其中又有五处使用了“归谬论式翻转”(prasaṅgaviparyaya)的方法。[2]

(一) 清辨对龙树归谬论式的翻转

对于龙树的归谬方法，清辨也是认同的，但受陈那因明学体系的影响，清辨认为归谬式的合法性在于与之等价的符合因三相的比量论式，也称“自续比量”

[1] 笔者曾就该节中的因明学问题向王俊淇博士请教，谨致谢忱！

[2] 五处在藏译中的位置及其所针对《佛护》段落在本书的位置：① D 49a5–b1(参第 9 页注 1)，② D 50a5–b1(参第 9 页注 2)，③ D 53a5–7(参第 9 页注 3)，④ D 60b2–7(参第 19 页注 1)，⑤ D 135a7(参第 151 页注 2)。

(svatantrānumāna)。《般若灯》多次将龙树的归谬式翻转改写作比量论式以疏通其理路，以下摘译一例[1]：

《般若灯》(D 70b4–71a1)：

再者，如果从胜义上讲行者和行动成立的话，则或为一或为异，而这是不可能的，怎么说呢？这应作[如下]考察：

彼行动即此行者，此说当是不合理。
异于行动有行者，此说亦是不合理。(《中论颂》2.18)

此[颂]立二宗，如果问为什么不合理，[则回答:]

因为如果彼行动，本身就是此行者，
将致作者、所作业，成为同一之过失。(《中论颂》2.19)

这样，由于这里是一个归谬论式，可以翻转论题之义，就有了显现翻转后意义的句义，正如，[归谬式:]如果声是常，则导致瓶也是常的过失，而瓶是所作的，是无常的，不可认许为常。所以，[翻转后的论式]就是，[宗:]声是无常，[因:]因为是所作，[喻:]如瓶。因此，依据这里[显现翻转后意义的]句义，[翻转后的]论式(prayogavākya)就是，[宗:]从胜义上讲(paramārthataḥ)，行者与行动非一，[因:]因为[二者]是作者和业，[喻:]如割者与割[的动作]。[这样就是,]说了行者和行动非一，却不说二者是异。[2]

归谬式翻转的初型见于陈那《集量论》(*Pramāṇasamuccaya*)，是将归谬论式的间接论证(āvīta)改写为等价的直接论证(vīta)，即符合因三相的比量论式，从而为归谬式提供逻辑保证。[3] 上述引文中龙树的归谬式可以写作：

宗：行者与行动非一，因：(若是一则)有成为一体的作者和业。

归谬式中的因不可能符合因三相之第一相——“遍是宗法性”。例如这里的因是“成为一体的作者和业”，它不是“行者与行动”的属性，所以不是宗法。按照陈那的方法可将这个归谬式改写为：

宗：行者与行动非一，因：二者是作者和业。

这里“作者”和“业”是行者和行动的属性，所以构成比量论式。

---

1 除此例之外，清辨对龙树偈颂的归谬式翻转还见于 D 96a5–6(针对 6.1 颂)，130a3–6(10.1 颂)，134a7(10.9 颂)，140b7–141a1(11.3 颂)等。

2 笔者译自藏译本。汉译参《般若灯论释》卷 3(T 30, no. 1566, 63b22–c7)，其译文有错谬。

3 详细讨论参Watanabe 2013; 王俊淇2021, 82–83，笔者将 viparyaya 译作“翻转”即承自王俊淇文。

上述清辨的释文有两点值得注意。首先，宗上添加了“从胜义上讲”的简别语，这是为了将龙树对事物的破斥约束在胜义的层面。该颂是要证明行者和行动不成立，而按照清辨的理论，二者只是在胜义上不成立，在世俗上是成立的。其次，上述引文末句说明，清辨将龙树宗题中的否定词理解为表“无余否定”(prasajya-pratiṣedha)，即否定一事而不暗示对另一事的肯定，否定“一”不等于承认“异”。与这种否定形式相对的是“有余否定”(paryudāsa)，即对一事的否定暗示对另一事的肯定。[1] 清辨认为将龙树的归谬式翻转之后，宗题仍然是无余否定。

(二) 清辨对佛护归谬论式的批判

佛护为《中论颂》开篇第 1.1 颂中“事物不自生”的论题补充了一个归谬论式(参本书第 9 页)，成为清辨批判的首个靶点。《明句》全文引述了清辨对佛护的批判，使得这一公案有梵本可考，以下依梵本译出。

《明句》(PsP_M §§22, 23, PsP_L 14.1–15.2)≈《般若灯》(D 49a5–b1)：

而佛护阿阇黎说：“事物不从自生，因为[若是这样]它的生起就成了无意义，而且[会导致]无穷尽的过失。因为，以自体而存有的事物，没有再次生起的必要。如果已有而还能生起，则无时不生。”

对此有一些人(清辨)批破道：“这不合理，因为没有说出因和喻，以及没有回应对方(数论)所言的过失。而且，因为[佛护所说的]是一个归谬论式(prasaṅgavākya)，通过论题之义的翻转(prakṛtārthaviparyaya)，就显现出翻转后的(viparīta)所立(sādhya)与其属性(taddharma)，这样就是：“事物从他者生起，因为生起有果(janmasāphalya)，以及生起有止灭(janmanirodha)。”便与[佛护]所持观点相违。[2]

清辨先是批评佛护的论证不符合三支比量的格式，以及没有遣除数论所指出的“不从自生”所必然导致的两点过失。[3] 这些都与当前的讨论关系不大，我们来看清辨对佛护归谬论式的指责。佛护的归谬式可以写成(简洁起见，略去“无穷尽”一个原因)：

宗：事物不自生，因：(若事物自生则)其生起无意义。

---

[1] 关于两种否定另参王俊淇 2021, 85–86。

[2] 参《般若灯论释》卷 1(T 30, no. 1566, 52c11–16)：有異釋曰：諸法無有從自體起，彼起無義故，又生無窮故。彼不相應。此義云何？以不説因及譬喻故。又不能避他説過故。此破顯示顛倒成就過。云何顛倒？謂從他起體過，及生有果過，又生有窮過故。違悉檀多故。

[3] 这两点过失是清辨站在数论立场上所设计的质难，随后从自身立场予以回答(《般若灯》D 49a3–5; T 30, no. 1566, 52c5–11)，梵本引用于《明句》[PsP_M §27; PsP_L 16.11–18.1])。

这里的因是“无意义的生”，它并非事物的属性，而恰恰是事物不可能有的属性，所以不是宗法。通过翻转就可以使符合要求的因现身。如果按照陈那的翻转方式，应写作：

宗：事物不自生，因：其生起不是无意义。

根据因的第一相，翻转之后就等于承认了“非无意义的(= 有意义的/有果的)生起”是事物的属性，也就等于承认了事物有生起，只不过这个生起不是从自身。那么按照《中论颂》1.1给出的选项，就只剩下从他生、自他共生和无因生三个选项[1]。这样也就等于说，翻转之后宗题中的否定词只能理解为有余否定，否则这个比量式就不成立。这样也就必然和龙树以及佛护的“事物无生”的根本立场相矛盾，这正是清辨所诟病之处。在注释1.1颂时，《般若灯》(D 48b6)特别申明“(颂中)‘不自生’的否定应被视作无余否定的意义”。然而翻转之后的论式却断绝了这一可能性。

可能是为了凸显佛护归谬式的问题，清辨在表述翻转后论式的时候，直接把“事物不从自生”的宗题替换成“事物从他生”。[2] 清辨以“生有果”代替“生不是无意义”则是同义替换，于是，如上引文，清辨将佛护的归谬式翻转改写为：

宗：事物从他生，因：生起是有果的。

因此，表面上看清辨似乎奉行双重标准，以无余否定来理解龙树的偈颂，却以有余否定来理解佛护的归谬式。[3] 实则这是由翻转后的论式构成所决定。这样，也就没有必要为清辨的翻转法赋予不同于陈那的含义。[4]

由上可见，清辨并不反对归谬论式，而是认为归谬论式是比量论式的一种表现形式，前者的合理性由后者来保证，须通过将前者翻转为后者来校验。在《般若灯》之中，龙树的归谬式都通过了这种校验，而佛护释文中则至少有五个归谬式没能通过校验。

---

[1] 斎藤明(Saito 2019, 20)指出还有一个选项是“事物无生”，而这一选项不可能出现在翻转之后的论式中。

[2] 清辨没有提及另外两个选项，很可能是为了简洁，而非斎藤明(Saito 2019, 20)所认为的逻辑缺陷。因为，后面《般若灯》(D 50a6)批判佛护的“不从他生”归谬式的时候，清辨就将宗题替换为“事物或自生或共生或无因生”。

[3] Ames(2003, 54)即是这样看待清辨。

[4] 例如Seyfort Ruegg(2000, 253, 262–263)认为清辨的翻转并非逻辑的等价转换而是夹带了有余否定。

（三）对清辨逻辑方法的审视和思考

《明句》在引用前述清辨对佛护的批判之后，又展开对清辨的批判并支持佛护，其篇幅大而牵扯广，这里无法详细讨论，仅结合其中要点略谈一下笔者对清辨逻辑方法的疑问和思考。

首先，清辨用逻辑翻转来发掘佛护归谬式中的矛盾，同一方法是否可以用来找出龙树颂文中归谬式的矛盾？《般若灯》中回避了这一问题，由清辨所展现的龙树归谬式似乎总能通过校验。然而，龙树的根本立场可以表述为一切事物在胜义上皆不成立，而清辨在翻转后的宗题上添加了“从胜义上讲”的简别语，陈那体系的比量论式本身又隐含着承许甚至是实在论预设，因此，找到翻转后的论式与龙树根本立场之间的矛盾应该并不困难。

其次，清辨所作的归谬式翻转，是否真的与翻转前的原归谬式等价？一方面，月称引用提婆《四百论》和龙树《回诤论》中的偈颂，强调中观论者只会针对敌方论题进行归谬，而不拥有自己的比量，[1] 也就等于从自己一方对所有翻转后的比量式不予承认，更不会将之视作归谬式的逻辑保证。因此，对于月称来说翻转后的比量式与原归谬式是不等价的。另一方面也应看到，月称并不反对将比量（包括由归谬翻转来的比量）仅应用于敌方。[2]

上述这些问题涉及中观甚至整个大乘佛教后期的理论格局。在清辨的时代，陈那所掀起的因明学革命为包含佛教在内的整个印度思想界带来一种新的“学术范式”，清辨在《般若灯》中所展现的对比量论式的执念可以视作对此潮流的一种因应，后世有众多论师追随这一做法。然而，大乘理论原是以“空”立宗，陈那的因明学也许应视作带有实在论意味的一种“异化”，却直接推动了唯识今学与中观今学两个潮流的产生。

1 参《明句》（PsP_M §§25, 26; PsP_L 16.1–10）。

2 参《明句》（PsP_M §35; PsP_L 23.3–24.6），相关讨论参王俊淇 2020; 2021, 87–88。

译法与体例

梵藏底本

本译文主体依《佛护》藏译本(D 3842, P 5242)译出，以斎藤明的四版对校本(Saito 1984)为底本，在页边处标出对应的斎藤明校勘本(St)、德格版(D)和北京版(P)的页码，在译文中以“▾”指示相应藏文版本的换页处。

对于《佛护》梵文残本所涵盖的部分(约为本译文的八分之一)，直接依梵本译出，遇梵本与藏译有差异则以脚注说明。梵文段落附于页面下方，在页边处标出对应的梵本叶号，以“▾”指示换叶处，以“▿”指示所推测的换叶处。

基于中国民族图书馆所藏更为清晰的写本缩微胶卷，本书所附的梵文本在拙著 2011b 的基础上作了进一步修订，为便于阅读，对正字、连声和标点作了规范，去除了大部分写本学校勘符号，仅以斜体表示笔者的构拟。梵文本及脚注中所使用的校勘符号见本书第(3)页。

牒引颂文

对于佛护释文中的牒引颂文，先出今译，再附梵本和鸠摩罗什汉译，文本勘定依《佛护》传本。较之拙著 2011a(文本勘定依《无畏》传本)，本书的今译和梵文本作了少量修订，增补了哲蚌寺藏《中论颂》梵本($MK_{Ms\,Dr}$)的一些异读。

诸品标题

《中论颂》梵本有不同传本，由于但不限于这一原因[1]，各家注释汉藏译本的品题并不完全一致。对这些品题的梳理应以不同传本和译本体系为基础，而非比较各个名称的优劣。[2] 本译文的品题依据《佛护》梵文残本和藏译本译出，在脚注中列出梵藏汉各个文本中的品题。

汉语译注

《佛护》藏译的最后五品释文与《无畏》藏译差异很小，应是以《无畏》文本补《佛护》之缺[参本书第(9)页]。笔者有计划将来译出《无畏》全本，因此本书只译出《佛护》的第 1–22 品。

本译文参考了多种前人的现代语译本[参本书第(10)页]，请恕文中难以一一具名。笔者所采用的翻译方法是，先通过《佛护》藏译尽力推测其梵文原本的用

---

1 斎藤明(1987a, b; Saito 1995)指出《中论颂》诸家注释的的藏译流程是先译出《观誓》，然后将其偈颂译文代入《无畏》《佛护》和《般若灯》，这一过程可能也对品题作了统一。

2 陆辰叶(2020, 60–61)对拙著 2011a 的品题拟定提出商榷意见，似未注意到拙著的文本勘定是以《无畏》传本为标准。

词和句法结构，然后在此基础上组织形成汉语译文。力求忠于原文而少作修饰，为疏通文义而添加的字词置于“[ ]”之中，“( )”之中注出梵文词均为笔者所构拟。对于非专有词汇以及句法行文，以现代语体译出。对于专有术语则尽量承袭古译，尤其是玄奘的译例，只有在古代译词容易产生混淆或误解时才启用新词，参本书第 317 页的中文词汇索引，其中笔者译语与古译有明显差异者均已注明。下面（表 1）列出未包含在索引中的三个动词的译法：

表 1　古今译语对照

梵文（构拟）	藏文	古译	今译
upa-√pad	’thad pa	应理	可能，容有，合理
pra-√sañj	thal bar ’gyur ba	应，成失	导致……的过失
vi-/pari-/pra-/√kḷp	rtog pa/rnam par rtog pa/ yongs su rtog pa	分别	构想，计执

本译文的脚注部分主要包含以下内容：

（1）追索引文。录出引文的梵语、巴利语平行本及古代汉译；

（2）比证类文。录出《明句》及其他梵语材料中类似段落的梵语原文，遇佛护对《无畏疏》不具名引用或仿写，注出德格版《无畏》的相应位置；

（3）罗列异解。列举和摘译诸家注释对偈颂字词文脉的不同理解；

（4）辨析概念。摘译和辨析诸家注释对关键或难解概念的定义和阐释；

（5）标示争议。遇《般若灯》批判《佛护》以及《明句》反批清辨而支持《佛护》之处，注出德格版《般若灯》和梵本《明句》的相应位置，但不作义理展开。

条件句的译法

《佛护》中的条件句多以 *yadi*（藏 gal te）引导，有时伴有 *syāt* 等祈愿语气的动词表虚拟，一般译作“如果……就”或“若……则”，如下例（以下例文均在有梵本可参的段落中选出）：

梵：*yadi hi cchādayet paravat tamo ’pi nôpalabhyeta | tamaso nôpalabdhir nityaṃ bhāvopalabdhiḥ syāt | na ca nityam upalabhyante bhāvāḥ tasmān na tamaḥ sva-parātmānau cchādayati |* （本书第95页）

藏：*gal te sgrib par byed na ni gzhan bzhin du mun pa nyid kyang mi dmigs par ’gyur ro || mun pa mi dmigs na ni dngos po rnams rtag tu snang bar ’gyur ba zhig na | dngos po rnams rtag tu mi snang bas de’i phyir mun pas ni rang dang gzhan gyi dngos po dag sgrib par mi byed do ||* (St 96.7–10)

汉译：因为，如果[黑暗]能遮蔽[自体与他体]的话，则黑暗将会与[被遮蔽的]他物一样不可见。黑暗不可见就是事物永远可见。而事物不是永远可见，因此黑暗不能遮蔽自体和他体。

很明显，这段话中的逻辑结构是：若 p 则 q，今非 q，故非 p。这里 *yadi* 引导的是充分条件。然而，《佛护》中有同样的句式表示不同的逻辑结构，例如：

梵：*yadi kiṃcid aśūnyaṃ prasiddhaṃ syāt / tatpratipakṣam api śūnyaṃ kiṃcana syāt / yadā sarvathā parīkṣyamāṇaṃ na kiṃcid aśūnyam upapadyate / asaty aśūnye kuta eva śūnyaṃ bhaviṣyati /* （本书第183页）

藏：*gal te mi stong pa cung zad cig rab tu 'grub par gyur na ni / de'i gnyen po stong pa yang cung zad yod par 'gyur ba zhig na / gang gi tshe rnam pa thams cad du brtags na mi stong pa cung zad kyang yod par mi 'thad pa de'i tshe mi stong pa med na stong pa yod par ga la 'gyur /* (St 184.19–22)

汉译：有一些不空的东西成立，才会有作为它对立面的空的东西。经过一切形式的考察，不可能有任何不空的东西，没有不空者，怎么会有空者？

在这段话中，如果仍然把 *yadi* 理解为引导充分条件的话，p＝有不空者，q＝有空者，末句反问理解为否定，其逻辑结构就成了：若 p 则 q，今非 p，故非 q。这样就犯了否定前件的形式谬误。如果这段话没有错误，就只能将 p 理解为必要条件：仅当 p 则 q（＝若 q 则 p），今非 p，故非 q。这样的话，*yadi* 就须译作"只有……才"[1]。为了行文流畅，上面的译文中省略了"只有"，只保留"才"。再看一例：

梵：*syād bhāvasvabhāvo yadi bhāvānāṃ saṃsarga evôpapadyeta / nâiva sa bhāvānāṃ saṃsarga upapadyate / kuta eṣāṃ svabhāvo bhaviṣyati /* （本书第189页）

藏：*gal te dngos po rnams kyi phrad pa nyid 'thad na ni / dngos po rnams ngo bo nyid yod par 'gyur ba zhig na / dngos po rnams kyi phrad pa nyid mi 'thad pas ngo bo nyid yod par ga la 'gyur /* (St 187.11–13)

汉译：只有在事物有和合的情况下，才会有事物的自性，然而事物不可能有这个和合，哪里会有它们的自性呢？

可见，《佛护》的梵藏文本中 *yadi/gal te* 所引导的条件句既有可能是充分条件（含充分且必要条件），也有可能是必要条件（含必要且充分条件）。事实上，梵文中其他一些对条件句的表示方法，例如 *yadā* 以及独立依格等，也有类似的混同现象。虽然印度因明学对上面讨论的两种逻辑关系有明确的认识，但是很多时候在行文中并不作区分。译为汉语时，就只能根据上下文的逻辑结构在"如果……就"和"只有……才"之间做选择，这也是本译文的做法。

[1] 斎藤明（Saito 1984, xxvi–xxvii）曾指出这一点，表述为"if"和"only if"的译语区别。

#《中论佛护释》梵文残叶

9a

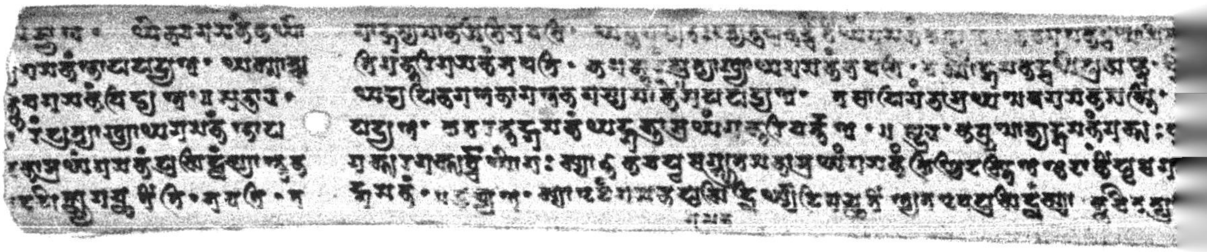

9b

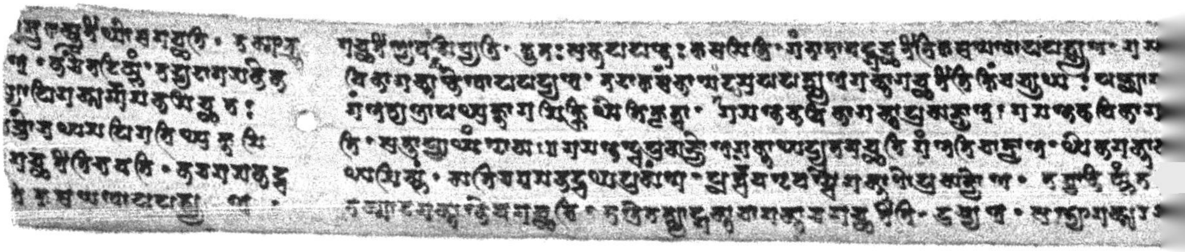

10a

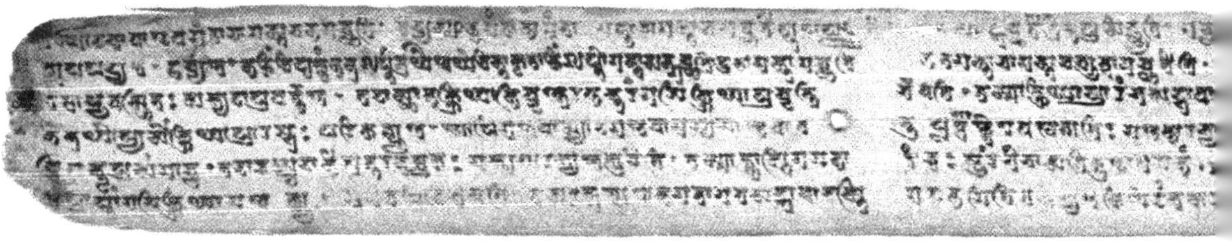

10b

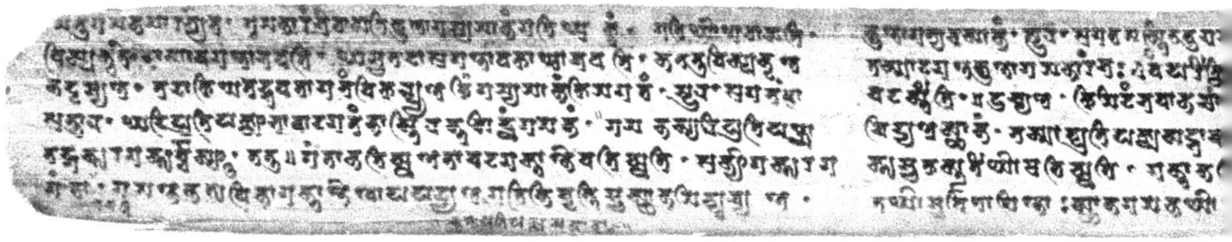

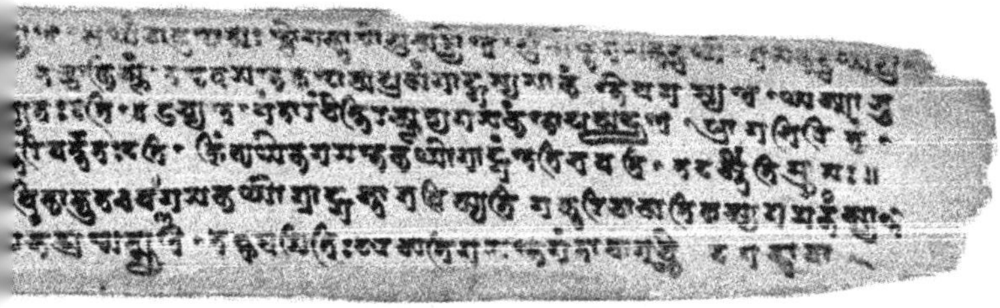

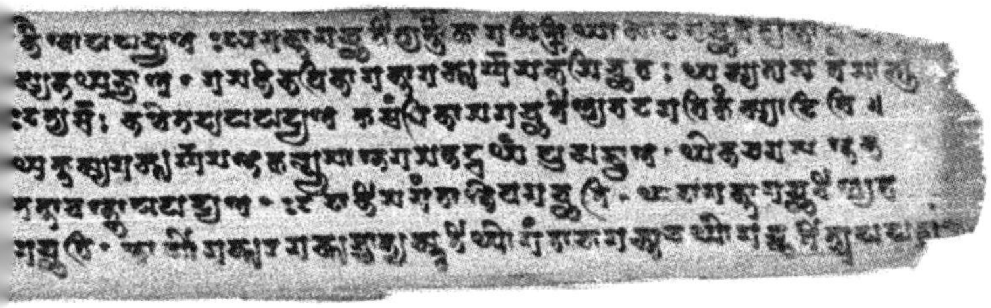

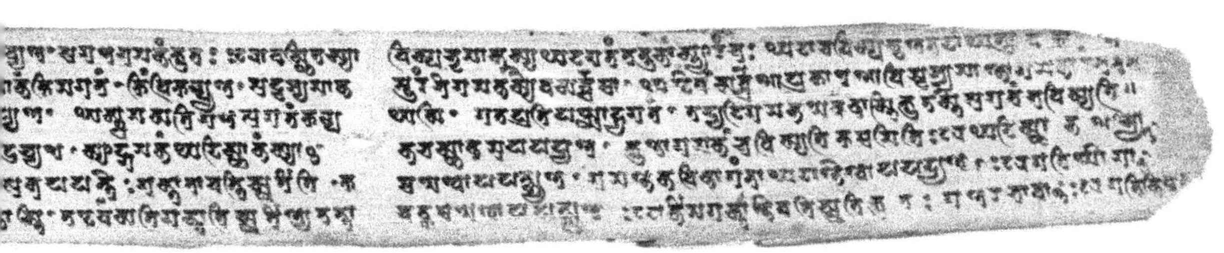

译　注

梵语作 *Buddhapālitamūlamadhyamakavṛtti* D Tsa 158b1

藏语作 *Dbu ma rtsa ba'i 'grel pa Buddha pā li ta* P Tsa 178b3 St 1

礼敬三宝！礼敬文殊师利法王子！礼敬圣龙树阿阇黎！礼敬大德佛护阿阇黎！

皈敬颂

如是，阿阇黎[龙树]欲说缘起(pratītyasamutpāda)，怀着如实观见缘起之甚深性而惊异之心，由净信所生泪水盈动双眼，身上毛发尽竖，手掌合什于顶，说出宣示胜义(paramārtha)的这一偈颂，所谓“法身即是诸如来”，犹如立于[如来]前，向如来师尊致以有如是原因[1]的敬礼——

无有灭亦无有生，无有断亦无有常，
无有一亦无有多，无有来亦无有去。
佛说[如是之]缘起，戏论息灭是至善，
是诸说者中最胜，于彼我致恭敬礼。（皈敬颂）

[梵] *anirodham anutpādam anucchedam aśāśvatam |*
anekārtham anānārtham anāgamam anirgamam ||
yaḥ pratītyasamutpādaṃ prapañcopaśamaṃ śivam |
deśayāmāsa sambuddhas taṃ vande vadatāṃ varam ||

[什] 不生亦不滅，不常亦不斷，不一亦不異，不來亦不出。
能說是因緣，善滅諸戲論，我稽首禮佛，諸說中第一。

对于那些迷失于主张“自在天”(Īśvara)、“时”(kāla)、“微尘”(aṇu)、“本性”(prakṛti)、“自性”(svabhāva)等等戏论稠林的世间人，[2] 他(佛陀)说此“缘起”之甚深胜义谛(paramārthasatya)[3]，无有灭亦无有生，无有断亦无有常，无有来亦无有去，无有多亦无有一，是一切戏论的息灭，是趣入涅槃城的至善(śiva)正道，向说此[缘起]的这位正等觉、诸说法者中之最胜者，敬礼！ P 179a St 2

世尊觉一切外道异论者愚妄蒙昧，对于像盲人乱摸一样的世间人宣说缘起，阿阇黎[龙树]见此，称之为“诸说法者中之最胜者”。所谓“无有灭”(*anirodham*)，即此中无有灭(nâsya nirodho 'sti)，其余语句也应该这样组织。此颂犹如经(sūtra)，该论的其余都是在解释它。此颂根据[对方]对名言的执著而分门，却未依照次序。[4] D 159a

---

[1] 原因指佛说了缘起即无生，故而礼敬。

[2] 参《无畏》(D 29b3–4)：他(佛陀)所要教化的众生，错误地认为“自在天”(Īśvara)、“神我”(puruṣa)、“二者”(ubhaya)、“时”(kāla)、“本性”(prakṛti)、“决定”(niyata)、“自性”(svabhāva)、“变化”(vikāra)或“微尘”(aṇu)是因。《明句》(PsP_M §41; PsP_L 26.5–6)：*nêśvarakālāṇuprakṛtisvabhāvasambhūtaḥ*。

[3] 关于“缘起”为胜义谛，参拙文 2017, 149–153，以及本书导论部分第(15)页。

[4] 指先说“灭”而后说“生”，与本论第一品先谈缘生的展开次序不符。

[问:] 那么,[龙树]讲授缘起的目的何在?

答:阿阇黎以悲为体,见众生众苦煎迫,为使之解脱,意欲开显事物(bhāva)的真实性(yathābhūtatā),所以讲授缘起,所谓:

见非真实则缠缚, 见真实者则解脱。(《佛所行赞》16.77ab)[1]

St 3 [问:] 什么是诸事物的真实性?

P 179b 答:无自性性(niḥsvabhāvatva)[2]。愚者被愚痴之暗昧障蔽慧眼,计执诸事物有自性,对于这些[事物]生起贪著和嗔恨。若人以缘起智之光明,消除愚痴之暗昧,以般若之眼目,观见事物的无自性性,此时,没有了依处,他的贪著和嗔恨就不会生起。比如,对于某个女人的倒影,生起"这是女人"的觉知,则生起爱染,由于与之交合的心思,对于这[倒影]生起计执。而如实了知之时,即无女人的觉知,远离贪著而深生羞愧,就会耻笑自心于无所依之处生起贪著。世尊也曾说:

D 159b 诸比丘!女人于内不观想(samanupaśyati)女根,诸比丘!若是女人,于内不观想女根……[3]

其后广说[从略]。因此,圣提婆(Āryadeva)阿阇黎也说:

有体之种(bhavabīja)即是识,境界是其所行境,
若见境界无我体,有体之种即断离。(《四百论》14.25)[4]

因此,阿阇黎[龙树]正是为了显示事物的无自性性,而讲授此[缘起]。

St 4 此处有人说:既然知一切、见一切、有大悲的如来,已经亲自在各处以各种方式宣说开显了缘起,此处再次讲授的目的是什么呢?

---

[1] 梵本不存,Datar(1951, 131)重构为 *abhūtadarśanaṃ bandho vimokṣo bhūtadarśanam* /, 汉译(T 4, 32c15–16):不實見所縛,見實則解脱,世間攝受我,則爲邪攝受。《佛所行赞》藏译(D no. 4156, 61b6):*mi bden par mthong 'ching ba ste* // *bden par mthong ba rnam par 'grol* // *bdag yod ces ni 'jig rten 'dir* // *rab tu 'jug 'di bden min 'dzin* //。

[2] 关于"无自性性"的概念参拙作 2017, 149, 153。

[3] 参《增支部》(AN 7.48, §§3–4):

kathañ ca bhikkhave visaṃyogo hoti? itthī bhikkhave ajjhattaṃ itthindriyaṃ na manasikaroti itthikuttaṃ itthākappaṃ itthividhaṃ itthicchandaṃ itthissaraṃ itthālaṃkāraṃ. sā tattha na rajjati. tatra nābhiramati, sā tattha arattā tatra anabhiratā bahiddhā purisindriyaṃ na manasikaroti purisakuttaṃ purisākappaṃ purisavidhaṃ purisacchandaṃ purisassaraṃ purisālaṃkāraṃ.

笔者译文:诸比丘,如何是离系?诸比丘,女人于内不作意女根,以及女性行为、女性姿态、女性骄慢、女性欲望、女性声音、女性装饰。她不染著于彼,不喜乐于彼。她于彼不染、于彼不喜,于外不作意男根,以及男性行为、男性姿态、男性骄慢、男性欲望、男性声音、男性装饰。

[4] 梵本不存。玄奘译《广百论本·破边执品》(ZY 2-17, 7b3 [6, 598]; T 30, no. 1570, 185c10–11):識爲諸有種,境是識所行,見境無我時,諸有種皆滅。

回答：如来确实已经亲自宣说开显了缘起，▼然而，是依世间言说（loka- P 180a
vyavahāra）之力，用"生"等名言来宣说开显的。而现在仍有一些人执著名言本身，不理解甚深缘起，认为：诸事物还是有的，因为有"生""灭""去""来"这些说法的缘故，总得有点东西，才能思维其常、断、一、异，而对于兔角等不存在的东西，就不会产生这些[说法]。为了向有此想法的这些人开显缘起的自性（svabhāva），阿阇黎[龙树]就以道理（yukti）和教量（āgama）为首，讲授此[缘起]。而且，正是因为如来已经宣说开显了缘起，所以阿阇黎来讲授才合理，哪有[如来]从未宣说开显却要讲授[的法]？世间的论著也是由先师开显再由其弟子讲述，所以，阿阇黎[龙
树]的▼讲授是合理的。 D 160a

此处有人说：为什么破斥"灭"等八项？▼只说"无有灭亦无有生，无有断亦无有 St 5
常"，不就足够了吗？

回答：主张事物有自性的人们，依于言说之力，经常以"灭"等八个词显示事
物是有，所以破斥"灭"等八项。▼同样，无论谁来思考真实性（tattva）或进行争论， P 180b
都是依"灭"等义而思考和进行[争论]。

这样，先说有一些人（毗婆沙师）认为："一切事物具有生灭属性（udaya-vyayadharmin），刹那相续而生起"。另一些人（数论）说："本性（prakṛti）与神我（puruṣa）二者是常。"[1] 一些人（胜论）说："地等九种实（dravya）是常。"[2] 还有一些人（耆那教）说："法（dharma）、非法（adharma）、虚空（ākāśa）、时（kāla）、补特伽罗（pudgala）、命我（jīva）等六种实是常。"[3] 同样，还常常有命我与身两者、火与燃料两者、因与果两者、德与具德两者、部分与整体两者，是一还是异的争论。同样，有人（数论）说："具有德（guṇa）与事（kriyā）者与细身（liṅga）有流转（saṃsarati）。"[4] 其他人（胜论）说："微尘（aṇu）与意（manas）有运动。"[5] 还有人（耆那教）说："命我与补特伽罗两者有运动。"[命我]也被认为是成就之后而上行。[6] 因此，
由于[上述]思考真实性和进行争论的缘故，对"灭"▼等八项进行破斥。 St 6

---

[1] 参《数论颂》3（*Sāṃkhyakārikā*, ed. Mainkar 1964, 9），汉译见姚卫群 2003, 146, 另参《金七十论》（T 54, no. 2137, 1245c9–10）。

[2] 参《胜论经》1.1.4（*Vaiśeṣikasūtra*, ed. Jambuvijayaji 1961, 2.12–13）：*pṛthivy āpas tejo vāyur ākāśaṃ kālo dig ātmā mana iti dravyāṇi |* 汉译参《胜宗十句义论》（T 54, no. 2138, 1262c19–21）：實句義云何？謂九種實名實句義。何者爲九？一地、二水、三火、四風、五空、六時、七方、八我、九意，是爲九實。何欢欢 2020, 80: 地、水、火、风、虚空、时间、方位、我、意就是实体。

[3] 参《谛义证得经》5.1–4, 38, 39（*Tattvārthādhigamasūtra*, ed. Jaini 1920, 109–112, 122–123），汉译见姚卫群 2020, 32–33。

[4] 参《数论颂》10, 11, 40（*Sāṃkhyakārikā*, ed. Mainkar 1964, 29, 33, 108），汉译见姚卫群 2003, 150, 161, 另参《金七十论》（T 54, no. 2137, 1247a17–18, b17–18; 1255a5–6）。

[5] 藏译原文作 *mi 'gro'o* "不运动", MacDonald 2015, II, 41, n. 96 指出 *mi* 是衍文。参《胜论经》5.2.14（*Vaiśeṣikasūtra*, ed. Jambuvijayaji 1961, 42.2–3），汉译见何欢欢 2020, 161。

[6] 参《谛义证得经》2.25–28, 10.5（*Tattvārthādhigamasūtra*, ed. Jaini 1920, 68–69, 198）。

对此有人说：那么，为什么先破斥“灭”而后破斥“生”？

如果以为先说“无生”才合理，则回答说：此责难不成立。为什么呢？因为对于善言辞者[1]，组合有固定的先后，对于其他人则不固定。

D 160b 对此有人说：即使如此，ᵛ有生才有灭，无[生]则不成[灭]，理应依次先说“无生”。

P 181a 回答：朋友！ᵛ请举个先生后灭的例子来使我们信服。

说：一切都是例子。怎么讲呢？先比如说：

> 此生即是无义利(anartha)，有生即有老死故，
> 则有病苦与杀戮，以及刑缚等怨敌。[2]

回答：要知道，一个生如果[后面]有死，这个生的前面就也是死。如果前面没有死，就会导致轮回有始的过失，这是不被认许的。因此，由于轮回无始无终，不能说先生后死或先死后生。后面[有颂]也说：

> St 7 如果先前有出生，ᵛ而后再有老和死，
> 则生成为离老死，未死殁者亦将生。（《中论颂》11.3）

有人说：那么，还有其他例子：

> 多险之生若无有，则不会起此灾祸(anartha)，
> 如果树木不生发，则风不能起林火。[3]

答：这有什么区别？

说：区别之处就是，这里生之前没有灭，因为没有树木于别处灭而于此处生。

答：这里也是先有种子的灭，而后有生，所以，这也是生之前有灭。

对此又说：这不一样。为什么呢？因为是一物灭而另一物生。因为，这里是种子灭而芽生，芽灭则不复生芽，所以是不一样的。

回答：这就是一样的。为什么呢？因为即使对于生死二者来说，死者也不是

P 181b D 161a 生者。ᵛ如果某者死去[之后]还是同一个他出生，就会导致常的过失，ᵛ则天人唯生

---

[1] 此处善言辞者(yi ge la mkhas pa)，Datar(1951)中反译作 *Chāndasa*“精通吠陀颂诗者”。此处该词有贬义，指那些只注重文法形式的人。

[2] 出处不明。

[3] 出处不明。参《大智度论》卷 90《实际品》(T 25, 696b3–5)：是故知生定是苦本，如草木有生故，必可焚燒；若當不生，雖有猛火大風，無所燒害。

为天人，畜生唯生为畜生。▼如果这样，那么业与烦恼所造成的生与趣就没有转换，这是不被认许的。所以，不能说某者死[之后]还是同一个他出生，因此就是一样的。 St 8

这里，说一个[事物]灭去而另一个[事物]生起也是不合理的。如果种子与芽二者相异，则对于二者不应有因果的言说，因为有此言说，所以二者不是异。而且在此[世上]，播下种子或精子(bīja)，人们就说："我种下了这棵树，我生了这个儿子。这树是我的，这儿子是我的。"这里如果种子或精子与树或儿子是异性，就不可能有这种世间言说。[1] 因为有[这种言说]，所以不能说种与芽是异。后面[有颂]也说：

> 此缘异物成异者，离异物则非异者，
> 此者既然缘于彼，即非离彼之异者。(《中论颂》14.5)

对此有人说：即便如此，有种子才有灭，无则不成，所以这里还是先生后灭。

回答：就这个种子而言，也是以种子灭为先。为什么呢？因为，树不异芽，▼种 St 9
不异树，所以是以种子灭为前行而有芽生，而种子▼也是以[前一刹那]种子之灭为 P 182a
前行而生起。正如圣提婆(Āryadeva)阿阇黎也说过：

> 正如可见种子尽，而彼之始不可得，
> 如是如果缺少因，是则生亦不得成。(《四百论》8.25)[2]

因此，由于生灭二者没有[固定的]安置顺序，所谓"为什么▼先破斥灭而后破斥 D 161b
生"，是构不成责难的。正是为了显示此二者没有先后安置顺序，阿阇黎[龙树]在这里先举出"灭"，而后考察"生"。

---

[1] 参《入中论》(*Madhyamakāvatāra* 6.32; Li 2015, 8)：*uptvâpi lokaḥ khalu bījamātraṃ bravīti putro janito mayâîṣaḥ | uptas taruś cêti paraiti yasmāj janmânyatas tena na lokato 'pi* ‖。bīja(藏文：sa bon)一词兼"种子"与"精子"之义，故文中译作"种子或精子"。

[2] 梵文：*yathā bījasya dṛṣṭo 'nto na câdis tasya vidyate | tathā kāraṇavaikalyāj janmano 'pi na saṃbhavaḥ* ‖(Lang 1986, 86; 引用于《明句》[PsP_L 220.4–5])。此处依梵文译出。斎藤明指出(Saito 1984, I, 221, n. 16)《佛护》的译文把 *dṛṣṭo 'nto* 读作了 *dṛṣṭānta* (*dpe*)。

第1品　缘之考察[1]

Pratyayaparīkṣā nāma prathamaṃ prakaraṇam

[1] MK$_{Ms\ Dr}$，梵本《明句》: *pratyayaparīkṣā*; 藏译《中论颂》《无畏》《佛护》《般若灯》《明句》: *rkyen brtag pa*; 汉译《青目》: 觀因緣; 汉译《般若灯》《安慧》: 觀緣。

▼此处有人说：那么，请先开示“生”(utpāda)一词唯是言说(vyavahāramātra)。 St 10
回答：应当先说：

从自生或从他生，从两者或无因生，
所生事物皆无有，无论何者于何处。(1.1)

[梵] *na svato nâpi parato na dvābhyāṃ nâpy ahetutaḥ |*
utpannā jātu vidyante bhāvāḥ kvacana kecana ||

[什] 諸法不自生，亦不從他生，不共不無因，是故知無生。

在此[世上]若有些许事物生起，那么这个事物的生，或是从自身，或是从他者，或是从自他两者，或是从无因。经过考察，所有方式都是不可能的。怎么讲呢？“从自”(*svataḥ*)即是从自体(ātmanaḥ)的意思。[1-]首先，事物不从自体生起，因为[若是这样]它的生起就成了无意义，而且[这样的]生会成为无穷尽。因为，以自体而存有的事物，没有再次生起的必要。如果已有而还能生起，则无时不生，[-1]这是不被认许的。因此，首先，事物不从自身生起。

[2-][其次，事物]也不从他者生起。为什么呢？因为会导致从一切生起一切的过失。[-2]也不从自他两者生起，因为会导致[上述]两种▼过失。[3-]也不从无因生起，因为会导致常时从一切生起一切的过失，[-3]以及所有努力都无意义的过失。这样，由于事物▼一切方式的生起都不可能有，因此是无生，所谓“生”唯是言说。(1.1) P 182b St 11

---

[1] 类似说法参《青目》(ZY 1-15, 2b7 [2, 914]; T 30, no. 1564, 2b11)：又生更有生，生則無窮。《般若灯》(D 49a5–b1)对此段中的前一句并予以批判。此段梵本引用于《明句》(PsP_M §22; PsP_L 14.1–3)：*ācārya-Buddhapālitas tv āha – na svata utpadyante bhāvās tadutpādavaiyarthyād atiprasaṅgadoṣāc ca / na hi svātmanā vidyamānānāṃ padārthānāṃ punarutpāde prayojanam asti / atha sann api jāyeta, na kadācin na jāyeta //*,《明句》随后反批《般若灯》。另参导论部分第五节。《明句》所引此段梵文与《佛护》藏译并不完全吻合，*atiprasaṅgadoṣāc* 在藏译《佛护》中对应 *skye ba thug pa med par 'gyur ba'i phyir ro*，普散据之构拟为 *janmānavasthānāt* (PsP_L 14, n. 1)，麦克唐纳认为也可能是 *janmāniṣṭhāpatteḥ* (PsP_M 53, n. 117)；并且认为 *atiprasaṅgadoṣa* 义为“fault of over-extension”，即过分延续的过失，与“无穷过”(anavasthādoṣa/aniṣṭhādoṣa)意义相通。正文中的汉译依《佛护》藏译。

[2] 《般若灯》(D 50a5–b1)引用此句并予以批判。此句梵本引用于《明句》(PsP_M §62; PsP_L 36.11–12; de Jong 1978, 32)：*ācārya-Buddhapālitas tu vyācaṣṭe – na parata utpadyante bhāvāḥ sarvataḥ sarvasambhavaprasaṅgāt /*,《明句》随后反批《般若灯》。

[3] 《般若灯》(D 53a5–7)引用此句并予以批判。此句梵本引用于《明句》(PsP_M §66; PsP_L 38.10–12)：*ācārya-Buddhapālitas tv āha – ahetuto nôtpadyante bhāvāḥ sadā ca sarvataś ca sarvasambhavaprasaṅgāt //*,《明句》随后反批《般若灯》。

有人说：诸事物不从自身生起，因为会有“此芽如何还从此芽生”的疑问。不
D 162a 从自生，则从自他二者生也不合理，▾缺一分故。而无因生的观点最是下劣，所以姑且不认许上述[三种观点]。[1] 然而，如果坚持认为“诸事物从他者也不生起”，对这种说法[我们]要说：

有四种缘，即因[缘]、所缘[缘]及无间[缘]，
如是亦有增上[缘]，更无有第五种缘。（1.2）[2]

［梵］ *catvāraḥ pratyayā hetur ārambaṇam anantaram |*
tathâivâdhipateyaṃ ca pratyayo nâsti pañcamaḥ ||

［什］ 因緣、次第緣，緣緣、增上緣，四緣生諸法，更無第五緣。

所谓“无有第五种”（*nâsti pañcamaḥ*），某些阿阇黎（有部）主张，此四缘之外凡可言说者，都可以包含在这四种缘之中。[3] 为了开显此[说]，[这些阿阇黎]说此因等四缘是事物生起的缘，就是从这四种缘诸事物得生。由于四缘是他者，而从这些[缘]事物得生，所以，说“诸事物不从他者生起”是不正确的。（1.2）

St 12 回答：只有这些你称为“他者”的因等四缘[确实]是异于事物的他者，▾诸事物
P 183a 才能从他者生起，▾[然而,] 它们不可能是他者，怎么讲呢？

因为事物之自性，于缘等中不可得，
自性若是不可得，他性亦是不可得。（1.3）

［梵］ *na hi svabhāvo bhāvānāṃ pratyayādiṣu vidyate |*
avidyamāne svabhāve parabhāvo na vidyate ||

［什］ 如諸法自性，不在於緣中，以無自性故，他性亦復無。

在此[世上]，存在的事物相互观待而为异，例如笈多异于制多罗，制多罗异于笈多[4]。在种子等众缘存在的分位上，芽等事物还不存在，所以，因等众缘存在之时，芽等事物的自性是没有的。如果这些[事物]的自性尚不存在，因等怎么能
D 162b 成为他者？所以，▾因等众缘异于芽等事物而为他者，是不可能的。因此，由于没有他性，就不能说事物是从他者生起。

---

[1] 参《明句》（PsP$_{\mathrm{M}}$ §124; PsP$_{\mathrm{L}}$ 76.1–3）：*yad idam uktaṃ na svata utpadyante bhāvā iti, tad yuktaṃ svata utpattivaiyarthyāt | yac côktaṃ na dvābhyām iti tad api yuktam ekāṃśahāneḥ | ahetupakṣas tv ekāntanikṛṣṭa iti tatpratiṣedho 'pi yuktaḥ |*

[2] 自《佛护》始，《般若灯》《明句》以及《安慧》等注释将 1.2 和 1.3 颂的顺序作了调换。顺序改变之后，前四颂的逻辑结构也随之改变。详细讨论参拙著 2011a, 6。

[3] 有部四缘学说参《大毗婆沙论》卷 21（T 27, no. 1545, 108c21 始）。麦克唐纳（PsP$_{\mathrm{M}}$ II, 296, n. 552）指出，《般若灯》（D 53b2）提到经中说四缘，《俱舍论》（T 29, no. 1558, 36b14–16）引用了经句，Skilling（1998, 141ff.）认为此经属有部《增壹阿含经》。

[4] 笈多（Gupta）与制多罗（Caitra）为不定指人名。

“于缘等中”(*pratyayādiṣu*)的“等”(*ādi*)字，是为了涵盖其他理论，即以此显示其他理论之中诸事物的生起也是不可能的。

此处有人说：如果有色等众缘，难道没有识的生起吗？

回答：没有！[下面]应当考察事物的这个生起。如果你认为未生之识从其他众缘生起，ᐁ那么识未生之时，怎么会有自性？如果没有自性，怎么会有他性？如果没有他性，则此[识]与[前面所破的]芽等就是一样的。 St 13

或者，还可以有另一种意义。事物ᐁ的自性不存在于众缘之内，不在众缘之外，也不在[内外]这两者之中。为什么呢？因为[那样的话]对于生之缘的构想就成了无意义，导致过失。因为，如果事物的自性存在于众缘中，或众缘外，或二者中，那么已经是存在则何须[再]生？对于以自性而存在的事物，再生的构想就是无意义的。如果已经存在，缘又有何用？对缘的构想也成了无意义。因此， P 183b

> 因为事物之自性，于缘等中不可得。(1.3ab)

如果它不存在于缘等中，它就是无自性。因为，[事物的自性]在这些[缘]之外是不可构想的。

> 自性若是不可得，他性亦是不可得。(1.3cd)

如果没有他性，谁还能说“事物从他者生起”？(1.3)

对此[对方]说：ᐁ对于我们还用说什么“诸事物从自他等生起”？因为，眼等就是识生起之事(janikriyā)的缘。这又怎么讲呢？ᐁ这里的生起之事，是[包含]能生、所生以及生起，主要在识上转起。识即是所生。因为，眼等是识生起之事的能成就者(vijñāna-janikriyā-niṣpādaka)。是能成就者就是缘。正如，烹煮之事(pacikriyā)即[包含]能煮、所煮，主要在米饭上转起，米饭即是所煮。各显其用的人、器、水、火、灶等，可视作能成就烹煮之事的众缘。[1] D 163a St 14

---

[1] 关于“事”(kriyā)，《观誓》(D Wa 167b1)认为是毗婆沙师(Vaibhāṣika)和经量部(Sautrāntika)的主张，但此学说背景仍不甚明了，可参《大毗婆沙论》卷21(T 27, 105c9–14)：

> 我說諸因以作用爲果，非以實體爲果。又説諸果以作用爲因，非以實體爲因。諸法實體恒無轉變，非因果故。

其中所说“作用”可能与此处“事”的观念近似，是为了解决多因生果的问题。另参《明句》(PsP_M §128; PsP_L 79.1–4, de Jong 1978, 35, 笔者由梵译汉，后同)：

> 如此破斥了主张“从缘而生”者，主张“从事而生”者认为：[虽然]眼与色等诸缘不能直接生识，然而由于[它们]是识生起之事的能成就者，所以称为“缘”。由此事能生出识。因此，能生识者就是拥有缘的识生起之事，而不是众缘。如烹煮之事之于米饭。
>
> 《般若灯》(D 55a3–5, 笔者由藏译汉，后同)：其他人说：只有诸缘不能生出果来，[而]识生起之事由眼、色、光、空间、作意等诸缘而拥有诸缘，所以认许它能生出[识]。我们说

P 184a ▾对此回答:

拥有缘之事非有,(1.4a)

〔梵〕 *kriyā na pratyayavatī*

〔什〕 果爲從緣生,

这里如果考察一下"事"的话,[就知道]你们所说的,"眼等是识生起之事的能成就者,所以是识的缘,此[生起之事]即在识上转起,"是不可能的。那么眼等怎么会是[生起之事]的能成就者呢?

如果问怎么讲,则回答:这里的生起之事,是在未生的识上还是在已生的识上转起?其中,首先,在未生的[识]上不能转起,因为没有依处。因为,生起之事是以识为依而转起的,无依则不转起,所以识未生则不存在,如果这个[识]不存在,怎么会有依于它的生起之事呢?[其次,]生起之事在已生的识上也不能转起。为什么呢?因为识已经生起了。因为,已生就不可再生。[再者,]这里如果认为在正
St 15 生的识上▾有生起之事的话,也是不合理的。为什么呢?因为离了已生者和未生者
D 163b 就没有正生者。[1] 而在已生、未生二者之上不能转起生起之事,已经解说过了。▾所以,生起之事是不存在的,由此烹煮之事也应破斥。因此,拥有缘的事是不可能有的。[2]

对此如果认为:不拥有缘的事是有的,应说:

无有缘之事非有。(1.4b)

〔梵〕 *nâpratyayavatī kriyā* /

〔什〕 爲從非緣生?

因为,不拥有缘的事是没有的。如果是有的话,则一切常时从一切生起,如果是这样,那么一切努力都无意义,这是不被认许的。所以不拥有缘的事是不可能有的。

P 184b 对此有人说:那么至少众缘▾是存在的,因为有它们,所以事物是成立的,因为这个[事物]成立,所以[它的]生起是成立的。

此[事]是存在的,从胜义上讲,[宗:]识生起之事能生出自果,[因:]因为拥有缘,[喻:]如同你煮米饭之事具有器、水、米、火、薪等缘。

[1] 关于这一理路参第 2.1 颂。

[2] 佛护对偈颂 1.4a 的解释,《般若灯》(D 55a7–b4)有批判。

回答:

无有事者非诸缘。(1.4c)

〔梵〕 *pratyayā nâkriyāvantaḥ*

〔什〕 是緣爲有果,

于其中没有事,它们就不是缘。怎么讲呢?眼等作[识]生起之事的能成就者,才是识之缘,而前面已经解说过生起之事是不可能有的,既然没有,又怎么会有它的能成就者?由于没有它的能成就者,所以眼等不是[识]生起之事的缘。如果不是生起之事的缘,如何能是缘?而如果还能是[缘]的话,则一切成为一切之缘。如
果是这样,▾就会从一切生起一切。既然不会是这样,那么,不拥有事者就不是缘。 St 16

[对方]说:我说众缘不拥有事了吗?缘就是拥有事的。

回答:

拥有事者亦如此。(1.4d)

〔梵〕 *kriyāvantaś ca santy uta*[1] //

〔什〕 是緣爲無果?

[此句]与[前句]所说的"非"(na)相联系,即拥有事者非是众缘。前面已经解说拥有缘之事非有以及不拥有缘[之事]非有。如果没有事,众缘怎么会是拥有事者?这样,由于不可能有不拥有事的缘,也没有拥有事的[缘],所以对缘的构想是没有意义的。(1.4)

对此有人说:"众缘不拥有事"以及"拥有事"▾这些毫无必要的想法,有什么用 D 164a
呢?因为依于各种各样的因等四缘,有事物生起,所以它们就是事物的缘。[2]

回答:那么你岂不是在拳打虚空?前面说过,生起之事是没有的,没有这个
[事]就不可能有缘,▾而这时[你]竟然说依于这些[缘]有事物生起,这种说法怎么可 P 185a
能合理呢?而且,

[1] 关于诸家注释对末句中 *uta* 的不同理解,详细讨论见 Saito 1984, I, 224–226, n. 16; MacDonald 2015, II, 316, n. 581。由于这些差异于义理阐释影响甚微,此处不赘。

[2] 参《明句》(PsP$_{\text{M}}$ §135; PsP$_{\text{L}}$ 81.6–8):*atrâha / kiṃ na etena kriyāvantaḥ pratyayā ityādivicāreṇa / yasmāc cakṣurādīn pratītya pratyayān vijñānādayo bhāvā jāyante, tasmāc cakṣurādīnāṃ pratyayatvaṃ tebhyaś côtpādo vijñānādīnām iti //*

有谓缘彼等生[果]，彼等方可称为缘，

St 17 **当[果]尚未生起时，彼等岂不是非缘？（1.5）**

［梵］ *utpadyate pratītyêmān itîme pratyayāḥ kila /*
yāvan nôtpadyata ime tāvan nâpratyayāḥ katham //

［什］ 因是法生果，是法名爲缘，若果未生时，何不名非缘？

如果认为缘于这些而生[果]，所以[这些]就是缘，那么，[果]还未生起的时候，为什么不认为[这些]就是非缘？而如果认为，[这些事物]先前不是缘但后来变成了缘，这也是不可能的。为什么呢？因为，[非缘如果能变成缘]就会导致一切是一切之缘的过失，这是不被认许的。而如果认为，非缘须观待其他某物而变为缘，所以没有一切是一切之缘的过失，这还是一样[有过失]。如果非缘须观待某物才能成为缘，那么就要这样思考，这个缘又拥有[另一个]缘，这[另一个]缘同样[又拥有另一个缘]，也就导致了无穷尽的过失。如果要观待其他某物而成为缘，那么这个[他物]又要观待他物，这[他物]还要观待他物，所以就导致了无穷的过失，这也是不被认许的。因此，缘是不可能存在的。（1.5）

再者，

实体或有或为无，彼之缘皆不合理。
无则缘为谁所有？有则缘又有何用？（1.6）

［梵］ *nâivâsato nâiva sataḥ pratyayo 'rthasya yujyate /*
asataḥ pratyayaḥ kasya sataś ca pratyayena kim //

［什］ 果先於缘中，有、無俱不可。先無爲誰缘？先有何用缘？

如果由于所谓“缘于彼而此生起”的联系就认为彼是此实体之缘，那么所谓此彼[1]的联系，是构想缘为不存在的实体所有，还是存在的实体所有呢？无论是存
D 164b St 18 在的实体还是不存在的实体，都不可能说“这是它的缘”。怎么讲呢？

无则缘为谁所有？有则缘又有何用？（1.6cd）

P 185b 如果把缘构想为属于不存在的事物所有，该如何回答[这个问题]：“此缘为谁所有？”因为，说线是不存在的布的缘，是不合理的。

有人说：因为从线产生布，所以，由于其后产生之理，说线是布的缘，这是合理的。

回答：那么你岂不是因为尚未出生的儿子的财产，而想要娶儿子的妈？已经说了不存在的事物不可能有缘，缘不容有就破除了事物的生起，而你竟然想通过未来事物的生起来成立缘！在任何地点、任何时间对于一个不生的事物，就说“无

[1] “此彼”，藏文本作 *'di'o 'di'o*，怀疑应为 *'di'i 'di'o*“此属于彼”。

则缘为谁所有?"(1.6c) 那么在这种情况下，怎么可以观待其后将要生起的事物来成立你[所谓]的缘?所以这个说法是毫无意义的。

对此如果认为：存在的[事物]是有缘的，则回答：

有则缘又有何用? (1.6d)

存在的事物是不可能有缘。因为，[已经]存在那么缘又有何用?说线是[已经]成立并存在的布的缘是不合理的。

[对方]说：我并不是说缘对于已生者还有作用，▼但是，可以这样施设言说： St 19
"线是存在的布的缘。"所以这个布的缘就是线。

回答：那么你岂不是尚未娶自己的妻子却想着娶[自己]儿子的妻子? [已经]存在的事物不可能有生起之缘，缘不容有就破除了事物的生起，而你竟然想说已生的布有缘。那么，为了成立事物的生起，[你]就先织[布]吧!然后才可以说："这是它的缘。"因此，上述说法也是毫无意义的。(1.6)

此处有人说：在此[世上]，事物都是由相(lakṣaṇa)而成立的，所谓"因即能生成者(nirvartaka)"，说的就是因之相，所以，有相的因▼是存在的。 P 186a

回答：

有、无、有亦无之法，▼此时皆不得生成， D 165a
如是能生者是因，又如何能合道理?[1] (1.7)

[梵] *na san nâsan na sadasan　dharmo nirvartate yadā /*
kathaṃ nirvartako hetur　evaṃ sati hi yujyate //

[什] 若果非有生，亦復非無生，亦非有無生，何得言有緣?

[2-]在此[世上]，如果法由因生成，此所成之法是存在，是不存在，还是存在与不存在是一体?[-2] 一切方式都不可能。这里，首先是存在的[法]不能被生成，因为已经生起完毕。因为，已生则何须再生?而如果已经存在却还能再生，那么就无

---

1 据斎藤明(1987b, 759–758)，颂文第二句中 *nirvartate*，《般若灯》应作 *nirvartyate*(致使被动式，及物)，而《明句》中偈颂引文作 *nirvartate*(直陈式，不及物)。这两种形式的不同对义理没有影响。*nirvartyate* 对应藏译是 *sgrub pa*; *nirvartate* 则对应 *'grub pa*，藏译《佛护》以及《无畏》使用的是 *sgrub pa*，但偈颂的译文则是 *'grub pa*，由于缺乏梵文确证，尚无法确定此二注本所引偈颂的行文。此外，该颂末句 $MK_{Ms\,Dr}$、dJ 和 PsP_{L} 均作 *evaṃ sati hi yujyate //*，而诸本藏译均作 *de lta(r) yin na mi rigs so //*，末句都有否定词，《无畏》《佛护》与《明句》的注释似乎也支持有否定词的读法。麦克唐纳(MacDonald 2015, II, 322, n. 592)据之修订将梵文末句修订为 *evaṃ sati na yujyate //*。但是，什译《青目》似乎并不支持这一修订。

2 此句与《无畏》(D 34a7)相同。

时不生，这是不被认许的。[这样]也就不可能有对因的指称，因为，已经是存在还要因有什么用？这样，存在的[法]首先是不能生成的。

St 20 ▼现在说，不存在的[法]也不能被生成，因为是无有。如果无有也能生起，那么兔角也能生起。如果认为事物是从因生，这是不合理的，因为不可能有因。因为，如果事物是无有，那么因该为谁所有？而且，因之所以为因是由于做了什么？如果完全不存在[所生的]事物，这里怎么会有“这个是因，那个不是[因]”的区别说法？因此，不存在的[法]也不能被生成。

现在说，既存在又不存在的[法]也不能被生成，因为存在与不存在同时出现是矛盾的，并且也会导致上述[两种]过失。所以既存在又不存在的[法]也不能被生成。因此，经过这样的考察，[就会发现]无论如何也不可能有事物生起，在这种情况下，

如何因是使生者？又如何能合道理？（1.7cd）

若是这样，则所谓“因是使生者”的说法是不合理的。[1]（1.7）

此处有人说：所缘是有的，因为它们是识等的所依。
回答：

此存有法无所缘，被说[为是有所缘]。[2] **（1.8ab）**

［梵］ *anārambaṇa evâyaṃ san dharma upadiśyate* |

［什］ 如諸佛所說，真實微妙法。[3]

此处“为是有所缘”（sārambaṇaḥ）是[颂中]应补的词。“此存有法”（*ayaṃ san*
P 186b *dharmaḥ*）本[无][4]所缘，而被说为有所缘。▼“此存有法”，“本无所缘”（*anārambaṇa*
D 165b
St 21 *eva*），是你凭自聪明而说为有所缘。怎么讲呢？▼这里，所谓“有所缘”，▼就是拥有所缘（ārambaṇavat）的意思。存在的法才能有所缘，如果不存在，就不能[有所缘]。在拥有所缘之前，就是无所缘的，所以[法]是无所缘。这就好像，拥有钱财者即有钱财者，称为“有财”。只有[先]有某人，[他]才能拥有钱财，如果没有[人]就不能拥

1 佛护对 1.7 颂的解释，《般若灯》（D 59a4–5）有批判。

2 依据《佛护》与《明句》的解释而翻译。若据《无畏》《青目》《般若灯》和《安慧》的注释则应译为：此凡法者无所缘，即是[佛之]所解说。另参第 17 页注 2，以及斎藤明 1991。该颂什译的“真实微妙法”一语底本似作*saddharma。

3 什译《青目》中此颂与次颂顺序倒置，可能是为了与前译 1.3 颂中的四缘排列顺序相一致。

4 此处藏译文句不通，斎藤明（Saito 1984, I, 228, n. 29）认为可能遗漏了否定词 *med pa*，所以这里添加“无”字。

有[钱财]。在拥有钱财之前就是无钱财的，所以此人[本身]是无财的。[1] 因此，对于“本无所缘”的“此存有法”，你却凭自己的计执，执为有所缘。[2]

对此我要说：

是则法既无所缘，又复何来所缘[缘]？[3]（1.8cd）

［梵］ *athânārambaṇe dharme kuta ārambaṇaṃ punaḥ* ||

［什］ 於此無緣法，云何有緣緣？

---

[1] 斋藤明（Saito 1984, I, 228, n. 30）指出，《般若灯》（D 59b1–2）似批判这一比喻，另参 MacDonald 2015, II, 328, n. 599。

[2] 《明句》（$\mathrm{PsP_M}$ §144–145; $\mathrm{PsP_L}$ 84.3–85.2; de Jong 1978, 36）与这里《佛护》的意趣基本一致：

> 此处，[对方]依教量说：“有所缘的法有哪些？即一切心、心所。”由于某个所缘，心、心所得生起，[此所缘]如其所应即色等，此[缘]就是那些[心、心所的]所缘缘。那么这个[所缘缘]或被执为属于存在的[法]所有，或被执为属于不存在的[法]所有。其中，对于存在的[法]，即不需要它的所缘缘，因为，是为了法的生起才构想所缘缘，而此[法]在有所缘缘之前就已经存在了。而如果法无所缘也能这样以自体成立的话，则何须构想它与所缘的结合？所以，这个存有（san）之法，亦即可得（vidyamānaḥ）之法，也就是心等，它就是无所缘的，你却凭自聪明说是“有所缘”，实际上它与所缘没有任何联系。
>
> 而如果构想不存在的[法]有所缘，这也是不合理的。因为[颂文还可以读作]“此法即是（san）无所缘”等，不存在的法与所缘的结合是没有的。“此法即是无所缘，被说，”（1.8ab）“被你[说为]有所缘”是[颂中]应补的词。

《明句》与《佛护》的理解都需要在颂文中补入“有所缘”作为所说的内容（关于《明句》对 1.8ab 的第二种读法，参 Saito 1984, I, 227, n. 28; MacDonald 2015, II, 328, n. 599，后者认为《佛护》支持颂文的第二种读法，但笔者并不赞同）。《无畏》《青目》《般若灯》和《安慧》则将颂中“说”（*upadiśyate*）一词的主语理解为佛，则“无所缘”的说法是引自佛语。考虑到《中论颂》前文的破斥对象是有部，此处引佛语应在部派所集经藏中，但笔者在汉译《阿含》和巴利经藏中均未找到“无所缘”的说法。《无畏》和《般若灯》（D 59b7–60a3; 参 Ames 2019, 59 [= 1994, 113]）则引《般若经》以解此颂，《青目》所引大乘经也似《般若经》。这里仅举出《无畏》（D 34b2–3）的解释：

> 世尊在《般若波罗蜜多经》中说：“于八万四千法蕴中，凡所说法皆是一味，即无所缘。”这样，既然有此“法无所缘”的教导，为什么还说有所缘呢？这个所缘是不可能有的，像虚空一样。

[3] 句首的 *atha* 一词在藏译《无畏》《佛护》《般若灯》中均作 *de ltar*（= tathā）“如是”，而在藏译《明句》中作 *ci ste*（= atha）。《无畏》的注释似也印证 *tathā*。然而，《佛护》与《明句》注明该词表疑问（《明句》[$\mathrm{PsP_M}$ §145; $\mathrm{PsP_L}$ 85.4]: *athaśabdaḥ praśne*），则应作 *atha*。斋藤明（1987a, b; Saito 1995, 87–96）指出藏译的翻译流程是先译出《观誓》，然后将偈颂译文代入《无畏》《佛护》和《般若灯》。由此猜测，《无畏》与《般若灯》的偈颂原文可能是 *tathā*，而《佛护》和《明句》则为 *atha*。另参 Ames 2019, 339, n. 319 (= 1994, 131, n. 119)。麦克唐纳（MacDonald 2015, II, 326, n. 595）注意到《佛护》释文中两次使用了 *de ltar* 一词，并分析其原因。

“是则”(*atha*)一词表疑问。“何来”(*kutaḥ*)表原因。[1] 这样，如果法可以无所缘而成立，为什么还要构想[这个]无意义的所缘？

[对方]说：你没理解[我的]理论而妄计执，我不是说“有所缘”就是拥有所缘，像拥有财物一样。而是这个意思：法生成时，使它生成的那个基础(nidāna)就是它的所缘。由此就说它是“有所缘”。

回答：这是不可能的，对此应说：

是则法既无所缘，又复何来所缘[缘]？(1.8cd)

St 22 这样，法无所缘即无所有而不生成，ˇ怎么可能有所缘呢？而且那个所谓“法
P 187a 的所缘”也不能生成。ˇ不生成而且无所有的东西，怎么会有所缘？如果没有所缘，一个法如何由所缘生起？因此，所缘是不存在的，法也不是有所缘的。(1.8)

此处有人说：[与之]无间隔紧邻的另一个事物的灭，就是这个事物生起的缘，
D 166a 这就称作无间[缘]，ˇ它是存在的。[2]

回答：

诸法未生起之时，则不可能容有灭。
故无间[缘]不合理。又已灭则谁是缘？(1.9)

[梵] *anutpanneṣu dharmeṣu nirodho nôpapadyate |*
nânantaram ato yuktaṃ niruddhe pratyayaś ca kaḥ ||

[什] 果若未生時，則不應有滅。滅法何能緣？故無次第緣。

其中，后两句本颂应调换来看：

又已灭则谁是缘？故无间[缘]不合理。

“又”(*ca*)一词这里当看作是观待“未生”(*anutpanna*)而言。这个词观待于“未生”一词，则应构拟为“又已灭则谁是缘？谁是未生者之缘？”为了构成偈颂，这两句没有按顺序排列。[3]

---

[1] 此处“是则”，藏文本为 *de ltar*，梵本应为 atha，参第 17 页注 3，以及《明句》(PsP$_M$ §145; PsP$_L$ 85.4)：*athaśabdaḥ praśne, kuta iti hetau |*。

[2] 参《明句》(PsP$_M$ §147; PsP$_L$ 86.4)：*tatra kāraṇasyânantaro nirodhaḥ kāryasyôtpādapratyayaḥ samanantarapratyayalakṣaṇam ||*

[3] 佛护对偈颂后两句次序的调换为《明句》(PsP$_M$ §147; PsP$_L$ 86.1–3)所继承：

tatra paścime ślokasyârdhe pādavyatyayo draṣṭavyaś caśabdaś ca bhinnakramo niruddhe cêti | tenâivaṃ pāṭho – niruddhe ca pratyayaḥ ko nânantaram ato yuktam iti | ślokabandhārthaṃ tv evam uktam ||

这里，后半颂中应视作颂句相倒，而且“又”(*ca*)一词的位置不合词序，应为 *niruddhe ca*。因此应读作“又已灭则谁是缘？故无间[缘]不合理。”是为了构成偈颂才说成这样。

所谓无间隔紧临的另一个事物的灭就是这个事物生起的缘，这一说法是不合理的。为什么呢？因为：

诸法未生起之时，则不可能容有灭，又已灭则谁是缘？（1.9abd） St 23

“已灭”（niruddha）即是无有。这里，如果在芽生之前种子就已灭去，那么谁是那个种子灭而成无时所生之芽的缘？再者，谁是种子的灭的缘？种子灭而成无，怎么又能作芽生的缘？对于未生的芽，种子的灭怎么能是它的缘？因此，如果构想种灭之后芽生，就会导致[种灭与芽生]两者皆为无因（ahetuka）的过失，而无因是不被认许的。[1]

有人说：如果在芽生起[之后]无间隔而有种子之灭，这样无间[缘]就是成立的。因为，芽的生起可以无间隔而作种子灭去的缘。 P 187b

回答：这也是不可能的。为什么呢？即使[芽]已生，怎么能是[种灭之]缘？如果芽已生起，芽生之事即已结束，此时若种子灭，则谁为此灭之缘？谁又是芽生之缘？因此，这样就与上述相同，也导致两者皆为无因的过失。

而如果认为，种子正灭之时有芽生起，由此则不堕于无因的过失，这也是不合理的。为什么呢？[如果这样，]灭者与生者两个都存在，因为[这时种子]未灭而[芽]已生起完毕。如果两个事物并存，怎么能是无间缘？即使构想生灭在于一时，也不可能有无间[缘]，因为同时的缘故。 D 166b St 24

故无间[缘]不合理。（1.9c）

这样，以各种方式考察都不可能有无间[缘]，所以，说有无间缘是不合理的。

或者，还可以有另一种意义。这里，前面[2]已经成立了“事物不生”（bhāvā anutpannāḥ），所以，事物的无生（anutpāda）已经是成立的，应说：

诸法未生起之时，则不可能容有灭。（1.9ab）

关于佛护对 *ca* 的理解，《般若灯》（D 60b4）有批判，并认为该词意指：“[已灭时它]既不是无间缘，<u>又</u>不是总体而言的缘。”（60a7）《明句》（PsP$_M$ §147; PsP$_L$ 86.9–10）则继承了佛护的解释：

> *caśabdo 'nutpannaśabdāpekṣaḥ | tenânutpanne câṅkure bījādīnāṃ nirodha iṣyamāṇe 'py ubhayam etad ahetukam āpadyata iti nânantaram ato yuktam ||*
>
> “又”（ca）一词是观待“未生”（anutpanna）。因此，即使<u>又</u>认为芽未生之时有种子等之灭，[种灭与芽生]两者[还是]皆为无因，因此无间[缘]是不合理的。

[1] 《般若灯》（D 60b2–7）概括该段大义并予以批判，《明句》中的相似段落参第 18 页注 3。

[2] 指 1.1 颂，参《明句》（PsP$_M$ §147; PsP$_L$ 86.10–11）。

如果事物未生而无有，灭就不可能有，如果无所有则如何灭？

故无间[缘]不合理。（1.9c）

这样，因为不可能有事物之灭，所以无间[缘]是不合理的。现在，即使执为[事物]已灭，无间[缘]也是不合理的，怎么讲呢？

又已灭则谁是缘？（1.9d）

P 188a 即使已生[1]，如何会是缘？其意义前面ˇ已经解说。[2]（1.9）

此处有人说：增上[缘]是有。有影响作用的事物就是增上[缘]，这种[作用]简略来说就是：此有故彼起，此无故彼不起，“此”就是“彼”的增上[缘][3]。

回答：

St 25 **于无自性诸事物，ˇ存在性即不可得，**
因此“此有故彼起”，此说即是不容有。（1.10）

［梵］ *bhāvānāṃ niḥsvabhāvānāṃ na sattā vidyate yataḥ /*
satîdam asmin bhavatîty etan nâivôpapadyate //

［什］ 諸法無自性，故無有有相。說有是事故，是事有不然。

这里，诸事物的无自性性前面已经解释，后面还会详细解说。因此，这点已经成立，所以说“于无自性诸事物”（*bhāvānāṃ niḥsvabhāvānāṃ*）。这样，因为所谓“无自性诸事物的存在性”（*bhāvānāṃ niḥsvabhāvānāṃ sattā*）也就是实有性（sadbhāva）是不可能有的，所以，凡是存在的能称作“此有故”（*asmin sati*）的事物，
D 167a ˇ都是没有的。这里如果没有所谓“此有故”，怎么可能有所谓“彼起”（*idaṃ bhavati*）？这里，如果不可能有“此有故彼起”，那么谁是谁的增上[缘]？因此，增上[缘]也是不可能有的。（1.10）

---

1 此处“已生”（skyes）费解，疑原文有误，应作“已灭”（’gags）。

2 应注意，这一解释之中“未生”“灭”与“已灭”指的是同一事物的生灭（《般若灯》[D 60a4]只采用了这一理解），而不是像前一种解释那样，“未生”指果之未生，“灭”指缘之灭。

3 参《明句》（$\mathrm{PsP_M}$ §149; $\mathrm{PsP_L}$ 87.1）：*iha yasmin sati yad bhavati tat tasyâdhipateyam ity adhipati-pratyayalakṣaṇam /*。此语为佛经中对缘起的常见表述，用例参《杂阿含经》（T 2, no. 99, 92c20–23）：謂此有故彼有，此起故彼起，[……] 此無故彼無，此滅故彼滅。梵本参《撰集百缘经》（Speyer 1906, 105.15–106.6）：*yadutâsmin satîdaṃ bhavaty asyôtpādād idam utpadyate /* [...] (106.5) *yadutâsminn asatîdaṃ na bhavati asya nirodhād idaṃ nirudhyate /*。巴利本参《相应部》（SN 12.21, § 2 [II, 28.7–9]）：*iti imasmiṃ sati idaṃ hoti imassuppādā idaṃ uppajjati / imasmiṃ asati idaṃ na hoti imassa nirodhā idaṃ nirujjhati /*。

此处有人说：虽然不能说众缘的存在可以这样成立，但是众缘还是有的。怎么讲呢？因为从它们有果生起，在此[世上]，可以观见从种子等众缘有芽等果生起，因此，见到了从它们有果生起，就知道它们是果的缘。

回答：

诸缘若散若聚合，其中亦无有彼果。
彼于诸缘中无有，云何得从缘[生起]？（1.11）

［梵］ *na ca vyastasamasteṣu　pratyayeṣv asti tat phalam /*
pratyayebhyaḥ kathaṃ tac ca　bhaven na pratyayeṣu yat //

［什］ 略廣因緣中，求果不可得。因緣中若無，云何從緣出？

"亦"（*ca*）一词是"一定"（eva）的意思，即在个别的[缘]中一定没有[果]，在聚合的[缘]中也一定没有[果]。你为了成立缘而说有果生起，而这个说法是不可能的，那么缘如何能成立？怎么讲呢？因为在众缘的个别或聚合之中都没有这个果，既然在众缘的个别或聚合之中都没有，又怎么会从它们之中生起？如果没有果生，你[所谓]的缘怎么能成立呢？ St 26 P 188b

这里，如果认为果就存在于众缘之中，这样还是不可能有缘。因为，如果[果]是有，缘就没有了作用，因为已生就不需要再生。

另外，如果这个果存在于众缘之中，这个多缘之果是完整地存在于各个缘之中，还是部分地存在？这里首先，如果构想为完整地存在于每个缘中，就不能有多个缘，因为每个缘中都有[完整的果]，每个缘不观待[他缘]也能生出果来，成为过失。[其次，]如果构想为在诸缘之中只存在果的一部分，则每个缘不观待[他缘]也能生起果的一部分，成为过失，这也是不被认许的。因此，分散或聚合的众缘之中有果存在是不可能的。（1.11） D 167b

而如果认为：虽然果于众缘中无，却能从众缘生起，观待果生就可成立我[所说]的缘。对此当说：

若此果者虽无有，而从诸缘得生起， St 27
以何原故此果者，不从非缘得生起？（1.12）

［梵］ *athâsad api tat tebhyaḥ　pratyayebhyaḥ pravartate /*
phalam apratyayebhyo 'pi　kasmān nâbhipravartate //

［什］ 若謂緣無果，而從緣中出，是果何不從，非緣中而出？

在此[世上]，如果有果[与否]是缘与非缘的区别的话，而果在缘与非缘中又都是无有。[那么，] 同样是于中无有[果]，如果果能从众缘生起，为什么就不能从非缘
P 189a ▼生起？因为，既然缘与非缘都同样是没有果，所谓从缘生果而不从非缘生的说法，只是意愿而已。因此，果的生起是不可能有的，如果没有果生，缘如何成立？(1.12)

此处有人说：不是说于众缘中有或无的果能从众缘生起，应说果是从众缘转变(pratyayavikāra)、以缘为体(pratyayātman)、由缘组成(pratyayamaya)，这就好像，布是从线转变、以线为体、由线组成，所以线就是布的缘。[1]

回答：

[若]果亦由缘组成，缘亦非由自组成。
非自成者所生果，彼如何为缘所成？(1.13)

[梵] *phalaṃ ca pratyayamayaṃ pratyayāś câsvayaṃmayāḥ |*
phalam asvamayebhyo yat tat pratyayamayaṃ katham ||

[什] 若謂緣無果，而從緣中出，是果何不從，非緣中而出？

St 28 ▼如果构想果是从缘转变、以缘为体、由缘组成，而这些缘却不是从自转变，不是自体成立，不是以自为体，不是由自组成，那么就是无自性的。如果构想，由
D 168a 非从自转变、非自体成立、非以自为体、非由自组成、是无自性的这些缘▼组成了果，则应如何想象是缘组成了果？因为，只有线是自体成立，就是由自组成，才可以说布由线组成。然而，当线自体不成立、非由自组成、是无自性之时，也就是[线]由[其]因(kāraṇa)转变、以因为体、由因组成之时，怎么能说“布由线组成”？
P 189b ▼圣提婆(Āryadeva)阿阇黎也曾说：

布乃由因而成立，因由他者而成立，
彼不以自而成者，如何能生出他者？(《四百论》14.13)[2]

(1.13)

---

[1] 《明句》继承了《佛护》对 1.13 颂的解释，也采用了线和布的比喻。《明句》(PsP_M §153; PsP_L 88.6) 还指出，“果由缘组成”的含义就是果与缘不异：*nâsti tu vyatiriktaṃ phalam | kiṃ tarhi | pratyayamayam evêti ||*。

[2] 引用于《明句》(PsP_L 89.2–4)的梵本作：*paṭaḥ kāraṇataḥ siddhiḥ siddhaṃ kāraṇam anyataḥ | siddhir yasya svato nâsti tad anyaj janayet katham ||*。相关讨论参 Saito 1984, I, 231, n. 43; MacDonald 2015, II, 341, n. 622。该颂的首词 PsP_M(§154) 勘作 *ghaṭaḥ* “瓶”，藏译《四百论》中作 *bum pa* (= ghaṭaḥ “瓶”)，玄奘译《广百论本·破边执品》(ZY 2-17, 7a3 [6, 597], T 30, no. 1570, 185b15–16)：瓶等因若有，可爲瓶等因，瓶等因既無，如何生瓶等？而且作“瓶”符合《四百论》的前后文(参 Lang 1986, 128–130)，猜测佛护有意改之。

这样，由于诸缘非自体成立、不由自组成、是无自性，

是故无缘所成果，（1.14a）

〔梵〕 *tasmān na pratyayamayaṃ*

〔什〕 果不從緣生，

果不是由缘所成。这里如果认为果是由非缘所成，当说：

ᵛ**亦无非缘所成果。（1.14bc）** St 29

〔梵〕 *nâpratyayamayaṃ phalam / saṃvidyate*

〔什〕 不從非緣生。

如果布不可能由线组成，这时难道会有“布由草组成”这种与世间相违的说法？[1] 因此，由非缘组成的果也是没有的。

有人说：众缘还是有的，为什么呢？因为缘与非缘是可以确定的。在此[世上]，可以确定地看到缘与非缘，从谷中唯出油而不出酥，从酪中唯出酥而不出油，从沙中则二者俱不出。这样，因为有“这些是它的缘，这些不是它的缘”的说法，所以缘是成立的。

回答：

由于无有果之故，何来诸缘与非缘？[2]（1.14cd）

〔梵〕 *phalābhāvāt pratyayāpratyayāḥ kutaḥ //*

〔什〕 以果無有故，緣、非緣亦無。

这里，你说出不出油等果就是确定是缘还是非缘的因，而前面已经讲过果的生起是不可能有的，没有了这个果，ᵛ哪里还会有“这些不是它的缘，这些才是它的缘”这种说法？只有观待果才会有[非缘与缘]这两者，而这个果是没有的。既然 D 168b

1 参《明句》(PsP$_M$ §155; PsP$_L$ 89.9)：*tantumayo yadā paṭo nāsti, tadā kathaṃ viruddho vīraṇamayaḥ syāt //*

2 对末句的理解，《明句》《无畏》《青目》都与《佛护》一致，唯《般若灯》有不同，据之应译为：非缘如何能为缘？参第 24 页注 1。

没有果，怎么还会有非缘与缘？因此，果是不可能有的，缘与非缘也是没有的。[1]
P 190a St 30 因为果以及缘、非缘都是没有的，所以就成立了“生”一词唯是言说（vyavahāra-mātra）。（1.14）

［以上是］第 1 品《缘之考察》。

[1] 《明句》《无畏》《青目》与《佛护》一样，都将颂文中 *pratyayāpratyayāḥ* 一词解作相违释复合词：

《无畏》（D 35a5）：

没有了果，非缘和缘也就与果一样，都不是以自性而存在，就像蜃景一样。

《青目》（ZY 1-15, 5a2–3 [2, 919]; T 30, no. 1564, 3c3–4）：無果故，緣、非緣亦無。

《明句》（PsP$_M$ § 157; PsP$_L$ 90.1）：“缘”以及“非缘”，是复合词。

只有《般若灯》（D 62a6–b1）理解不同：

折开组合（yogavibhāga）之后，即“非缘”（apratyayaḥ）与“如何能为缘？”（pratyayaḥ kutaḥ），意思是非缘不能具有缘的自性。另外，正如已经解说过，存在的果与不存在的果的生起已被破除，因此，

由于无有果之故，非缘如何能为缘？（1.14cd）

那些不具有此［缘］之体性的、不可能是缘的［事物］，“如何能为缘？”意思就是不能成为［缘］。其意趣即是，［这是］因为，能生起此［缘］之觉与名即是因相（nimitta），具此因相的这些［事物］，却没有果。

梶山雄一与斋藤明曾猜测，偈颂中 *pratyayāpratyayāḥ* 一词《般若灯》的所据文本可能读作 *pratyayo 'pratyayaḥ*，因而导致了这种理解（Kajiyama 1964, 127; 斎藤明 1987b, 760–759）。由于藏文本翻译流程的影响（参第 17 页注 3），《般若灯》中该颂的译文末句（*rkyen min rkyen du ga la 'gyur* “非缘如何能为缘”）是被代入了《无畏》《佛护》与《明句》之中，因而与这三家的释文并不匹配。

第2品　已行、未行、正行之考察[1]

Gatāgatagamyamānaparīkṣā nāma dvitīyaṃ prakaraṇam

[1] 该品标题诸家注释有不同。$MK_{Ms\ Dr}$，梵本《明句》：*gatāgataparīkṣā*，这一题名可以理解为“已行（gata）、未行（agata）之考察”，也可以理解为“去（gata）、来（āgata）之考察”；藏译《中论颂》《明句》：*'gro ba dang 'ong ba brtag pa*（去来之考察）；藏译《无畏》《佛护》《般若灯》：*song ba dang ma song ba dang bgom pa brtag pa*（已行、未行、正行处之考察）；汉译《青目》《般若灯》《安慧》：觀去來。前页上的梵文品题是依藏译《佛护》构拟。

该品主题对应皈敬颂中“无有来亦无有去”一句，探讨世间言说中行走动作是否能够存在。有如下几个概念及其译法需加说明。

一个动作有三要素：(1)动作本身，(2)动作的发出者，(3)动作的对象。本品以行走这一动作为例：

(1)行走动作本身，梵本中交替使用了*gati*、*gamana*与*gamikriyā*（仅注释中）三词，其意义等同，《青目》中鸠摩罗什译作“去”或“去法”，前两词藏译作 *'gro ba*，后词作*'gro ba'i bya ba*。笔者将前两词译作“行”或“行动”，后一词译作“行走动作”。

(2)行走动作的发出者（gantṛ），笔者略译作“行者”。

(3)行走动作的对象即“所行”（gantavya）。偈颂中√gam“行走”作及物动词，其宾语“所行”既是动作作用的对象，也是动作存在的空间，诸注释家认为是道路，或村庄、城市等处所，按时间又可分为：已经走过、还未走过和正在走着的道路，梵文以 *gata*、*agata*与*gamyamāna* 三个被动分词表示。参《明句》（PsP_L 92.5–6）：

> *yadi gamanaṃ nāma syān niyataṃ tad gate vā 'dhvajāte parikalpyetâgate gamyamāne vā* /
> 如果“行动”存在，必然地，它或被执为[存在]于已行的道路上，或是于未行、正行的道路上。

《青目》中罗什将这三个词译作“已去”“未去”和“去时”，从字面很难看出是指处所，这里笔者译作“已行处”“未行处”和“正行处”。另外，在梵语句法中，行走动作本身也可以是行走动词的对象，即“行”的同源宾语（cognate object，参 2.22–25 颂），可表述为“行者行行动”或“行动为行者所行”（*gantā gatiṃ gacchati*）。

“行于某处”或“行动存在于某处”在偈颂梵本中出现了三种表达，以正行处为例：(2)动宾结构 *gamyamānaṃ gamyate*（正行处正在被行走，参 2.1ab）；(1)依格结构 *gamyamāne gamanam*（在正行处有行动，如 2.2b）；(3)属格结构 *gamyamānsya gamanaṃ*（行动属于正行处所有，如 2.3a）。三种表达的含义完全等同，都表示“行走的动作当下存在于正在走着的路上”。藏译《佛护》也多作 *bgom pa la 'gro ba yod pa*，或类似的语句，而不作区分。而且，三种结构的措辞差异很难反映在汉语之中，所以这里笔者都以“正行处有行动”一语来表达。

ˇ问：[上一品中]你已开示“无生”之理，使我心中充满了欲闻“空性”(śūnyatā) St 31
的欣喜，那么请解说，世间现见(pratyakṣa)的“去”与“来”如何不可能有。[1]

回答：

已行处且无行动，未行处亦无行动。(2.1ab)

［梵］ *gataṃ na gamyate tāvad agataṃ nâiva gamyate* |

［什］ 已去無有去，未去亦無去。

在此[世上]，如果有行动的话，它是存在于已行处呢，还是未行处呢？这里首先，在已行处没有行动，因为行走动作(gamikriyā)已经过去。在未行处也没有行动，因为行走动作还没有开始。

有人说：的确如此，虽然在已行、未行处没有行动，但是在正行处有行动。

回答：

离已行及未行处，正行处即不可知。[2] (2.1cd)

［梵］ *gatāgatavinirmuktaṃ gamyamānaṃ na gamyate* ||

［什］ 離已去、未去，去時亦無去。

离了已行和未行处，怎么会有正行处？[它]是不可知的(*na gamyate*)。怎么讲呢？因为，所谓“不可知”就是不可理解(na gṛhyate)，即不可能有的意思。这样，因为离了已行、未行处，正行处就不可理解，就不可能有，所以就是没有。因此，行走[动作]是不存在的。(2.1)

---

1 《般若灯》(D 63a1–3)引述此段并予以批判。

2 颂中的 *na gamyate* 一语在《佛护》《般若灯》(D 64a7)中释作“不可理解”(na gṛhyate)，《明句》(PsP_L 93.8)中释作“不可知”(na prajñāyate)。这种理解是把偈颂第4句 *gamyamānaṃ na gamyate* 当作因而非宗。因：离已行、未行处则正行处不可知(gatāgatavinirmuktaṃ gamyamānaṃ na gamyate)，宗：正行处无行动(gamyamānaṃ na gamyate)。*gamyate*一词有多义，可作“被走过”，也可作“被理解”，所以这里因和宗的梵文表述是相同的。《无畏》(D 35a7–b1)和《青目》(ZY 1-15, 5a7–8 [2, 919]; T 30, no. 1564, 3c11–12)释文简略，难以判断其对第4句的理解，《青目》颂文中译作“去”而非“知”。兹录《明句》(PsP_L 93.4–9)备考：

正行处也没有行动，因为：

离已行及未行处，正行处即不可知。(2.1cd)

因为，在此[世上]，行者越过地方是其已行之地，而还没越过的地方是其未行处。离开了已行、未行处，我们见不到另外的第三种道路可称作“正行处”。这样，因为“正行处即不可知”，“不可知”即不可了知，所以正行处是没有的。因此，它不能为行走动作所入，不被践行，即正行处无行动。

有人说：正行处确实是存在的，在那里就有行动。怎么讲呢？

St 32 **▼有动之处则有行，正行处有行者动，**[1]

已行、未行处无有，是故正行处有行。（2.2）

［梵］ *ceṣṭā yatra gatis tatra gamyamāne ca sā yataḥ |*

na gate nâgate ceṣṭā gamyamāne gatis tataḥ ||

［什］ 動處則有去，此中有去時，非已去、未去，是故去時去。

这里，你说行走动作已经过去以及还未开始是无行动的理由，那么就可以说

D 169a
P 190b ▼"有动之处则有行"（2.2a），"正行处有行者动"（2.2b），▼［在正行处］也就是在这个移动（ceṣṭā）可见之处。"行者"（*yataḥ*）一词即"行走者的"（gantuḥ）之意。这样，因为[2]移动在已行处无，在未行处无，而在正行处有，所以，哪里有移动哪里就有行动。这样，因为有行动，所以在正行处有行动。（2.2）

---

[1] 诸家注释对颂中第2句的 *yataḥ* 有不同理解，此处译文依据《佛护》与《明句》，即将 *yataḥ* 理解为 √i "行走"的现在分词单数属格，"行走着的人的"。参《明句》（PsP_L 94.1）：*yato vrajato gantur*。《无畏》《般若灯》则解作关系代词，与 *tataḥ* 对应，表原因，据之该颂前两句应译为：因为有动处有行，于正行处有此［动］。下录《无畏》《般若灯》相关段落备考：

《无畏》（D 35b1–2）：

［对方说：］在此［世上］，哪里显现了移动（ceṣṭā），哪里就有行动（gati），而且，因为（yataḥ）移动在正行处显现，在已行处不显现，在未行处也不显现，所以（tataḥ），正行处有行动。

针对佛护对 *yataḥ* 的理解，《般若灯》（D 64b3–4）提出三点批判：

另有些人（佛护）说：*yataḥ* 一词即"行走者的"（gantuḥ）。有人（清辨）说：这是不合理的。因为，(1)"故"（tataḥ）一词没有对应；(2)动作的所依并无分歧；(3)在已行、未行处的行者的行动已被破除。

参 Tachikawa 1974, n. 6; Saito 1984, I, 234, n. 7; Ames 2019, 73, n. 39 (= 1995, 340, n. 39)。关于此处 *yataḥ* 的对应藏译的研究，见 Saito 1995, 87–92。

[2] 斋藤明（Saito 1984, I, 235, n. 8）指出，此处"因为"一词的藏译 *gang gi phyir* 如果是译自梵文的 *yataḥ* 的话，则应依照佛护对颂文的注解，作"行者的"理解。

回答：

正行之处有行动，如何能成为可能？
此时正行处[有行]，无行动故不可能。[1]（**2.3**）

［梵］ *gamyamānasya gamanaṃ　kathaṃ nāmôpapatsyate |*
gamyamānaṃ vigamanaṃ　yadā nâivôpapadyate ||

［什］ 云何於去時，而當有去法？若離於去法，去時不可得。

这里，只有[它]与行动相结合（gamikriyāyoga），你才承认[它]是正行处。而你却说这个[正行处]有行动。这里，行走动作（gamikriyā）只有一个，由于它已经结合于那个所谓"正行处"之中，那么这个"有行动"之说就与行走动作分离，就导致"无行动"（*vigamana*）的过失。这是不容有的，因为，如果是"无行动"，又如何"有行动"？这里，▼这个所谓的"有行动"由于离开了行走动作而不容有，那么这时，正行 St 33
处有行动怎么可能？[2]（2.3）

---

[1] 诸家对该颂理解有不同。此处译文据《佛护》《般若灯》与《明句》。该颂意在破斥"正行处有行动"之说，此说的两个组成部分——"正行处"和"有行动"，都需要有行走动作才能成立。而动作只能有一个。《佛护》《般若灯》《明句》（见本页注 2）在这里将之判给了"正行处"：暂且允许"正行处"中已经结合了一个行动而成立在先，却没有第二个动作以供"有行动"之说。

《般若灯》（D 65a2）：虽然如此，这里行走动作只有一个，它所有的力量已经结合于这个"正行处"之中，那么"正行处有行动"之说中的另一个行动又是哪个？

《青目》《无畏》则是将这一个行走动作判给了"有行动"，即"有行动"若成立，就已占用一个行动，"正行处"就无行动可用而不成立。据此该颂后两句应译作：此时正行处无行，是则即是不可能。参 Tachikawa 1974, n. 9; Saito 1984, I, 236, n. 10。

《无畏》（D 35b3）：这里，正行处是不可能有行动的。为什么呢？因为无法确定分辨出一个没有行动的正行处，如石女儿。

《青目》（ZY 1-15, 5b1 [2, 920]; T 30, no. 1564, 4a4–5）：去時有去，是事不然。何以故？離去法去時不可得。

[2] 此段行文大体为《明句》所继承（PsP_L 94.8–95.3，依 de Jong 1978, 36–37 修订）：

iha hi gamikriyāyogād eva gamyamānavyapadeśam icchati bhavāṃs tac ca gamyata iti bravīti | ekā câtra gamikiyā, tayā gamyamānavyapadeśo bhavatu kāmam adhvano, gamyata iti bhūyaḥ kriyāsaṃbandho gamyamānasya na yujyata iti [K. 2.3ab] *iti | kāraṇam āha |* [K. 2.3cd] *iti | gamyamānam iti gamyata ity arthaḥ | vigatagamanaṃ vigamanaṃ | ekasyā gamikriyāyā gamyamānam ity atrôpayuktatvād dvitīyāyā abhāvāc ca, gamyata ity ayaṃ vyapadeśo vinā gamanena yadā nâivôpapadyate, tadā gamyamānaṃ gamyata iti paripūrṇo vākyārtho nāstîty abhiprāyaḥ | gamyamānam ity etāvan mātram eva saṃbhavati dvitīyakriyābhāvāt, na tu gamyata iti ||*

这里，只有[它]与行走动作相结合，你才承认[它的]"正行处"的指称，你又说这个[正行处]有行动。而这里行走动作只有一个，就算是由此[行走动作]某道路获得了"正行处"的指称，而说[它]"有行动"就是正行处与动作的再次结合，这是不合理的。[颂 2.3ab] 原因说为：[颂 2.3cd] 所谓"正行处"就是有行动的意思。"无行动"就是离行动。也就是说，

另外再说：

若言正行处有行，于此人则有过失，
离行动有正行处，正行处有行动故。[1]（2.4）

［梵］ *gamyamānasya gamanaṃ　yasya tasya prasajyate |*
ṛte gater gamyamānaṃ　gamyamānaṃ hi gamyate ||

［什］ 若言去時去，是人則有咎，離去有去時，去時獨去故。

如果有人想要避免[上述]这种过失，就认为：这个“有行动”由于与行动结合，所以是有行动。对于此人，由于这个“有行动”之中已经结合了行动，所以正行处就成了无行动，即与行动分离，如同村庄或城市，成为过失。正行处[有行动]就会如同说“村庄有行动”那样，成为过失，[2] 这是不被认许的。因此，正行处有行动的说法无论如何也是不可能的。（2.4）

如果想要避免[上述]这种过失，转而认为这个“有行动”和这个“正行处”两者都与行动相结合，那么其中就有这样的过失，[偈颂]说道：

如果正行处有行，则有二行之过失，
P 191a **˚此正行处用其一，此处之行是另一。（2.5）**

［梵］ *gamyamānasya gamane　prasaktaṃ gamanadvayam |*
yena tad gamyamānaṃ ca　yac câtra gamanaṃ punaḥ ||

［什］ 若去時有去，則有二種去，一謂爲去時，二謂去時去。

因为，唯一一个行走动作已经结合于“正行处”之中，又没有第二个[行走动作]，那么所谓“有行动”这样的指称，无行动可用就不可能有。这时，“正行处有行动”一语就没有完备的所诠之体。由于没有第二个行走动作，最多可以说“正行处”，却不能说“[正行处]有行动”。

[1] 该颂末的 *gamyate* 有多解（见 Saito 1984, I, 236, n. 11），《佛护》未有明示，此译文依《明句》（PsP$_L$ 95.10–12）的理解：

因为对于此人来说，“正行处有行动故”。“故”（*hi*）表示因为的意义。因为，对于持此主张人来说，一个与行动相离的正行处才能有行动（*gamyate*），因为所谓“有行动”（*gamyate*）即有动作结合于其中。因此，将导致正行处与行动相离的过失。

《青目》的偈颂译法与《明句》对 *gamyate* 的理解一致，但其长行未有明示。《无畏》《般若灯》则将该词释作“被执著”“被理解”，据此解释该颂末句应译作“正行处被解知故”。

《无畏》（D 35b4–5）：“正行处被解知故”，因为此语被执著。

《般若灯》（D 65a5）：因为这个所谓“正行处”，其中的行走动作还未圆满、未进入，而被理解和知晓。

[2] “正行处”与行走动作有着必然的联系，而村庄、城市则不是这样，不能说行走动作一定存在于村庄之中。

如果构想已与行动结合的正行处有行动，就会导致两个行动的过失。与一个行动结合而有“正行处”的名称，而在“有行动”的说法之中，又构想了第二个行动。两个行动是不被认许的，因此，这种[说法]也是不可能的。（2.5） D 169b St 34

这种[说法]还有这样的过失：

若有二行动之失，则有二行者之失。（2.6ab）

［什］ 若有二去法，則有二去者。

[1-]如果导致两个行动的过失，也就会造成两个行者的过失。为什么呢？[-1]

因为若离于行者，行动即是不容有。（2.6cd）

［什］ 以離於去者，去法不可得。

因为，有行者才有行动，否认了行者，就不会有行动。因此，如果导致了两个行动的过失，就会造成二个行者的过失。这也是不被认许的。这样，由于会导致多种过失，所以正行处是不能有行动的。又因为在已行、未行与正行处之上，都不可能有行动，所以，行动就是不可得。（2.6）

---

[1] 此句与《无畏》(D 35b7) 相同。

［梵］ *gamyamānasya gatiyuktasya gamane kalpyamāne gamanadvayaṃ* prasajyate | yena ca gamanena yogād gamyamānam iti bhavati | yac ca gamyata ity atra punar dvitīyaṃ gamanaṃ kalpyate | na ca gamanadvayam iṣṭaṃ tasmād etad api nôpapadyate || (2.5) Ms 9a

ayaṃ câtra doṣaḥ |

dvau gantārau prasajyete　prasakte gamanadvaye | (2.6ab)

gamanadvaye prasakte *dvau ca gantārau prasajyete* | *kutaḥ* |

gantāraṃ hi tiraskṛtya　gamanaṃ nôpapadyate || (2.6cd)

yasmāt sati gantari gamanaṃ bhavati | na gantāraṃ pratyākhyāya gamanaṃ bhavati | tasmād gamanadvaye prasakte dvau gantārau prasajyete | tac câniṣṭam | tad evam anekadoṣaprasaṅgād gamyamānaṃ naîva gamyate | yasmāc ca *na gate nâgate na gamyamāne gamanam upapadyate* tasmān naîva gamanaṃ vidyate || (2.6)

此处有人说：虽然在已行、未行、正行处之上都不可能有行动，但是，以行者为依处而有行动，因为在行者之上可以见到行动。

回答：

如果离开了行者，行动即是不容有。(2.7ab)

〔什〕 若離於去者，去法不可得。

St 35 前面已经说过，离行者就不容有行动。'如果否认了行者，就不可能有行动，谁是那个以行者为依处而在行者之上转起的行动呢？

[对方]说：我们并不是说另外有一个离于行者而别存的行动能在行者之上转

P 191b 起。然而，由于与这个行动'的结合而有行者之名，我们是说这个[行动]存在。

回答：

是则行动若无有，行者从何而得有？(2.7cd)

〔什〕 以無去法故，何得有去者？

只有某个行动能够毫无依处而成立，才会有行者或非行者与之结合。然而没

D 170a 有任何行动是独立存在而无依处的，'此时，没有了这个单独成立的行动，哪里会有你[主张]的与行动结合而有的行者？没有行者，行动又为谁所有？因此，行动是不存在的。(2.7)

〔梵〕 atrâha | yady api na gate nâgate na gamyamāne gamanam upapadyate | tathâpi gantrāśrayam eva gamanam asti | gantari hi gamanam upalabhyata iti ||

ucyate |

gantāraṃ cet tiraskṛtya gamanaṃ nôpapadyate | (2.7ab)

prāg abhihitam | *na gantāraṃ tiraskṛtya gamanam upapadyate* | *yadi* gantāraṃ pratyākhyāya gamanaṃ nôpapadyate | katarat tad gamanaṃ yad gantrāśrayaṃ gantari vartate ||

āha | na brūmo 'nyad gamanaṃ gantuḥ pṛthagbhūtam asti yad gantari vartata iti | kiṃ tu yena gamanena yogād gantêti bhavati | tad astîti brūmaḥ ||

ucyate |

gamane 'sati gantâtha kuta eva bhaviṣyati || (2.7 cd)

yadi kiṃcid anāśrayaṃ gamanaṃ prasiddhaṃ syāt tena gantur agantur vā yogaḥ syāt | na ca pṛthagbhūtam anāśrayaṃ gamanaṃ kiṃcid asti | tenêdānīṃ pṛthaksiddhena[1] gamanena vinā kuta eva te gamanayogād gantā bhaviṣyati | gantari câsati kasya gamanaṃ syāt | *tasmān nâsti gamanam* || (2.7)

---

[1] BP_{Ms} *pṛthagasiddhena*。

有人说：这些戏论有什么用？观待什么东西而有“[某人]行走”这个说法，那个东西就是行动。

回答：只有“[某人]行走”这个说法是成立的，那么所谓“行动”一说才可以成立，然而这个说法是不成立的，那么行动怎么会成立？这该怎么讲呢？在此[世上]如果有行动的话，是行者行走呢，还是非行者行走呢？[偈颂]说道：

且说行者不行走，非行者亦不行走，
异于行者、非行者，ˇ谁是第三者行走？（2.8） St 36

[什]　去者則不去，不去者不去，離去、不去者，無第三去者。

因此，“[某人]行走”之说就是不成立的。为什么呢？因为不可能有！（2.8）

怎么讲呢？

且说行者当行走，如何能成为可能？
当时离开了行动，行者即是不容有。（2.9）

[什]　若言去者去，云何有此義？若離於去法，去者不可得。

在此[世上]，所谓“行者行走”之中只有一个行走动作，而它已经结合于“行走”之中，那么，离行动的行者就会像笈多与制多罗一样，唯是名称，成为过失。这是不被认许的。当行者离于行动而不容有之时，怎么会有“行者行走”一说？（2.9）

[梵]　āha | kim anena prapañcena | yad apekṣya gacchatîti bhavati tad gamanam ||

ucyate | syād evaṃ[1] gamanaprasiddhir yadi gacchatîty etad eva prasiddhaṃ syān na câitat prasidhyati | kuto gamanaṃ prasetsyati | tat katham iti | iha sati gamane gantā vā gacched agantā vā ||ˇ*ucyate* | Ms 9b

gantā na gacchate tāvad　agantā nâiva gacchati |
anyo gantur agantuś ca　kas tṛtīyo 'tha gacchati || (2.8)

tasmād gacchatîty eva na sidhyati | kutaḥ | anupapatteḥ || (2.8)

katham iti |

gantā tāvad gacchatîti　katham evôpapatsyate |
gamanena vinā gantā　yadā naîvôpapadyate || (2.9)

iha gantā gacchatîty atraîkā gamikriyā sā ca gacchatîty atrôpa*yuktā* | *tena gatirahito gantā yathā Guptaś Caitraś ca saṃjñāmātraṃ* prasajyate | na câitad iṣṭam | tad yadā gamanena vinā gantā naîvôpapadyate | tadā kathaṃ nāmêdam upapatsyate gantā gacchatîti || (2.9)

---

[1] BP_{Ms} *edaṃ*。

再者，

认为“行者在行走”，对此观点则会有，

P 192a 行者离行动之失，认为行者有行[故]。（2.10）

〔什〕 若謂去者去，是人則有咎，離去有去者，說去者有去。[1]

有人想避免[上述]这种过失，认为行者由于与行动结合，就能够行走。这种观点也还是承认“行者行走”，对于持此观点者，既然认为所谓“行者”之中已经结

St 37 合了行走动作，就会导致离行动而有行者的过失，意即离行动而有行走的这种过失。而这是不合理的，因为，“行走”怎么会是无行动的呢？[2]（2.10）

---

[1] 《青目》中此颂与下颂次序相倒。

[2] 此一颂与与前一颂都是在批驳“行者行走”的观点。佛护将偈颂中的 gamanena vinā gantā “离行动而有行者”转义为 gamanena vinā gacchati “离行动而行走”来理解，如此一来破斥的对象便由“行者”转向了“行走”，即前一颂破“行者”，此一颂破“行走”。月称追随这一解释：

《明句》（PsP$_L$ 99.1–3）：若持此观点，认为由于与行走动作结合即是行者，那么就是承认行者拥有行动。对于持此观点者，由于指定了一个具有行动的行者，所以就成了“无行动而行者行走”，因为没有第二个行走动作的缘故。因此，行者行走是不合理的。[颂]中所说“行者离行动”之中的“行者”一词，表示其行走的意义。

《无畏》《青目》与《般若灯》则都批驳行者的存在，与前一颂的逻辑关系是：前颂说离行动就不可能有行者，此颂说如果有行者，则此行者就离行动而成过失。

《无畏》（D 36b1）：这里，对于承认“行者行走”这种观点的人，将导致行者离行动的过失，为什么呢？因为承认行者有行动。

《青目》（ZY 1-15, 6b1–2 [2, 922]; T 30, no. 1564, 4b18–20）：若人說去者能用去法，是人則有咎，離去法有去者。何以故？說去者用去法，是爲先有去者後有去法，是事不爾。

《般若灯》（D 68a3，依 P 81b4–5 修正）：为什么呢？因为承认“行者有行动”，也就是说这是因为，如果没有行动，就没有行者之中所结合的那个行动。而且，行动只有一个，它已经全部处于这个所谓的“行走”之中。

〔梵〕 kiṃ ca bhūyaḥ |

pakṣo gantā gacchatîti　yasya tasya prasajyate[1] |
gamanena vinā gantā　gantur gamanam icchataḥ || (2.10)

yasya tu mataṃ mā bhūd *eṣa doṣa iti gantā gamanena yogād gacchatîti* tasyâpi gantur gamanam icchato gantêty atrôpayuktā gamikriyêti kṛtvā | gamanena vinā gantā prasajyate | gamanena vinā gacchatîty etat prasajyata ity arthaḥ | na caîtad upapadyate | kathaṃ hi nāma gacchatîty etad agatikaṃ syād iti || (2.10)

---

[1] = MK$_{Ms\ Dr}$, dJ, PsP$_L$; BP$_{Ms}$ *na yujyate*。

如果想避免[上述]这种过失，转而认为“行者”以及“行走”这两者都已经与行动结合。这其中就会有如下过失： D 170b

如果行者在行走，则致二行动之失，
促显行者用其一，行者又行其另一。(2.11)

［什］ 若去者有去，則有二種去，一謂去者去，二謂去法去。

如果构想已经与行动结合的行者拥有行动，就会导致两个行动的过失。与一个行动结合，促[其]成为“行者”，而“行走”之说所观待的则是另一个行动。两个行动是不被认许的。如果有两个行动的过失，就会和前面一样导致两个行者的过失，这也是不被认许的。因此，说“行者行走”首先是不可能的。

现在说，非行者也不行走。“行者行走”之说不容有之时，说“与行动相离的非行者行走”，又怎么可能？因此，非行者也不行走。

这里如果认为“既是行者又是非行者行走”，则回答：

异于行者、非行者，谁是第三者行走？(2.8cd) St 38

异于行者与非行者，谁是那个可以“行走”的既是行者又是非行者的第三者？因此，由于根本不存在的缘故，既是行者又是非行者不行走。这样，因为“行者行走”“非行者行走”以及“既是行者又是非行者行走”都不可能，所以“行走”一说是不成立的。这里，如果没有“行走”一说，行动又怎么能成立？ P 192b

---

［梵］ *atha mā bhūd eṣa doṣa iti gantêti gacchatîty* etac côbhayam api gatiyuktam iti | atrâpy ayaṃ doṣaḥ ||

gamane dve prasajyete　gantā yady uta gacchati |
gantêti câjyate yena　gantā san yac ca gacchati || (2.11)

gatiyuktasya gantur gamane kalpyamāne gamanadvayaṃ prasajyate | yena ca gamanena *yogād gantêty ajyate* | *tac ca gamanaṃ yad apekṣya* gacchatîti bhavati | na ca gamanadvayam iṣṭam | sati ca gamanadvayaprasaṅge pūrvavad eva dvau gantārau prasajyete | tac câniṣṭam | tasmād gantā gacchatîty etat tāvan nôpapadyate ||

idānīm agantā naîva gacchati | yadā gantā gacchatîty eta*n nôpapadyate tadā gatirahito 'gantā gacchatî*ti katham evôpapadyate | tasmād agantā naîva gacchati ||

tatrâitat syād gantā câgantā ca gacchatîti |

ucyate |

anyo gantur agantuś ca　kas tṛtīyo 'tha gacchati || (2.8cd)

ko 'sau gantur agantuś cânyas tṛtīyo gantā câgantā ca yo gacchatîty upapadyate | tasmād abhāvād eva gantā câgantā ca na gacchati | tad yasmān na gantā nâgantā gantā câgantā ca gacchatîty upapadyate | tasmād gacchatîti na prasidhyati | gacchatîty atra câsati kuto gamanaṃ prasidhyati || Ms 10a

有人说：虽然不可能说"行者行走""非行者行走"以及"既是行者又是非行者行走"，然而[世间]有说"笈多行走"，"制多罗行走"，这里，说"行走"是可能的。

回答：[等于]什么都没有说！如果认为笈多是依处，那么这个笈多，是作为行
D 171a 者来行走呢，▼还是作为非行者来行走呢，还是作为既是行者又是非行者来行走？因此，这种说法毫无意义。(2.11)

此处有人说：行动确实是有的。为什么呢？因为行走动作的发动是存在的。在此[世上]，虽然不能说已行、未行或正行处有行动，然而，当一个驻立着的人开始运动时，紧随驻立动作的消失，便有行走动作的开始。因此，由于存在动作的
St 39 发动，▼所以就有行动。

回答：那么你岂不是被一个别名迷惑心智，而不认识自己儿子的面容？你竟然以新的想法，用另外一个名称，述说同一个东西！这个所构想的动作的发动，它是存在于已行处，或是未行处，还是正行处呢？这里，就以前面已经说过的原因[来说明]：

已行处行不发动，(2.12a)

［什］ 已去中無發，

为什么呢？因为行走动作已经停止的缘故。

［梵］ āha | yady api na gantā nâgantā na gantā *câgantā ca gacchatîty* upapadyate | tathâpi Gupto gacchati Caitro gacchatîty atra gacchatîty upapadyate ||

ucyate | na kiṃcid uktam | nanu Guptāśrayaîvêyaṃ cintā kṛtā kiṃ Gupto gantā san gacchaty utâgantā gacchaty uta gantā câgantā ca bhūtvā gacchatîti | tasmād yatkiṃcid etat || (2.11)

atrâha | vidyata eva gamanam | kutaḥ | gamikriyāprārambhasadbhāvāt | iha ya*dy apy eta*n na śakyate vaktuṃ gatam agataṃ gamyamānaṃ vā gamyata iti tathâpy avasthitaḥ san yadā pravartate tadā sthānakriyānivṛtter anantaraṃ gamikriyā-pravṛttir bhavati | tasmāt kriyāprārambhasadbhāvād vidyata eva gamanam ||

ucyate | kim idaṃ bhavān saṃjñāntareṇa saṃmohitaṃ cetaḥ svaputramukhaṃ *na* jānāti | yas tvaṃ tam evârtham abhidhānāntareṇôttarabuddhyā bravīṣi | nanu yo 'py asau kriyāprārambhaḥ parikalpyate | so 'pi gate vā syād agate vā gamyamāne vā tatra pūrvoktair eva hetubhiḥ |

gate nârabhyate gantum | (2.12a)

kutaḥ | gamikriyānivṛtteḥ |

未行处行不发动，（2.12b）

［什］ 未去中無發，

为什么呢？因为行走动作还没有开始。 P 193a

于正行处不发动，（2.12c）

［什］ 去時中無發，

为什么呢？因为没有正行处，也因为会导致两个行动的过失，还因为还会导致两个行者的过失。那么现在，爱著这种[观点]的人[1]就应当回答：

在何处能发动行？（2.12d）

［什］ 何處當有發？

因此，行动的发动是没有的，没有发动，哪来的行动？（2.12）

此处有人说：行动确实是有的，为什么呢？因为正行、已行和未行处是存在的。因为，结合了行动，就是“正行处”。行走结束时，就是“已行处”。观待未至的行走动作，就是“未行处”。因此，由于正行、已行和未行处是存在的，所以说行动是存在的。

---

[1] “爱著这种[观点]的人”(uttaralubdhakaḥ)，藏译中无对应。

［梵］ **gantuṃ nârabhyate ’gate | (2.12b)**

kutaḥ | gamikriyāyā anārambhāt |

nârabhyate gamyamāne | (2.12c)

kutaḥ | gamyamānābhāvād dvigamanaprasaṅgāt | dvigantṛprasaṅgāc ca | tad ācakṣvêdānīm uttaralubdhakaḥ |

gantum ārabhyate kuhêti **| (2.12d)**

tasmān nâsti gamanārambhaḥ | ārambhe câsati kuto gamanam || (2.12)

atrâha | vidyata eva gamanam | kutaḥ | gamyamānagatāgatasadbhāvāt | yasmād gatiyogād gamyamānam iti bhavati | antagate gatam iti bhavati | aprāptāṃ gamikriyām avekṣyâgatam iti bhavati | tasmād gamyamānagatāgatasadbhāvād asti gamanam iti ||

回答：那么你岂不是在虚空中起立而移动？当此之时，

St 40 **ˇ于行发动之先前，无有正行、已行处，**

D 171b **ˇ于彼处行可发动，（2.13abc）**

〔什〕 未發無去時，亦無有已去，是二應有發，

这里，在行动发动之前的时候，对于一个驻立之人，他就没有正行处和已行处可作为行动发动的地方。如果没有行动的发动，正行处怎么会与行动结合？如果没有与行动的结合，哪里会有行动的结束？

[对方]说：[那么]有未行处，行走[动作]将会在那里发动。

回答：

未行之处何有行？（2.13d）

〔什〕 未去云何發？

在此[世上]，对于驻立不动的人，其未行处是没有发动的。而当运动的时候，那个运动所在的空间就不是未行处。而那时候的还未行至的空间，其上也还是没有运动。因此，在未行处怎么会有行动的发动呢？（2.13）

〔梵〕 ucyate | kim idaṃ bhavān ā*kāśa utti*ṣṭhan vartanam[1] eti | yadā

prāg asti gamanārambhād gamyamānaṃ na no gatam |
yatrârabhyeta gamanam (2.13abc)

iha prāg gamanārambhāt sthitasya tasya naîva gamyamānam asti no gatam apiˇ

Ms 10b yatra gamanam ārabhyeta | gamanārambhe câsati kuto gamyamānaṃ gatiyuktam | gatiyoge câsati kuto gatyavasānam |

āha | agatam asti tatra gamanam ārapsyata iti ||

ucyate |

agate gamanaṃ kutaḥ || (2.13d)

ihâvasthitasyâvispandamānasya yad agataṃ tatra nâsty ārambhaḥ | yadā ca vispandate tadā yatrâvakāśe vispandate nâsāv agato bhavati | yaś ca tadā agato 'vakāśo bhavati | na tatra vispandate tasmād agate kuto gamanārambhaḥ || (2.13)

---

[1] BP_{Ms} *[varna]m*。

经过这样的考察，

ˇ为何构想已行处，以及正行、未行处？ P 193b

既然行动之发动，一切形式不得见。（2.14）

［什］ 無去、無未去，亦復無去時，一切無有發，何故而分別？

以一切方式推求，都不能见到行动的发动，这时，你为何还要构想已行、正行以及未行处？（2.14）

ˇ有人说：那么至少未行处是存在的。 St 41

回答：那么你岂不是因尚未出生的儿子的死亡而痛苦？你在没有已行处的情况下执有未行处！因为，未行处是已行处的对立面，如果连已行处都不存在，哪里会有你[所谓]的未行处？

对此[对方]说：如果[仅]因为[其]对立面不存在就说未行处不存在，那么行动恰恰是成立的！为什么呢？因为[其]对立面存在。因为，行动的对立面亦即驻立是有的，所以，由于对立面是存在的，行动还是存在的。

回答：有驻立[动作]，才有行动。然而驻立是不可能有的，又怎么会有行动呢？怎么讲呢？在此[世上]，如果有驻立的话，它是属于行者呢，还是属于非行者呢？这里，

［梵］ evaṃ parīkṣite |

gataṃ kiṃ gamyamānaṃ kim agataṃ kiṃ vikalpyate |
adṛśyamāna ārambhe gamanasyâiva sarvathā || (2.14)

yadâivaṃ sarveṇa prakāreṇa vimṛśyamāno gamanārambha eva na dṛśyate | tadā kim etad bhavatā gataṃ vikalpyate kiṃ gamyamānaṃ kim agatam || (2.14)

āha | agataṃ tāvad astîti ||

ucyate | kim idaṃ bhavān ajātaputramaraṇāt saṃtapyate | yas tvam asati gate 'gataṃ kalpayasi | gatapratipakṣo hy agatam | tad yadi gatam[1] eva nâsti kutas te 'gataṃ bhaviṣyati ||

atrâha | yadi pratipakṣābhāvād agataṃ nâsti hanta siddhaṃ gamanam | kutaḥ | pratipakṣasadbhāvāt || gamanasya hi pratipakṣo vidyate sthānam | tasmāt pratipakṣasadbhāvād vidyata eva gamanam ||

ucyate | syād gamanaṃ yadi sthānaṃ syāt | na ca sthānam upapadyate | kuto gamanaṃ bhaviṣyati | katham iti | iha yadi sthānaṃ syāt tad gantur agantur vā syāt | tatra |

---

[1] BP_{Ms} *gamanam*; 依藏译 *song ba* 订正。

首先行者不驻立，非行者亦不驻立，

D 172a **异于行者、非行者，谁是第三者ˇ驻立？（2.15）**

［什］ 去者则不住，不去者不住，離去、不去者，何有第三住？

首先行者不驻立，为什么呢？因为不可能。

且说行者之驻立，如何能成为可能？

St 42 **当时如果无有行，ˇ行者即是不容有。（2.16）**

［什］ 去者若當住，云何有此義？若當離於去，去者不可得。

在此[世上]，只有与行动结合才是行者，而没有行动，就不可能有行者。行动的停止即称为驻立[动作]。驻立与行动两者是相互违逆的，不能同时住于一处。P 194a 在这种情况下，ˇ首先，怎么可能有所谓"行者驻立"？

现在说，非行者也不驻立。为什么呢？因为没有行动。在此[世上]，行动的停止称为驻立[动作]，由于非行者与行动相离，他已经是驻立的，何须再次驻立？如果认为已经驻立者还能再次驻立，则导致两个驻立[动作]的过失，以及导致两个驻立者（sthātṛ）的过失。因此，非行者也不能驻立。

这里如果认为既是行者又是非行者驻立，则回答：

异于行者、非行者，谁是第三者驻立？（2.15cd）

异于行者与非行者，谁是那个被构想为能驻立的"既是行者又是非行者"？因此，由于根本不存在的缘故，既是行者又是非行者也不驻立。（2.16）

［梵］ **gantā na tiṣṭhate tāvad agantā naîva tiṣṭhati |**
anyo gantur agantuś ca kas tṛtīyo 'tha tiṣṭhati || (2.15)

gantā na tiṣṭhate tāvat | kutaḥ | anupapatteḥ |

gantā tāvat tiṣṭhatîti katham evôpapatsyate |
gamanena vinā gantā yadā naîvôpapadyate || (2.16)

iha gatiyogād gantā bhavati | gamanena tu vinā gantā naîvôpapadyate | gatinivṛttiś ca sthānam ity ucyate | tayoś ca virodhinoḥ sthānagamanayor ekatra samāveśo nâsti | tad evaṃ sati gantā tiṣṭhatîty etat tāvat katham evôpapatsyate |

idānīm agantā naîva tiṣṭhati | kutaḥ | gater abhāvāt | iha gatinivṛttiḥ

再者，如果行动的停止即称为驻立，那么这个驻立[动作]是从正行处驻立，是从已行处驻立，还是从未行处驻立的呢？

从正行处不驻立，亦不从已、未行处。[1]（**2.17ab**）

［梵］ *na tiṣṭhate gamyamānān　na gatān nâgatād api* /

［什］ 去、未去無住，去時亦無住。

▼从正行处不驻立。为什么呢？因为，与行动结合故才是正行处，而驻立是行 St 43
动的停止，所以，行动与驻立两者是相互违逆的，不能同时住于一处。因此，首先，从正行处是不能停止的。

现在说，从已行、未行处也不驻立。为什么呢？因为没有行动。▼因为，驻立是 D 172b
行动的停止，在已行、未行处没有行动，而没有行动，何来行动▼的停止？如果没有 P 194b
行动的停止，何来驻立？因此，从已行、未行处也不能停止。

行与开始及停止，[悉皆]等同于行动。（**2.17cd**）

［梵］ *gamanaṃ sampravṛttiś ca　nivṛttiś ca gateḥ samā* //

［什］ 所有行、止法，皆同於去義。

正如已经说过，行者不能驻立，因为驻立与行动两相违逆，同样，驻立者也不能行走，因为驻立与行动两相违逆。正如已经说过，非行者不能驻立，因为会导致两个驻立[动作]的过失，同样，非驻立者（asthāṭṛ）也不能行走，因为会导致两个行动的过失。正如已经说过，既是行者又是非行者不能驻立，因为他是不存在的，同样，既是驻立者又是非驻立者也不行走，因为他是不存在的。这样，首先，与行者的驻立一样，驻立者的行动（gamana）也是[不成立的]。

---

[1] 该颂中的 *gamyamānāt*、*gatāt* 与 *agatāt* 三个从格的词，月称解释作正行、已行、未行的道路。

参《明句》（PsP$_L$ 102.15）：这里，行者不能从已行的道路停止，因为没有行走动作。

而斋藤明认为，在这里三个词的意义与前文不同，应理解为行动作为行的对象的三种时间状态，即被行者行过的行动、未行的行动以及正行的行动。他给出的原因有二：① 停止只能从行动状态而停止；② 如果这三个词理解作动作发生的处所，其从格的意义就无法解释（Saito 1984, I, 239–240, n. 30）。然而，行动作为行的对象（同源宾语）的观点在该品第 22 颂才被提出，如果这里应用这一意义则有些唐突。笔者认为，这三个词还是作处所讲更为合理。这里之所以用从格，是指示驻立动作的起始点而不是存在的空间。已行、未行、正行之处在世间定义为行动存在的空间，此时三处以依格或业格表示；而对于驻立动作来说，因为涉及到了由行到止的动作转换，这三处就是发出位置，所以用从格表示。反之，已驻、未驻、正驻之处世间定义为驻立动作的存在空间，用依格或业格表示。这三处对于行动来说却是出发位置，用从格表示。这两套关系在佛护对 2.17cd 的注释中表现得十分清楚，参第 42 页注 1。

那么，正如已经说过，行动的发动（ārambha）在已行、未行、正行处不容有，同样，驻立[动作]的开始（sampravṛtti）在已驻（sthita）、未驻（asthita）、正驻之处
St 44 （sthīyamāna）也不容有。这样，与行动的发动一样，驻立[动作]的开始也是[不成立的]。

那么，正如已经说过，行动的停止（nivṛtti）不从已行、未行、正行处停止，同样，对于驻立[动作]的停止，从已驻之处不能行走，因为没有行动，从未驻之处也不能行走，[还是]因为没有行动，从正驻之处也不能行走，因为驻立与行动两相违逆。这样，与行动的停止一样，驻立[动作]的停止也是[不成立的]。[1] （2.17）

此处有人说：虽然不能说行、开始和停止存在于已行、未行、正行处，或存在
P 195a D 173a 于行者、非行者以及此外其他者之上，然而见到制多罗迈步，就说制多罗是行者，因此，行者与行动都是有的。

回答：首先，所谓"虽然不能说"[等等]，是胡搅蛮缠（vyastapada）。既然看到了制多罗迈步之后就认为制多罗是行者，那么这个迈步[动作]与制多罗是一还是异？这里，

彼行动即此行者，此说当是不合理。
异于行动有行者，此说亦是不合理。（2.18）

［梵］ *yad eva gamanaṃ gantā　sa evêti na yujyate |*
anya eva punar gantā　gater iti na yujyate ||

［什］ 去法即去者，是事则不然。去法異去者，是事亦不然。

---

[1] 佛护对此颂的疏解可以下列等式表示：

（驻者/非驻者/第三者之）行动（gamana）＝行者/非行者/第三者之驻立（2.15–16）
（驻立之）开始（sampravṛtti）＝行动之发动（2.12–13）
（驻立之）停止（nivṛtti）＝行动之停止（2.17ab）

等号左边三句括号中所补充的内容都与"驻立"相关，可视作从该颂前两句继承下来的主题。等号右边的三句在前面颂文中都已经解说，且话题都围绕"行动"（gati/gamana）展开，因此可以总结为"等同于行动"（gateḥ samā）。《般若灯》（D 70a3–5）与《明句》（PsP$_L$ 103.6–10）继承了这一分析方法，《无畏》的解释则有些模糊。此外，佛护讨论第三个等式时，从藏译可以明确看出"已驻""未驻"和"正驻"三个概念指的是处所，而非状态，例如："从已驻之处不能行走"（*gang du bsdad pa de nas mi 'gro ste*, D 172b6）。由此类推，可知第 41 页注 1 中所说的"已行""未行"和"正行"也是指处所。

为什么呢？

因为如果彼行动，本身就是此行者，
‸将致作者、所作业，成为同一之过失。（2.19） St 45

［梵］ *yad eva gamanaṃ gantā　sa eva hi bhaved yadi /*
ekībhāvaḥ prasajyeta　kartuḥ karmaṇa eva ca //

［什］ 若謂於去法，即爲是去者，作者及作業，是事則爲一。

如果这个行动就是行者，这样就会导致作者与所作业成为同一，这是不可能的，一个作者怎么会是所作业呢？（2.19）

如果想避免这种过失，转而认为作者与所作业二者是异，对此当说：

若又构想[彼]行动，与[此]行者相别异。
将离行者有行动，离行动亦有行者。（2.20）

［梵］ *anya eva punar gantā　gater yadi vikalpyate /*
gamanaṃ syād ṛte gantur　gantā syād gamanād ṛte //

［什］ 若謂於去法，有異於去者，離去者有去，離去有去者。

如果看到作者与所作业二者是一的过失，转而构想行者与行动是异，这样，异于行者的行动将无依处而自体成立。而如果行动无依处而自体成立，行者也将与行动相分离，成为无观待而自体成立。‸这两种[情况]，不论是哪一个都是不可 P 195b
能的，怎么会有无行者的行动，以及无行动的行者呢？（2.20）

此处说：你能制服杀者吗？[1] 由于作者与所作业二者的异性不成立，所以我不承认异性，又由于作者是别存的，我也不承认一性。因此，没有[异性与一性]这两者，[作者与所作业]两者就是成立的。

回答：我不能制服杀者。[然而，] 你‸岂不是伸展手臂，‸使劲活动，屏住呼吸， St 46 D 173b
在蜃景之水中游泳？对于[这种]离一与异、实不存在的观点，你却认作存在而住于其中！

彼二者以一实体，抑或异体之方式，
是即皆不得成立，二者如何可成立？（2.21）

［梵］ *ekībhāvena vā siddhir　nānābhāvena vā yayoḥ /*
na vidyate tayoḥ siddhiḥ　kathaṃ nu khalu vidyate //

［什］ 去、去者是二，若一、異法成，二門俱不成，云何當有成？

---

[1] 此句意义不明，*gsod pa po* = *vadhaka “杀者”？猜测其意义是：我主张非一非异的存在，你能奈我何。

如果作者与所作业二者是一是异都不成立的话，你且说这两者应该以[一异]两种方式之外的何等方式成立？所以，这只不过是计执而已。(2.21)

此处有人说：这是世间现见的实体，岂容你这样絮絮叨叨地[1]攻击？[世间]所谓"没有那个东西就不是行者"，"观待那个东西此人就是行者"，"那个东西"就称为行走动作，"此人"就称为行者。

回答：那么你岂不是急欲得子而与黄门(paṇḍaka)[2]行[房事]？没有行者你却计执行者！因为，有一个所行(gantavya)才可以认为有行者，而虽然执为行者却不可能有所行，在这种情况下，做这个毫无益处的构想有什么用呢？如果问：所行怎么就不能有呢？[前面]已经解说过，它不是已行处，也不是未行处，而正行处是不可知的。一个人只有能行于这些地方，才是个行者。既然不能行，那么执有行者就是无意义的。

P 196a

St 47 对此[对方]说：作为一个行者，其所行的就是行动，就像说者说话，[作者]作事一样。[3]

回答：如果构想行者之行动，那么，行者是行促显他的那个行动呢，还是行另外一个行动呢？两者都不可能，怎么说呢？

行动促显之行者，彼不能行此行动。(2.22ab)

[梵] *gatyā yayâjyate gantā gatiṃ tāṃ sa na gacchati* |

[什] 因去知去者，不能用是去。

如果是与这个行动结合，促使制多罗被称为"行者"，那么这个行者就不能还行这个行动，为什么呢？

---

[1] "絮絮叨叨地"译自 *gab gab kyis*，疑为拟声词或拟态词。

[2] 即无男根或男根损坏的男子。

[3] 参《明句》(PsP$_L$ 105.12–13)：

> *iha Devadatto gantā gacchatîti lokaprasiddhaṃ, tatra yathā vaktā vācaṃ bhāṣate kartā kriyāṃ karotîti prasiddhaṃ* | *evaṃ yayā gatyā gantêty abhivyajyate tāṃ gacchatîti na yathâktadoṣaḥ* ||
>
> 这里，说"提婆达多作为行者行走"是世间成立的。正如世间成立"说者说话"和"作者做事"，同样，被哪个行动促显为行者，这个行者就行哪个行动，这样就没有如上所说的过失。

这里提出了同源宾语的语言结构，行走的动作本身就是行走的对象——所行。在"说者说话，[作者]作事"两个喻例中，"话"(*vāca*)与"事"(*kriyā*)二词都是由动词转变来的名词。

因为行前无[行者]，某处方为某人行。（2.22cd）

［梵］ *yasmān na gatipūrvo 'sti　kaścit kiṃcid dhi gacchati* ||

［什］ 先無有去法，故無去者去。

因为，在促显▼“行者”称谓的那个行动之前，即“行前”（*gatipūrvaḥ*），此前是没有行者的。[1] 只有与这个[行动]结合，才能称得上“行者”。如果某人行于某处，这个某处就是诸如村庄、城市这种[与行者]相异而别存的地方。[然而,] 成为行者之后，其所行的那个行动，与行者间没有像村庄、城市那样的差异。这样，首先，促显“行者”称谓的那个行动，不能为[行者]所行。（2.22） D 174a

对此如果认为，与这个[行者]相异[的行动]就可以被[行者]行，则回答：

行动促显之行者，彼不能行他[行动]。（2.23ab）

［梵］ *gatyā yayâjyate gantā　tato 'nyāṃ sa na gacchati* |

［什］ 因去知去者，不能用異去。

若与这个行动结合，促使制多罗被称为“行者”，▼那么这个行者也▼不能行这个[行动]之外的行动，为什么呢？ St 48 P 196b

因为唯于一行者，即不可有二行动。（2.23cd）

［梵］ *gatī dve nôpapadyete　yasmād ekatra gantari* |

［什］ 於一去者中，不得二去故。

[2-]因为，对于同一个行者，由一个[行动]促显“行者”的称谓，成为行者之后[却]行另一个行动，这样的两个行动是不可能有的。因此，行者也不能行异于此[行动]的其他[行动]。[-2] 即以此回应“[说者]说话”“[作者]作事”的说法。[3]

对此[对方]说：行者所行的村庄、城市等等，难道都不存在吗？

回答：这已经回应过了。关于村庄和城市，[我们]已经思考过，是村庄的已行处上有行动，还是未行处上有行动，又或是正行处上有行动？所以，这个[质问]毫无意义！（2.23）

---

[1] 《般若灯》（D 73b7–74a1）对此句有批判。

[2] 《般若灯》（D 74a6–7）引用此句并随后予以批判。

[3] 参《明句》（PsP_L 107.3–4）：*etena vaktā vācaṃ bhāṣate kartā kriyāṃ karotîti pratyuktam* ||

再者，

成为实有之行者，不行三种之行动，
成非实有[之行者]，亦不能行三行动。(2.24)

［梵］ *sadbhūto gamanaṃ gantā triprakāraṃ na gacchati |*
nâsadbhūto 'pi gamanaṃ triprakāraṃ sa gacchati ||

［什］ 決定有去者，不能用三去，不決定去者，亦不用三去。

实有亦非实有者，不行三种之行动。
因此行动与行者，以及所行皆无有。(2.25)

［梵］ *gamanaṃ sadasadbhūtaḥ triprakāraṃ na gacchati |*
tasmād gatiś ca gantā ca gantavyaṃ ca na vidyate ||

［什］ 去法定、不定，去者不用三。是故去、去者，所去處皆無。

D 174b ▼所谓"成为实有之行者"(*sadbhūto gantā*)即结合了行动的那个行者，"成非实
St 49 有[之行者]"(*asadbhūtaḥ*)即是与行动相分离的那个行者。▼"实有亦非实有者"(*sadasadbhūtaḥ*)就是既与行动结合又与行动分离的那个行者。"行动"(*gamanam*)即所行(gantavyam)的意思。"三种"(*triprakāram*)即已行、未行和正行。[1]

因此，以随顺真实的觉知作这番考察，实有的行者不能行三种形式的所行，
P 197a 非实有的行者也不能行三种形式的所行，▼既实有又非实有的行者还是不能行三种形式的所行，所以，行动、行者以及所行都是不存在的。

在各种动作行为(kriyā)之中，行走动作是最为主要的。考察了行走动作，正如成立了行动不可能有一样，也就成立了一切动作行为都不可能有。(2.25)

[以上是]第 2 品《已行、未行、正行之考察》。

---

1 《无畏》《佛护》《般若灯》都将"三种行动"理解为"已行、未行、正行"。需注意的是此处三词不再指道路处所，而是作"行动"的形容词。这里的"行动"是行走(gacchati)的同源宾语，即被行者行过的、未行的、正行的行动。只有《明句》把"三种行动"理解为"实有""非实有"和"亦实有亦非实有"三种。参《明句》($\mathrm{PsP_L}$ 107.11–12)：*tatra sadbhūto gantā sadbhūtam asadbhūtaṃ sadasadbhūtaṃ triprakāraṃ gamanaṃ na gacchati |*。

第3品　处之考察[1]

Āyatanaparīkṣā nāma tṛtīyaṃ prakaraṇam

[1] 该品标题诸家注释有不同。$MK_{Ms\ Dr}$: *indriyaparīkṣā*(根之考察); 梵本《明句》: *cakṣurādīndriya-parīkṣā*(眼等根之考察); 藏译《中论颂》《明句》: *dbang po brtag pa*(根之考察); 藏译《无畏》《佛护》《般若灯》: *skye mched brtag pa*(处之考察); 汉译《青目》: 觀六情; 汉译《般若灯》《安慧》: 觀六根。前页上的梵文品题是依藏译《佛护》构拟。

此处有人说：[上一品中]你开示了行动不容有，激起我心中听闻“空性”的热情，那么现在，请基于内道理论有所开示。 St 50

回答：好的！

有人说：

能见、能听、能嗅、尝，能触及意是六根，
彼等所行之对象，即是所见诸等等。（3.1）

〔梵〕 *darśanaṃ śravaṇaṃ ghrāṇaṃ rasanaṃ sparśanaṃ manaḥ |*
indriyāṇi ṣaḍ eteṣāṃ draṣṭavyādīni gocaraḥ ||

〔什〕 眼、耳及鼻、舌，身、意等六情，此眼等六情，行色等六塵。

[佛教中]说能见（darśana）等是六根（indriya），说它们的所行境（gocara）是色（rūpa）等六者。其中，能观见色即称为能见[之根]，其余的也都是由于能执取各自之境，而被称说。如果不存在事物，就不能说能观见色即是能见[根]，因为，若不存在，如何为能见？而如果是能见的话，那么兔角上也可以积聚龟毛，而这是不可能的。因此，诸处是存在的。（3.1）

回答：只有“能观见色即能见[根]”的说法是合理的，才能说诸处是存在的。 D 175a
然而这个说法是不可能的。为什么呢？因为：

1-彼能观见[之根]者，不能观见彼自体。-1
彼若不能见自体，如何能见其他者？（3.2） P 197b St 51

〔梵〕 *svam ātmānaṃ darśanaṃ hi tat tam eva na paśyati |*
na paśyati yad ātmānaṃ kathaṃ drakṣyati tat parān ||

〔什〕 是眼則不能，自見其己體。若不能自見，云何見餘物？

[2]在此[世上]，只有诸事物的自性在自体中可见，那么由于[他体]带有此[性]，于他体中才可得[此性]。例如，水中可感湿性，由于[地]带有此[湿性]，于地中也可得[湿性]；火中可感暖性，由于[水]带有此[暖性]，于水中也可得[暖性]；素馨花（jāti）上可感香气，由于[衣服]带此[香气]，于衣服中也可得[香气]。这样，如果在一个事物的自体上都不可见的[性质]，又怎么会在他体上可得？正如在素馨花上

---

1 据《佛护》《明句》释文翻译，将 *darśanaṃ* 理解为体格。《无畏》《般若灯》则将该词理解为业格，作 *svam ātmānaṃ* 的同位语，据之应译作：[若]能见[根]是自体，彼不能见彼[自体]。两种理解的基本义理无二：如果一个事物是以作用或活动来标定其存在身份，只有此作用自体成立而不赖外物，才可以应用于外物。如果眼根被标定为能见，则须不依外物而能见，这时也只有自身可见，然而眼根却不能见自身，所以在观待外物之前，能见的自体即不成立。另参 Saito 1984, I, 244, n. 5。

2 从此处释文至下页所引《四百论》13.16 处，《般若灯》（D 78a7–b7）引用并予以批判。

不可感臭味，在衣服上也不可得[素馨花的臭味]。因此，只有能见[根]于自体能见，才可以说，由于它能观见色所以是能见[根]，然而能见[根]是不能观见自体的。那么，一个不能观见自体的东西，怎么能观见其他呢？所以不能说“能观见色即是能见[根]”。圣提婆(Āryadeva)阿阇黎也说过：

> 若诸事物之自性，于自体中先可见，
> 为何此眼却不能，还为此眼所执取？（《四百论》13.16）[1]

(3.2)

有人说：能见[根]等是成立的，如火。正如火虽能烧，却只烧其他而不烧自体，同样，能见[根]虽能观见，却唯能见其他而不见自体。[2]

St 52 ▾回答：

> **火之比喻不足以，成立能见[之眼根]。(3.3ab)**
>
> [梵] *na paryāpto 'gnidṛṣṭānto darśanasya prasiddhaye* |
>
> [什] 火喻則不能，成於眼見法。

P 198a “不足以”(*na paryāptaḥ*)就是不够(nâlam)、不能(na samarthaḥ)的意思。[3] 你▾为
D 175b 了成立能见而举的火喻，并不能成立能见。▾为什么呢？在此[世上]，虽说燃料被烧，但是，由于火并非离燃料而别有，[4-]所以火唯烧自体而不烧他物。[-4] 如果认为，虽然[两者]不异，但[毕竟]燃料是所烧，火是能烧，[则回答：] 我们也可以说“燃料能烧，火为所烧”，不然的话，[你]就得指出一个区别的原因，[为什么火唯是能烧而非所烧。] 圣提婆(Āryadeva)阿阇黎也说过：

> [如果]暖热即是火，云何不暖者被烧？
> 因此燃料不存在，离此火亦不可得。（《四百论》14.16）[5]

因此，火喻不能[成立能见]。

---

[1] 梵文：*svabhāvaḥ sarvabhāvānāṃ pūrvam ātmani dṛśyate | grahaṇaṃ cakṣuṣaḥ kena cakṣuṣâiva na jāyate* ‖ (Lang 1986, 122)。玄奘译《广百论本·破根境品》(ZY 2-17, 6a4 [6, 595]; T 30, no. 1570, 184c28–184a1)：諸法體相用，前後定應同，如何此眼根，不見於眼性？

[2] 《般若灯》(D 79b2–3)引用此句并随后批判，参本页注 4。

[3] 类似表述参《无畏》(D 38a7)，以及《明句》(PsP$_{\text{L}}$ 114.7–8)：*sa na paryāpto nâlaṃ na samartho na yujyata ity arthaḥ* |。

[4] 《般若灯》(D 79b3–4)对此句有批判。

[5] 梵文：*agnir eva bhavaty uṣṇam anuṣṇaṃ dahyate katham | nâsti tenêdhanaṃ nāma tad ṛte 'gnir na vidyate* ‖ (Lang 1986, 130)。玄奘译《广百论本·破边执品》(ZY 2-17, 7a6 [6, 597]; T 30, no. 1570, 185b21–22)：煖即是火性，非煖如何燒？故薪體爲無，離此火非有。该颂首句在《佛护》中作 *mes ni tsha ba nyid bsreg ste* ‖“火者唯能烧暖热”，与梵本不完全吻合，斎藤明(Saito 1984, I, 245)猜测其梵文底本为：*agnir eva dahaty uṣṇam*。

这里，有人认为火能照显自体与他体，[1] 由此还是不能[成立能见]。正如火能照显自体与他体，那么理应能烧自体和他体，▼而如果说[火]唯烧其他而不烧自体， St 53
那么，所谓“正如火唯烧其他而不烧自体，同样能见[根]唯见其他而不见自体”这种说法怎么会合理？为什么不这样说：“正如火能照显自体与他体，同样，若能见[果真]是能见，则应能观见自体与他体。”既然可以说“自己见到自己”，▼同样世间 P 198b
人也会说“自己认识自己”，所以，由于有转向自体的言语，火喻不能成立能见。

再者，

正、已、未行[之考察]，已驳此[喻]与能见。（3.3cd）

［梵］ *sadarśanaḥ sa pratyukto gamyamānagatāgataiḥ* ||

［什］ 去、未去、去時，已總答是事。

“与能见”（*sadarśanaḥ*）意为连带能见。是谁[连带能见]呢？即火▼喻，也就是[火] D 176a
喻与能见两者一同被驳斥的意思。由什么来驳斥呢？就是由“已行、未行、正行”。正如考察了已行、未行、正行处[发现]，已行处没有行动，未行处也没有，正行处也没有行动，那么同样，火不能烧已烧[之物]，不能烧未烧[之物]，也不能烧正烧[之物]，能见[根]不能见已见[之物]，不能见未见[之物]，也不能见正见[之物]。这样，火也不能烧，▼能见也不能见，谁为谁之喻？因此，火喻不能成立能见。[2]（3.3） St 54

再者，

[3-]若不观看任何者，即非是能见之时。[-3]
[4-]说能观看即能见，[-4] 此说如何应道理？（3.4）

［梵］ *nâpaśyamānaṃ bhavati yadā kiṃcana darśanam* |
darśanaṃ paśyatîty evaṃ katham etat tu yujyate ||

［什］ 見若未見時，則不名爲見。而言見能見，是事則不然。

---

1 参第 7.8 颂。

2 参第 2 品，以及第 152 页 10.13cd 的注释。

3 《无畏》（D 38b3）《般若灯》（D 79b7）将 kim 理解为 apaśyamānam 的宾语，《般若灯》认为所应补充的 tadā 位于两颂句之间，即 yadā kiṃcanâpaśyamānaṃ (tadā) na darśanaṃ bhavati，《无畏》释文对 tadā 的理解不十分明确，似同于《般若灯》，依之两句应译作：若不观看任何者，[此时]即非是能见。《明句》则将 kim 理解作与 darśanam 同格，并将两句看作同为 yadā 所引导，如其释文（PsP$_L$ 115.7）：*yadā câivam apaśyan na kiṃcid darśanaṃ bhavati, tadānīm* [...]。据之两句应译作：如果不正在观看，而无任何能见时。《佛护》对 kim 的理解在释文中没有明确，似乎接近《无畏》《般若灯》的理解，而《佛护》对于 tadā 位置的理解则同于《明句》。

4 斎藤明（Saito 1984, I, 245, n.14）指出，该句虽然诸家注释的藏译都没有差别，但根据长行，《佛护》《明句》（PsP$_L$ 115.8）理解为 paśyatîti darśanam iti，即“说能观看即能见”，而《无畏》《般若灯》（D 79b7）则照字面理解，即“说由能见来观看”。

正如你说"能观见色即是能见[根]"，这就是说作者以动作为缘，即[认为]能观看即是能见[根]。因此，只有正在观看(paśyamāna)才是能见[根]，不观看(apaśyamāna)则不是。那么，既然只有正在观看才是能见[根]，不观看则不是，这个时候，说"能观看即是能见"(paśyatîti darśanam iti)，怎么会合理呢?这里，这个"能观看"的[能见]，它需要第二个观看动作才能合理，而哪来的第二个观看动作

P 199a 呢?▾ 这里如果认为，即使没有第二个观看[动作]也能构想["能观看即是能见"]，也还是会有两个能见[根]的过失，以及两个见者的过失，这都是不被认许的。因此，不能说"能观见色即是能见[根]"。(3.4)

如果想要避免两个观看动作的过失，转而认为能见[根]本身就已经具备了观看动作，所以说"能观看就是能见[根]"，对此回答:

能见是即不观看，(3.5a)

〔梵〕 *paśyate darśanaṃ nâiva*

〔什〕 見不能有見，

D 176b 如果认为能见[根]就能观看，这是不合理的。因为，所谓"观看"，这其中▾没有观看动作。

St 55 ▾那么，如果想要避免这种过失，转而认为所谓"观看"，这其中已经具备了观看动作，对此回答:

非能见亦不观看。(3.5b)

〔梵〕 *nâiva paśyaty adarśanam* /

〔什〕 非見亦不見。

如果是这样的话，与观看动作相分离的能见[根]就成了非能见。这里，说"非能见观看"是不合理的，因为，非能见怎么能观看呢?如果[非能见]都能观看的话，指尖也能观看，然而[指尖]并不能[观看]，因此说"非能见观看"是不合理的。

有人说:这个以动作为缘的东西，说为是作具(karaṇa)而非作者(kartṛ)，所以，用以观看的是能见[根]，如果问谁来观看?是见者。

回答:

由此能见[之考察]，当知见者可解明。(3.5cd)

〔梵〕 *vyākhyāto darśanenâiva draṣṭā câpy avagamyatām* //

〔什〕 若已破於見，則爲破見者。

对此，由以下偈颂等已经破斥了“能见[根]观看”的说法：

> 彼能观见[之根]者，不能观见彼自体。
> 彼若不能见自体，如何能见其他者？（3.2）

应当知道，对能见[根]的破斥就是对见者的破斥。为什么呢？▼[你]不说见者是 St 56
眼，▼而只说见者是我(ātman)，这里并没有表达出任何不同的意义。不论是把能 P 199b
见[根]构想为见者，还是把我构想为见者，破斥的因是相同的。而且这里还会有其
他的过失，如果见者用能见[根]来观看，就会有三个观看[动作]的过失。(3.5)

有人说：我何须说“能见[根]观看”或“见者观看”？由何者能看到瓶和布等等所见的存在，这个就是能见，它就是存在的。

回答：那么你岂不是没有向导而迷失于旷野稠林？没有见者你竟然承认有所见和能见！

> **无论离不离能见[1]，见者皆不可存在。**
> **如果见者不存在，何来汝之能、所见？（3.6）**
>
> [梵]　*draṣṭā nâsty atiraskṛtya　tiraskṛtya ca darśanam /*
> 　　　*draṣṭavyaṃ darśanaṃ câiva　draṣṭary asati te kutaḥ //*
>
> [什]　離見、不離見，見者不可得。以無見者故，何有見、可見？

▼对此前面已经说明，正在观看才是见者，不观看则不是。这样的话，拥有“能 D 177a
见”就是见者，所以不能说“见者观看”，因为没有第二个观看动作。这样，首先，
不离“能见”就不是见者，所以，见者是不存在的。再来看，已经说过，非见者也不
观看，因为与观看动作相分离。这样，离了“能见”也还是没有见者。

这里，不论离不离“能见”，都没有见者，▼从何而有你[所谓]的所见[之境]与能 St 57
见[之根]呢？因为，被某人观看的东西才是所见，而这个能观看的人是不存在的，
如果不存在，谁来看呢？如果不看，又怎么会有所见呢？被某人用以观看的东西，
就是这个人的能见[根]，而这个能观看的人是不存在的，如果不存在，能见[根]属
于谁呢？所以，如果没有见者，所见[之境]与能见[之根]就都不可能有。▼因此，诸 P 200a
处是不存在的。(3.6)

1 “能见”(darśana)一词，既可以像前文以及该颂第四句那样，理解为能见之根，也可以理解为观看动作(darśanakriyā)。斋藤明(Saito 1984, I, 244, n. 3)认为此处的“能见”应理解为观看动作，这样的确更容易读通《佛护》的释文，但《般若灯》仍将该词理解为眼根，《无畏》和《明句》释文则不明确。下面的译文，凡是可作“观看动作”理解的“能见”一词，均带引号以提示。

有人说：诸处肯定是存在的。为什么呢？因为有识。因为，识能缘取事物，由于有这个[识]，也就有诸处。

回答：

所见、能见无有故，即说识等四者无，
则又如何会出现，取等等[之诸支分]？（3.7）

[梵] *draṣṭavyadarśanābhāvād vijñānādicatuṣṭayam /*
nâstîty upādānādīni bhaviṣyanti punaḥ katham //

[什] 見、可見無故，識等四法無，四取等諸緣，云何當得有？

已经说过没有见者就不可能有所见[之境]和能见[之根]，这个时候，没有了依处，怎么会有识呢？因为，除了所见[之境]，还有什么可了别的？如果没有能见[根]，识就没有了观待，又怎么会存在？如果能存在的话，盲人也会有[眼识]，[而实际上]是没有的。因此，没有所见与能见，识就没有了所依，也就不可能存在。
D 177b 而如果没有识，从何而有触？如果没有触，从何而有受？▼如果没有受，从何而有
St 58 爱？▼这样，取、有、生和老死又从何而有？因此，诸处是不存在的。世尊也曾这样说过：

这里，圣贤声闻应如是思择，眼所了别之色，若过去、若未来、若现在，彼等毫无恒常性、坚固性、真如性、不变异性、不虚妄性，而有幻像，有幻像所成，有能惑乱心，有毫无意义者。[1]

(3.7)

[1] 具体出处不明，依藏译本直译。考虑到末句中藏译的 *yod*“有”很可能对应梵文√bhū，也可译作“是”，则末句也可译作：而是幻像，是幻像所成，是能惑乱心，是毫无意义。较为类似的内容参《相应部》(SN 22.9–10)，以及《杂阿含经》(《校释》第 1 册，第 10–11 页；T 2, no. 99, 1c23–29)：爾時，世尊告諸比丘：“過去、未來色無常，況現在色！聖弟子如是觀者，不顧過去色，不欣未來色，於現在色厭、離欲、正向滅盡。如是，過去、未來受、想、行、識無常，況現在識！聖弟子如是觀者，不顧過去識，不欣未來識，於現在識厭、離欲、正向滅盡。如無常，苦、空、非我亦復如是。”另参 SHT IV, 30a, v4–7 (p. 78): *rūpaṃ bhikṣavaḥ anityam atītānāgataṃ kaḥ pu(nar vādaḥ pratyutpannasya) ... ti pratyutpannasya rūpasya nirvide virāgāya nirodhāya pra ... paśyaṃ śrutavān āryaśrāvakaḥ atīte vijñāne anapekṣo bhavaty ... evaṃ duḥkaṃ śunyam anātmā*。

有人说：就算你已经破除了能见，却还没有破除能听等，那么，由于有能听 P 200b
等，事物还是存在的。

回答：

能听、嗅、尝、触与意，以及听者、所听等，
皆由能见[之考察]，当知即可得解明。（3.8）

〔梵〕 *vyākhyātaṃ śravaṇaṃ ghrāṇaṃ　rasanaṃ sparśanaṃ manaḥ* /
darśanenâiva jānīyāc　chrotṛśrotavyakādi ca //

〔什〕 耳、鼻、舌、身、意，聲及聞者等，當知如是義，皆同於上說。

应当知道，能听等已经解释过了。用什么解释的呢？就是能见。正如以一切形式考察，都不可能有能见，应知能听等也是一样。正如不可能有见者，应知听者等也是一样。正如破斥所见，应知所听等也是一样。因此，应当知道，诸处也是空的，[这]是成立的。（3.8）

[以上是]第 3 品《处之考察》。

第4品　蕴之考察[1]

Skandhaparīkṣā nāma caturthaṃ prakaraṇam

[1] $MK_{Ms\ Dr}$，梵本《明句》：*skandhaparīkṣā*；藏译《中论颂》《无畏》《佛护》《般若灯》《明句》：*phung po brtag pa*；汉译《青目》《般若灯》：觀五陰；汉译《安慧》：觀五蘊。

▼此处有人说：在[佛教]中说有色等五蕴(skandha)，[佛]说五蕴是苦，说为苦圣 St 59
谛。既然是圣谛，怎么可能不存在呢？所以，诸蕴是存在的。

回答：

色若离开色之因，即不可能被获得。(4.1ab)

〔梵〕 *rūpakāraṇanirmuktaṃ na rūpam upalabhyate* |

〔什〕 若離於色因，色則不可得。

▼这里，四大种(mahābhūta)[1]被说为是色之因，色被说为是这些的果，那么，离 D 178a
开了四大种，无论如何也不存在一个与四大种相异的可称为"色"的果。因此，色是不可能有的。

[对方]说：那么至少诸大种是存在的，这里如果有因，也就有[其]果，所以色是成立的。

色之因若离开色，即不可能被观见。(4.1cd)

〔梵〕 *rūpeṇâpi na nirmuktaṃ dṛśyate rūpakāraṇam* ||

〔什〕 若當離於色，色因不可得。

如果离开了色，▼就不能观见所谓"此即色之因"。已经说过色不容有，那么由 P 201a
于不可能有色，也就不可能有色之因。(4.1)

有人说：这里你是依因破果或依果破因，那么这里既然依于一个而破另一个，这个所依的东西还是有的，有这一个，另一个也就是成立的。

▼回答：不能说"有另一个"，为什么呢？因为： St 60

色若离开色之因，则致色无因之失。
无因之体不存在，无论何者于何处。(4.2)

〔梵〕 *rūpakāraṇanirmukte rūpe rūpaṃ prasajyate* |
ahetukaṃ na câsty arthaḥ kaścid āhetukaḥ kvacit ||

〔什〕 離色因有色，是色則無因。無因而有法，是事則不然。

如果破除了因还有果的话，这时就成了无因。[然而却]见不到任何无因的实体，任何地方也都没有宣说过，因为会导致常时从一切生起一切的过失，以及一切努力都无意义的过失。(4.2)

---

[1] 即地(pṛthivī)、水(ap)、火(tejas)、风(vāyu)。

同样，

如果与色已分离，还有色之因存在，
因则成为无果者，而无果因不存在。（4.3）

［梵］ *rūpeṇa tu vinirmuktaṃ yadi syād rūpakāraṇam |*
akāryakaṃ kāraṇaṃ syān nâsty akāryaṃ ca kāraṇam ||

［什］ 若離色有因，則是無果因。若言無果因，則無有是處。

如果破除了果还有因的话，就会造成此因无果的过失。没有果的因是不存在的，因为无法作“此属于彼”的言说，以及会导致一切是一切之因的过失。因此，D 178b 既不可能有色之因，也不可能有作为果的色。（4.3）

再者，

St 61 **若色已经是存在，即不容有色之因。**
如果没有色存在，亦不容有色之因。（4.4）

［梵］ *rūpe saty eva rūpasya kāraṇaṃ nôpapadyate |*
rūpe 'saty eva rūpasya kāraṇaṃ nôpapadyate ||

［什］ 若已有色者，则不用色因。若無有色者，亦不用色因。

P 201b 这里，如果构想任何色之因的话，是构想[此因]属于存在的色呢，还是属于不存在的色呢？对于存在的色，不可能有色之因，对于不存在的[色]，也还是不可能有。这里先说存在者不可能有[因]，因为既然存在，因有何用？如果因对于已经存在的东西仍然有作用的话，那就没有无作用的时候，这是不被认许的。因此，已经存在的色不可能有色之因。[其次，] 不存在的色也不可能有色之因，因为，既然色不存在，应是谁的因？因此，不存在的色也不可能有色之因。这一点在[第一品]对诸缘的遮破之中，已经由“实体或有或为无，彼之缘皆不合理”（1.6ab）所解明，而这里是再一次解释。（4.4）

而且无有因之色，的的确确不容有。（4.5ab）

［梵］ *niṣkāraṇaṃ punā rūpaṃ nâiva nâivôpapadyate |*

［什］ 無因而有色，是事終不然。

不可说因的、忽起的（akasmāt）色的确不可能有，的确不可能有！为什么呢？因为会导致一切常时生起的过失，以及一切努力都无意义的过失。因此，由于无因论十分卑劣，所以[颂中]反复说“的的确确不容有”（*nâiva nâivôpapadyate*）。

因此不应计执于，ˇ任何于色之计执。(4.5cd) St 62

［梵］ *tasmād rūpagatān kāṃścin　na vikalpān vikalpayet ‖*

［什］ 是故有智者，不應分别色。

因为，离开了色之因色就不可见，而色无论存在与否色之因都不可能存在，而且无因之色又的的确确不容有，所以，像你这样的智者，要想证得真实性(tattva)，就不应计执于任何关于色的计执，ˇ因为，于无依之处而有所思，怎么会合理呢？(4.5) D 179a

再者，

说果与因是同样，此说即是不容有。
ˇ说果与因不同样，此说亦是不容有。(4.6) P 202a

［梵］ *na kāraṇasya sadṛśaṃ　kāryam ity upapadyate /*
na kāraṇasyâsadṛśaṃ　kāryam ity upapadyate ‖

［什］ 若果似於因，是事則不然。果若不似因，是事亦不然。

如果考察果与因的话，果与因应视作同样呢，还是不同样？这里，对于果与因是同样的观点来说，色就不可能作大种的果。而对于果与因不同样的观点来说，色还是不可能作大种的果。怎么讲呢？这里，诸大种被说为以坚、湿、暖、动为自性，而在色之中见不到大种的这些德，因为，地被看作坚性，水被看作湿性，火被看作暖性，风被看作动性，所以，这样的话，果与因既不是相同又不是不同，因此，说色是[大种之]果是绝不可能的。(4.6)

受和心识及想[蕴]，ˇ以及行[蕴]诸一切， St 63
所有形式之事物，[考察]步骤与色同。(4.7)

［梵］ *vedanācittasaṃjñānāṃ　saṃskārāṇāṃ ca sarvaśaḥ /*
sarveṣām eva bhāvānāṃ　rūpeṇâiva samaḥ kramaḥ ‖

［什］ 受陰及想陰，行陰、識陰等，其餘一切法，皆同於色陰。

受、想、行、识这些[事物]与色不容有的[考察]步骤是一样的。正如离了大种就没有色，同样，离了触就没有受，正如离了色就没有色之因，同样，离了受也就没有触。世尊也曾这样说过：

缘于领纳乐之触而有乐受生起。[1]

---

[1] 梵本用例参《杂阿含·杂因诵》(NidSa 7.10a)：*yad uta sukhavedanīyaṃ sparśaṃ pratītyôtpadyate sukhā vedanā /*。巴利本参《相应部》(SN 12.62 §9 [II 96.26–27])：*sukhavedaniyaṃ bhikkhave phassaṃ paṭicca uppajjati sukhā vedanā ‖*。汉文本参《杂阿含经》(《校释》第 2 册，第 14–15 页；T 2, no. 99, 82a15–18)：多聞聖弟子於諸緣起思惟觀察，所謂樂觸緣生樂受。

其余也应这样联系[看待]，因此，“五蕴是有”是绝不可能的。世尊也曾说过：

此幻惑愚夫。[1]

同样也[说过]：

P 202b 色如聚沫，ʼ受如水泡，
D 179b 想如蜃景，ʼ行如芭蕉，
识如幻像，日种尊教。[2]

(4.7)

不仅诸蕴不容有的[考察]步骤与色不容有的[考察]步骤相同，一切法不容有的[考察]步骤都与色不容有的[考察]步骤相同。这样，由于一切法不容有的[考察]步骤都与色不容有的[考察]步骤相同，所以，

St 64 **以空性作论争时，ʼ如果有人出回应，**
彼之一切非回应，同于[先前彼]所立。(4.8)

[梵] *vigrahe yaḥ parīhāraṃ kṛte śūnyatayā vadet* /
sarvaṃ tasyâparihṛtaṃ samaṃ sādhyena jāyate //

[什] 若人有問者，離空而欲答，是則不成答，俱同於彼疑。

当以空性发起论争、辩驳而作呵责之时，如果某人以[一物的]非空之性作回应，他的这一切[所说]都不构成回应。为什么呢？与[先前]所立是等同的。例如，[我方]立宗为“一切事物自性是空”，为了说喻而成立布自性空，这时如果有人说“至少线还是有的”，此说与[其先前]所立是等同的。用以显示“布自性空”的因，就能成立“线自性空”，因此，“线不空”之说[的所立]与所立的布，是等同的。

---

[1] 梵本参《明句》引文(PsP_M §72; PsP_L 41.7)：*māyêyaṃ bālalāpinī*。巴利本参《相应部》(SN 22.95, v. 5 [III, 143.6])：*etādisâyaṃ santāno* // *māyâyaṃ bālalāpinī* //。汉文本参《杂阿含经》(《校释》第 1 册，第 81 页；T 2, no. 99, 69a27–28)：此身常如是，幻偽誘愚夫。

[2] 梵本引用于《明句》(PsP_M §72; PsP_L 41.9–11, 549.2–4)：*phenapiṇḍopamaṃ rūpaṃ vedanā budbudopamā* / *marīcisadṛśī saṃjñā saṃskārāḥ kadalīnibhāḥ* / *māyopamaṃ ca vijñānam uktam ādityabandhunā* //。巴利本参《相应部》(SN 22.95, v. 1 [III, 142.29–31])：*pheṇapiṇḍūpamaṃ rūpaṃ* // *vedanā bubbuḷūpamā* // *marīcikūpamā saññā* // *saṅkhārā kadalūpamā* // *māyūpamañ ca viññāṇaṃ* // *desitâdiccabandhunā* //。汉文本参《杂阿含经》(《校释》第 1 册，第 80–81 页；T 2, no. 99, 69a18–20)：觀色如聚沫，受如水上泡，想如春時焰，諸行如芭蕉，諸識法如幻，日種姓尊説。“日种尊”(Ādityabandhu)是释迦牟尼的名号，传其族姓属于日种。

同样，知法分位(dharmāvasthāvid)的人认为善法的自性就是善，认为其余[法的自性]也应这样抉择，并且说了这些[其余的法]等，那么由于诸善法依缘而生所以是无自性，此即所立等同，ˈ由于所立等同，就不构成回应。[1] 圣提婆 P 203a (Āryadeva)阿阇黎也曾说过：

> 若一事物之见者，许为一切之见者，
> ˈ彼一[事物]之空性，ˈ即是一切之空性。(《四百论》8.16)[2] St 65 D 180a

(4.8)

> **以空性作解说时，如果有人出诘难，**
> **彼之一切非诘难，同于[先前彼]所立。(4.9)**

［梵］ *vyākhyāne ya upālambhaṃ　kṛte śūnyatayā vadet |*
sarvaṃ tasyânupālabdhaṃ　samaṃ sādhyena jāyate ||

［什］ 若人有難問，離空說其過，是不成難問，俱同於彼疑。

当以空性来解说事物无自性的时候，如果某人以[一物的]非空之性作诘难，如前[颂]所说，他的这一切[所说]都与[先前]所立是等同的，所以都不构成诘难。为什么呢？这里意思是一样的，而在不同的场合又说了一遍。[3] 这两颂应视作包含于所有章品之中，因为在所有地方都是成立的。[4] (4.9)

[以上是]第 4 品《蕴之考察》。

---

[1] 此段大意为：对于“善法依缘而生故无自性”这样的主张，说善法以善为自性，不善法以不善为自性，无记法以无记为自性，三句话的所立是等同的，也就是说，首句的“善法有自性”被破，后两句不能构成回应。此段与《回诤论》(*Vigrahavyāvartanī*)第 7、8、52、53 颂以及释文有关联，以下录出颂文(Johnston and Kunst 1948–1951, 113–115, 138–139; Yonezawa 2008, 232–238, 300–302)：*kuśalānāṃ dharmāṇāṃ dharmāvasthāvidaś ca manyante | kuśalaṃ janāḥ svabhāvaṃ śeṣeṣv apy eṣa viniyogaḥ || 7 || nairyāṇikasvabhāvo dharmā nairyāṇikāś ca ye teṣāṃ | dharmāvasthoktānām evam anairyāṇikādīnāṃ || 8 || kuśalānāṃ dharmāṇāṃ dharmāvasthāvido bruvanti yadi | kuśalaṃ svabhāvam evaṃ pravibhāgenâbhidheyaḥ syāt || 52 || yadi ca pratītya kuśalaḥ svabhāva utpadyate sa kuśalānām | dharmāṇāṃ parabhāvaḥ svabhāva evaṃ kathaṃ bhavati || 53 ||*。毗目智仙译《回诤论》(T 32, no. 1631, 13c11–14, 15–18)：智人知說法，善法有自體，世人知有體，餘法亦如是。(7) 出法出自體，是聖人所說，如是不出法，不出法自體。(8) 若法師所說，善法有自體，此善法自體，法應分分說。(52) 若善法自體，從於因緣生，善法是他體，云何是自體？(53)《回诤论》第 7 颂释文中提到善法有 119 种，这一观点所属部派尚不明确，参 Johnston 1938。

[2] 梵文：*bhāvasyâikasya yo draṣṭā　draṣṭā sarvasya sa smṛtaḥ | ekasya śūnyatā yâiva　sâiva sarvasya śūnyatā ||*(Lang 1986, 82；引用于《明句》[PsP_L 128.3–4])

[3] 《明句》释文说，4.8 颂是驳斥异宗(PsP_L 127.15)，4.9 颂是教导弟子(PsP_L 128.1)。

[4] 参《无畏》(D 40a6)：该品最末这两颂应视作一切有关空性论议之心要。

第5品　元素之考察[1]

Dhātuparīkṣā nāma pañcamaṃ prakaraṇam

[1] MK$_{Ms\ Dr}$, 梵本《明句》: *dhātuparīkṣā*; 藏译《中论颂》《无畏》《佛护》《般若灯》《明句》: *khams brtag pa*; 汉译《青目》: 觀六種; 汉译《般若灯》《安慧》: 觀六界。

▼此处有人说：在[佛教]中说有地等六种元素（dhātu）[1]，也说它们各个之相，其中，虚空（ākāśa）之相就说为无质碍（anāvaraṇa）[2]。如果没有事物，就不应说[其]相，因此，由于有相，所以虚空是有。正如虚空是有，同样其他诸元素也各有自相，所以也是有的。 St 66

回答：虚空是不可能有相的。为什么呢？因为：

在有虚空相之前，任何虚空不可得。（5.1ab）

［梵］ *nâkāśaṃ vidyate kiṃcit　pūrvam ākāśalakṣaṇāt* |

［什］ 空相未有時，則無虛空法。

如果在有虚空相之前就有名为“虚空”的东西，那么也就可以指出[它的]相，说“这个就是此虚空之相”。▼然而，在虚空相之前是没有虚空的，如果没有虚空，怎么可能有所谓的“虚空之相”呢？ P 203b

而如果认为在虚空相之前就有虚空存在，那么，

若相之前有[虚空]，[虚空]则成为无相。（5.1cd）

［梵］ *alakṣaṇaṃ prasajyeta　syāt pūrvaṃ yadi lakṣaṇāt* ||

［什］ 若先有虛空，即爲是無相。

此处有人说：▼有无相[的事物]。 D 180b

回答：

亦无无相之事物，▼无论何者于何处。（5.2ab） St 67

［梵］ *alakṣaṇo na kaścic ca　bhāvaḥ saṃvidyate kvacit* |

［什］ 是無相之法，一切處無有。

“亦”（*ca*）一词表示“一定”（eva）的意思。任何无相的事物一定是不存在的。任何理论之中都没有说过。那么就应该说：

既无无相之事物，则相当行于何处？（5.2cd）

［梵］ *asaty alakṣaṇe bhāve　kramatāṃ kuha lakṣaṇam* ||

［什］ 於無相法中，相則無所相。

---

[1] 又译六界，即地（pṛthivī）、水（ap）、火（tejas）、风（vāyu）、空（ākāśa）、识（vijñāna），前四者又称四大种（mahābhūta）。参《明句》（PsP$_L$ 129.8）。

[2] 参《明句》（PsP$_L$ 129.9）：*ihâkāśasyânāvaraṇaṃ lakṣaṇam ucyate* |。说一切有部区分两种虚空，一是不可见、无质碍的无为法，一是可见明暗、有质碍的有为法，称为虚空界（dhātu），即作为元素的虚空，属于色蕴。参《大毗婆沙论》卷 75（T 27, 388b19–21）：問：虛空、空界有何差別？答：虛空非色，空界是色。虛空無見，空界有見。虛空無對，空界有對。虛空無漏，空界有漏。虛空無爲，空界有爲。《中论颂》该品所说的虚空属于有为法，但《佛护》《般若灯》《明句》都称其相为无质碍（anāvaraṇa）。关于部派对虚空的不同观点，参 MacDonald 2015, II, 88–89, n. 191; Dhammajoti 2015, 554–560。

因为，

相不存于无相者，（5.3ab）

［梵］ *nâlakṣaṇe lakṣaṇasya pravṛttir*

［什］ 有相、無相中，相則無所住。

[1-]这样，因为任何无相的事物都是不存在的，所以，没有无相的事物，没有了所依，相就不能转起。

而如果认为相可以转起于有相的事物之中，则回答：

亦不存于有相者。（5.3b）

［梵］ *na salakṣaṇe* /

[2-]在有相的事物之中相也不可能转起，因为不需要。[-1]一个有自相而已成立的事物，还需要相做什么？如果[已有相而还需要相]的话，将会导致无穷尽的过失，[而且]它在任何时候都不会不带相，就会导致常时有相转起的过失。这也是不被认许的。因此，在有相的事物之中相也不可能转起。

St 68 ▾这里如果认为，[相]转起于有相者和无相者之外的其他地方，则回答：

P 204a **▾离有相与无相者，相更不存于余处。（5.3cd）**

［梵］ *salakṣaṇālakṣaṇābhyāṃ nâpy anyatra pravartate* //

［什］ 離有相、無相，餘處亦不住。

为什么呢？因为不可能有。如果无相者即非有相者，而有相者即非无相者，那么说[一个事物]既是有相又非有相就是矛盾的。因此，由于不可能有，在有相者

D 181a 和无相者之外的其他地方，相也▾不能转起。[-2]（5.3）

---

[1] 《般若灯》（D 91b3–5）引用此段（中有略句）并予以批判。

[2] 《明句》（PsP$_{\mathrm{L}}$ 130.10–131.3；依 de Jong 1978, 41 修订）释文与此段基本相同：*salakṣaṇe 'pi bhāve na lakṣaṇapravṛttir upapadyate prayojanābhāvāt, kiṃ hi lakṣaṇavataḥ prasiddhasya bhāvasya punar lakṣaṇakṛtyaṃ syād ity anavasthāprasaṅgaś câivaṃ syāt / na hy asau kadācin na salakṣaṇaḥ syād iti sadâiva lakṣaṇapravṛttiḥ prasajyeta, na câitad iṣṭam / tasmāt salakṣaṇe 'pi bhāve na lakṣaṇapravṛttir upapadyate, prayojanā[bhāvāt] // tatrâiva syāt, salakṣaṇālakṣaṇābhyām anyatra pravartiṣyata iti // ucyate /* [K. 5.3cd] *kiṃ kāraṇaṃ, asadbhāvāt* (*asambhāvāt*? 参 D 44a6–7 *mi srid pa'i phyir ro*) */ yadi salakṣaṇo nâlakṣaṇaḥ, athâlakṣaṇo na salakṣaṇaḥ / ataḥ salakṣaṇaś câsalakṣaṇaś cêti vipratiṣiddham etat / na ca vipratiṣiddhaṃ saṃbhavati / tasmād asaṃbhavād eva salakṣaṇe câlakṣaṇe ca lakṣaṇapravṛttir nôpapadyata iti //*。斎藤明（Saito 1984, I, 249, n. 9）指出，段末总结句《明句》《佛护》两者可能不一致。《明句》作：在既是有相者又是无相者之中，相也不可能转起。《佛护》（D 180b7–181a1）作：*mtshan nyid dang bcas pa dang mtshan nyid med pa gzhan la yang mtshan nyid 'jug par mi 'thad do //*。其意义不明确，其结构可能与《明句》意义相同，即：*salakṣaṇe câlakṣaṇe câpy anyatra lakṣaṇapravṛttir nôpapadyata // “在既是有相者又是无相者的其他[事物]之中，相不能转起”。也有可能同于《佛护》5.3cd 之前

如果没有相存在，即不可能有所相。（5.4ab）

［梵］ *lakṣaṇāsampravṛttau ca　na lakṣyam upapadyate* |

［什］ 相法無有故，可相法亦無。

如果没有相的转起，也就不可能有所相。因为，你说元素由于有相而成立，而如果相不能转起于这个有相者之中，就不可能有这个[有相者]。如果没有这个[有相者]，由何成立你[所谓]的所相？

有人说：那么至少相是存在的，由于有相，所相就是成立的。

回答：

如果所相不容有，相亦即是不存在。（5.4cd）

［梵］ *lakṣyasyânupapattau ca　lakṣaṇasyâpy asambhavaḥ* ||

［什］ 可相法無故，相法亦復無。

在此[世上]，缘于所相而成为相，而这个所相是不可能有的，没有了所相，怎么会有无所依的相？因此，相也是不存在的。（5.4） St 69

因此所相不可得，相亦即是不可得。（5.5ab）

［梵］ *tasmān na vidyate lakṣyaṃ　lakṣaṇaṃ nâiva vidyate* |

［什］ 是故今無相，亦無有可相。

这样经过一切形式的考察，相都不可能转起，所以所相是不可能有的。因为没有所相，所以一个不存在的东西的相也是不存在的。

有人说：虽然不能说“这是所相，这是相”，但至少事物还是有的。 P 204b

回答：

离相、所相之事物，是即亦是不可得。（5.5cd）

［梵］ *lakṣyalakṣaṇanirmukto　nâiva bhāvo 'pi vidyate* ||

［什］ 離相、可相已，更亦無有物。

如果有任何事物存在的话，它要么是一个所相，要么是一个相，既不是所相又不是相的东西是不存在的，因此，任何离开了所相和相的事物都是不存在的。（5.5）

的引导句（D 180b5–6）：*mtshan nyid dang bcas pa dang mtshan nyid med pa dag las gzhan pa la 'jug par sems na*（参 PsP_L *salakṣaṇālakṣaṇābhyām anyatra pravartiṣyata iti*）“在有相者与无相者之外的其他地方转起”。上面正文翻译选取后一种理解。

D 181b 有人说：事物还是有的。为什么呢？因为有事物之无。这里你说所相▾和相都不存在，这是观待事物而说。因此，总还是有一个事物被说为不存在，由于有事物之无，必有事物之有。

回答：说得对！有事物之无，才有事物之有，[然而]没有事物之无，怎么会有
St 70 事物之有？▾怎么说呢？

如果有是不存在，是则当有谁之无？（5.6ab）

［梵］ *avidyamāne bhāve ca　kasyâbhāvo bhaviṣyati* |

［什］ 若使無有有，云何當有無？

由于前面说过：

离相、所相之事物，是即亦是不可得。（5.5cd）

没有了这个事物，你[所谓]的无应构想为谁的[无]？因为，无当为事物之无，而如果没有了这个事物，无为谁之[无]？因此，由于没有事物，也就没有事物之无。

有人说：那么至少那个能知有无、能分别有无的人是存在的，他存在，有和无也就是成立的。

回答：

又有谁能知有、无，其性却不落有、无？（5.6cd）

［梵］ *bhāvābhāvavidharmā ca　bhāvābhāvāv avaiti kaḥ* ||

［什］ 有無既已無，知有、無者誰？

P 205a ▾“其性不落”（*vidharmā*）意为其属性（dharman）与之相违逆。“其性却不落有、无”意为其属性与有、无相违逆。与有、无相违逆的属性是什么呢？即非有亦非无。在此[世上]，如果有一点东西的话，或有有的属性，或有无的属性，而那个既没有
St 71 有的属性又没有无的属性的东西是根本不存在的。▾既然没有其性不落有、无者，
D 182a 要构想谁来知有、无呢？因此，▾知有、无者也是不存在的。（5.6）

因此虚空非有、无，非所相亦非是相，（5.7abc）

［梵］ *tasmān na bhāvo nâbhāvo　na lakṣyaṃ nâpi lakṣaṇam* |
ākāśam

［什］ 是故知虚空，非有亦非無，非相非可相，

这样，因为经过考察[发现]没有所相和相，也没有离所相和相而别有的事物，没有事物也就没有事物之无，所以，虚空既不是有也不是无，既不是所相也不是

相。因为，如果有任何可称为虚空的东西，应该是这四者中之一，而这四者都不存在，所以虚空是不存在的。

其余五种诸元素，亦皆等同于虚空。（5.7cd）

［梵］ *ākāśasamā dhātavaḥ pañca ye 'pare* ‖

［什］ 餘五同虛空。

"等同于虚空"（*ākāśasamāḥ*）即与虚空相同。正如考察了虚空［发现］既不是有也不是无，既不是所相也不是相，所谓的"虚空"是毫无所有，那么同样，其余的地等五种元素也既不是有也不是无，既不是所相也不是相，是毫无所有，因此诸元素是不存在的。（5.7） P 205b

有人说：这里，诸佛世尊所说法主要是基于蕴、界、处，如果蕴、界、处是无，这些［教法］岂不是无意义（vaiyarthya）？如果这些［教法］不应该是无意义，又该是如何？ St 72

回答：我们不说蕴、界、处是无，我们只是破除"它们是有"的说法。［说有、说无］两者都有大过失。后面［有颂］也说：

认为存在则执常，说不存在是断见。 D 182b
因此智者不住于，存在和不存在性。（《中论颂》15.10）

世尊也曾说过：

迦旃延！这些世间人住于二者，主要是住于存在性和不存在性。[1]

因此，我们以缘起远离有、无的过失，开显非断非常，而不说"无"。所以，对于我们，基于蕴、界、处的教法不会无意义。

少智者见事物有，存在和不存在性，
是则彼等不得见，所见息灭之至善。（5.8）

［梵］ *astitvaṃ ye tu paśyanti nāstitvaṃ câlpabuddhayaḥ* /
bhāvānāṃ te na paśyanti draṣṭavyopaśamaṃ śivam ‖

［什］ 淺智見諸法，若有若無相，是則不能見，滅見安隱法。

---

[1] 梵本参《杂阿含·杂因诵》（NidSa 19.5aα）：*dvayaṃ niśṛto 'yaṃ Kātyāyana loko yadbhūyasâstitāṃ ca niśṛto nāstitāṃ ca* /。另参《明句》（PsP$_L$ 269.7–8）：*yadbhūyasā Kātyāyanâyaṃ loko 'stitāṃ vâbhiniviṣṭo nâstitāṃ ca, tena na parimucyate* /。巴利本参《相应部》（SN 12.15, §4 [II 17.8–9]）：*dvayanissito khvāyaṃ Kaccāyana loko yebhuyyena atthitañ ceva natthitañ ca* ‖。汉文本参《杂阿含经》（《校释》第2册，第44页；T 2, no. 99, 85c21）：世間有二種依，若有、若無。另参《中论颂》15.7。

St 73
P 206a 少智之人不理解甚深缘起，ˇ认为事物是有是无，断见常见障其慧眼，ˇ这些人不能见涅槃，即诸所见之息灭，亦即至善（śiva）。所以，不如实观，其心乐于戏论，对于这些人，基于蕴、界、处的教法才会成为无意义。因此，这就是胜义，不要恐惧！

有人说：为什么最先考察虚空这一元素？在元素的教导之中，最先说的是地这一元素，因此理应先考察地这一元素。

回答：应以众所周知之义来成立非周知之义，世间人大多相信虚空毫无所有，例如人们说"这一切戏论都是虚空"，意思就是说这一切毫无所有。因此，为了指
D 183a 出一个喻例，显示其余五种元素与虚空一样，ˇ所以先来成立虚空的空性。（5.8）

[以上是]第 5 品《元素之考察》。

第6品　贪著与贪著者之考察[1]

Rāgaraktaparīkṣā nāma ṣaṣṭhmaṃ prakaraṇam

[1] $MK_{Ms\ Dr}$，梵本《明句》：*rāgaraktaparīkṣā*；藏译《中论颂》《无畏》《佛护》《般若灯》《明句》：*'dod chags dang chags pa brtag pa*；汉译《青目》《般若灯》：觀染、染者；汉译《安慧》：觀染法、染者。

▼有人说：[上一品中]你开示了蕴、界、处的空性，使我欲闻空性。因此，现在应该考察贪著(rāga)与贪著者(rakta)。 St 74

回答：好的！

有人说：在[佛教]中处处宣说贪著与贪著者，并且为了息灭贪著而宣说道理。如果没有[贪著]，就不应该宣说[其]息灭之理。因为，如果没有被蛇咬就不会施加咒术和医治。因此，贪著与贪著者是有。

回答：贪著与贪著者是不可能有的，怎么说呢？

若于贪著之先前，离贪▼而有贪著者， P 206b
则缘贪者而有贪，有贪著者才有贪。(6.1)

[梵] *rāgād yadi bhavet pūrvaṃ rakto rāgatiraskṛtaḥ /*
taṃ pratītya bhaved rāgo rakte rāgo bhavet sati //

[什] 若離於染法，先自有染者，因是染欲者，應生於染法。

只有在贪著之前，有一个没有贪著的贪著者离贪著而别存，那么才会缘于这个[贪著者]而有贪著。为什么呢？

有贪著者才有贪。(6.1d)

因为，有了贪著者才能说"这是贪著"。如果没有贪著者，这应是谁的贪著？没有了所依，贪著就不可能有，因此，没有贪著者就不可能有贪著。(6.1)

▼有人说：有了贪著者就有贪著。 St 75

对此回答：

[1-]而若已有贪著者，[-1] 如何还将有贪著？(6.2ab)

[梵] *rakte sati punā rāgaḥ kuta eva bhaviṣyati /*

[什] 若無有染者，云何當有染？

即使有了你[所谓]的贪著者，又哪里会有贪著呢？因为，[已有的]贪著者之上是没有任何贪染行为的，不能染又怎么会是贪著呢？[2] 而如果[不能染也是贪著]的话，就没有任何东西不是贪著，▼这是不被认许的。因此，即使有了贪著者，也不可能有贪著。 D 183b

---

[1] 《佛护》对此句的理解与《无畏》《般若灯》一致，而与《青目》《明句》不同，后两者将梵本中的 *sati* 一词读作 *'sati*，依之应译作：而若无有贪著者。由于梵文写本中经常不写 avagraha，这两种读法均有可能。

[2] 贪著(rāga)与贪著者(rakta)，鸠摩罗什译作"染""染者"，都源于动词 √rañj "染"，引申为污染心之义。rāga 表主动意义，是能染，过去分词 rakta 表被动意义，是所染，即被贪欲污染的人。

有人说：贪著者还是有的，他离贪则不起，所以贪著也是成立的。

回答：

贪著若有、若无有，贪者也应如是[观]。(6.2cd)

［梵］ *sati vâsati vā rāge　rakte 'py eṣa samaḥ kramaḥ*

［什］ 若有、若無染，染者亦如是。

如果构想贪著者的话，用[考察]贪著不容有一样的步骤[可知]，无论有没有贪著都不可能有贪著者。怎么说呢？

[1]若于贪者之先前，离贪著者而有贪，
则缘贪有贪著者，有贪才有贪著者。

P 207a 只有在贪著者之前，有一个没有贪著者的贪著离贪著者▼而别存，那么才会缘
St 76 于这个[贪著]而有贪著者。▼为什么呢？

有贪才有贪著者。

因为，有了贪著才能说“此贪著者为此[贪著]所染”。如果没有贪著，则此[贪著者]为何所染？不为所染又怎么会是贪著者呢？而如果[不为所染也是贪著者]的话，就没有任何人不是贪著者，这是不被认许的。因此，没有贪著就不可能有贪著者。

这里如果认为：有了贪著就有贪著者，则回答：

而若已经有贪著，如何还有贪著者？

即使有了你[所谓]的贪著，又哪里会有贪著者呢？因为，如果已有贪著而有所染，那么这个[已有的]贪著所染的就不是这个[后有的]贪著者，不为所染又怎么能成为贪著者呢？而如果[不为所染也是贪著者]的话，就没有任何时候不是贪著者，这是不被认许的。

贪者若有、若无有，贪著也应如是[观]。

D 184a 因此，即使有了贪著，▼也不可能有贪著者。(6.2)

---

1 以下文句与前面对第 6.1–2 颂的释文基本相同，仅将“贪著”(rāga)与“贪著者”(rakta)调换了位置。其中出现的两首颂文，也见于《般若灯》和《明句》，但不见于《青目》，应是对第 6.1–2 颂的仿写，故不计入《中论颂》之数。根据《明句》(PsP$_L$ 139.4, 6)重构此二颂梵文如下：

raktād yadi bhavet pūrvaṃ　rāgo raktatiraskṛtaḥ |
taṃ pratītya bhaved rakto　rāge rakto bhavet sati ||
rāge sati punā raktaḥ　kuta eva bhaviṣyati |
sati vâsati vā rakte　rāge 'py eṣa samaḥ kramaḥ ||

此处有人说：贪著与贪著者两者并无先后，因为他们是同时生起。

回答：

贪与贪者同时起，是则不合于道理。（6.3ab）

［梵］ *sahâiva punar udbhūtir　na yuktā rāgaraktayoḥ* |

［什］ 染者及染法，俱成则不然。

ˇ贪著与贪著者同时生起是不可能的。为什么呢？ St 77

因为贪与贪者二，将成相互无观待。（6.3cd）

［梵］ *bhavetāṃ rāgaraktau hi　nirapekṣau parasparam* ||

［什］ 染者、染法俱，則無有相待。

因为，如果贪著与贪著者是同时生起的话，贪著与贪著者相互之间就没有观待。而这样的话就不能说“这是他的贪著，他为此贪著所染”。没有了这些[说法]，就既不可能有贪著，ˇ也不可能有贪著者。因为，贪著是能染，贪著者是所染，如果是同时生起而互不观待，他们就不可能存在。因此，贪著与贪著者同时生起是不合理的。（6.3） P 207b

再者，你所说的俱时而有的贪著和贪著者，是一还是异？其中，

若是一性无俱有，（6.4a）

［梵］ *nâikatve sahabhāvo 'sti*

［什］ 染者、染法一，

首先，如果是一性的话，就不可能是俱有，为什么呢？

自不与自相俱故。（6.4b）

［梵］ *na tenâiva hi tat saha* |

［什］ 一法云何合？

在此[世上]，说“一牛”就是“一性”，是就一头牛而言。那么这里，这一头牛怎么能还能与这同一头牛同时并存呢？因此，如果是一性就不可能有俱有。

有人说：如果是异性就有俱有。

回答：

ˇ如果已是别异性，如何还会有俱有？（6.4cd） St 78

［梵］ *pṛthaktve sahabhāvo 'tha　kuta eva bhaviṣyati* ||

［什］ 染者、染法異，異法云何合？

如果是一性则不可能有俱有，而如果是异性的话，怎么会有俱有呢？因为，
D 184b 异性的对立面就是俱有，▾对立的两者怎么会同时住于一处？因此，如果是异性还
是不可能有俱有。（6.4）

而如果虽然不可能，却还是认为贪著与贪著者有俱有，对此应说：

若是一性有俱有，无伴亦有此[俱有]。
若是异性有俱有，无伴亦有此[俱有]。（6.5）

［梵］ *ekatve sahabhāvaś cet　syāt sahāyaṃ vinâpi saḥ /*
pṛthaktve sahabhāvaś cet　syāt sahāyaṃ vinâpi saḥ //

［什］ 若一有合者，離伴應有合。若異有合者，離伴亦應合。

首先，如果贪著与贪著者是一性而俱有，那么没有对伴也有俱有。怎么说呢？
P 208a 在此[世上]，“一”是就一个而言，那么，一牛、一马的一性▾既是就马而言又是就牛
而言，所以只要任何一个之中有一性的存在，其中就会有俱有，那么一牛、一马
之中即使没有对伴也有俱有，从而导致过失。这样的话，构想俱有就没有了意义。

而如果是异性而俱有的话，这样也是没有对伴而有俱有。怎么说呢？在此[世
St 79 上]，▾马异于牛，牛异于马，所以只要任何一个之中有异性的存在，其中就会有俱
有，那么别异之牛与别异之马之中即使没有对伴也有俱有，从而导致过失。这样
的话，构想俱有也还是没有意义。[1]（6.5）

有人说：异性既不在牛中，也不在马中，而是在两者俱有之中，是二者之共
果（sāmānyaphala），如交会（samāgama）。如果异性在各自之中，就会有两个异性，
而且各个相互不观待的事物之中都有异性，这是不被认许的。因此，异性就存在
D 185a 于两者俱有▾之中。

回答：

若是异性有俱有，于贪、贪者则何有？
因此异有已成立，而[执]彼二有俱有。[2]（6.6）

［梵］ *pṛthaktve sahabhāvaś ca　yadi kiṃ rāgaraktayoḥ /*
siddhaḥ pṛthakpṛthagbhāvaḥ　sahabhāvas tatas tayoḥ //

［什］ 若異而有合，染、染者何事？是二相先異，然後説合相。

---

[1] 《般若灯》（D 98b1–7）引用以上两段并予以批判。

[2] 此译据《佛护》长行的理解，与《无畏》《般若灯》的注释一致。梵本《明句》的偈颂引文并无差异，注释中却将偈颂末句的 *tatas* 作 *yatas* 理解，据这种理解，应译作：若是异性有俱有，何成贪、贪者异有？从此[异有]怎会有，彼等二者之俱有？这两种理解也分别反映在不同注本的藏译偈颂之中。

可以认为异性存在于两者之中。而如果在异性存在于两者之中的情况下构想有俱有，这样的话，在贪著和贪著者之中[俱有]怎么会成立呢？如果这样认为的话，这两者就只是以异性而成立。于是你[却]由于异性成立而构想两者俱有。(6.6)

既然贪与ˇ贪者之，各自异有已成立， P 208b
ˇ则汝出于何目的，执此二者之俱有？（6.7） St 80

[梵] *siddhaḥ pṛthakpṛthagbhāvo　yadi vā rāgaraktayoḥ |*
sahabhāvaṃ kimarthaṃ tu　parikalpayase tayoḥ ||

[什] 若染及染者，先各成異相，既已成異相，云何而言合？

“有”(bhāva)一词即性(tva)的意思。[1] 如果认为贪著与贪著者的异有是成立的，为什么还要无意义地在这两者之中构想一个俱有，也就是异有的对立面？既然异有已经成立，那么这个时候即使构想俱有，贪著与贪著者也丝毫不会有止息或转起。因为，[别异存在的]贪著何须作用于贪著者？因此，即使构想俱有，也已经被异性的过失所染，所以构想俱有是无意义的，如施水于焦[种]。(6.7)

认为别异不成立，如是汝欲求俱有。
复为成立[此]俱有，汝又认许别异性。（6.8）

[梵] *pṛthag na sidhyatîty evaṃ　sahabhāvaṃ vikāṅkṣasi |*
sahabhāvaprasiddhyarthaṃ　pṛthaktvaṃ bhūya icchasi ||

[什] 異相無有成，是故汝欲合。合相竟無成，而復説異相。

由于贪著与贪著者若是异性就是无用的，就是不成立的。为了成立这个[异性]你才要主张俱有，而俱有也被一性的过失所染，所以是不成立的。为了成立这个[俱有]你又要主张异性。你就好像一个衣衫褴褛者为寒风所迫，ˇ蜷也不是，展也不是。(6.8) D 185b

而若异有不成立，ˇ俱有即是不成立。 St 81
须有何等之异有，汝方得许有俱有？（6.9）

[梵] *pṛthagbhāvāprasiddheś ca　sahabhāvo na sidhyati |*
katamasmin pṛthagbhāve　sahabhāvaṃ satîcchasi ||

[什] 異相不成故，合相則不成。於何異相中，而欲説合相？

---

[1] *nyid du zhes bya ba'i sgra ni kho nar zhes bya ba'i don to ||*。斋藤明(Saito 1984, I, 252, n. 17)构拟为：*bhāva iti śabdas tvam ity arthaḥ ||*。上面的翻译采用这一理解。

这里，异有是存在于个别之中还是两者俱有之中？贪著与贪著者如果是别异
P 209a 的，那么就不可能有一切形式的诸如“这是贪著，这是此[贪著]所染[之人]”ˇ这样的说法。而如果异有不成立，俱有也就不成立。因为，你认为有了异有才有这两者的俱有，而一切形式的异有都是不成立的。如果没有异有，哪里会有你[所谓]的俱有呢？然而，你认为有了这个异有才有贪著与贪著者的俱有，那么这个异有是存在于个别之中还是两者俱有之中？又或是你构想了另外一个自己喜欢的异有？你要回答，[到底是]有了哪种异有，你才主张贪著与贪著者有俱有？（6.9）

如是贪与贪著者，俱与不俱皆不成。
一切诸法尽如贪，俱与不俱皆不成。（6.10）

［梵］ *evaṃ raktena rāgasya siddhir na saha nâsaha |*
rāgavat sarvadharmāṇāṃ siddhir na saha nâsaha ||

［什］ 如是染、染者，非合、不合成。諸法亦如染，非合不合成。

前面已经说过诸如：

若于贪著之先前，离贪而有贪著者，
St 82 则缘贪者而有贪，ˇ有贪著者才有贪。（6.1）

等等。这样，以这些方式[可知]，无论与贪著者相俱还是与贪著者相离，贪著都是不成立的。正如无论与贪著者相俱还是与贪著者相离，贪著都是不成立的，同样无论与某[事物]相俱还是与某[事物]相离，一切法都是不成立的。

D 186a ˇ[以上是]第 6 品《贪著与贪著者之考察》。

第7品　生、住、灭之考察[1]

Utpādasthitibhaṅgaparīkṣā nāma saptamaṃ prakaraṇam

[1] 该品的标题在诸家注释中稍有不同。$MK_{Ms\ Dr}$，梵本《明句》：*saṃskṛtaparīkṣā*（有为之考察）；藏译《明句》：*'dus byas brtag pa*（有为之考察）；藏译《中论颂》《无畏》《佛护》《般若灯》：*skye ba dang gnas pa dang 'jig pa brtag pa*（生、住、灭之考察）；汉译《青目》：觀三相；汉译《般若灯》：觀有爲相；汉译《安慧》：觀有爲。前页上的梵文品题是依藏译《佛护》构拟。

该品的主题是批驳某些佛教部派主张的有为法及其相。说一切有部有生、住、异、灭四相之说（参《大毗婆沙论》卷39[T 27, 199c始]，以及《俱舍论》卷5 [ZY 2-27, 56a（8, 111）始；T 29, no. 1558, 27a始]）。关于"相"（lakṣaṇa）的定义，一般辞书作"形相或状态"，例如《佛光大辞典》中该条目；英文常译作characteristic（特征）。这些释义并不足以反映部派对有为法之相的定义。有为法所拥有的生、住、灭等相是实有的范畴，它们不仅仅是对事物特性的描述，其本身就实有其体，而且有因的作用。具体来说，生相能使事物生起，住相能使事物安住，灭相能使事物灭去。或者表述为，生即事物的能生者（utpādaka），住是能住者（sthāpaka），灭是能灭者（bhaṇgaka）。参佛护对7.1颂的注释，另参《俱舍论》(AbhK-Bh 75.18–20)中的定义：

> *etāni hi saṃskṛtasya catvāri lakṣaṇāni | yatrâitāni bhavanti sa dharmaḥ saṃskṛto lakṣyate | viparyayād asaṃskṛtaḥ | tatra jātis taṃ dharmaṃ janayati sthitiḥ sthāpayati jarā jarayati anityatā vināśayati |*

玄奘译《阿毗达磨俱舍论》卷 5《分别根品》(ZY 2-27, 56b1–2 [8, 112]; T 29, no. 1558, 27a14–16)：由此四種是有爲相，法若有此應是有爲，與此相違是無爲法。此於諸法能起名生，能安名住，能衰名異，能壞名滅。

▾此处有说：你已经考察了贪著与贪著者，激起我心中听闻空性的热情，那么现在应考察有为法之相。 St 83

▾回答：好的！ P 209b

此处有说：在[佛教]中，生、住、灭被指称为有为法的共相，[1] 如果没有[有为法]，则其相的指称就是不合理的。因为相是存在的，所以有为法是存在的。

回答：有为法之相是不可能有的，又怎么会因为有这些[相]而有有为法？如果问怎么讲，前面的宣讲已经破斥过：

相不存于无相者，亦不存于有相者。(5.3ab)

再者，

如果生是有为法，彼中应有三相聚。
而若生是无为法，如何能作有为相？(7.1)

[什] 若生是有爲，則應有三相。若生是無爲，何名有爲相？

三相的聚合即“三相聚”(*trilakṣaṇī*)。“如何能作有为相？”这一句[也]与前面的论点相联系：

[1] 此处所指经句，梵本参《明句》(PsP$_{L}$ 145.3–7)：*uktaṃ hi bhagavatā trīṇîmāni bhikṣavaḥ saṃskṛtasya saṃskṛtalakṣaṇāni, saṃskṛtasya bhikṣava utpādo 'pi prajñāyate, vyayo 'pi sthityanyathātvam api, iti* /。巴利本参《增支部》(AN 3.47 [I, 152.6–10])：*tīṇ' imāni bhikkhave saṅkhatassa saṅkhata-lakkhaṇāni. Katamāni tīṇi? uppādo paññāyati vayo paññāyati ṭhitassa aññathattaṃ paññāyati*。汉文本参《增壹阿含经》卷 12 (T 2, no. 125, 607c14–15)：爾時，世尊告諸比丘：“此三有爲有爲相。云何爲三？知所從起，知當遷變，知當滅盡。”

[梵] *tasmād idānīṃ saṃskṛtalakṣaṇaṃ parīkṣaṇī*▾yam iti | Ms 21a

tathêty ucyate ||

atrâha | ihôtpādasthitibhaṅgāḥ sāmānyaṃ saṃskṛtalakṣaṇam ity apadiṣṭam | na câsato lakṣaṇāpadeśo yuktaḥ | tasmāl lakṣaṇasadbhāvād asti saṃskṛtam iti |

ucyate | na saṃskṛtalakṣaṇam upapadyate | kutas tadbhāvāt saṃskṛtaṃ bhaviṣyati | katham iti cet | prāk pratiṣiddhatvād *uktena* |

nâlakṣaṇe lakṣaṇasya pravṛttir na salakṣaṇa[1] (5.3ab) iti |

kiṃ ca bhūyaḥ ||

yadi saṃskṛta utpādas tatra yuktā trilakṣaṇī |
athâsaṃskṛta utpādaḥ kathaṃ saṃskṛtalakṣaṇam || (7.1)

trayāṇāṃ lakṣaṇānāṃ samāhāras trilakṣaṇī | kathaṃ saṃskṛtalakṣaṇam ity etat pūrvapakṣeṇâbhisambaddhyate |

[1] BP$_{Ms}$ *sahalakṣana*。

如果生是有为法，(7.1a) 如何能作有为相？(7.1d)

St 84 这个“生”被称为有为法之相，它[自身]是有为还是无为呢？ 首先，如果构想[它]是有为，那么这个生必具有生、住、灭相，因为[它]是有为。

[对方]说：那就让它也具有三相。

回答：

如何能作有为相？ (7.1d)

如果，生[相]还有生、住、灭相，住[相]也有生、住、灭相，灭[相]又有生、住、灭

D 186b 相，由于具有相同的相，这些相就没有差别。 而如果没有差别，怎么能说这是生，这是住，这是灭？

P 210a [对方]说：没有过失！正如虽然有有为法的共相，观待别相而有“这是瓶，这是布”的说法。同样，这里的生、住、灭也可以观待别相而成立。这别[相]又是什么呢？就是能生、能住和能灭。

回答：这是不可能的。为什么呢？因为，瓶的生[相]也就是瓶的能生成者，它不能使任何其他东西生起，瓶的住[相]也不能使其他东西住，瓶的灭[相]不能破坏其他任何东西。

[梵] yadi saṃskṛta utpādaḥ (7.1a) kathaṃ saṃskṛtalakṣaṇam iti (7.1d) |

ya eṣa utpādaḥ saṃskṛtalakṣaṇam apadiśyate | eṣa saṃskṛto vā syād asaṃskṛto vā | tatra yadi tāvat saṃskṛta iti parikalpyate | anenâpy utpādenôtpādasthitibhaṅgalakṣaṇena bhavitavyam | saṃskṛtatvāt ||

āha | bhavatv eṣo 'pi trilakṣaṇa iti ||

ucyate |

kathaṃ saṃskṛtalakṣaṇam | (7.1d)

yady utpāda utpādasthitibhaṅgalakṣaṇaḥ[1] | sthitir apy utpādasthitibhaṅgalakṣaṇā | bhaṅgo 'py utpādasthitibhaṅgalakṣaṇaḥ | tulyalakṣaṇatvāl lakṣaṇānāṃ viśeṣābhāvaḥ | asati ca viśeṣe kuta idaṃ syād ayam utpādaḥ iyaṃ sthitir ayaṃ bhaṅga iti ||

āha | naîva doṣaḥ | *yatha*aîva saty api sāmānye saṃskṛtalakṣaṇe viśeṣalakṣaṇāpekṣam idaṃ bhavati | ayaṃ ghaṭaḥ | ayaṃ paṭa iti | evam ihâpi viśeṣalakṣaṇāpekṣā utpādasthitibhaṅgaprasiddhir bhaviṣyati | kaḥ punar asau viśeṣa iti | utpādakasthāpa*kabhaṅgakāḥ bhavanti* ||

ucyate | naîtad upapadyate | kiṃ kāraṇam | yo hi ghaṭasyôtpādo 'bhinirvṛttir na so 'nyat kiṃcid utpādayati | nâpi ghaṭasthitir anyat sthāpayati | na ghaṭabhaṅgo 'nyat kiṃcid bhinattîti ||

---

[1] BP$_{Ms}$ *utpādotpādasthitibhaṃgalakṣaṇaḥ*。

▾[对方]说：那么，说这些能生者、能住者、能灭者就只属于瓶，就没有过失。 St 85

回答：然而它们不是瓶的相，因为它们是造者。因为，作为儿子能生者的父亲，他不是儿子的[生]相。支撑物也不是瓶的[住]相，锤子也不是[灭相]。因此，作为有为法，生等不可能是有为法的相。

如果构想[生等]是无为法，对此我们还是要说：

如何能作有为相？(7.1d)

如果是无为法，怎么能作有为相？由此能表征，即是相。那个离生、住、灭的东西，其自身尚无可表征，一个连自己都无可表征的东西，怎么能表征其他？[这样]也会导致无为之涅槃是有为法相的过失，这▾是不被认许的。因此，生、灭、住不可能是有为法的相。(7.1) P 210b

▾如果还是构想有相的话，生、住、灭作为有为相，是分散还是聚合？这里， D 187a

生等三者若分散，不足用作有为相。
如果一起共聚合，▾云何一处及一时？(7.2) St 86

[什]　三相若聚散，不能有所相。云何於一處，一時有三相？

[梵]　āha | ghaṭasyâiva te utpādakasthāpakabhaṅgakā ity adoṣaḥ ||

ucyate | *na tarhi te ghaṭasya lakṣaṇaṃ bhavanti* | *kartṛtvāt* |▾na hi putrasyôtpādakaḥ pitā putrasya lakṣaṇaṃ bhavati | nâpy ādhāro ghaṭalakṣaṇaṃ bhavati | na mudgaraḥ[1] | tasmān nôtpādādayaḥ saṃskṛtāḥ saṃskṛtalakṣaṇam upapadyante | Ms 21b

athâsaṃskṛta utpādaḥ parikalpyate | tatrâpi brūmaḥ

kathaṃ saṃskṛtalakṣaṇam || (7.1d)

kathaṃ saṃskṛtalakṣaṇaṃ *bhavati yady a*saṃskṛtaḥ | lakṣyat*e 'nenêti lakṣaṇam* | *yad* utpādasthitibhaṅgarahitaṃ tat svayam eva na lakṣyate | yac ca svayaṃ na lakṣyate kathaṃ tenânyal lakṣyeta | nirvāṇaṃ câsaṃskṛtaṃ saṃskṛtalakṣaṇaṃ prasajyate | na câitad iṣṭam | tasmān nôtpādasthitibhaṅgāḥ saṃskṛtalakṣaṇam upapadyante || (7.1)

satyām api ca lakṣaṇapraklptau vyastā vôtpā*dasthitibhaṅgāḥ samastā vā saṃskṛtalakṣaṇaṃ syuḥ* || *tatra*

utpādādyās trayo vyastā　nâlaṃ lakṣaṇakarmaṇi |
saṃskṛtasya samastāḥ syur　ekatra katham ekadā || (7.2)

---

[1] BP$_{Ms}$ *muggaraḥ*。

“不足”(*nâlaṃ*)即不完成、不能夠的意思。单个的生、住、灭，不能作有为相之用。怎么说呢？在此[世上]，首先，事物若还未生成就是无有，它就不可能有生、住、灭。因为，生、住、灭是以事物为依处的，正所谓瓶之生，瓶之住，瓶之灭。而如果这个瓶还未生成，那么这生、住、灭是谁的相？现在说，所谓“灭”，即灭坏而成无，谁有了它，谁就是无。如果连这个[事物]都没有，生、住、灭又是谁的相？这样，首先，无论分散还是聚合，生、住、灭不是未生成的和已灭去的事物的相。

对此有人认为，[相]属于已生成、未灭去的事物所有。这也是不可能的。怎么说呢？这里，对于称为“瓶”的已经存在的事物，是没有生的，因为既然存在就不会再有生起之事。如果已有还能再生，就会无时不[生]，这也是不被认许的。因此，

P 211a 存在者不会有生，▼既然没有，这个[生]怎么会是[它的]相？

有人说：那么至少住是存在的。

回答：住也不可能存在。为什么呢？因为有灭相随。因为，无为法即是常时

St 87 D 187b 有无常性相随，▼如果常时是无常，怎么会有住？因为住与灭两▼相违逆。后面[有颂]也说：

> 正在灭去之事物，即不可能拥有住。
> 彼若不是正在灭，则不可能是事物。(7.23)

[梵] nâlaṃ na paryāptāḥ na samarthā ity arthaḥ | utpādasthitibhaṅgā ekaikaśaḥ na samarthāḥ saṃskṛtalakṣaṇavidhau | katham iti | ihânabhinirvṛttasya tāvad asato *bhāvasya nâivô*tpādo *na* sthitir na bhaṅga upapadyate | bhāvāśrayā hy utpādasthiti-bhaṅgāḥ syuḥ | ghaṭasyôtpādo ghaṭasya sthitir ghaṭasya bhaṅga iti | sa eva ca ghaṭo 'nabhinirvṛtta iti | kasyâsāv utpādaḥ sthitir bhaṅgo vā lakṣaṇaṃ syāt | idānīṃ bhaṅgo nāma vināśaḥ abhāvaḥ sa yasya bhavati sa nâiva bhavati | tasmin apy asati kasyôtpādaḥ sthitir bhaṅgo vā lakṣaṇaṃ syāt | evaṃ tāvad utpādasthitibhaṅgā nâivânabhinirvṛttasya na bhagnasya bhāvasya vyastāḥ samastā vā lakṣaṇaṃ bhavanti |

tatrâitat syāt | abhinirvṛttasyâbhagnasya bhaviṣyantîti | tac ca nôpapadyate | katham iti | iha ghaṭākhyasya sato bhāvasyôtpādo nâsti | na hi sataḥ punar utpādakṛtyo 'stîti | atha sato 'pi punar utpādaḥ syān na kadācin na syāt | na câitad iṣṭam | tasmān na sata utpādo 'sti yaś ca nâsti sa kathaṃ lakṣaṇaṃ syāt ||

āha | sthitis tāvad astîti ||

ucyate | sthitir api nôpapadyate | kutaḥ | bhaṅgānuṣaṅgāt | nityānuṣaktaṃ hi saṃskṛtam anityatayā ...

圣提婆(Āryadeva)阿阇黎也曾说:

> 无住何有诸事物，由无常故何有住?
> 如果起初能安住，其后不会变衰朽。（《四百论》11.17）[1]
>
> 如果常时无有常，是则常时无有住，
> 或是从前是恒常，后来又变成无常。（《四百论》11.23）
>
> 如果事物是无常，同时又能有安住，
> 或是无常为邪妄，或是安住为虚诳。（《四百论》11.24）[2]

因此, 住是不存在的, 既然不存在, 怎么能作有为法之相?

有人说: 那么灭是存在的。

回答: 如果没有住, 怎么会有灭? 因为, 事物有住才会灭, 如果无住, 怎么会灭? 前面也已经说过, 所谓"灭", 即灭坏而成无, 谁有了它, 谁就是无。如果连这个[事物]都没有, 生、住、灭又是谁的相? 所以, 灭也不可能作有为法之相。 St 88

因此, 分散个别的生、住、灭不可能作已生成的有为法的相。由于有"俱时生起"之说, 知法分位的人(dharmāvasthāvid)说生、住、灭是同时生起的, 也因为此, 分散[的生、住、灭]不可能作相。 P 211b

有人说: [那么]聚合起来就是相。

回答:

> 如果一起共聚合，云何一处及一时？(7.2cd)

那些分散的不能作相的[生、住、灭], 聚合在一起而相互违逆, 它们怎么可能在同一时间存在于同一个有为事物之中? 因为, 在生时没有住、灭, 在住时则没有生、灭, 在灭时也没有生、住。所以, 生、住、灭无论分散或聚合都不能作有为法的相。由于不可能有相, 所以有为法不存在。 D 188a

---

[1] 梵本不存。玄奘译《广百论本·破时品》(ZY 2-17, 4a1 [6, 591]; T 30, no. 1570, 183c15–16): 無常何有住? 住無有何體? 初若有住者, 後應無變衰。

[2] 梵本不存。玄奘译《广百论本·破时品》(ZY 2-17, 4a7–8 [6, 591]; T 30, no. 1570, 183c27–184a1): 無常若恒有, 住相應常無。或彼法先常, 後乃非常住。若法無常俱, 而言有住者, 無常相應妄, 或住相應虛。以上三颂, 也引用于《般若灯》(D 101b6–102a1; T 30, 75a13–18)。

有人说：作这样的无效驳斥(jāti)有什么用？只要是有生、住、灭，它就是有为法！

St 89 ▼回答：我不是为了无效驳斥而用功，我是为了了知真实性(tattva)而用功。请说明所谓“生起”指的是什么？

[对方]说：就是瓶生起啊！

回答：首先应当好好思考，指出在什么分位才有“瓶”的称谓。这里，在未生之时，“瓶”的称谓是不合理的，只有已生之物才能称为“瓶”。又因为瓶是有为法，所以具有三相。这时，怎么能说“生是瓶的相”？因为，已有则何须再生？已有相则何须再次拥有相？

P 212a 如果有人认为是“非瓶”生起，在生起之后就成了瓶，▼这也是不合理的。所谓“非瓶生起”，这个[非瓶]是席？是布？还是所谓“非瓶”就是无所有(akiṃcana)？这里且说如果是席或布生起，生起之后怎么会成为瓶？而如果“非瓶”就是无所有，无所有怎么能生起？如果也能生起的话，兔角又为什么不生起？因此，所谓“生起”是不可能有的。如果在此[世上]没有生起，怎么能说“有生起者即是有为法”？如果它没有生起，怎么会安住和灭去？因此，所谓的“生、住、灭”，不过只是世间言说。(7.2)

St 90 ▼再者，

如果生、住、灭等者，也另具有有为相，

D 188b **是则成为无穷尽，若无彼▼等非有为。(7.3)**

[梵] *utpādasthitibhaṅgānām anyat saṃskṛtalakṣaṇam |*
asti ced anavasthâivaṃ nâsti cet te na saṃskṛtāḥ ||

[什] 若謂生、住、滅，更有有爲相，是即爲無窮，無即非有爲。

生、住、灭被说为是有为法的相，它们[自身]是另有有为相呢，还是没有？这里且说如果它们另有有为相，这样就会导致无穷尽的过失，也就是生也要有生，这个[生之生]又另有[生]，这个[生之生之生]还要有[生]，没有穷尽，这是不被认许的。如果有人想避免无穷尽的过失，转而认为它们没有有为相，这样它们就成了无为法。前面已经说过，无为法怎么能作有为法的相呢？（7.3）

此处有说：生、住、灭是有为法，而不会导致无穷尽的过失。ˇ怎么说呢？ P 212b

[此]生之生亦即是，本生所拥有之生，
[此]生之生又可以，由[彼]本生来生出。（7.4）

〔什〕 生生之所生，生於彼本生。本生之所生，還生於生生。

在此[世上]，识等法之中任何一法ˇ生起，包含自体在内都有十五[法]生起。St 91 ①此法[自体]，②此法之生，③此法之住，④此法之灭，⑤此法之具足，⑥此法之衰损，⑦若此法为白法则此法之正解脱，若此法为黑法则此法之邪解脱，⑧若此法为出离则此法之出离性，若此法非出离则此法之非出离性。首先，这些称为随行（parīvāra）。

现在说，⑨生之生，⑩住之住，⑪灭之灭，⑫具足之具足，⑬衰损之衰损，⑭解脱之解脱，邪解脱之邪解脱，⑮ 出离ˇ性之出离性，非出离性之非出离性。这些称为随行之随行（parīvāraparīvāra）。这样正在生起的法包含自体有十五[法]得生。 D 189a

---

〔梵〕 ˇasaṃskṛtāś ca kathaṃ saṃskṛtalakṣaṇaṃ syur iti prāg abhihitam ‖ (7.3) Ms 23a

atrâha | saṃskṛtāś côtpādasthitibhaṅgāḥ | na cânavasthādoṣaprasaṅgo bhavati | katham iti ‖

utpādotpāda utpādo　mūlotpādasya kevalam |
utpādotpādam utpādo　maulo janayate punaḥ ‖ (7.4)

iha vijñānādyānāṃ dharmāṇāṃ yo 'nyatamo dharma utpadyate sa ātmanāpañcadaśa utpadyate | (1) sa dharmaḥ | (2) tasya dharmasya [1]-*utpādaḥ* | (3) *tasya dharmasya sthitiḥ* | (4) *tasya dharmasya bhaṅgaḥ* | (5) *tasya dharmasya samanvāgamaḥ* | (6) *tasya dharmasya jarā* | (7) *iha yady asau dharmaḥ śuklo bhavati tasya dharmasya samyagvimuktiḥ* | *athâsau dharmaḥ kṛṣṇo bhavati tasya dharmasya*-[1] mithyāvimuktiḥ | (8) tathā yady asau dharmo nairyāṇiko bhavati tasya dharmasya nairyāṇikatā | athâsau dharmo 'nairyāṇiko bhavati tasya dharmasyânairyāṇikatā eṣa tāvat[2] parīvāro nāma |

idānīm (9) utpādasyôtpādaḥ | (10) sthiteḥ sthitiḥ | (11) bhaṅgasya bhaṅgaḥ | (12) samanvāgamasya samanvāgamaḥ | (13) jarāyā jarā | (14) vimukter vimuktiḥ | mithyāvimukter mithyāvimuktiḥ | (15) nairyāṇikatāyā nairyāṇikatā | anairyāṇikatāyā anairyāṇikatā[3] | eṣa parīvāraparīvāro nāma | evaṃ dharma utpadyamāna ātmanāpañcadaśa utpadyate ‖

---

[1] BP_{Ms} 缺，依藏译构拟。　[2] BP_{Ms} *tavit*。　[3] BP_{Ms} *aneryyāṇikatā*。

这里，这个本生除了自体以外，能生出如上所说包含此法自体的十四[法]，而这个本生即由生之生所生，因此是互相生起，没有无穷尽的过失。同样，本住
P 213a 就是住之住的住，住之住又是本住的住，本灭ᵀ是灭之灭的灭，灭之灭又是本灭的灭。因此，这里没有无穷尽的过失。[1] (7.4)

St 92 ᵀ回答：

若汝[所谓]生之生，即是本生之生者，
本生还未生出彼，彼何能生此[本生]？(7.5)

〔什〕若謂是生生，能生於本生，生生從本生，何能生本生？

[2-]如果生之生能生出本生来，你[所谓]的这个还未由本生生出的生之生，又怎么能生出本生？因为它自己还未生起。[-2] (7.5)

[1] 除《青目》引用七法俱起之说以外，其他注家均引十五法俱起之说。《般若灯》(D 103a2–7)和《安慧》(ZY 2-18, 25b8 [6, 682]; T 30, 147c24)将这一观点归为犊子部，《明句》(PsP_L 148.1)将之归为正量部(Sāṃmitīyāḥ)。参 Saito 1984, I, 255, n. 25。有部的九法俱起之说参《大毗婆沙论》卷 39(T 27, 200c25–201a1)：諸行生時九法俱起。一者法，二者生，三者生生，四者住，五者住住，六者異，七者異異，八者滅，九者滅滅。此中生能生八法，謂法及三相、四隨相。生生唯生一法，謂生由此道理無無窮失。另参《俱舍论》(AbhK-Bh 76.16ff，玄奘译本：ZY 2-27, 57a5–9 [8, 113]; T 29, no. 1558, 27b16–23)。

[2] 此句藏译本与《无畏》(D 44b4)相同。

〔梵〕 *tatra yo mūlotpāda* eṣa ātmānam ekaṃ muktvā taṃ dharmam ātmanā-caturdaśaṃ yathāpadiṣṭam utpādayati | tam api mūlotpādaṃ kevalam utpādotpāda utpādayati | ataḥ parasparata utpattir bhavatîti nânavasthā[1] bhavatîti | evaṃ mūlasthitiḥ sthitisthiteḥ[2] sthitir bhavati | sthitisthitir[3] api mūlasthiteḥ *sthitir bhavati* | mūlabhaṅgo bhaṅgabhaṅgasya bhaṅgo bhavati | bhaṅgabhaṅgo 'pi mūla-bhaṅgasya bhaṅgo bhavati | ato 'trâpi nânavasthā bhavatîti || (7.4)

utpādotpāda utpādo mūlotpādasya te yadi |
maulenâjanitas taṃ te sa kathaṃ janayiṣyati || (7.5)

yady utpādotpādo mūlotpādam *utpādayaty eṣa ta utpādotpādo* maulo-tpādenâjanitaḥ kathaṃ mūlotpādaṃ janayiṣyati | svayam ajātataḥ[4] || (7.5)

[1] BP_{Ms} *nānāvasthā*。 [2] BP_{Ms} *sthitiḥ sthiteḥ*。 [3] BP_{Ms} *sthitiḥ sthitir*。 [4] BP_{Ms} *ajānataḥ*。

对此[对方]说：就是由本生已经生出来的生之生，来生出本生，而不是由未生的[生之生]。

回答：

彼为本生之所生，若又能生出本生，
本生还未由彼生，又如何能生出彼？（7.6）

［什］　若謂是本生，能生於生生，本生從彼生，何能生生生？

如果你[所谓]的这个生之生是由本生所生，[它又]能生出这个本生，那么，那个还未由生之生生出的本生，又怎么能生出这个生之生？这样的话这两者就是相互依靠，而相互依靠是不可构想的。(7.6)

有人说：由正在生的[本]生就能生出生之生，而不是由未生的[本生]。

回答：

ˇ汝之正在生起者，确实可以生出彼， St 93
唯当此虽未生起，而仍能够生出彼。（7.7）

［什］　若生生生時，能生於本生，生生尚未有，何能生本生？
若本生生時，能生於生生，本生尚未有，何能生生生？[1]

---

[1]《青目》相当于梵文 7.7 颂的位置出现了这两首偈颂。在梵文偈颂中并未指出“正生者”及其所生指的是什么，可以有两种情况，即正生的生之生生出本生，或者正生的本生生出生之生，《青目》很可能是把这两种情况展开来翻译。

［梵］　atrâha | utpādita eva mūlotpādenôtpādotpādaḥ mūlotpādaṃ janayati nâjāta iti | ucyate |

sa te maulena janito　maulaṃ janayate yadi |
maulaḥ sa tenâjanitas　tam utpādayate katham || (7.6)

*yadi sa te*ˇ *utpādotpādo* mūlotpādena *janitas taṃ* mūlotpādam utpādayati | *sa* Ms 23b
*mūlotpādas tenôtpādotpādenâja*nitaḥ kathaṃ *tam utpādotpādaṃ janayiṣyati* | *evaṃ sati tau parasparāśritau bhavataḥ* | *na parasparāśritau prakalpyeyātām* | (7.6)

atrâha | *utpadyamāna evôtpāda* utpādotpādam utpādayati | nâjāta iti | ucyate |

ayam utpādyamānas te　kāmam utpādayed imam |
yadîmam utpādayitum　ajātaḥ śaknuyād ayam || (7.7)

[1-]这个正在生起的本生，只有[在这种条件下，即]它自己未生却仍能生出其他
D 189b 东西，▼[它]才确实可以生出那个生之生。又或者，你[所谓]的这个正在生起的生之生，只有[在这种条件下，即]它自己未生却仍能生出其他东西，[它]才确实可以生出那个本生，[然而]它并不能[自己未生而生其他东西]。[-1] 这样，自己尚未生起即是无有，怎么能生出其他东西呢？因此，这唯是计执而已。（7.7）

P 213b 有人说：不是由其他的生来生，▼就是这个生能生出自体和他体，怎么说呢？

如同灯火能照显，自体以及他之体，
如是生也将生起，自体、他体之二者。（7.8）

［什］ 如燈能自照，亦能照於彼。生法亦如是，自生亦生彼。

正如灯能照亮自体，也能照亮瓶、布等事物，同样生[相]能生出自体，也能生出瓶、布等事物。（7.8）

回答：只有灯真能照显自体与他体，那么生[相]才确实可以像灯一样生起自
St 94 体与他体。▼[然而]灯并不能照显自体和他体。为什么呢？因为：

[1] 此段藏译与梵文行文略有差异，此处依梵本翻译。此段的藏译与《无畏》(D 44b7–45a2) 也非常接近。

［梵］ ayam utpadyamāno mūlotpādaḥ kāmam *imam* utpādotpādam utpādayed yadi svayam ajātaḥ *śaknuyād* anyam utpā*dayitum* | *atha vâyam utpadyamāna utpādotpādaḥ* kāmam imaṃ mūlotpādam utpādayed yadi svayam ajātaḥ śaknuyād anyam utpā*dayitum* | *na* śaknoti | *evaṃ svayam ajāto 'bhāvaḥ katham anyaṃ* janayiṣyatîti | tasmāt[1] kalpanāmātram etat ‖ (7.7)

āha | *nôtpādayaty* anya utpādaḥ | utpāda *eva* svam *ātmānaṃ* paraṃ côtpādayati | *katham iti* |

pradīpaḥ svaparātmānau samprakāśayate yathā |
utpādaḥ svaparātmānāv ubhāv utpādayet tathā ‖ (7.8)

yathā pradīpa*ḥ svaṃ câ*tmānaṃ prakāśayati ghaṭapaṭādīṃś ca bhāvān prakāśayati | evam utpādaḥ svaṃ câtmānam utpādayati ghaṭapaṭādīṃś ca bhāvān utpādayatîti ‖ (7.8)

ucyate | *yadi pradīpaḥ svaparātmānau prakāśayet kāmam utpādo 'pi svaparātmanau pradīpavad utpādayet* | pradīpaḥ *svaparātmānau na prakāś*ayati | kiṃ kāraṇam | yasmāt[2]

[1] BP$_{Ms}$ *kasmāt*。 [2] BP$_{Ms}$ *yata[ś ce]t*。

灯中无有黑暗在，彼所住处亦无有。（7.9ab）

［什］　燈中自無暗，住處亦無暗。

在此[世上]，不显明的东西才能被照显。由于被黑暗遮蔽才不显明。而在灯中是没有黑暗的，因此灯之中没有不显明的东西。说"照显其他东西"也是不合理的。灯所住的他体之中也没有黑暗。由于没有黑暗，在那里也就没有不显明的东西。既然自他二者之中都没有不显明的东西，你就要回答，

则灯火应何所照？（7.9c）

［什］　無暗則無照。

［对方］说：

照显即是除黑暗。[1]（7.9d）

［什］　破暗乃名照。

---

[1] 《佛护》与《般若灯》将此句与 7.10 颂相联系，理解为对方的观点。而《无畏》《青目》《明句》则将此节理解为"灯无所照"的原因，参：

《青目》(ZY 1-15, 16a7–8 [2, 941]; T 30, no. 1564, 9c20–21)：破暗故名照，無暗則無照，何得言燈自照亦照彼？

《无畏》(D 45a5–6)：如果说照显就是消除黑暗的话，由于灯不能在自体、他体之中消除黑暗，所以灯既不能照显自体，也不能照显他体，如猫与鼠。

《明句》(PsP_L 151.13–152.2; 依 de Jong 1978, 44 修订)：在此[世上]，所谓照显就是消除黑暗。首先，在灯的自体之中不可能有黑暗，因为[黑暗与灯]相违逆，而正在消除这个[自体中的]黑暗的灯才算是能照自体。其次，灯所住之处也没有黑暗，而只有正在消除这个[灯所住处的]黑暗的灯才算是照显他体。因此，灯火不能照显自体和他体。

［梵］　**pradīpe nândhakāro ’sti　yatra câsau vyavasthitaḥ**[1] **| (7.9ab)**

*iha yad a*prakāśaṃ tat prakāśyate | andhakārāvaraṇāc câprakāśatā bhavati | na ca pradīpe ’ndhakāro ’sti | tasmān na pradīpe ’prakāśo ’sti | *yad uktam anyān prakāśayatîti tad apy ayuktam* | *pradīpaḥ parātmasu vyavasthitas tatrâpi nândhakāro ’sti* | *andhakārābhāvāt teṣv api* nâprakāśo bhavati | *na tarhi svaparā*tmanor *aprakāśo ’sti* | *etad ācakṣva*

kiṃ prakāśayate dīpa iti **|| (7.9c)**

āha |

prakāśo hi tamovadhaḥ || (7.9d)

---

[1] $MK_{Ms\,Dr}$, dJ, PsP_L *pratiṣṭhitaḥ*。

在此[世上]，正在生起的灯火消除黑暗而作显明，就是照显。我们说，这里的黑暗的消失就是灯对自体和他体的照显。因此，所谓“灯中无有黑暗在，彼所住
D 190a P 214a 处亦无有”(7.9ab)，正是ᵛ由正在生起的灯火消除了黑暗，所以灯火的自体、ᵛ他体
St 95 之中都无黑暗。由于无有黑暗，所以就是照显。这样，由于消除了黑暗，ᵛ灯火就照显了自体和他体。正如灯火一样，生[相]是自体和他体的能生者，这种说法是合理的。(7.9)

回答：你既然说正生的灯火消除了黑暗，就要回答，

正在生起之灯火，如何消除彼黑暗？
彼时正生之灯火，不得及至黑暗处。(7.10)

〔什〕 云何燈生時，而能破於暗？此燈初生時，不能及於暗。

由于灯火与黑暗不可共存一处，正生的灯火就不能到达黑暗，这时，它如何消除[它]所未到达的黑暗呢？(7.10)

Ms 24a 〔梵〕 *iha pradīpenôtpadyamānena tamovadhaḥ prakāśaḥ kṛta iti prakāśayati* |ᵛ *tatra yas ta*movadhas tat svaparātmanoḥ[1] pradīpena prakāśanam iti brūmaḥ | ato yad etad ucyate | pradīpe nândhakāro 'sti yatra câsau vyavasthita iti | (7.9ab) tad utpadyamānena pradīpenândhakāraṃ nirvṛtaṃ tataḥ pradīpasya svaparātmanor andhakārābhāvaḥ | andhakārābhāvāt prakāśa *eva* | *evaṃ* tamovadhāt pradīpaḥ svaparātmānau pra*kāśayati* | *yathā* pradīpas tathôtpādaḥ svaparātmanor utpādaka iti yuktam etat || (7.9)

ucyate | yad etad āttha | pradīpenôtpadyamānena tamovadhaḥ kṛta iti | tad ācakṣva tāvat |

katham utpadyamānena pradīpena tamo hatam |
nôtpadyamāno 'pi[2] tamaḥ pradīpaḥ prāpnute yadā || (7.10)

yadā pradīpatamor ekatrâsambhavān naîvôtpadyamānaḥ pradīpas tamaḥ prāpnoti tadā katham anenâprāptaṃ tamo hatam | (7.10)

---

[1] BP$_{Ms}$ *svaparātmān[o]*。 [2] MK$_{Ms\ Dr}$, dJ, PsP$_{L}$ *hi*。据《佛护》长行中的 *eva*，似乎 *hi* 更合适。

如果不及至黑暗，而能消除黑暗者，
一盏[灯火]住此处，将除一切世间暗。（7.11）

〔什〕 燈若未及暗，而能破暗者，燈在於此間，則破一切暗。

如果灯火未到达也能消除黑暗，这样岂不是住于此处的灯火将消除一切世间的黑暗？同样是未到达，有些地方能消除，有些地方不能，其差别何在？（7.11）

再者，

如果灯火能显照，自体以及他之体，
ᵛ黑暗无疑亦遮蔽，自体以及他之体。（7.12） St 96

〔什〕 若燈能自照，亦能照於彼，暗亦能自暗，亦能暗於彼。

在此[世上]，灯是作为黑暗的对立面而存在。如果灯能照显自体和他体，无疑将导致这样的过失，即黑暗也将遮蔽自体与他体。而黑暗不能遮蔽自体和他体。因为，如果能遮蔽的话，则黑暗将会与[被遮蔽的]他物一样ᵛ不可见。黑暗不可见 P 214b
就是事物永远可见。而事物不是永远可见，因此黑暗不能遮蔽自体和他体。这样的话，灯火作为黑暗的对立面也不能照显自体和他体。ᵛ这里，所谓“如灯一样，生 D 190b
[相]能生出自体和他体”，这个说法不合理。（7.12）

〔梵〕 **aprāpyâiva pradīpena　yadi vā nihataṃ tamaḥ |**
ihasthaḥ sarvalokasthaṃ　sa tamo nihaniṣyati || (7.11)

atha punar aprāpyâiva pradīpena tamo hataṃ nanv evaṃ satîhasthaḥ pradīpaḥ sarvalokasthaṃ tamo hanyāt | ko viśeṣo yat tulyāyām aprāptau kvacid dhanyāt kvacin na hanyāt | (7.11)

kiṃ cânyat

pradīpaḥ svaparātmānau　samprakāśayate yadi |
tamo 'pi svaparātmānau　chādayiṣyaty asaṃśayam || (7.12)

iha pradīpas tamasaḥ pratipakṣe vartate | yady api pradīpaḥ svaparātmānau prakāśayati | asaṃśayam idaṃ prasajyate *yat* tamo 'pi svaparātmānau cchādayatîti | na ca tamaḥ svaparātmānau cchādayati | yadi hi cchādayet paravat tamo 'pi nôpalabhyeta | tamaso nôpalabdhir nityaṃ bhāvopalabdhiḥ syāt | na ca nityam upalabhyante bhāvās tasmān na tamaḥ svaparātmānau cchādayati | saty evaṃ pradīpo 'pi na tamaḥpratipakṣaḥ svaparātmānau prakāśayati | tatra yad uktaṃ pradīpavad utpādaḥ svaparātmānāv utpādayatîti tad ayuktam | (7.12)

另外，如果生[相]能生出自体的话，是由已生的[生相]还是未生的[生相]来生？两种情况都不可能。怎么讲呢？

此生若是尚未生，如何能生出自体？（7.13ab）

［什］ 此生若未生，云何能自生？

因为，未生亦即不存在的东西，怎么能生出自体呢？或者说，谁能生出[那个]未生亦即不存在的东西的自体呢？如果不存在的东西也能生出不存在的自体，那么兔角也能生出自体，[而兔角]是不能生出[自体]的。因此，未生的生[相]不能生出自体。

St 97 ˅这里如果认为已生的生[相]就能生起自体，对此当说：

若已生起又能生，既已生起复何生？（7.13cd）

［什］ 若生已自生，生已何用生？

“如果是已生，生[相]就能生出自体”，这种说法[根本]没有合理之义，为什么还要说呢？既已生起，何须再生？因此，首先，生[相]不能生出自体。（7.13）

所谓“生[相]能生出他者”也是不可能的。因为，如果生[相]能生出其他，那么这个由生[相]所生的他者，是已生而生，或是未生[而生]，还是正生[而生]？这里，

［梵］ kiṃ cânyat | yadi côtpādaḥ svātmānam utpādayet | utpanno vā utpādayaty anutpanno vā | ubhayathā ca nôpapadyate | katham iti |

anutpanno 'yam utpādaḥ svātmānaṃ janayet katham | (7.13ab)

kathaṃ hi nāmânutpanna utpādaḥ asan svātmānaṃ janayet | atha vânutpanna-
Ms 24b syâsa*ta ātmānaṃ ko janayet* |˅...

athôtpanno janayate jāte kiṃ janyate punaḥ || (7.13cd)

... (7.13)

*yad uktam utpādaḥ param utpādayatîti tad api nôpapa*dyate | yadi *hy utpādaḥ* param utpādayati | sa para utpā*denôtpādayitavya* utpanno vôtpadyata anutpanno vôtpadyamāno *vā* | *tatra*

正生、已生、未生者，无论如何不生起，
此者已经由正行，已行、未行所解明。（7.14）

［什］　生非生已生，亦非未生生，生時亦不生，去來中已答。

已生者是无论如何也不可能生起的，▼未生者和正生者也不[可能生起]。怎么讲呢？ P 215a

此者已经由正行，已行、未行所解明。(7.14cd)

已行处无行动，因为行之动作已经停止，[1] 同样，已生者不生起，因为生之事已经停止。已生者即无再生之事，如果还能再生的话，则无时不生。这是不被认许的。▼因此，已生者不生起。 St 98

未生者也不生起。为什么呢？因为不存在。▼因为，既是未生，则何物将生？如果不存在的东西也能生起，则兔角也能生起，而[兔角]是不生起的。因此，未生者也不生起。 D 191a

现在说，正生者也不生起。因为离了已生和未生者就没有正生者，也因为会导致两个生的过失。也就是，与一个生结合而有“正生者”的称谓，与另一个生结合而可称“生起”。[2]

[1] 参 2.1 颂及佛护的注释（第 27 页）。
[2] 参 2.5 颂及佛护的注释（第 30–31 页）。

［梵］　**nôtpadyamānaṃ nôtpannaṃ　nânutpannaṃ kathaṃcana |**
utpadyate [1-]tad vyākhyātaṃ[-1]　gamyamānagatāgataiḥ || (7.14)

*utpannam utpadyate na kathaṃcid upapadyate nânutpa*nnaṃ nôtpadyamānam | tat katham ity ucyate |

tad vyākhyātaṃ　gamyamānagatāgataiḥ || (7.14c̲d)

yathā gataṃ na gamyate gamikriyānivṛttes tathā nôtpannam utpadyate janikriyānivṛtteḥ | utpann*sya punarjanikriyā nâsti* | *atha* punar jāyeta na kadācin na jāyeta | *na câitad iṣṭam* | tasmān nôtpannam utpadyate |

anutpannam api nôtpadyate | kutaḥ | asattvāt | kiṃ hi tad anutpannaṃ yad utpatsyate | athâsan utpadyeta | śaśaviṣāṇam apy utpadyeta | na côtpadyate tasmād anutpannam api nôtpadyate |

idānīm utpadyamānaṃ nôtpadyate | utpannam anutpannaṃ ca muktvôtpadyamānasyâbhāvād utpādadvayaprasaṅgāc ca | yadyogāc côtpadyamānam iti bhavati yadyogāc côtpadyata iti ucyate |

[1] $MK_{Ms\ Dr}$, dJ *tad ākhyātaṃ*; PsP_L *tathākhyātaṃ*; 参拙著 2011b, 52, § 3.1.1。

再者，这里所谓的“正生者”，它是一部分已生而一部分未生呢，还是与此不同，[整个是]已生或未生呢？这里，如果生[相]能生出这个[部分]已生[部分]未生的东西，那么首先，它已生的那一部分不是由这个生[相]所生。[而且,] 已生[部分]也不是正生者。为什么呢？因为它既然是已生，就不是正生，而[这里]说的是正生者
P 215b 生起。已生的这一部分如果可以离生[相]而生起，那么它剩下的部分▾也同样应该离生[相]而生起。若不是这样，就要指出其区别之处何在，[为什么]它的一部分能离生[相]而生，另一部分却要由生[相]来生。而如果它已生的那一部分也即由这个生[相]来生的话，这样就是生[相]生出未生者[1]，而非生出正生者。

St 99 ▾另外，生[相]不能使它已生的那一部分生起，因为它已经生起完毕。那么就是余下的未生[部分]由生[相]来生，这样就违反了[你]所说的“正生者生起”。而如果它已生的那一部分由生[相]再次生出，它就有了二生所成的特性，这是不可能的。生起完毕者，无论如何也不能发起再生之事，所以不能再生。因此，所谓“正
D 191b 生者生起”的说法，不过是将无实者(asāra)臆执为实(sāra)，▾毫无意义！(7.14)

---

[1] “未生者”藏译为 *ma skyes pa*，似乎作 skyes pa“已生者”文义更顺。然而同样的论述条理又出现在第 7.26 颂的注释之中，对应的地方是 *ma 'gags pa*“未灭者”，仍有否定词，参第 110 页注 2。

[梵] kiṃ cânyat | ihôtpadyamānaṃ nāma yasya kiṃcid utpannaṃ kiṃcid anutpannam ato 'nyathôtpannaṃ vânutpannaṃ vā syāt | tad yadi tad utpannānutpannam utpāda utpādayati tāvad yat tasya kiṃcid utpannaṃ na tadutpādenôtpāditaṃ bhavati | *na ca tadutpannam utpadyamā*naṃ bhavati | kiṃ kāraṇam | *tasminn* utpanne hi nôtpadyamānaṃ bhavati | *utpadyamānaṃ* côtpadyata ity ucyate | yadi vā *kiṃcit tadutpannaṃ vinô*tpādenôtpa*dyate* | *śeṣo* 'py asya tathâiva vinôtpādenôtpadyate | ko viśe*ṣaḥ* ...

有人说：瓶等的生起[之事]（utpatti）[1]是可见的，它就在以瓶等为目的的事业之上转起并显现出来，因此，在有生起[之事]的情况下，应该说：缘于生起[之事]并观待于生起[之事]，正生者生起。

回答：

生起[之事]存在时，此正生者不出现，
此时如何能够说，正生者缘生起[事]？（7.15）

［梵］ *utpadyamānam utpattāv　idaṃ na kramate yadā |*
katham utpadyamānaṃ tu　pratītyôtpattim ucyate ||

［什］ 若謂生時生，是事已不成，云何衆緣合，爾時而得生？

“有这个生起[之事]，就有这个正生者出现”，这种情况是不存在的，也就是不可能有，这个时候，怎么能说“缘于生起[之事]而有正生者生起”？

---

[1] 此处梵本不存。由下引颂文可知，藏译这里的 *skye ba* 对应梵文词是 *utpatti* 而非 *utpāda*。藏译将 *utpāda* 和 *utpatti* 都译作 *skye ba* 而不作区别，而实际上二者的意义不同。*utpāda* 以 ut-√pad 加直接词缀 GHaÑ 形成，可以表示行为（bhāva，参 Pā 3.3.18），也可以用作直接词缀的一般意义，即施动者（kartṛ，参 Pā 3.3.16; 3.4.67），这时的意义与 *utpādaka* 相同，即“能生者”。*utpāda* 作为有为相之一，偏重后一种意义，参第 82 页注 1，这里依传统译法，译为“生”或“生[相]”。而 *utpatti* 是 ut-√pad 加直接词缀 GhaÑ 的例外 KtiN（Pā 3.3.94），该词缀不能表达施动者的意义（akartṛ，参 Pā 3.3.19），在这里只表示行为。因此，*utpatti* 指生起的行为或事件，在梵文注释中常解作 *utpattikriyā*（生起之事），为了区别起见，这里译作“生起[之事]”。关于“事”（kriyā）的概念，参第 11 页注 1。由《中论颂》的上下文也可看出这两个概念的差别。前举“有为法有生相（utpāda）”的观点已被破斥，这里对方转而提出了一个现实中可见的事件——“生起”（utpatti），以此证明有为法有生。兹录《明句》（PsP_L 158.8–13）备考：

[...] *tasmād utpādaḥ param utpādayatîti na yuktaṃ ||*

atrâha | utpadyamānam evôtpadyate nôtpannaṃ nâpy anutpannam iti || atha manyase, utpannānutpannavyatirekeṇôtpadyamānāsaṃbhavān nôtpadyamānam utpadyata iti, etac ca nâsti yasmād ihôtpattikriyāyuktam utpadyamānam iti vyapadiśyate | tasmād utpattau satyām utpattiṃ pratītyôtpadyamānasiddher utpadyamānam evôtpadyate, tac côtpadyamānam utpāda utpādayatîti ||

[……] 因此，生[相]能生出他者是不合理的。

此处有说：就是正生者生起，而不是已生、未生者。如果你认为，“离开了已生者和未生者就没有正生者，所以正生者不生起”，并没有这种[问题]。因为，这里是在结合了生起之事的[事物]之上，指派“正生者”[之名]，所以，在有生起[之事]的情况下，缘于生起[之事]，正生者就是成立的，所以是正生者生起，也就是生[相]能生出正生者。

须注意的是，上面这种古典语法分析并不一定总是符合佛教的定义，例如“住”*sthiti* 按照语法（Pā 3.3.95）只能表达行为，而作为有为相之一，第 82 页注 1 所引《俱舍论》将之定义为“能安名住”（*sthitiḥ sthāpayati*），即施动者之义。

St 100 有人问：为什么不可能有呢？

回答：你就说缘于布的生起[之事]，正生起的是什么？

[对方]说：正生起的就是布。

P 216a 回答：如果在布正生起的分位上，就已经是布，则所说"缘于生起[之事]而有正生者生起"之中的"生起[之事]"又有什么用？这是不可能的。因为[这样的话]已生者与正生者就没有了区别。所以，正生起的不是布。

[对方]说：那么已生的是布。缘于这个已生者，只要所观察的事件还未结束，[它]就是正生者。

回答：的确！[然而]那个正生时不是布的东西，如何在已生时就成了布？因为，一个东西在正做时不会变成另一个的东西，如果会变的话，则席在正做时也会变成布？这是不会的，所以已生的也不是布。如果没有了布，则缘谁的生起[之事]而有什么正生者？（7.15）

[对方]说：那么你岂不是擅用兵器就砍向母亲？你竟然贪于争辩而破斥缘起理（yukti）！

回答：这不是缘起理。对于说缘起者（pratītyasamutpādavādin），没有正生的事物，也没有正生事物的生起[之事]。[1] 这才是缘起义：

D 192a
St 101 **[2-]缘于彼而彼现起，[-2] 彼彼以自性而寂。（7.16ab）**

［梵］ *pratītya yad yad bhavati tat tac chāntaṃ svabhāvataḥ* /

［什］ 若法衆缘生，即是寂滅性。

"缘于"的那个东西（*yat pratītya*）以及"现起"的那个东西（*yad bhavati*），彼与彼两者皆以自性而寂灭，即离自性、自性空。

---

[1] 这一意义可参照《六十如理》的皈敬颂。关于佛护称自派学人为"说缘起者"，参斋藤明 2000。

[2] 《佛护》与《明句》都将颂中两个 *yad* 和两个 *tad* 分别理解为一个是所依的缘，一个是现起的果，这里依之翻译。《青目》《无畏》和《般若灯》则将两组代词都解作所生之果，根据这种理解则应译为：依于[缘]而彼彼现。参：

《青目》（ZY 1-15, 18a1 [2, 945]; T 30, no. 1564, 10c13–14）：
衆緣所生法，無自性故寂滅。寂滅名爲無此、無彼、無相，斷言語道，滅諸戲論。

《无畏》（D 47b1–2）：
这样，依缘而生者以自性而寂灭，因此正生者和生起[之事]就是寂灭的。

《般若灯》（D 106b7）：
如果它是依缘而生的事物，从胜义上讲它就是自性寂灭，即无生的意思。

另参 Saito 1984, I, 256, n. 48; 1995, 92–94。

故正生者为寂灭，生起[之事]亦如此。(7.16cd)

〔梵〕 *tasmād utpadyamānaṃ ca　śāntam utpattir eva ca ||*

〔什〕 是故生、生時，是二俱寂滅。

这样，因为“缘于”的那个东西以及“现起”的那个东西，彼彼两者皆以自性而寂灭，即离自性、自性空。所以，对于说缘起者，正生者与生起[之事]两者也是以自性而寂灭，即离自性、自性空。此二者自性是空，如何会有“缘于这个生起[之 P 216b
事]而有这个正生者生起”之说？(7.16)

有人说：缘于因和缘，直到[事物]生起，都会为了产出事物而做事(kriyârabhyate)，那么，[肯定]不是缘于这个所生的事物而做事，但也不是毫无依处而做事。所以，缘于这些具有事(kriyā)的因和缘，正生的事物依于它的这个生起[之事]而得生起。

回答：依于谁的因和缘而做事？

[对方]说：布的。

回答：那么你岂不是在采集空中花？你竟然依于一个不存在的布的因和缘而做事！

唯当某物尚未生，而于某处为可得， St 102
此物方可得生起。此物若无谁可生？[1] (7.17)

〔梵〕 *yadi kaścid anutpanno　bhāvaḥ saṃvidyate kvacit |*
utpadyeta sa kiṃ tasmin　bhāva utpadyate 'sati ||

〔什〕 若有未生法，說言有生者，此法先已有，更復何用生？

---

[1] 此处偈颂译文依据后面的《佛护》释文，《明句》(PsP_L 161.1–2)与佛护的理解相同：

yadi kaścid anutpanna utpādāt pūrvaṃ ghaṭo nāma kvacit saṃvidyeta sa utpattikriyāṃ pratītyôtpadyeta, na câivaṃ kaścid utpādāt pūrvaṃ kvacid asti | tasminn asati ghaṭe kim utpadyate ||

只有某未生之物在生起前于某处以瓶之名而可得，它才能缘于生起之事而生起。然而，在生起之前，任何物于任何处都是不存在的，既然没有此瓶，什么东西生起？

前引《明句》中的粗体字表示与颂文相同的词语，其排布反映了月称对偈颂的理解。

《青目》(ZY 1-15, 18a9 [2, 945]; T 30, no. 1564, 10c28–29)对于此颂则有不同理解：

若未來世中有未生法而生，是法先已有，何用更生？有法不應更生。

由《青目》的偈颂译文和释文可以看出，*yadi kaścid anutpanno bhāvaḥ saṃvidyate kvacid utpadyeta* 被理解为一个条件句，其余为第二句，该颂末词读作 *sati*，而非 *'sati*，这也是一种合理的读法，因为梵文写本中经常不写出 *avagraha*。那么，根据《青目》的理解来调整偈颂语序：*yadi kaścid anutpanno bhāvaḥ kvacit saṃvidyate utpadyeta, sati tasmin bhāve sa kim utpadyate?*“如果某未生之物于某处可得并且生起，则既然此物已有，为什么它[要再次]生起？”据之该颂可译为：若某事物尚未生，于某处有且将生，云何此物已存在，而能[再次]得生起？

《无畏》(D 47b2–4)的理解又有不同：

在生起之前，某未生之物于某处可得，只有出现这种情况，才可以施设这个存在物的因和缘以及依之而有的事的言说。然而，未生起的事物无论如何也不可能有[1]，这个时候，在它离开了生亦即事物不存在的情况下，因和缘为谁所属？依于什么因和缘而做事？什么东西被产出？这个东西既然不能被做，也就不被产出，那么它怎么会有生起[之事]？既然它没有生起[之事]，又怎么会缘于生起[之事]而
D 192b 得生？因此，▼说缘起者的见解就是，正生者与生起[之事]都是寂灭。（7.17）

此处有说：根据三时的安立，未来的事物以未来之体性而可得，所以它能生起。

对此回答：[颂 7.17] 如果某未生之物于未来时某处可得，那么为什么它会在现在时在此处生起？如果它存在于[未来]彼处，因为[已经]存在，现在就不会于在处生起。而如果认为能生起的话，对此应说，如果这个事物在此处生起，那么这个事物就不会存在于未来时的那个地方，这也是不被认许的。因此，说“未来的事物是可得，它能生起”也是不合理的。

划线部分体现了《无畏》对颂文的理解，其藏译作：*gal te dngos po ma skyes pa 'ga' zhig ma 'ongs pa'i dus gang na yod par gyur na / de ci'i phyir da ltar gyi dus der skye bar 'gyur te / de de na yod na yod pa'i phyir da 'dir skye bar mi 'gyur ro //*。为了表述清晰，试重构梵文如下（粗体表示与偈颂相同的字词）：***yadi kaścid anutpanno bhāvo*** *'nāgatam adhvānaṃ* ***kvacit saṃvidyate, sa kiṃ*** *vartamānam adhvānaṃ* ***tasminn utpadyeta*** */ tatra* ***sati bhāve*** *sadbhāvān na sa idānīm atrôtpadyate*。

可见，《无畏》与《青目》一样都将偈颂末词读作 *sati*，而非 *'sati*。不同的是，《无畏》将偈颂的末两句理解为一个整体，而不是把 *utpadyeta* 提出来归入前两句的条件句。据此颂文词序可以调整为：*yadi kaścid anutpanno bhāvaḥ kvacit saṃvidyate, sa kiṃ tasminn utpadyeta, [kiṃ] sati bhāva utpadyate /* “如果某未生之物于某处可得，为什么它在这里生起？已经存在为什么还生起？”这里，*kim* 支配其后的两个分句。据之该颂可译为：若某事物尚未生，而于某处为可得，云何彼于此处生？云何已有而[又]生？

《般若灯》（D 107b2–3）的理解与《无畏》相同：

如果瓶与布等某些事物虽尚未生起，却在众缘中或这些[缘]的其他聚合之中为可得的话，[颂 7.17c] 既然是有，它为什么会在此时生起？意思是说，若已有，生起就变得没有意义。因此说：[颂 7.17d]

另参 Saito 1984, I, 257, n. 53。还有一点值得注意，与《明句》和《佛护》不同，《无畏》和《般若灯》中的偈颂译文以及《无畏》的注释都表明偈颂末句应有一个否定词，斎藤明猜测可能是藏译者为了使文义清晰而将反诘改作否定。而汉译《般若灯》的偈颂译文也有否定词：體有起無故（T 30, 77a27）。这种一致也许不是巧合，斎藤明也猜测，《无畏》《般若灯》偈颂原文的末句可能作 *bhāva nôtpadyate sati*。若真是这样，该颂应译为：若某事物尚未生，而于某处为可得，云何彼于此处生？已有则不应[再]生。

[1] 此处依藏译本 *mi 'thad pa*（= *na ... upapadyate 不可能有）翻译，梵本作 *na ... utpadyate*“不生起”。

Ms 26a ［梵］▼... yadânutpanno bhāvo na kathaṃcid utpadyate | tadā tasminn utpādarahite *bhāve 'sati* kasya hetupratyayāḥ *kiṃhetupratyayān āśritya kri*yârabhyate kim utpādyate | yac ca nârabhyate tan nôtpādyate tasya kuta utpattiḥ | yasya côtpattir nâsti *tat katham* utpattiṃ *pratītyôtpadyate* | *tasmāt pratītyasamutpādavādīnāṃ darśanam* utpadyamānaṃ côtpattiś *ca śān*tam || (7.17)

另外，

如果即是由此生，能够生出正生者，
▼另外又由何等生，而能生出这个生？[1] **(7.18)** P 217a

[什] 若言生時生，是能有所生，何得更有生，而能生是生？

[2-]如果生[相]能生出另外一个正生者，那么此时由哪一个生[相]来生出这个生[相]？[-2] (7.18)

这里有人认为，是由另一个生[相]生出它，对此我们要说：

▼若另有生能生彼，是则成为无穷尽。 St 103
若是无生得生起，如是一切当生起。(7.19)

[什] 若謂更有生，生生則無窮。離生生有生，法皆自能生。

这个能生出另一个正生者的生[相]，如果它又由另外一个生[相]生出，这样的话就导致了无穷尽的过失，也就是它由另外的生生出，这个[另外的生]也还要另外的生[来生出]，就没有了穷尽。这是不被认许的。

---

1 《般若灯》(D 108a2–3) 对该颂后两句有不同理解，相应地，两句应如下翻译：

[颂 7.18ab] 若如你主张，即由这个生[相]生出正生者，那么，**生若是能生出彼，(7.18c)** 能生出[他者]的[事物]不是生[相]，因为是能生者。比如父亲不是儿子的生[相]，这样，**那么生又是何者？(7.18d)** 也就是[这个]生[相]没有生[相]自性的意思。

2 此段与《无畏》(D Tsa 47b5) 基本相同。

[梵] kiṃ cânyat

utpadyamānam utpādo　yadi côtpādayaty ayam |
utpādayet tam utpādam　utpādaḥ katamaḥ punaḥ || (7.18)

yadi côtpadyamānaṃ param utpāda utpādayati | tam idānīm utpādaṃ katama utpāda utpādayati || (7.18)

tatrâitat syād anya utpāda enam utpādayatîty atra brūmaḥ |

anya utpādayaty enaṃ　yady utpādo 'navasthitiḥ |
athânutpāda utpannaḥ　sarvam utpadyatāṃ tathā || (7.19)

ya utpādaḥ param utpadyamānam utpādayati | taṃ yady anya utpāda utpādayati | saty evam anavasthā prasajyeta | tam apy anya utpādayati | tam apy anya ity anto na syāt | na câitad iṣṭam |

如果认为[这个]能生出他者的生[相]就是无生[相]而得生，对此我们要说：

如是一切当生起。(7.19d)

如果能生出他者的[生]是离生[相]而得生，那么同样，一切[事物]都应该离生[相]而得生，“生[相]能生出他者”这种构想就没有了意义，要它又有什么用呢？不然的话，就得指出[其之所以]有区别的原因，为什么只有这样的生是无生[相]而得生，其他事物则离生[相]而不生，而这是无法做到的。因此，“生[相]能生出他者”这个说法，[1]是毫无意义的。(7.19)

另外，在此[世上]，如果某个事物拥有生起[之事]的话，这个生起[之事]是属于存在的[事物]，还是属于不存在的[事物]呢？这里，

对于有与无[之物]，其生起[事]不合理。(7.20ab)

[什] 有法不應生，無亦不應生。

首先，存在的[事物]有生起[之事]是不合理的。因为对生起[事]的构想是无意
St 104 义的。因为，既已存在，再次生起有什么用？▼不存在的[事物]有生起[事]也是不合
理的。为什么呢？因为不存在。在这种情况下谁拥有生起[事]呢？如果不存在者也
有生起的话，兔角也会有生起。消灭了一个过失，又产生了一个过失，这是不被
P 217b D 193a 认许的。因此，▼不存在的[事物]有生起[之事]▼是不合理的。

[1] 此处译文依梵本 *utpādaḥ param utpādayatîti*，藏译作：*skye bas skye bzhin pa gzhan skyed do* (= *param utpadyamānam utpādayatîti)“生[相]能生出另外一个正生者”。

[梵] atha matam anutpāda *eva parotpāda utpanna i*ty atra brūmaḥ |

sarvam utpadyatāṃ tathā | (7.19d)

yathâsau parotpāda utpādena vinôtpannas *tathā ca sarvaṃ vinôtpāde*nôtpadyatām | kim anayā vyarthayā kalpanayā utpādaḥ param utpādayatîti | viśeṣahetvapadeśo vā kartavya ittham utpāda evânutpāda utpadyate | anye punar bhāvā nôtpā*dena vinôtpadyanta* iti | sa ca na kriyate | tasmād etad api yatkiṃcid utpādaḥ param utpādayatîti || (7.19)

*kiṃ cânyat | iha yadi kasyacid bhāvasyôtpattiḥ syāt | iyaṃ sa*to vā utpattiḥ syād asato vā | tatra

sataś ca tāvad utpattir asataś ca na yujyate | (7.20ab)

satas tāvad utpattir na yujyate | utpattiprakḷ*pter vyarthatvāt | sato hi kiṃ* punarutpatteḥ prayojanam | asato 'py utpattir na yujyate | kutaḥ | *asattvāt | tatra kasya utpattiḥ syāt | athâsata utpattiḥ syāc chaśaviṣāṇasyâ*py utpattiḥ syāt | kṣīṇadoṣāṇāṃ ca punar doṣotpattiḥ syāt | na câitad iṣṭaṃ tasmād asato 'py utpattir na yujyate |

这里如果认为，存在与不存在作为一个[整体]而有生起[之事]”，则回答：

既有亦无亦不可，（7.20c）

［什］ 有無亦不生，

既存在又不存在的[事物]拥有生起[之事]也不合理，如果问怎么讲，则回答：

于前已经解说过。（7.20d）

［什］ 此義先已說。

这个前面的解说就是：

对于有与无[之物]，其生起[事]不合理。（7.20ab）

既存在又不存在的[事物]是跟随[存在和不存在]两者，而这两者已由前面的驳斥所破除。

又或者这个前面的解说是指，存在者、不存在者和既存在又不存在者拥有生起[之事]是如何不合理[的解说]。在哪里呢？

有、无、有亦无之法，此时都不得生成。
如是使生者是因？又如何能合道理？[1]（1.7）

（7.20）

[1] 梵本此处似乎未引用该颂后二句。

［梵］ tatrâitat syāt sadasataś *câikasyôtpattir iti* | *ucyate* |

ˇna sataś câsataś cêti | (7.20c) Ms 26b

sadasato 'py utpattir na yujyate | *katham iti cet* | *ucyate* |

pūrvam evôpapāditam || (7.20d)

tad pūrvam upapāditaṃ

sataś ca tāvad utpattir asataś ca na yujyata *iti* | (7.20ab)

*sadasata ubhayānuvartanatvāt pūrva*pratyākhyātenôbhayaṃ pratyākhyātam eva bhavati |

atha vā sataś câsataś ca sadasataś ca yath*ôtpattir na yujyata ity etat* pūrvam evôpapāditam | kva |

na san nâsan na sadasan dharmo nirvartate yadêty (1.7ab)

atra ...

再者，

St 105 **正在灭去之事物，即不可能有生起。（7.21ab）**

［什］ 若諸法滅時，是時不應生。

这里你说“正生的事物有生起”，那么正生的事物也一定有灭。为什么呢？因为事物有灭相。而正灭的事物不可能有生起[之事]。因为，正生者也就是正在增长者，如果它拥有生起[之事]，它也一定拥有灭坏终尽。而[有]终尽就没有生起[之事]。

如果认为[事物]在正生的分位是不灭的，对此我们要说：

若彼不是正在灭，则不可能是事物。（7.21cd）

［什］ 法若不滅者，終無有是事。

如果正生者不灭，就不是正生[1]的事物。为什么呢？因为没有事物的相。因为，
P 218a 灭被指定为事物的相，没有它，还怎么会是事物呢？这样就违反了“正生的事物有生起”这种说法，而成了“正生的无事物（abhāva）有生起”。

D 193b 因此，“生[相]能生起他者”之说也是不可能的。既然不能生起自体，也不能生起其他，它又怎么会是生[相]呢？因此，生[相]是不可得。（7.21）

---

[1]“正生”依藏译本 *skye bzhin pa* (= *utpadyamāna)，梵本作 *upapadyamāna*。

［梵］ *kiṃ cânyat* |

nirudhyamānasyôtpattir na bhāvasyôpapadyate | (7.21ab)

iha bhavān āhôtpadyamāno bhāva utpadyata iti | utpadyamānasya ca bhāvasya nirodhena bhavitavyam | kutaḥ | bhaṅgalakṣaṇatvāt bhāvasya | nirudhyamānasya bhāvasyôtpattir nôpapadyate | utpadyamānasya hy *abhivardhamāna*sya utpattiḥ syāt | yasya *bhaṅga*kṣayena bhavitavyam | na ca kṣayam utpattir bhavatîti |

atha mataṃ naîvôtpadyamānāvasthāyāṃ nirudhyata ity atra brūmaḥ |

yaś cânirudhyamānas tu sa bhāvo nôpapadyate || (7.21cd)

yady utpadyamāno na nirudhyate naîvôpapadyamāno bhāvo bhavati | kutaḥ | bhāvalakṣaṇābhāvāt | *bhaṅgo hi* bhāvalakṣaṇam apadiṣṭaṃ tadabhāvāt kathaṃ bhāvaḥ syāt | sati caîvaṃ yad ucyate | utpadyamāno bhāva utpadyata iti | tad vyāhataṃ bhavati | abhāva utpadyamāna utp*adyata iti prasajyata i*ti |

tasmāt param utpāda utpādayatîty etad api nôpapadyate | yaś ca na svātmānaṃ na param utpādayati sa katham utpādaḥ syāt | tasmān nôtpādo vidyate || (7.21)

此处有说：住[相]是存在的，而它不可能属于一个未生的事物，所以生[相]也就是成立的。

ʼ回答：在此[世上]，某物若住，它是作为已住者而住，未住者而住，还是正住者而住？对此， St 106

未住事物不能住，　已住事物不能住，
正住[事物]不能住，（7.22abc）

［什］　不住法不住，住法亦不住，住時亦不住，

[1]首先，已住的事物不能住，既然已住则何须再住？也会导致两个住的过失，即与其中一个住结合而有“已住者”的称谓，与另一个住结合而能住。如果这样也会导致两个住者的过失，这是不被认许的。未住的事物也不能住，为什么呢？因为住与非住是相违逆的。正住者也不能住，为什么呢？因为已住者与未住者之外不可能有正住者，也因为会导致两个住的过失，以及会导致两个住者的过失。

另外，

既然无生谁能住？（7.22d）

［梵］　*ko 'nutpannaś ca tiṣṭhati* ||

［什］　無生云何住？

前陈道理已经说过了无生，ʼ在这种情况下，该说哪一个未生者能住呢？（7.22） P 218b

[1] 此后的梵本残缺严重且语序与藏译差异较大，这里依藏文翻译。

［梵］　atrâha | sthitir asti sā ca nânutpannasya bhāvasyôpapadyata iti | utpādo 'pi prasiddha evêti ||

ucyate | iha *yo bhāvas tiṣṭhati sa sthi*to vā tiṣṭhed asthito vā tiṣṭhet *tiṣṭhan* vā tiṣṭhet | tatra |

nâsthitas tiṣṭhate bhāvaḥ　sthito bhāvo na tiṣṭhati |
na tiṣṭhate tiṣṭhamānaḥ　(7.22abc)

tāvan nâsthito bhāvas tiṣṭhati | kutaḥ | sthānāsthānayor virodhāt | sthito 'pi bhāvo na tiṣṭhati na tiṣṭhate tiṣṭhamānaḥ ...

再者，

St 107 **▼正在灭去之事物，即不可能拥有住。（7.23ab）**

［梵］ *sthitir nirudhyamānasya na bhāvasyôpapadyate* |

［什］ 若諸法滅時，是則不應住。

正灭的事物不可能有住[相]。为什么呢？因为住与灭二者相违逆。对此如果认为在住的分位上是不灭的，则回答：

若彼不是正在灭，则不可能是事物。（7.23cd）

［梵］ *yaś cânirudhyamānas tu sa bhāvo nôpapadyate* ||

［什］ 法若不滅者，終無有是事。

在住的分位上不灭的东西，就不是处在住的分位上的事物。为什么呢？因为没
D 194a 有事物的相。▼因为，灭被指定为是事物的相，没有它，还怎么会是事物？如果没有事物，将是谁的住呢？因此，由于是正在灭，事物的住[相]也是不可能有的。（7.23）

另外，

既然一切之事物，一切时具老死性，
则有何等之事物，无有老死而能住？（7.24）

［梵］ *jarāmaraṇadharmeṣu sarvabhāveṣu sarvadā* |
tiṣṭhanti katame bhāvā ye jarāmaraṇaṃ vinā ||

［什］ 所有一切法，皆是老死相，終不見有法，離老死有住。

由于一切事物都是与无常相联系的，是无常就具有老死的属性，这是[共]所承认的。这个时候，如果还说观待这些[事物]而有住[相]的话，那么，有什么事物能离老死而住呢？因此，住[相]也是不可能有的。（7.24）

对于[对方]所说的“住之住”[我们]要说：

St 108 **▼住因他住而有住，及因自皆不合理。（7.25ab）**

［梵］ *sthityânyayā sthiteḥ sthānaṃ tayâiva ca na yujyate* |

［什］ 住不自相住，亦不異相住。

住[相]因另一个住[相]而有住，是不合理的，这个住[相]还因这个住[相]而有
P 219a 住，也▼是不合理的。怎么讲呢？

如生不因自有生，亦不因他而有生。7.25cd

[梵]　*utpādasya yathôtpādo　nâtmanā na parātmanā* ‖

[什]　如生不自生，亦不異相生。

正如[前面有颂]说：

此生若是尚未生，如何能生出自体？
若已生起又能生，既已生起复何生？ (7.13)

那么同样，是未住的住[相]使自体住，还是已住的[住相]使自体住？这里且说未住[的住相]不能使自体住，为什么呢？因为[住相]不存在。因为，未住者不可能有住，既然不存在，又怎么能使这个自体住？如果能使之住的话，兔角也能使自体住，这是不被认许的。因此，未住的住[相]不能使自体住。已住的住[相]也不能使自体住。为什么呢？因为已经是住。已住则何须再住？因此，ˇ已住的住[相]也不能使自体住。一个不能使住的东西，怎么会是住[相]呢？这样，ˇ首先，这个住[相]不能还因此住[相]而有住。 D 194b St 109

住[相]因另一个住[相]而有住，如何不合理呢？正如[前面有颂]说：

若另有生能生彼，是则成为无穷尽，
若是无生得生起，如是一切当生起。(7.19)

那么同样，住[相]是因另一个住[相]而住呢，还是没有另一个住[相]也能有住？这里且说另一个住[相]不能使[这个]住[相]住。如果[这个]住由另一个住使之住的话，ˇ这样就导致了无穷尽的过失，[也就是说，] 这个[住]要由另一个[住]使之住，这[另一个住]还要由另一个[住]使之住，就没有了穷尽。这是不被认许的。因此，住[相]因另一个住[相]而有住是不合理的。 P 219b

如果认为这个住[相]可以没有另一个住[相]而住，对此[我们]要说：正如这个能使其他[事物]住的住[相自身却]可以没有另一个住[相]而住，同样一切事物都应该没有另一个住[相]而有住，[那么]“因另一个住[相]而有住”这样无意义的构想还有什么用呢？不然的话，就得指出[其之所以]有区别的原因，为什么唯独住[相]可以这样没有另一个住[相]而住，而其他事物没有另一个住[相]就不能住。这是无法做到的。因此，住[相]不能因另一个住[相]而住。既然不住，它就不是住[相]，所以住[相]也是不存在的。 (7.25)

ˇ此处有说：灭[相]是存在的，而如果事物未生未住，就不可能有这个[灭相]，所以生[相]和住[相]也就是成立的。 St 110

回答：如果有一个灭[相]的话，这个[拥有灭相的]事物是已灭，是未灭，还是
D 195a 正在灭？▾所有形式都是不可能的。为什么呢？因为：

未灭者即不灭去，已灭者亦不灭去，
正在灭者亦如是。(7.26abc)

［梵］ *nirudhyate nâniruddhaṃ na niruddhaṃ nirudhyate /*
tathā nirudhyamānaṃ ca

［什］ 法已滅不滅，未滅亦不滅，滅時亦不滅。

这里首先，已灭者不灭，为什么呢，因为不存在，既然不存在谁来灭？未灭者
P 220a 也不灭，为什么呢？因为灭与未灭▾是相违逆的。正灭者也同样不灭，怎么讲呢？正如说“正生者不生”，同样，因为离了已灭者与未灭者就不可能有正灭者，也因为会导致两个灭的过失，以及两个正灭者的过失。所以，正灭者不灭。

[1-]再者，这里所谓的“正灭者”，它是一部分已灭一部分未灭呢，还是与此不同，[整个是]已灭或未灭呢？这里，如果灭[相]能使这个[部分]已灭[部分]未灭的东西灭，那么首先，它已灭的那一部分不是由这个灭[相]所灭。[而且，]已灭[部分]也不
St 111 是正灭者。▾为什么呢？因为它既然是已灭，就不是正灭，而[这里]说的是正灭者灭去。已灭的这一部分如果可以离灭[相]而灭去，那么它剩下的部分也同样应该离灭[相]而灭去。若不是这样，就要指出其区别之处何在，[为什么]它的一部分能离灭[相]而灭，另一部分却要由灭[相]来灭。而如果它已灭的那一部分也即由这个灭[相]来灭的话，这样就是灭[相]灭掉未灭者[2]，而非灭掉正灭者。

D 195b 另外，灭[相]不能使它已灭的那一部分灭去，因为它已经灭▾完毕了。那么就
P 220b 是余下的的未灭[部分]由灭[相]▾来灭，这样就违反了[你]所说的“正灭者灭去”。而如果它已灭的那一部分由灭[相]再次灭掉，它就有了二灭所作的特性，这是不可能的。灭完毕者，无论如何也不能发起再灭之事，所以不能再灭。因此，所谓“正灭者灭去”的说法，不过是将无实者臆执为实，毫无意义！[-1]

另外，

既然无生谁灭去？(7.26d)

［梵］ *kim ajātaṃ nirudhyate*

［什］ 無生何有滅？

St 112 前面已经解说过生是毫无所有的，▾在这种情况下，该说哪一个未生者能灭去呢？因此，灭是不存在的。(7.26)

---

1 此处论述条理与第 98 页相同。

2 “未灭者”(ma 'gags pa)似应作“已灭者”('gags pa)更符合上下文义，另参第 98 页注 1。

另外，灭[相]是执为属于已住者，还是未住者呢？两者都不合理。其中，

且说已住之事物，即不可能拥有灭。（7.27ab）

［梵］ *sthitasya tāvad bhāvasya　nirodho nôpapadyate |*

［什］ 法若有住者，是則不應滅。

已生起住之事者不可能拥有与住[相]相违逆的灭[相]，因为已住的缘故，这是共许成立的。如果说，未住者有灭[相]就没有过失了，[应说:]

尚未安住之事物，也不可能拥有灭。（7.27cd）

［梵］ *nâsthitasyâpi bhāvasya　nirodha upapadyate ||*

［什］ 法若不住者，是亦不應滅。

[颂文]意思(abhiprāya)是: [因:] 因为是未住，[喻:] 如已住。(7.27)

有人说：对于现见(pratyakṣa)，因没有意义，这是世间所共许的(loka-prasiddha)。世间住而未灭的事物因为某种原因而灭去，这是小孩子也分明现见的。因此，灭[相]是存在的。

回答：▼所以，这应该也是你的觉知(buddhi)现见之事: P 221a

此分位者即不可，还以此分位而灭。
此分位者亦不可，以他分位而得灭。（7.28）

［梵］ *tayâivâvasthayâvasthā　na hi sâiva nirudhyate |*
anyayâvasthayâvasthā　na cânyâiva nirudhyate ||

［什］ 是法於是時，不於是時滅。是法於異時，不於異時滅。

如果构想一个事物▼处于某个分位，▼它的这个分位不会还以这个分位而灭，为什么呢？因为这个分位是存在的。因为，奶不会以奶的分位而灭，因为奶的分位是存在的。一个分位也不会以其他分位而灭，为什么呢？这个[分位]在其他分位是不存在的。因为，奶的分位不会在酪的分位上灭去，因为在酪的分位上没有奶的分位。而如果有的话，就成了奶与酪同时而住，酪也就成了无因而生，这是不被认许的。因此，灭[相]不容有也是觉知所现见，所以应当理解所谓的“灭[相]”是毫无所有的。(7.28) D 196a St 113

有人说：灭[相]一定是存在的。为什么呢？因为前面[你]已经承认了。因为，你在前面说过“正灭的事物不可能有生”[1]，所以灭[相]是存在的，因为以它为因而破斥生，如果[灭]不存在，就不可能为因。

回答：那么你岂不是在灭画中的火？没有生你竟然认许有灭！

[1] 参 7.21 颂。

若时所有一切法，是不可能拥有生，
此时所有一切法，即不可能拥有灭。（7.29）

〔梵〕 *yadâiva sarvadharmāṇām utpādo nôpapadyate |*
tadâiva sarvadharmāṇāṃ nirodho nôpapadyate ||

〔什〕 如一切諸法，生相不可得，以無生相故，即亦無滅相。

P 221b ▼当我说"一切事物不可能有生[相]"的时候，不就是在说"一切事物也不可能
St 114 有灭[相]"吗？▼因为，事物[无][1]生就是无所有，怎么会有灭[相]？因此，破斥生[相]就等于是开显灭[相]不容有。（7.29）

再者，这里先说如果有灭[相]，这个[灭相]是被构想为属于存在的还是不存在的事物呢？那么，

且说存有之事物，即不可能拥有灭。（7.30ab）

〔什〕 若法是有者，是即無有滅。

D 196b ▼首先，存在的也就是正在安住的事物，不可能有灭[相]。为什么呢？

因为有者与无者，不可能在一体中。（7.30cd）

〔什〕 不應於一法，而有有、無相。

存在的事物所拥有的那个存在性，就是实有，而已灭的事物所拥有的那个不存在性，就是非实有。有与无是互相违逆的，两者不可能共存一处。因此，存在的事物不可能拥有灭[相]。（7.30）

不存有之事物者，亦不可能拥有灭。（7.31ab）

〔什〕 若法是無者，是即無有滅。

[1] 此处藏译无否定词，依上下文义补。

Ms 29a 〔梵〕▼…

sataś ca tāvad bhāvasya nirodho nôpapadyate | (7.30ab)

satas tāvat tiṣṭh*ato bhāvasya nirodho nôpapadyate* | *kiṃ kāraṇam* |

ekatve na hi bhāvaś ca nâbhāvaś côpapadyate || (7.30cd)

*sato bhāva*sya yā sattā sadbhāvaḥ | niruddhasya ca bhāvasya yâsattâsadbhāvaḥ | bhāvābhāvau *paraspara*virodhinau yad ekatra[1] nôpapadyete tasmāt sato bhāvasya na nirodha upapadyate || (7.30)

asato 'pi na bhāvasya nirodha upapadyate | (7.31ab)

[1] 藏译作 *gcig pa nyid na* (= *ekatve)。

怎么讲呢?

譬如第二个头颅，其断即是不可得。(7.31cd)

〔什〕 譬如第二頭，無故不可斷。

对于不存在的东西，什么灭呢？第二个头颅是不可得，就不能被割。(7.31)

对于[对方]所说的“灭之灭”我们要说:

˅灭不因自而有灭，亦不因他而有灭。[1] (7.32ab) St 115

〔什〕 法不自相滅，他相亦不滅。

在此[世上]，如果灭[相]也有灭，那么这个[灭]是因自体还是因他体[而灭]？两种形式都是不可能的。怎么讲呢？

如生不因自有生，亦不因他而有生。(7.32cd)

〔什〕 如自相不生，他相亦不生。

---

[1] BP_{Ms}颂中的 *nirodhasya*(见下)，在$MK_{Ms\ Dr}$, dJ, PsP_L 中作 *nirodho 'sti*。前一读法与7.25 颂结构一致，应是龙树原文，而后者应是抄误，却被《明句》采纳并作注解。其意义虽牵强，却也可会通。灭相作为有为法，存在即有灭，所以“灭存在”(*nirodho 'sti*)与“灭有灭”(*nirodhasya nirodhaḥ*)相通。参拙著 2011b, 59, §3.2.1。兹录《明句》(PsP_L 171.4–172.1; 依 de Jong 1978, 46 修订)备考:

kiṃ cânyat | yadi nirodho nāma bhāvānāṃ nirodhaka iti kalpyate tasyêdānīṃ kim anyo nirodha iṣyate uta na | yadîṣyate tan na yujyate | yasmāt

na svātmanā nirodho 'sti nirodho na parātmanā | (7.32ab)

kathaṃ punar nâstîti pratipādayann āha | [...] *evaṃ na svātmanā nirodho 'sti* ||

再者，如果构想灭[相]就是事物的能灭者，那么是否承认它还另有一个灭[相]？如果这样认为，就是不合理的，因为，

灭非因自体存在，灭非因他体[存在]。(7.32ab)

为了说明如何不存在，[颂文]说道：[……] 这样，灭[相]不能因自体而存在。

〔梵〕 katham iti |

na dvitīyasya śirasaś chedanaṃ vidyate yathā || (7.31cd)

kiṃ hy asato nirodhyate | na hi dvitīyaṃ śiraḥ avidyamānaṃ śakyaṃ chettum iti | (7.31)

yad apy uktaṃ nirodhasya nirodha ity atra brūmaḥ

na svātmanā nirodhasya[1] nirodho na parātmanā | (7.32ab)

iha yadi nirodhasya nirodhaḥ syāt sa svātmanā vā syāt parātmanā vā | ubhayathā ca nôpapadyate | katham iti |

utpādasya yathôtpādo nâtmanā na parātmanā || (7.32cd)

---

[1] 参上面注 1。

正如[前面有颂]说：

P 222a 此生若是尚未生，▼如何能生出自体？
若已生起又能生，既已生起复何生？(7.13)

那么同样，是未灭的灭[相]能灭自体，还是已灭的[灭相]能灭自体？这里，如果构想未灭的灭[相]能灭自体，这怎么可能？当未灭的时候，灭[相]就是不存在，而不存在的东西该如何灭掉不存在的自体？如果构想已灭的[灭相]能灭自体，这又怎么可能？对于这个已灭的[灭相]，[1-]谁又是它的还未灭的而要被灭的那个自
D 197a 体？[-1]这样，首先，▼灭[相]不因自体而有灭。

因他体[有灭]也不可能。正如[前面有颂]说：

St 116 若另有生能生彼，▼是则成为无穷尽，
若是无生得生起，如是一切当生起。(7.19)

那么同样，灭[相]是被另外一个灭[相]所灭呢？还是没有另一个灭[相]而灭呢？这里，如果灭被另外一个灭[相]所灭，这样就导致无穷尽的过失，[也就是说，]这个[灭]要被另一个[灭]所灭，这[另一个灭]还要被另一个[灭来灭]，就没有了穷尽。这是不被认许的。因此，灭之灭是不可能有的。

[1] 依梵本翻译，依藏译应译作：它的已灭的而要被灭的那个自体是毫无所有的。

〔梵〕 yathôktam

anutpanno 'yam utpādaḥ svātmānaṃ janayet katham |
athôtpanno janayate jāte kiṃ janyate punar (7.13) iti |

tathā [1-]*nirodho 'py aniruddho vā svātmānaṃ nirodhayen niruddho vā svātmānaṃ nirodhayet* | *tatra*[-1] yadi nirodhaḥ aniruddhaḥ svātmānaṃ nirodhayatîti kalpyate | tat katham idam upapatsyate | yadā aniruddho nirodha eva na bhavati | asaṃś ca katham asantam ātmānaṃ nirodhayati[2] | atha niruddhaḥ svātmānaṃ nirodhayatîti kalpyate tad api katham upapatsyate | ko 'sau niruddhasya punaḥ svātmâniruddho yaṃ nirodhayet | evaṃ tāvan na svātmanā nirodhasya nirodha upapadyate |

parātmanâpi nôpapadyate | yathôktaṃ

anya utpādayaty enaṃ yady utpādo 'navasthitiḥ |
athânutpāda[3] utpannaḥ sarvam utpadyatāṃ tathêti | (7.19)

tathâiva [4-]*nirodho 'py anyena vā nirodhena nirodhyeta vinā vânyena nirodhena nirudhyeta* | *tatra*[-4] yadi nirodho 'nyena nirodhena nirodhyate | saty evam anavasthā prasajyate | so 'py anyena nirodhyate so 'py anyenêty anto na syāt | na caîtad iṣṭam | tasmān na nirodhasya nirodha upapadyate |

[1,4] BP_{Ms} 无，依藏译构拟，不作增补文脉亦通。[2] BP_{Ms} *nirundhyaṃ* .. 。[3] BP_{Ms} *athānutpeda*。

如果认为[这个灭相]没有[另一个]灭[相]就能灭去，对此我们要说："如是一切当灭去。[1]"正如灭[相]可以没有灭[相]而灭去，同样一切有为法都应该没有灭[相]▼而灭去。[那么]所谓"有为法不能无灭[相]而灭"[2] 这样无意义的构想有什么用呢？不然的话，就得指出[其之所以]有区别的原因，为什么唯独灭[相]可以这样没有灭[相]而灭去，而其他有为法没有灭[相]就不能灭去。这是不可能做到的。因此，灭[相]因另一个灭[相]而有灭也是不可能的。 P 222b

这样，经过这样的考察，生、住、灭[相]无论如何都不可能有，既然不可能有，又怎么会是有为法的相呢？因此，"生、住、灭是有为法▼相"这种[观点]唯是计执而已。(7.32) St 117

此处有说：就算没有有为法的这个共相，然而凭着各各自相，有为法还是可得的，如同有嗉、尾、瘤、蹄和角的牛是可得的。[3]

回答：那么你岂不是赞叹还没长出来的庄稼的丰硕[4]？▼不生、不住、不灭的东西，[5] 你竟然说它拥有有为相！ D 197b

---

[1] 此句依梵本翻译，为颂文 7.19d 的仿写，藏译中仿写 7.19cd 两句，应译作：若是无灭得灭去，如是一切当灭去。

[2] 依梵本翻译，依藏译应作：因他灭[相]而灭。

[3] 依藏译，梵本中"蹄"(rmig pa = *khura)。

[4] 依梵本(ajātasasyasampadaṃ)翻译，藏译作 *log rtog*，为 *lo tog* 之误。

[5] 依藏译，梵本中缺"不灭"('jig pa med pa = *abhagnasya)。

[梵] atha mataṃ vinâiva nirodhena nirudhyata ity atra brūmaḥ | ▼tathā sarvaṃ nirudhyatām | yathâiva nirodhena vinā nirodho nirudhyate | tathâiva vinā nirodhena sarvaṃ saṃskṛtaṃ nirudhyatām | kim anayā vyarthayā kalpanayā na vinā nirodhena saṃskṛtaṃ nirudhyata iti | viśeṣahetvapadeśo vā kartavyaḥ itthaṃ nāma nirodha eva vinā nirodhena nirudhyate | anyat punaḥ saṃskṛtaṃ *na vinā* nirodhena nirudhyata iti | sa ca na kriyate | tasmād anyenâpi nirodhena nirodhasya nirodho nôpapadyate | Ms 29b

tad evaṃ parīkṣyamāṇā utpādasthitibhaṅgā na kathaṃcid upapadyante | anupapadyamānāś ca kathaṃ saṃskṛtalakṣaṇaṃ syuḥ | tasmāt kalpanāmātram etad utpādasthitibhaṅgāḥ saṃskṛtalakṣaṇam iti || (7.32)

atrâha | mā bhūd etat sāmānyaṃ saṃskṛtalakṣaṇam | svena svenâiva lakṣaṇena saṃskṛtaṃ vidyate yathā sāsnālāṃgūlakakudviṣāṇo gaur vidyate ||

ucyate | kim idaṃ bhavān ajātasasyasampadaṃ varṇayati | yas tvam anutpanna-syâsthitasya saṃskṛtalakṣaṇāpadeśaṃ karosi ||

由生、住、灭不成立，有为法即不存在。（7.33ab）

［什］ 生、住、滅不成，故無有有爲。

只有生、住、灭[相]是成立的，有为法才会成立，然而它们是不成立的。由于生、住、灭[相]不成立，有为法就是不存在的，那么相是属于谁所有呢？又因为没有相，所以不可能有有为法。

有人说：不能以相来成立诸事物，但是可以用其对立面来成立事物。而作为有为法对立面的无为法是可得的，由于它存在，有为法也就是成立的。

P 223a ▼回答：那么你岂不是以烛火而求日？你竟然想用无为法来成立有为法！

有为法若不成立，无为如何可成立？（7.33cd）

［什］ 有爲法無故，何得有無爲？

St 118 如果你认为可以通过对立面来成立[一个事物]，▼那么[前面]已经解说过了作为无为法对立面的有为法是不成立的。既然想要以无为法来成立有为法，那么就先要回答，在有为法不成立的情况下，无为法怎么会成立？（7.33）

［梵］ **utpādasthitibhaṅgānām asiddher nâsti saṃskṛtam | (7.33ab)**

utpādasthitibhaṅgeṣu hi prasiddheṣu saṃsktaprasiddhiḥ syāt | te ca na prasidhyanti | utpādasthitibhaṅgānām asiddheḥ saṃskṛtam eva nâsti kasya lakṣaṇaṃ bhaviṣyati | lakṣaṇābhāvāc ca na saṃskṛtam upapadyate ‖

āha | na *lakṣaṇata* eva bhāvānāṃ prasiddhir bhavati pratipakṣato ’pi hi bhāvānāṃ prasiddhir bhavati | vidyate ca saṃskṛtapratipakṣo ’saṃskṛtam | tatsadbhāvāt saṃskṛtam api prasiddham evêti |

ucyate | kim idaṃ bhavān ulkayâdityam anveṣate | yas tvaṃ saṃskṛtasyâsaṃskṛtena siddhim icchasi ‖

saṃskṛtasyâprasiddhau ca kutaḥ[1] setsyaty asaṃskṛtam | (7.33cd)

yadi ca pratipakṣatas te siddhir abhipretā | asaṃskṛtapratipakṣaś ca saṃskṛtaṃ na sidhyatîty upapāditam etat tad ācakṣva tāvat kathaṃ saṃskṛtaprasiddhāv asatyāṃ asaṃskṛtaṃ prasetsyatîti | yad asaṃskṛtāt saṃskṛtaprasiddhim icchasîti ‖ (7.33)

---

1 dJ, PsP_L *kathaṃ*; $MK_{Ms\ Dr}$ *katha*。

有人说：如果在你看来生、住、灭[相]都是不存在的，有为法也是不存在的，那么[佛]怎么会说：

嗟乎！有为皆无常，具有生、灭之属性。[1]

回答：

如幻像及如梦境，亦如乾达婆之城。
所宣说之生、住、灭，同样亦如彼等者。(7.34)

[梵] *yathā māyā yathā svapno　gandharvanagaraṃ yathā /*
tathôtpādas tathā sthānaṃ　tathā bhaṅga udāhṛtam //

[什] 如幻亦如夢，如乾闥婆城。所説生住滅，其相亦如是。

正如[人们]也说梦中所见、幻像所成以及乾达婆城有生、住、灭，而[实际上]它们根本没有生、住、灭，同样，世尊虽然宣说有为法有生、住、灭，而[实际上]这些[有为法]根本没有能生者、能住者ˇ和能灭者。 D 198a

同样，[2-]世尊也说无我之有为法犹如幻像、回声、倒影、蜃景、梦境、聚沫、水泡、芭蕉干。[3] 其中毫无真如性(tathatā)或不虚妄性(avitathatā)，ˇ而[世尊]也说 St 119
“这些是戏论，这些是虚妄(mṛṣā)”。所宣说“一切法无我”之中的“无我”，就是无自性的意思，ˇ因为“我”(ātman)一词就表示自性(svabhāva)。[-2] 因此，有为法的 P 223b
“生”“住”“灭”这些词语只是在世俗谛(saṃvṛtisatya)上成立。(7.34)

[以上是]第 7 品《生、住、灭之考察》。

[1] 梵本参《优陀那品》(Uv 1.3)：*anityā bata saṃskārā　utpādavyayadharmiṇaḥ /*。巴利本参《相应部》(SN 6.2.5.6 [I, 158.31])：*aniccā vata saṅkhārā uppādavayadhammino /*。汉文本参维祇难等译《法句经》(T 4, no. 210, 559a11)：所行非常，謂興衰法。

[2] 《般若灯》(D 113a6–b1)引用此段并予以批判。

[3] 参第 62 页注 2。

第8品　作者与业之考察[1]

Kartṛkarmaparīkṣā nāmâṣṭamaṃ prakaraṇam

[1] 该品的标题在诸家注释中稍有不同。$MK_{Ms\ Dr}$: *kārakaparīkṣā*（作者之考察）；BP_{Ms}: *kartṛ-karmaparīkṣā*（作者与业之考察）；梵本《明句》: *karmakārakaparīkṣā*（业与作者之考察）；藏译《明句》: *las dang byed pa po brtag pa*（业与作者之考察）；藏译《中论颂》《无畏》《佛护》《般若灯》: *byed pa po dang las brtag pa*；汉译《青目》: 觀作、作者；汉译《般若灯》: 觀作者、業；汉译《安慧》: 觀作者、作業。

有人说：你已经考察了生、住、灭[相]，激起我心中听闻空性的热情，那么现在应当考察作者(kāraka)和业(karman)。 St 120

回答：如[你]所愿！

有人说：在[佛教]中说一切善不善业，也说它们的可爱不可爱果报，同样也说善不善业的作者，也说他们就是这些果报的受用者，如果没有作者，就不可能有业，如果没有业，就不可能有果报。那么，作者和业是存在的，由于这些存在，一切事物都可以成立。

回答：如果某个作者能作业的话，是成为实有的(sadbhūta)还是成为非实有的(asadbhūta)[作者]来作呢？所作的业是成为实有的还是成为非实有的[业]呢？这里，

彼成实有之作者，不作成实有之业。
成非实有之作者，不作非实有之业。(8.1)

［梵］ *sadbhūtaḥ kārakaḥ karma sadbhūtaṃ na karoty ayam /*
kārako nâpy asadbhūtaḥ karmâsadbhūtam īhate //

［什］ 决定有作者，不作决定業。决定無作者，不作無定業。

成为实有的作者，不能作成为实有的业。成为非实有的作者，不能作成为非实有的业。(8.1)

为什么呢？

成实者无造作事，业亦将成无作者。 D 198b
成实者无造作事，作者亦将成无业。(8.2) St 121

［梵］ *sadbhūtasya kriyā nâsti karma ca syād akartṛkam /*
sadbhūtasya kriyā nâsti kartā ca syād akarmakaḥ //

［什］ 决定業無作，是業無作者。定作者無作，作者亦無業。

这里，只有具有造作行为(kriyāyukta)[1]才是成为实有的作者，因为能造作才是作者，[2] 不造作就不是。所以，具有造作行为的作者就被称为成为实有的作者， P 224a 而对于这个成为实有的作者，没有另一个造作行为可以[支持]“他作业”之说，如果有的话，就有了两个造作行为，而一个作者是没有两个造作行为的。

[1] “造作行为”(kriyā)，颂文中译作“造作事”，也可译作“事”。

[2] 参《明句》(PsP_L 180.12)：*tatra karotîti kārakaḥ kartā*。

再者，

业亦将成无作者。(8.2b)

如果构想一个不作任何其他[业]的作者还拥有业的话，这个[业]就成了无作者的。为什么呢？只有作者作一个业，[他]才是这个业的作者，这个被作者作的业才是有作者的。而如果离了造作行为(kriyārahita)，作者就不能作这个业，所以就导致了这个业是无作者的过失。

同样，成为实有的业是没有造作行为的。而这里也是，只有具有造作行为才是成为实有的业，因为被造作才是业，[1] 不被造作就不是。所以，具有造作行为的业就被称为成为实有的业，而对于这个成为实有的业，没有另一个造作行为可以[支持]“它被造作”之说，如果有的话，就有了两个造作行为，而一个业是没有两个造作行为的。

再者，

St 122 ▾作者亦将成无业。(8.2d)

如果构想一个不被造作的业还拥有作者的话，这个[作者]就成了无业的。为什么呢？业被一个作者作，[它]才是这个作者的业，这个作业的作者才是有业的。而如果离了造作行为，这个业就不能被作者作，所以就导致了这个作者是无业的过失。

P 224b 因此，由于没有造作行为，既会导致业无作者的过失，也会导致作者▾无业的过失，所以成为实有的作者，不能作成为实有的业。(8.2)

D 199a 成为非实有的作者，也不能作成为非实有的业，▾怎么讲呢？

若非实有之作者，能作非实有之业，
业即成为无有因，作者亦成无有因。(8.3)

[梵] *karoti yady asadbhūto 'sadbhūtaṃ karma kārakaḥ |*
ahetukaṃ bhavet karma kartā câhetuko bhavet ||

[什] [2-]若定有作者，亦定有作業，[-2] 作者及作業，即墮於無因。

---

[1] 参《明句》(PsP$_L$ 180.14)：*kriyata iti karma*。

[2] 罗什的两句译文与现存梵本和藏译诸本不符，可能另有所本。

非实有的作者和业，就是离造作行为的(kriyārahita)[作者和业]。这里，如果成为非实有的也就是离造作行为的作者，能作成为非实有的也就是离造作行为的业的话，就会导致作者和业都是无因的过失。为什么呢？因为，作者以所具有的造作行为为因而生，才是作者，业也才是业。因此，如果构想非实有的也就是离造作行为的作者和业的话，就会导致无因的过失。▾这样的话，无人不是作者， St 123
无事不是业，那么就不可能有“这个人是作者，这个是业，这个不是”这样的说法。如果没有这些说法，也就不可能说：“这个人作福，那个人不是，这个人作恶，那个人不是。”如果没有了这些说法，就有了混乱的大过失。所以，成为非实有的作者，不能作成为非实有的业。(8.3)

另外，

如果无因则果与，助因亦为不可得。(8.4ab)

［梵］　*hetāv asati kāryaṃ ca　kāraṇaṃ ca na vidyate* |

［什］　若墮於無因，則無因無果。

如果没有因，就不会有任何果。没有因怎么可能有果呢？如果有的话，一切[事物]都无因而生，努力也就没有了意义，这是不被认许的。因此，没有因就不会有任何果。

▾“助因亦为不可得”的意思是，如果没有因，也就不会有缘(pratyaya)。[1] 这又 P 225a
怎么说呢？从因而生的事物受助于缘，无因则[事物]不生，诸缘对什么东西作助益呢？如果不作助益，又怎么是缘呢？因此，如果没有了因，既不可能有果，也不可能有助因。

此若无则事、作者，▾以及作具▾不可得。(8.4cd) St 124 D 199b

［梵］　*tadabhāve kriyā kartā　karaṇaṃ ca na vidyate*

［什］　無作無作者，無所用作法。

---

[1] 这里佛护将 kāraṇa 理解为 pratyaya“缘”，《明句》($\mathrm{PsP_L}$ 182.10–11)遵循了这一理解，将之解释为“助因”(*sahakāri kāraṇaṃ*)：

tadyathā ghaṭasya mṛdā hetur ghaṭaḥ kāryaṃ tasya ca cakrādayaḥ sahakāri kāraṇaṃ ||

正如泥是瓶的因，瓶是果，它的轮盘等助具是助因。

因此笔者这里将 kāraṇa 译作“助因”。但是雅克·梅(May 1959, 146, n. 422)认为，将 kāraṇa 解释为助因的做法不见于别处，此处颂文中 hetu 可以是泛指因果关系，kāraṇa 则特指因。

"此若无"(*tadabhāve*)就是在没有这个的情况下,[也就是,] 如果没有这个果(kārya),[1] 造作行为(kriyā)、作者(kartṛ)和造作工具(karaṇa)就都不合理。怎么讲呢?这里,当一个所要割的东西(chettavya)被割(chidyate),就是割者(chettṛ)用割具(chedana)割(chinatti),其中,如果有所割的果,就有割的行为(chidikriyā)以及割的行为的作者,也就是割者,那么这个割者就可以用割具来割。而如果没有所割的果,就没有了所依,又怎么会有割的行为?如果没有割的行为,哪里会有这一[行为]的作者也就是割者?如果没有割者,哪里会有割具? (8.4)

造作事等若不成,法与非法不可得。(8.5ab)

〔梵〕 *dharmādharmau na vidyete kriyādīnām asambhave |*

〔什〕 罪、福等無故,罪、福報亦無。

如果造作行为等不能成立的话,就没有了法与非法。为什么呢?这里,法与非法有身语意的差别,被认为是缘于作者和造作行为[而有]。因此,如果造作行为、作者和作具不成立的话,缘于他们的法与非法也就不存在了。

法与非法若无有,则无彼生之果报。(8.5cd)

〔梵〕 *dharme câsaty adharme ca phalaṃ tajjaṃ na vidyate ||*

〔什〕 罪、福等無故,罪、福報亦無。

P 225b 这样,ˈ如果没有了法与非法,就没有从法与非法所生的果报,从而导致过失。
St 125 为什么呢?因为,正如从种子等生出庄稼,ˈ同样人们认为从法与非法生成果报。
而如果造作行为等等不成立的话,也就没有了这些法与非法。没有了它们,哪里
还有从它们生起的果报? (8.5)

若无果则不容有,解脱、升天之道路。(8.6abc)

〔梵〕 *phale 'sati na mokṣāya na svargāyôpapadyate | mārgaḥ*

〔什〕 若無罪、福報,亦無有涅槃。

如果导致了没有果报的过失,升天和解脱之道也就不成立。为什么呢?升天(svarga)与解脱(apavarga)都是正法(dharma)的果报,道就是获得这些[果报]的方法(upāya)。如果没有了升天与解脱这些果报,道是获得什么的方法呢?

D 200a **一切造作之事业,ˈ亦即成为无意义。(8.6cd)**

〔梵〕 *sarvakriyāṇāṃ ca nairarthakyaṃ prasajyate ||*

〔什〕 諸可有所作,皆空無有果。

---

[1] 《佛护》将"此若无"(*tadabhāve*)的中的"此"理解为果,《般若灯》(D 116a4: *'bras bu de med na*)与此一致,而《青目》(ZY 1-15, 21b9–10 [2, 952]; T 30, 12c11–12: 是二無故)、《无畏》(D 50b1: *de dag med na*)和《明句》(PsP$_L$ 183.1: *tadabhāve kāryakāraṇābhāve*)则理解为果与助因两者。

没有果报，不仅会导致没有升天、解脱之道的过失，而且世间的农业等所有造作事业都成了无意义，世间人都是为了这样那样的果报而做努力，如果不可能有这些果报，所做的事业就成了唯载苦劳之器，就没有了意义。

因此，像这样如果没有了果报，就会导致很多大过失，所以，所谓“成为非实有的作者能作成为非实有的业”是极恶之说。(8.6)

这里有人认为，成为既实有又非实有的作者能作成为既实有又非实有的业，对此[我们]要说：

实亦非实之作者，不作实亦非实[业]。(8.7ab) St 126

［梵］ *kārakaḥ sadasadbhūtaḥ　sadasat kurute na tat |*

［什］ 作者定、不定，不能作二業。

成为既实有又非实有的作者，就是既具有造作行为又不具有造作行为，成为既实有又非实有的业，也是既具有造作行为又不具有造作行为。成为既实有又非实有的作者，不能作成为既实有又非实有的业，为什么呢？ P 226a

实与非实两相违，又如何能成一体？(8.7cd)

［梵］ *parasparaviruddhaṃ hi　sac câsac caîkataḥ kutaḥ ||*

［什］ 有無相違故，一處則無二。

只有存在这样的作者和业，这个作者才可以作这个业，[然而，]实有和非实有相互违逆，又怎么会存于一处？因此，由于[这样的作者和业]是不可能存在的，以及两者都会导致前述过失，所以，成为既实有又非实有的作者，不能作[成为既实有又非实有的业]。

这样，首先，三个同品(samapakṣa)[组合]的作者和业是不可能成立的。成为实有的作者不能作成为实有的业，成为非实有的作者不能作成为非实有的业，成为既实有又非实有的作者不能作成为既实有又非实有的业。(8.7)

[其次，]异品[组合]也不可能有，因为，

实有作者即不能，作出非实有之业，

反之无亦不作有，(8.8ab<u>c</u>) D 200b

［梵］ *satā ca kriyate nâsan　nâsatā kriyate ca sat |*
kartrā karma

［什］ 有不能作無，無不能作有，若有作、作者，

首先，成为实有的作者，不能作成为非实有的业，成为非实有的作者，不能作成为实有的业，为什么呢？因为，

St 127 ▾此有彼等过失故。（**8.8d**）

〔梵〕 *prasajyante doṣās tatra ta eva hi* ||

〔什〕 其過如先說。

如果构想这样的作者和业，由于其中有前面已经说过的过失，即实有的作者无造作行为，业无作者，实有的业无造作行为，作者无业，以及非实有的作者和
P 226b 业无因，[1]▾因此，成为实有的作者不能作成为非实有的业，成为非实有的作者不能作成为实有的业。（8.8）

成为实有之作者，不作非实有之业，

不作实亦非实业，（8.9abc）

〔梵〕 *nâsadbhūtaṃ na sadbhūtaḥ sadasadbhūtam eva vā* /
karoti kārakaḥ karma

〔什〕 作者不作定，亦不作不定，及定、不定業，[2]

［其次，］成为实有的作者，不能作成为非实有的以及成为既实有又非实有的业，为什么呢？

由前述之诸因故。（8.9d）

〔梵〕 *pūrvoktair eva hetubhiḥ* ||

〔什〕 其過如先說。

因为［前面］已经说过，实有的作者无造作行为，非实有的业无因，以及既实有又非实有的业是相互违逆如何能存于一处？[3]（8.9）

成非实有之作者，亦不能作成实业，

不作实亦非实业，（8.10abc）

〔梵〕 *nâsadbhūto 'pi sadbhūtaṃ sadasadbhūtam eva vā* /
karoti kārakaḥ karma

〔什〕 作者定、不定，亦定亦不定，不能作於業，[4]

---

1 参颂文 8.2, 3。

2 罗什译本与现存梵本不符，猜测罗什底本首句作：*nâsadbhūtaṃ na sadbhūtaṃ*。

3 参颂文 8.2, 3c, 7cd。

4 罗什译本与现存梵本不符，猜测罗什底本初二句作：*nâsadbhūto 'pi sadbhūtaḥ sadasadbhūta eva vā* /

[再次,] 成为非实有的作者, 不能作成为实有的以及成为既实有又非实有的业, 为什么呢?

ᐁ由前述之诸因故。(8.10d) St 128

〔梵〕 *pūrvoktair eva hetubhiḥ* //

〔什〕 其過如先說。

因为[前面]已经说过, 非实有的作者无因, 实有的业无造作行为, 以及既实有又非实有的业是相互违逆如何能存于一处。[1] (8.10)

实亦非实之作者, 是即不作实有业,

亦不作非实有业, (8.11abc)

〔梵〕 *karoti sadasadbhūto　na san nâsac ca kārakaḥ* /
karma tatra

〔什〕 [无对应]

[最后,] 成为既实有又非实有的作者, 不能作成为实有的以及成为非实有的业, 为什么呢?

由前述因故当知。(8.11d)

〔梵〕 *vijānīyāt pūrvoktair eva hetubhiḥ* //

〔什〕 [无对应]

通过[前面]已经说过的[原因]可以知道, 既实有又非实有的作者是相互违逆如何能存于一处, 实有的业无造作行为, 非实有的业无因。[2]

ᐁ这样, 六个异品[组合]的作者和业也不可能成立。成为实有者不能作成为非 D 201a
实有者, 成为非实有者不能作成为实有者, ᐁ成为实有者不能作成为非实有者以 P 227a
及成为既实有又非实有者, 成为非实有者不能作成为实有者以及成为既实有又非实有者, 成为既实有又非实有者不能作成为实有者以及成为非实有者。因此, "此作者作此业"之说是无论如何也不可能有的。(8.11)

---

[1] 参颂文 8.3d, 2, 7cd。

[2] 参颂文 8.7cd, 2, 3c。

St 129 有人说：我需要说"此作者作或不作此业"吗？ 作者和业本来就是存在的。

回答：那么你岂不是想要芝麻油(taila)而求之于提罗迦树(tilaka)？[1] 仅仅是因为"作者"和"业"的名称而欢喜，你竟然认为有不能作的作者和不被作的业！由于不可能有另一个造作行为，构想这些[作者和业]的存在根本就无意义！具备如此自性[的人]不是作者，具备如此自性[的事]也不是业，而在此[世上]只有真实(satya)才是应该掌握的。

[对方]说：如果是这样，既没有作业，也没有业，你岂不是落入了你自己说的"将导致无因的过失"？

回答：不会的。我不是说作者和业是无，我只是反驳了认为他们的造作行为是实有或非实有的构想，我认为作者和业都是假托施设(upādāya prajñapti)。这又怎么讲呢？

缘于业而有作者，缘此作者而有业，
除此之外我不见，[二者]成立之因由。(8.12)

[梵] *pratītya kārakaḥ karma　taṃ pratītya ca kārakam /*
karma pravartate nânyat　paśyāmaḥ siddhikāraṇam //

[什] 因業有作者，因作者有業，
成業義如是，更無有餘事。

作者是缘于业、依于业、观待于业而被施设和称说为"作者"，而他的业也是

P 227b D 201b 缘于这个作者而被施设和称说为"他的业"。 所以，这两者是有观待的施设(sāpekṣā prajñapti)，而没有自性上的成立和不成立。因此，这样地不认许这两者

St 130 是有是无， 就是依中道的施设。除了这种施设之外，[我]见不到二者的其他成立之相。(8.12)

取亦如是当了知。(8.13a)[2]

[梵] *evaṃ vidyād upādānam /*

[什] 受、受者亦爾。

"取"(*upādāna*)应视作行为名词(bhāva)，有行为即有众多作者，所以这里应该认为是包含了取用(upādāna)[3]和取者(upādātṛ)。

---

[1] 芝麻油(taila)出自芝麻(tila)，提罗迦树(tilaka)的名称也源自 tila，这里讽刺求名而不顾实。

[2] 此句在梵文中为第一句，依汉语习惯在汉译中调整为第二句。

[3] 据梵文残本的下一段可知，这里的藏译词 *nye bar blangs pa* 以及后面的 *nye bar blang ba* 对应梵文 upādāna，笔者在颂文中译作"取"，在长行中译作"取用"。这一概念与"所取"(upādeya/upādatta)相通，对于生命主体(取者)来说，一切物质精神现象皆其所取用，所以称"取蕴"(upādānaskandha)。参 22.7 颂的佛护释文(第 300 页)，以及《明句》(PsP_L 212.18)：

tatrôpādīyata ity upādānaṃ pañcôpādānaskandhāḥ / 这里，被取用即是"取用"，即五取蕴。

这里，正如缘于业而施设作者，同样也缘于取用而施设取者。正如缘于这个作者而施设业，同样也缘于这个取者而施设取用，除此之外，见不到这两者其他的成立之相。这又怎么讲呢？

由业、作者之破斥，(8.13bc)

〔什〕　如破作、作者，

“由”(*iti*)表示原因的意思。“破斥”(*vyutsarga*)就是遮遣。前面对作者和业已经作了种种遮遣，应当理解，以这些遮遣就可以遣除取者和取的其他成立之相。

这里，正如成为实有的作者不能作成为实有的业，成为非实有的[作者]不能作成为非实有的[业]，成为既实有又非实有的[作者]不能作成为既实有又非实有的[业]，因为会导致众多过失，取者也是一样，成为实有的取者不能取成为实有的取，成为非实有的[取者]不能取成为非实有的[取]，成为既实有又非实有的[取者]不能取成为既实有又非实有的取，▼因为会导致众多过失。异品也应该这样排布。 P 228a St 131

由业、作者[之考察]，其余事物应了知。(8.13cd)

〔什〕　及一切諸法，亦應如是破。

〔梵〕　*tatra yathā kārakaḥ karma pratītya prajñapyata* ▼evam upādātā upādānaṃ pratītya prajñapyate | yathā tam eva kārakaṃ pratītya karma prajñapyate[1] | evaṃ tam evôpādātāraṃ pratītyôpādānaṃ prajñapyate | anayor api nânyat paśyāmaḥ siddhilakṣaṇam| tat katham iti | Ms 33a

vyutsargād iti karmaṇaḥ | kartuś ca (8.13bc)

itikaraṇo hetvarthaḥ | vyutsargo vyudāsaḥ | *yas tayoḥ kārakakarmayoḥ* purastād bahuprakāro vyudāsaḥ kṛto 'smād eva vyudāsād upādātur upādānasya cânyasya siddhilakṣaṇavyudāso 'vagantavya iti |

tatra yathā na sadbhūtaḥ kārakaḥ sadbhūtaṃ karma karoti | nâsadbhūto 'sadbhūtaṃ na sadasadbhūtaḥ sadasadbhūtaṃ karoty anekadoṣaprasaṅgāt | evam upādātâpi na sadbhūta upādātā sadbhūtam upādānam upādatte | nâsadbhūto 'sadbhūtaṃ na sadasadbhūtaḥ[2] sadasadbhūtam upādānam upādatte | anekadoṣaprasaṅgāt | evaṃ viṣamapakṣo 'pi yojyaḥ |

karmakartṛbhyāṃ ca　śeṣān bhāvān vibhāvayet || (8.13cd)

---

[1] BP_{Ms} *prajñapyete*。 [2] BP_{Ms} 缺。

D 202a 应了知，也就是应观察，其余事物与作者和业是一样的。▼特别举出“取”，是为了[表明其]重要性，以及为了[呼应]后面[几品]。[1] 这里的其余事物就是因与果、部分与整体、火与燃料、德与具德者、相与所相这些种类。

这里，成为实有的因不能生成为实有的果，成为非实有的[因]不能生成为非实有的[果]，[成为既实有又非实有的因不能生成为既实有又非实有的果，][2] 应该这样排布一切品类，并说明如[前]所说的过失。能生果的因就被称为成为实有的[因]，否则就是成为非实有的[因]，能被生的果就被称为成为实有的果，否则就是成为非实有的[果]。

对于整体与部分等应当同样看待。[3-]成为实有的部分不能存于成为实有的整体，[-3] 成为非实有者也不能存于成为非实有者，[成为既实有又非实有者也不能存于成为既实有又非实有者。][4] 成为实有的火不能烧成为实有的燃料，成为非实有
St 132 者▼不能烧成为非实有者，[成为既实有又非实有者也不能烧成为既实有又非实有
P 228b 者。][5] 成为实有的德不能存于成为实有的具德者，成为非实有者▼不能存于成为非实有者，[成为既实有又非实有者也不能存于成为既实有又非实有者。][6] 成为实有的相不能表征成为实有的所相，成为非实有者不能表征成为非实有者，[成为既实有又非实有者也不能表征成为既实有又非实有者。][7]

---

[1] 参《明句》（PsP_L 190.11–12）：*tathâpi tattvavicāre prādhānyajñāpanārtham upādānopādātror bhedanopādānam / tathā hy uttareṣu prakaraṇeṣu bhūyasânayor eva vicāro bhaviṣyatîti //*

[2] 括号中句梵本中无，依藏译补。

[3] 该句依藏译翻译，依梵本应作：成为实有的整体不能存于成为实有的部分。

[4,5,6,7] 括号中句梵本中无，依藏译补。

[梵] kartrā ca karmaṇā ca śeṣās tulyā bhāvā iti | vijānīyāt paśyet | upādānasya pṛthaggrahaṇaṃ[1] prādhānyārtham uttarārthaṃ ca | śeṣā bhāvāḥ kāryakāraṇe[2] 'vayavāvayavināv agnīndhane guṇaguṇinau lakṣyalakṣaṇa ity evaṃ prakārāḥ |

tatra ca sadbhūtaṃ kāraṇaṃ sadbhūtaṃ kāryaṃ na karoti | nâsadbhūtam asadbhūtaṃ karoti | evaṃ sarvapakṣā yojyā yathoktadoṣaprasaṅgaḥ pradarśayitavyaḥ | kāraṇam api ca kāryaṃ niṣpādayamānaṃ sadbhūtam ity ucyate | ato 'nyathā asadbhūtam | kāryam api niṣpādyamānaṃ sadbhūtam ity ucyate | ato 'nyathā asadbhūtam |

evam avayavādiṣv api draṣṭavyam | na sadbhūto 'vayavī sadbhūteṣv avayaveṣu vartate | nâpy asadbhūto 'sadbhūteṣu vartate | na sadbhūto 'gniḥ sadbhūtam indhanaṃ dahati | nâsadbhūto 'sadbhūtaṃ dahati | na sadbhūto guṇaḥ sadbhūte guṇini vartate | nâsadbhūto 'sadbhūte vartate | na sadbhūtaṃ lakṣaṇaṃ sadbhūtaṃ lakṣyaṃ lakṣayati | nâsadbhūtam asadbhūtaṃ lakṣayati |

---

[1] BP_{Ms} *pṛthagrahaya(ṃ)*。 [2] BP_{Ms} °*karaṇe*。

正如缘于业而施设作者，又缘于这个作者而施设这个业，同样缘于因而施设果，又缘于这个果而施设因。依于部分而施设整体，又缘于这个整体而施设部分。缘于燃料而施设火，又缘于这个火而施设燃料。缘于德而施设具德者，又依于这个具德者而施设德。缘于相而施设所相，又缘于这个所相而施设相。除了这种观待于这些的施设，这些[事物]不可能以任何其他方式而成立。(8.13) D 202b

[以上是]第 8 品《作者与业之考察》。

[梵] yathâiva tu karma pratītya kārakaḥ prajñapyate | tam eva ca kārakaṃ pratītya tat karma prajñapyate | evam eva kāraṇaṃ pratītya kāryaṃ prajñapyate | tad eva ca kāryaṃ pratītya kāraṇaṃ prajñapyate | avayavān pratītyâvayavī prajñapyate | tam eva câvayavinaṃ pratītyâvayavāḥ prajñapyante [1] | indhanaṃ pratītyâgniḥ prajñapyate | tam eva câgniṃ pratītyêndhanaṃ prajñapyate | guṇaṃ pratītya guṇī prajñapyate | tam eva ca guṇinaṃ pratītya guṇaḥ prajñapyate | lakṣaṇaṃ pratītya lakṣyaṃ prajñapyate | tad eva ca lakṣyaṃ pratītya lakṣaṇaṃ prajñapyate[2] | tām evam etān[3] āpekṣikīṃ prajñaptiṃ pratyākhyāya na kenacid anyena prakāreṇôpapadyata eṣāṃ siddhiḥ || (8.13) Ms 33b

kartṛkarmaparīkṣā nāmâṣṭamaṃ prakaraṇam ||

---

[1] BP$_{Ms}$ *prajñapyate*。　[2] BP$_{Ms}$ *prajñapya*。　[3] BP$_{Ms}$ *etām*。

第9品　取者与取之考察[1]

Upādātrupādānaprīkṣā nāma navamaṃ prakaraṇam

[1] 该品标题诸家注释有不同。$MK_{Ms\ M}$ *vyavasthitaparīkṣā*（住之考察）；$MK_{Ms\ Dr}$: *pudgalaparīkṣā*（补特伽罗之考察）；梵本《明句》：PsP_L *pūrvaparīkṣā*（先前之考察），$PsP_{Ms\ O}$ *pūrvasthitiparīkṣā*（先住之考察）；藏译《中论颂》《明句》：*snga rol na gnas pa brtag pa*（先住之考察）；藏译《无畏》《佛护》《般若灯》：*nye bar len pa po dang nye bar blang ba brtag pa*（取者与取之考察）；汉译《青目》：觀本住；汉译《般若灯》：觀取者；汉译《安慧》：觀先分位。前页上的梵文品题是依藏译《佛护》构拟。

有人说：对于所说的“取亦如是当了知”(8.13a)，这里我们要说： St 133

“能见、能听等[诸根][1]，以及受等[心所法][2]，
其拥有者先存在。” 有人会作如是说。(9.1)

[什] 眼、耳等諸根，苦、樂等諸法，誰有如是事，是則名本住。

“能见、能听等”就是能见和能听等[根]。有一些人[3]这样说：能见、能听等[根]和受等[心所]是哪个实体(bhāva)的取用(upādāna)[4]，这个实体就先于能见、能听等[根]和受等[心所]而存在。(9.1) P 229a

为什么呢？

若是实体不存在，其能见等将何有？
因此在彼等之前，定有实体已安住。(9.2)

[什] 若無有本住，誰有眼等法？以是故當知，先已有本住。

---

[1] 关于能见等六根的概念参第 3.1 颂。

[2] “受等”(vedanādīni)，《明句》展开为“受、触、作意等”(vedanāsparśamanaskārādīni)，《般若灯》(D 124a4)释作“以受为首的识、触、作意、思等”，《观誓》(D Zha 192b4–6)释作“一切心、心所”。《俱舍论》中有以受为首的四十六心所(ZY 2-27, 39b2 [8, 78]始；T 29, no. 1558, 19a14 始)。

[3] 《无畏》(D 51b1)称“有些阿阇黎”(slob dpon kha cig)，《般若灯》认为是犊子部(D 124a6: *gnas ma'i bu'i sde pa dag* = *Vātsīputrīyāḥ; T 30, 82b26: 婆私弗多羅)，《明句》(PsP_L 192.7)指出是正量部(Sāṃmitīyāḥ)。

[4] bhāva 一词前面多译作“事物”，即一切存在实体，此处特指主观实体(人我)，为避免误解，译作“实体”。“取用”(upādāna)的概念参第 128 页注 3。

[梵]　āha | yad uktam evaṃ vidyād upādānam (8.13a) ity atra brūmaḥ |

darśanaśravaṇādīni　vedanādīni câpy atha |
bhavanti yasya prāg ebhyaḥ　so 'stîty eke vadanty uta || (9.1)

darśanaṃ ca śravaṇādīni ca darśanaśravaṇādīni | darśanaśravaṇādīni ca vedanādīni ca yasyôpādānaṃ bhavanti sa darśanaśravaṇādibhyo vedanādibhyaś ca prāg vidyate bhāva ity eka evaṃ vadanti | (9.1)

kiṃ kāraṇam ||

kathaṃ hy avidyamānasya　darśanādi bhaviṣyati |
bhāvasya tasmāt prāg ebhyaḥ　so 'sti bhāvo vyavasthitaḥ || (9.2)

如果没有实体，怎么会有作为他的取用的能见[根]等？因此，由于[没有实体就]不可能有[其取用]，所以[必]有一个以能见[根]等为取用的实体，在能见[根]等之前就已安住。有了这个[实体]，才能观待取用而施设取者。对此你要怎么回答？(9.2)

St 134 ▼回答：

能见、能听等[诸根]，以及受等之先前，
若此实体已安住，则此由何而施设？(9.3)

［什］ 若離眼等根，及苦、樂等法，先有本住者，以何而可知？

D 203a ▼在此[世上]，只有通过能见、能听[根]等和受[心所]等才能施设实体，即所谓"见者""听者""受者"。在能见[根]等和受[心所]等[存在]之前，如果认为已经有了一个以能见[根]等为其取用的实体，那么以什么来施设这个实体，说他是这样安住并存在呢？(9.3)

有人说：这个[实体]就是离能见[根]等以自体成立的方式而存在。
回答：

如果离开能见等，有此安住之[实体]，
是则离开此[实体]，无疑亦有能见等。(9.4)

［梵］ *vinâpi darśanādīni yadi câsau vyavasthitaḥ |*
amūny api bhaviṣyanti vinā tena na saṃśayaḥ ||

［什］ 若離眼、耳等，而有本住者，亦應離本住，而有眼、耳等。

如果说，离了能见[根]等，这个实体也能自体成立并安住，那么离了这个实体，这些能见[根]等无疑也应该自体成立并安住。(9.4)

［梵］ kathaṃ hi nāmâvidyamānasya bhāvasya darśanādikam upādānaṃ bhaviṣyati | tasmād anupapatteḥ prāg darśanādibhyo 'sty asau bhāvo vyavasthito yasya darśanādīny upādānaṃ bhavanti | sati ca tasminn upādātur upādānāpekṣā prajñaptir bhavati | tatra bhavān kim āhêti || (9.2)

ucyate

darśanaśravaṇādibhyo vedanādibhya eva ca |
yaḥ prāg vyavasthito bhāvaḥ kena prajñapyate 'tha saḥ || (9.3)

iha darśanaśravaṇādibhir eva vedanādibhiś ca bhāvasya prajñaptir bhavati | draṣṭā śrotā vedaka iti | ...

有人说：能见[根]等离了这个[实体]而安住，有什么过失呢？

ᵛ回答：所有一切都是过失！ᵛ为什么呢？因为，离了能见[根]等，实体就成了无促显者而安住，离了这个[实体]，能见[根]等也成了无促显者而安住。因为，这些事物， St 135 P 229b

某[法]促显某[实体]，由某[实体]显某[法]。（9.5ab）

[梵]　*ajyate kenacit kaścit　kiṃcit kenacid ajyate* /

[什]　以法知有人，以人知有法。

某个实体被某些能见[根]等促显成为"见者""听者""受者"。"促显"（*ajyate*）的意思是展现（prakaṭyate），使之被理解（grāhyate），使之被了知（jñāpyate）。某些能见[根]等又被某个[实体]促显，成为所谓"这是能见[根]"，"这是能听[根]"，"这是受[心所]"。这样，由于实体由能见等来促显，能见等又由实体来促显，所以，

离[法]何有某[实体]？离某[实体]何有[法]？（9.5cd）

[梵]　*kutaḥ kiṃcid vinā kaścit　kiṃcit kaṃcid vinā kutaḥ* //

[什]　離法何有人？離人何有法？

如果没有任何能见[根]等，ᵛ那个没有促显者的实体如何能安住呢？如果没有任何实体，那些没有促显者的能见[根]等如何能安住呢？因此，在这些能见[根]等[存在]之前，没有一个实体[先行]安住。（9.5） D 203b

有人说：

某[实体]非存在于，ᵛ一切能见等之前。（9.6ab） St 136

[梵]　*sarvebhyo darśanādibhyaḥ　kaścit pūrvo na vidyate* /

[什]　一切眼等根，實無有本住。

[我们]并不是说，有某个实体存在于所有一切能见[根]等之前，而是存在于能见[根]等的各个之前，所以，

能见等之不同者，于不同时能促显。（9.6cd）

[梵]　*ajyate darśanādīnām　anyena punar anyadā* //

[什]　眼、耳等諸根，異相而分別。[1]

---

[1] 诸家注释都将此颂理解为敌方补救，唯《青目》将其视作论主的观点。

P 230a 因为并非存在于一切能见[根]等之前，而是存在于能见[根]等▼的各个之前，1-所以由能见[根]等的各个不同者，在不同时候[将之]促显为“见者”“听者”“受者”。因此，这个[实体]既不是在能见[根]等之前不存在，也不是没有促显者。-1 (9.6)

回答：这只不过显示了[你]自己浅薄的心智，是毫无意义的。

若此[实体]不存于，一切能见等之前。
如何能够存在于，各个能见等之前？(9.7)

［梵］ *sarvebhyo darśanādibhyo yadi pūrvo na vidyate /*
ekaikasmāt kathaṃ pūrvo darśanādeḥ sa vidyate //

［什］ 若眼等諸根，無有本住者，眼等一一根，云何能知塵？[2]

[实体]如果不存在于一切能见[根]等之前，就肯定不会存在于能见[根]等的各个之前。而如果能存在于各个之前的话，显然也存在于一切之前。如果一个时候他存在于能见[根]之前，而不存在于能听[根]等之前，那么既然他在这些之前
St 137 是没有的，▼不存在于能听[根]之前，同样也离开了能见[根]，又如何能存在于能听[根]之前？因此，所谓“存在于各个之前而非一切之前”是毫无意义的。(9.7)

再者，

若彼见者即听者，彼亦即是此受者，
D 204a **而存在于各个前，▼如是即是不合理。(9.8)**

［梵］ *draṣṭā sa eva sa śrotā sa eva yadi vedakaḥ /*
ekaikasmād bhavet pūrvam evaṃ caitan na yujyate //

［什］ 見者即聞者，聞者即受者，如是等諸根，則應有本住。

3-如果他在能见[根]等各个之前存在的话，那么他既是见者，又是听者，又是受者，这样的一个[实体]是不合理的。-3 为什么呢？因为会导致过失，成了有一个我(ātman)行于不同的根(indriyāntaragamana)，就像一个人走向不同的窗户一样。而有一个行于不同根的我是不被认许的。[4] (9.8)

---

1 与《无畏》(D 52a2–3)基本相同。

2 诸家注释都将此颂理解为论主反问，唯《青目》视作敌方问难。

3 与《无畏》(D 52a5)相同。

4 《般若灯》(D 127a3–6)对此句有批判。此句梵本引用于《明句》(PsP_L 196.3–4)：*ācārya-Buddhapālitas tu vyācaṣṭe, ekatve hy ātmana indriyāntaragamanaprasaṅgaḥ puruṣasya syāt, vātāyanāntaropagamanavad iti //*，《明句》随后反批《般若灯》。

如果为了避免造成有行于不同根之我的过失，转而认为见者异于听者异于受者，那么[我们]要说： P 230b

如果见者异听者，而且异于此受者，
则见、听者同时有，我亦成为多体性。（9.9）

［梵］ *draṣṭânya eva śrotānyo vedako 'nyaḥ punar yadi |*
sati syād draṣṭari śrotā bahutvaṃ câtmanāṃ bhavet ||

［什］ 若見、聞各異，受者亦各異，見時亦應聞，如是則神多。

如果见者异于听者异于受者，那么有见者之时也有听者和受者。怎么说呢？因为，[你]认为他们存在于能见[根]等各个之前，[你]说："在我[看来]见者异于听者异于受者。"这样就导致了我是多的过失。如果虽然相异而有见者之时没有听者与受者，那么就导致了我是无常以及我是多的过失，这也是不被认许的。 St 138

因此，[实体]存在于能见[根]等各个之前，由各个不同的能见[根]等来促显，这种说法是不合理的。（9.9）

有人说：能见[根]等[存在]之前就是有我。为什么呢？因为，在[佛教]中说以名色为缘而有六处，色是四大种（mahābhūta）所成，所以就是以四大种为缘而有六处，这些[大]种也就是我的取用。所以，由[大]种所促显的[大]种的取者，就是我，有这个我安住，才有六处生起，受等也依次生起，因此可以说，有一个实体在能见[根]等之前安住。 D 204b

回答： P 231a

能见、能听等[诸根]，以及受等[心所法]， St 139
若是来自诸[大]种，于[大]种亦无[实体]。（9.10）

［梵］ *darśanaśravaṇādīni vedanādīni câpy atha |*
bhavanti yebhyas teṣv eṣa bhūteṣv api na vidyate ||

［什］ 眼、耳等諸根，苦、樂等諸法，所從生諸大，彼大亦無神。

如果能见、能听等[诸根]以及受等[心所法]依次都来自[大]种，在这些大种之中也没有你所构想的实体。为什么呢？因为[实体]是[大]种的取者，这个[大]种的取者在诸[大]种[存在]之前没有促显者，也就不可能存在。在[大]种之前不存在的东西怎么会是[大]种的取者？因此，如果在[大]种中也不存在，又怎么会存在于能见[根]等之前？（9.10）

有人说：[实体]在能见[根]等之前存在也好，不存在也好，但至少能见[根]等是存在的，你前面也说：

离[法]何有某[实体]？离某[实体]何有[法]？ (9.5cd)

所以，总还是有某些能见[根]等存在的。如果没有一个[实体]，也就没有这些。所以，拥有能见[根]等的实体也是存在的。

回答：

“离某[实体]何有[法]？”(9.5d)这一句已经作了回答。怎么讲呢？

St 140 **能见、能听等[诸根]，▼以及受等[心所法]，**
彼等若无拥有者，则彼等亦不可得。(9.11)

［梵］ *darśanaśravaṇādīni vedanādīni câpy atha /*
na vidyate ced yasya syur na vidyanta imāny api //

［什］ 若眼、耳等根，苦、樂等諸法，無有本住者，眼等亦應無。

前面已经说过，在这些能见[根]等[存在]之前没有实体存在，也说过“离某[实体]何有[法]？”(9.5d) 所以，如果能成立能见[根]等、能拥有能见[根]等的这个[实体]
P 231b 不存在的话，能见[根]等怎么会成立呢？能见[根]等属于谁所有呢？因此，▼没有了实
D 205a 体，▼就没有任何能见[根]等，而没有了能见[根]等，怎么会有你所谓的实体？(9.11)

有人说：你确定没有任何实体吗？

回答：

于能见等前、中、后，此[实体]皆不可得，
谓“有”谓“无”之计执，即于此处得止息。(9.12)

［梵］ *prāk ca yo darśanādibhyaḥ sāmprataṃ côrdhvam eva ca /*
na vidyate 'sti nâstîti nivṛttās tatra kalpanāḥ //

［什］ 眼等無本住，今後亦復無。以三世無故，無有、無分別。

[1]-经过一切形式的推求，[不论是]在能见[根]等之前，与能见[根]等同时，还是在能见[根]等之后，都没有“这就是他”这样的自体成立，在这里就止息了施设能
St 141 见[根]等是有是无的计执(kalpanā)。-[1]▼首先，由于自体不成立，怎么能说“他存在”？[其次，]由于是能见[根]等所促显，又怎么能说“他不存在”？所以这里是有是无的说法是不可能有的。因此，像作者和业一样，取也只是施设，除此之外不可能有其他方式的成立。(9.12)

[以上是]第9品《取者与取之考察》。

[1] 与《无畏》(D 52b6–7)基本相同。

第10品　火与燃料之考察[1]

Agnīndhanaparīkṣā nāma daśamaṃ prakaraṇam

[1] $MK_{Ms\ M}$, $MK_{Ms\ Dr}$, 梵本《明句》: *agnīndhanaparīkṣā*; 藏译《中论颂》《无畏》《佛护》《般若灯》《明句》: *me dang bud shing brtag pa*; 汉译《青目》: 觀燃可燃; 汉译《般若灯》《安慧》: 觀薪火。

有人说：取者与取用就像火与燃料一样成立，而不是像作者与业一样不成立。St 142

回答：只有火与燃料是成立的，这个[取者与取用]才可以成立，而如果火与燃料就像作者与业一样不成立，[1] 这时候取者与取用又怎么会成立呢？如果火与燃料是以自性而成立，它们是以一体还是异体而成立呢？两者都不可能，怎么讲呢？

如果火即是燃料，作者与业成一体。（10.1ab） P 232a

［梵］ [2-]*yadîndhanaṃ bhaved*[-2] *agnir ekatvaṃ kartṛkarmaṇoḥ* |

［什］ 若燃是可燃，作、作者則一。

如果构想火就是燃料，就会导致作者和业是一体的过失，这样也就不能说“火能烧”。如果[两者]虽是一体而[各自]可有，那么可以说“火能烧”，“燃料被烧”，D 205b 然而[一体则]不可[各自]有，所以二者不可能是一体。

这里如果认为火异于燃料，对此[我们]要说：

如果火异于燃料，则离燃料而有[火]。（10.1cd）

［梵］ *anyaś ced indhanād agnir indhanād apy ṛte bhavet* ||

［什］ 若燃異可燃，離可燃有燃。

如果火异于燃料而别有，火就是无燃料以及离燃料而仍然生起。然而没有燃 St 143 料火就不能生起，所以二者异体也是不可能的。（10.1）

再者，

[火]即成为永燃烧，不以燃烧为原因[3]，
持续努力无意义，如是[火]成无业用。（10.2）

［梵］ *nityapradīpta eva syād apradīpanahetukaḥ* |
punarārambhavaiyarthyam evaṃ câkarmakaḥ sati ||

［什］ 如是常應燃，不因可燃生，則無燃火功，亦名無作火。

---

[1] 参第 8 品《作者与业之考察》。

[2] = MK$_{\text{Ms M}}$; MK$_{\text{Ms Dr}}$ *yadīndhana sa ced*; dJ, PsP$_{\text{L}}$ *yad indhanaṃ sa ced*。两种梵文行文分别反映在不同的藏译本之中，义理并无差异，参拙著 2011b, 61, §3.2.2。

[3] 斎藤明（Saito 1984, I, 267, n. 5）指出，据《佛护》下文所释，apradīpanahetuka 这一多财释复合词应解作“不以燃烧为因者”，也与《明句》（PsP$_{\text{L}}$ 203.14）行文一致：*pradīpanaṃ hetur asyêti pradīpanahetukaḥ, na pradīpanahetukaḥ apradīpanahetukaḥ* |。在藏译《明句》（D 69a3）颂文中，该词译作 *'bar byed rgyu las mi 'byung*，也与上述理解一致。而藏译《无畏》《佛护》《般若灯》的颂文中则译作 *'bar byed med pa'i rgyu las byung*“以无燃烧为因”，这一解释很可能源自《般若灯》的释文（D 130b6）：*'bar byed med pa'i rgyu las byung ba ni 'bar bar byed pa'i rgyu med pa las byung ba'o* ||。此外，《明句》（PsP$_{\text{L}}$ 203.14）指出这里的 pradīpana“燃烧”就是所燃烧的燃料：*tatra pradīpyate tad iti pradīpanam indhanaṃ* |。《般若灯》（D 130b6）也有同样的解释。

如果火异于燃料而别有，就会永远燃烧，1-因为[它]不以燃烧为因。-1 燃烧为其因，即“以燃烧为因”，燃烧不为其因即“不以燃烧为原因”，意思就是离燃烧还会有火。[这样,] 持续努力就没有了意义。这样的话，火就成了无业用，也就不可能有“能烧即是火”这种[依]业的指称。(10.2)

这里有人说：所谓“火不以燃烧为因”是怎么讲呢？
回答：

由不观待他者故，即不以燃为原因。(10.3ab)

［什］ 燃不待可燃，則不從緣生。

P 232b ▾如果[火]与燃料相异就会导致离燃料[而别有]的过失，所以就成了不观待他
St 144 者。▾ 因为，火观待于燃料就是观待他者，而如果认为它没有燃料[也存在]，就成了不观待他者。由于不观待他者，[火]就成了不以燃烧为因。若不以燃烧为因，就会
D 206a 导致永远燃烧的▾过失。因为，如果火观待于燃烧，没有燃烧就会熄灭。而如果认为它没有燃烧[而存在]，就会导致永远燃烧的过失。

若是永远在燃烧，持续努力无意义。(10.3cd)

［什］ 火若常燃者，人功則應空。

[1] 该句依藏译翻译，依梵本应译作：以及不以燃烧为因。

Ms 36a ［梵］▾…

yadi cêndhanād anyo ’gniḥ syāt | nityapradīpta eva syād apradīpanahetukaś ca[1] syāt | pradīpanam asya hetuḥ pradīpanahetukaḥ | na pradīpanahetuko ’pradīpanahetukaḥ | vinâiva pradīpanenâgniḥ syād ity arthaḥ | punarārambhavaiyarthyaṃ ca syāt | evaṃ saty akarmako ’gniḥ syāt | idaṃ nāmâgnir dahatîty evaṃ karmāpadeśo na syāt ‖ (10.2)

atrâha | yad uktam apradīpanahetukaḥ syād agnir iti | tat katham iti ‖
ucyate |

paratra nirapekṣatvād apradīpanahetukaḥ | (10.3ab)

yasmād indhanād anyatve sati vinâpîndhanena prasajyate | tasmāt paratra nirapekṣo bhavati | indhanāpekṣo hy agniḥ paratra sāpekṣaḥ syāt | tac câsyêndhanaṃ nâstîti paratra nirapekṣo bhavati | paratra nirapekṣatvād apradīpanahetuko bhavati | apradīpanahetukaś[2] ca san nityapradīptaḥ prasajyate | pradīpanāpekṣe[3] hi saty agnau pradīpanābhāvād asyôparamaḥ syāt | tac câsya pradīpanaṃ nâstîti nityapradīptaḥ prasajyate |

4-punarārambhavaiyarthyaṃ nityadīpte prasajyate ‖-4 (10.3cd)

[1] 依藏译似应作 *hi*。 [2] BP_{Ms} *apradīpenahetukaś*。 [3] BP_{Ms} *pradīpanāpekṣo*。
[4] 梵本中未出现此二句，依藏译补。

如果火永远燃烧，生火和点燃等持续努力就没有了意义。这样的话，就导致了[火]无业用的过失。而这样的火是不可能有的，所以也就导致了无火的过失。(10.3)

若于此处作是说，"正燃烧者即燃料"，(10.4ab)

［什］ 若汝謂燃時，名爲可燃者，

这里如果有人认为，由于燃料被火所充满，是正在被火烧，所以，虽然相异，火不是无燃料，而正是拥有燃料。这样，那些基于[火]离燃料所指摘的过失就都不存在了。对此我们要说：

应由谁烧彼燃料？彼时唯有燃料故。(10.4cd)

［什］ 爾時但有薪，何物燃可燃？

▼谁是那个住于燃料之前的名为"火"的他者，说燃料是由它充满，被它所燃？ St 145
当时只有这个正在被烧的[燃料]而已，而不是由于和另外一个东西结合而被烧。而且在正燃烧的分位上还要思考：火就是燃料，还是火异于燃料？▼在正燃烧的分 P 233a
位上，[既然]你说"燃料被火所充满，是正在被火所烧。"此时怎么能说："由于燃料被火所充满，是正在被火所烧，所以火不是无燃料"？因此，如果是相异，还是有一样的过失。(10.4)

［梵］ nityapradīpte câgnau saty utpādanasaṃdhukṣaṇādikasya punarārambhavaiyarthyaṃ prasajyate | sati caîvam akarmakaḥ prasajyate | na caîvaṃvidho 'gnir upapadyata ity agner abhāva eva prasajyate || (10.3)

tatraîtat syād[1] idhyamānam indhanaṃ[2] bhavatîti cet | (10.4ab)

tatra kasyacid etat syād yasmād agninā parītam agninêdhyamānam indhanaṃ bhavati | tasmād anyatve 'pi sati nâgnir anindhano bhavati | sendhana eva bhavati | tatra ye nirindhanaprasaṅge sati doṣā apadiṣṭās te doṣā na bhavantîty atra brūmaḥ |

kenêdhyatām indhanaṃ tat tāvanmātram idaṃ yadā || (10.4cd)

ko 'sāv anyaḥ prāg indhanād avasthito 'gnir nāma yena parītaṃ yenêdhyamānam indhanaṃ bhavati | yadā tv idhyamānamātram evêdaṃ nânyena kenacid yogād idhyamānaṃ bhavati | idhyamānāvasthāyām eva cêyaṃ cintā vartate | kiṃ yad evêndhanaṃ sa [3-]evâgnir *utânyo 'gnir* anyad[-3] indhanam iti | idhyamānāvasthāyām eva ca bhavān āha | agninā parītam agninêdhyamānam indhanaṃ bhavati | tadā katham idam upapadyate vaktum | yasmād agninā parītam agninêdhyamānam indhanaṃ bhavati | tasmān nâgnir anindhano bhavatîti |▼tasmāt Ms 36b
saty anyatve tadavastha eva doṣaprasaṅgaḥ || (10.4)

---

[1] BP_{Ms} *syāt d*。　[2] BP_{Ms} *evendhanaṃ*。　[3] BP_{Ms} *evāgni«...»tānyad*。

若相异则不相至，不相至则不燃烧，
不燃烧则不熄灭，不灭则永住自相。（10.5）

［什］ 若異則不至，不至則不燒，不燒則不滅，不滅則常住。

火如果异[于燃料]就不能来至于燃料，不来至就不能烧这个[燃料]。如果不
D 206b 至也能烧的话，位于一处的[火]就能烧了整个世间。因此，由于不可能有这个来
至，所谓“虽然相异而正在被[火]烧的就是燃料”这种说法是不可能的。[火]不烧
则不熄灭，为什么呢？因为，火如果烧燃料，那么燃料尽则火灭，而如果火不烧
St 146 [燃料]，又怎么会无因而熄灭呢？不熄灭就是不观待他者，是不以燃烧为因，是
常燃常住，也就是永住自相。[颂中的]“vā”是什么[意思]？就是或者此[火]不异于
燃料。[1] (10.5)

[1] 此句解释颂文中 *vā* 的意义，该词难以在颂句中译出。《明句》(PsP_{L} 205.14–16)给出了该词的三种解释：

> ***vā****śabdo 'vadhāraṇe draṣṭavyo vikalpārtho vā, svaliṅgavān evâgniḥ sthāsyati yadi vā nâsty anyatvam agner indhanād iti | samuccaye vā anyo na prāpsyati na dhakṣyati na ca nirvāsyati svaliṅgavāṃś ca sthāsyati |*
> “vā”一词应视作表示强调(avadhāraṇa)，或选择(vikalpa)，[依前者即]火的确会永住自相，[依后者即]或者火不异于燃料。[“vā”]或表集合(samuccaya)，即如果相异就不会至，不会燃烧，也就不会熄灭，并且永住自相。

[梵] **anyo na prāpsyate 'prāpto na dhakṣyaty adahan punaḥ |**
na nirvāsyaty anirvāṇaḥ sthāsyate vā svaliṅgavān || (10.5)

anyaś ca sann agnir indhanaṃ na prāpsyati | aprāptaś câinaṃ na dhakṣyati | athâprāpto 'pi dahet | ekadeśasth*aḥ sakalajagad dhakṣyati* | *tasmād yad uktaṃ saty anyatve 'py idhyamānam indhanaṃ bhavatîty etat ta*tprāpter[1] anupapatter nôpapadyate | adahan na nirvāsyati | kiṃ kāraṇam | indhanaṃ hi dahato 'gner indhanaparikṣayān nirvāṇaṃ syāt | [2-]adahatas tu kiṃ caîvâhetukaṃ nirvāṇaṃ syāt[-2] | anirvāṇaś ca sa paratra ni*rapekṣo 'pradīpanahetuko nityapradīptaḥ* kūṭasthaḥ sthāsyati vā svaliṅgavān | kiṃ vā na vâsāv indhanād anyaḥ || (10.5)

[1] BP_{Ms} °*prāptir*。 [2] BP_{Ms} 此句重复。

1-这里[对方]说：对于[你]所说的“火如果异[于燃料]就不能来至于燃料”，我们要说：-1

火虽别异于燃料，而可来至于燃料。（10.6ab）

［什］　燃與可燃異，而能至可燃。

火虽然异于燃料，却可以来至于燃料，怎么讲呢？

如女可与男会合，男亦可与女会合。[2]（10.6cd）

［什］　如此至彼人，彼人至此人。

(10.6)

回答：

异于燃料之火者，的确可至于燃料，
'如果火及与燃料，二者彼此相分离。（10.7） P 233b

［什］　若謂燃、可燃，二俱相離者，如是燃則能，至於彼可燃。

只有火与燃料像男人、女人那样相互分离，才确实会如你所愿，火虽异于燃料却能至于燃料，正如女人可与男人会合，男人也可与女人[会合]。然而在正在燃烧的分位上，如果有“火能至于燃料”的想法，这个[想法]怎么可能合理呢？

---

1 与《无畏》(D 53b5)相同。
2 诸家都将此颂理解为对方的话，只有《明句》(PsP_L 205.17–206.4)视作论主的话，《明句》的藏译也反映出这种理解，依之前两句颂文应译作：唯火别异于燃料，方可来至于燃料。

［梵］　atrâha | yad uktam anyaḥ sann agnir indhanaṃ na prāpnotîty atra brūmaḥ ||

anya evêndhanād agnir　indhanaṃ prāpnuyād yadi | (10.6ab)

yady apy anya indhanād agnir *bhavatîndhanaṃ* prāpnotîti | katham iti |

strī samprāpnoti puruṣaṃ　puruṣaś ca striyaṃ yathā || (10.6cd)

ucyate |

anya evêndhanād agniḥ　1-prāpnuyāt kāmam indhanam-1 |
agnīndhane yadi syātāṃ　anyonyena tiraskṛte || (10.7)

kāmaṃ tāvakena manorathenânyo 'pi sann indhanād agniḥ prāpnuyād evêndhanaṃ yathā strī puru*ṣaṃ samprāpnoti puruṣaś ca* striyam | yady *agnīndhane* strīpuruṣavad anyonyena tiraskṛte syātām | yadā tv idhyamānāvasthāyām evêyaṃ cintā pravartate | tadā kuta etad upapatsyate | agnir indhanaṃ prāpnuyād iti ||

---

1 = BP_{Ms}, $MK_{Ms\ M}$, $MK_{Ms\ Dr}$; dJ, PsP_L *indhanaṃ kāmam āpnuyāt*。

St 147 ▼对此有人说：那就不说两者是一是异，这里说这两者既非一又非异还是合理的，那么至少火与燃料是成立的。

回答：这真是可笑！

彼二者以一实体，抑或异体之方式，
是即皆不得成立，二者如何可成立？（2.21）

（10.7）

D 207a 有人说：▼可以通过相互观待的方式，观待燃料而有火，观待火而有燃料。

回答：

若待燃料而有火，观待火而有燃料，
应由何者先成立？依之有火或燃料。（10.8）

［什］ 若因可燃燃，因燃有可燃，先定有何法，而有燃、可燃？

[1-]如果观待燃料而有火，观待火而有燃料，那么二者之中哪一个先成立，或是观待它有火，或是观待它有燃料？（10.8）

这里如果认为燃料先成立，观待它而有火，对此应说：[-1]

[1] 与《无畏》（D 54a2–3）相同。

［梵］ atrâha | mā bhūd anayor ekatvam anyatvaṃ ca | tad eva câtra nyāyyaṃ yad anayor nâikatvaṃ vā nânyatvaṃ vêti | *tāvad agnīndhanayoḥ prasiddhir bhavati* ||

ucyate | *tad dhā*syam *eva* |

ekībhāvena vā siddhir   nānābhāvena vā yayoḥ |
na vidyate tayoḥ siddhiḥ   kathaṃ nu khalu vidyate || (2.21)

(10.7)

āha | parasparāpekṣātaḥ indhanam apekṣyâgnir[1] bhavati | agnim apekṣyêndhanaṃ bhavatîti |

ucyate |

yadîndhanam apekṣyâgnir   apekṣyâgniṃ yadîndhanam |
katarat pūrvaniṣpannaṃ   yad apekṣyâgnir indhanam || (10.8) ...

[1] BP$_{Ms}$ *apekṣâgnir*。

若待燃料而有火，则火[先前]已成立，
[而又再次]得成立，(10.9abc)

［梵］ *yadîndhanam apekṣyâgnir　agneḥ siddhasya sādhanam /*
bhaviṣyati

［什］ 若因可燃燃，則燃成復成，

[1-]▼如果燃料先成立，观待它而有火，那么火就是已成立而再次成立。[-1]▼为什么呢？因为，成立的火才能观待燃料，如果火还未成立，就是不存在，又怎么能观待燃料？因此，火[已经]离燃料而自体成立[并且]能够观待[他物]，你却[认为它]观待燃料而[再次]成立，岂不是无意义？ St 148 P 234a

再者，

燃料亦成离火者。(10.9d)

［梵］ *indhanaṃ*[2] *câpi bhaviṣyati niragnikam //*

［什］ 是爲可燃中，則爲無有燃。

[3-]这样的话，燃料也就成了离火者。[-3] 因为，成立的燃料才能观待火，如果燃料还未成立，就是不存在，又怎么能观待火？因此，这个燃料[已经]离火而能自体成立，你却[认为它]观待火而[再次]成立，岂不是无意义的构想？因此，两者相互观待是不可能的。同样，观待先已成立的火来成立燃料的构想也是有过失的。(10.9)

[对方]说：你岂不是在[我]没说的[观点]上构设过失？既然我说两者相互观待而成，这个时候所谓“两者谁先成立？”以及“如果其中任何一个先成立，相互观待则不成立，”这些都是针对什么的责难呢？

回答：如果构想相互观待而成，▼即使不认为其中一个先成立，▼相互观待而成也是不可能的。怎么讲呢？ St 149 D 207b

此物观待[彼]而成，彼物即是所观待，
却又观待此而成，则谁观待谁而成？(10.10)

［梵］ *yo 'pekṣya sidhyate bhāvas　tam evâpekṣya sidhyati /*
yadi yo 'pekṣitavyaḥ sa　sidhyatāṃ kam apekṣya kaḥ //

［什］ 若法有待成，是法還成待。今則無因待，亦無所成法。

---

1 与《无畏》(D 54a4) 相同。

2 该颂梵文的第三句，MK$_{\text{Ms M}}$, MK$_{\text{Ms Dr}}$ *bhaviṣyatīndhanaṃ*; dJ, PsP$_{\text{L}}$ 讹作 *evaṃ satîndhanaṃ*，详细讨论参拙著 2011b, 53, §3.1.2。

3 与《无畏》(D 54a4–5) 相同。

[1-]如果一个所要成立的事物观待另一个事物而成立，这个所观待的另一个事
P 234b 物也须要作为所立来成立，所以它又要观待[前述]那个所立的事物▼而成立，那么你说，[到底是]观待哪个被认为已成立的东西，来成立哪个东西？[-1] 出自智者之口的箴言："此等是相互观待，相互观待者则不成，"难道从来没有进过你的耳道？正如一条船靠在另一条船上，彼此都不能作依凭。是什么原因使你在这种情况下还不顾羞耻地大声说它们是相互观待而成？（10.10）

你且集中心力来好好读：

此物观待[他]而成，此物未成怎观待？（10.11ab）

［梵］ *yo 'pekṣya sidhyate bhāvaḥ so 'siddho 'pekṣate katham* |

［什］ 若法有待成，未成云何待？

[2-]一个事物观待另一个事物而被说为成立，这个事物如果还未成立，也就是不存在，怎么能观待[他物]呢？这个[事物]如果还未成立，也就是不存在，怎么能被[他物]观待呢？[-2]

若是已成而观待，（10.11c）

［梵］ *athâpy apekṣate siddhas tv*

［什］ 若成已有待，

St 150 ▼而如果你认为，已成立就可以观待他物，未成立则不能观待，某物所观待的[事物]也是已成立的，对此[我们]要说：

此之观待不合理。（10.11d）

［梵］ *apekṣâsya na yujyate* ||

［什］ 成已何用待？

[这样就是，] 事物已经成立，也就是存在的，却再一次被成立，而且，对他物的观待就没有了意义，所以是不合理的。事物已经成立，也就是存在，还须要观待他物吗？[事物]已经成立，也就是存在，又怎么能被他物所观待？

因此，由于成立和不成立的事物都不能观待，所以火与燃料不可能通过[相互]观待而成立。[颂文中]在以火与燃料为主题的时候用"物"（bhāva）一词，是因为火与燃料也都是事物。后面[有颂]也说："以及瓶和布等等。"（10.15d）因此，这里是在考察一切事物，所以说"物"。（10.11）

---

[1] 与《无畏》（D 54a6–7）基本相同。

[2] 与《无畏》（D 54b1）相同。

无有观待燃料火，▾无有不待燃料火。 D 208a
▾无观待火之燃料，无不待火之燃料。（10.12） P 235a

［梵］ *apekṣyêndhanam agnir na　nânapekṣyâgnir indhanam /*
apekṣyêndhanam agniṃ na　nânapekṣyâgnim indhanam //

［什］ 因可燃無燃，不因亦無燃。因燃無可燃，不因無可燃。

1-因此，如前所述道理如实考察，观待燃料的火是不存在的，因为[无论]火和燃料成立不成立，都不能发生观待。不观待燃料的火也是不存在的，因为会导致不观待他者的过失，以及不以燃烧为因的过失，还有永远燃烧的过失。

现在说，观待火的燃料是不存在的，因为[无论]火和燃料成立不成立，▾都不 St 151
能发生观待。不观待火的燃料也是不存在的，因为，[如果燃料]没有了火，就不是正在燃烧，怎么还会是燃料呢？-1 如果是的话，就没有不是燃料的东西了。这是不被认许的，所以不观待火的燃料也是不存在的。（10.12）

火不来自于余处，火不即在燃料中。（10.13ab）

［梵］ *āgacchaty anyato nâgnir　indhane 'gnir na vidyate*

［什］ 燃不餘處來，燃處亦無燃，

火不来自[燃料之外的]余处。为什么呢？因为，如果构想这个[火]来自余处，那么它是具有燃料还是无燃料而来呢？这样的话，这其中还是一样的想法，导致一样的过失，所以构想火来自余处是无意义的。

2-火也不是在燃料之中。为什么呢？因为[于其中]不可见，也因为[若是这样]努力就没有了意义。-2 因为显性与大性在先前是不存在的，所以就成了先前无果。而如果说就像芝麻中有芝麻油一样，也是不对的，芝麻是扁平和润泽的，而所见的芝麻油不是这样。[3]

---

[1] 与《无畏》(D 54b3–5) 相同。

[2] 《般若灯》(D 135a7) 引用此段并随后予以批判。

[3] 此句批判以数论为代表的因中有果论 (satkāryavāda)，其中“显性”和“大性”，对应于《明句》中的 abhivyakti “显性”和 sthauly “粗性”，这里译出《明句》相关段落备考 (PsP$_L$ 210.8–211.3，依 de Jong 1978 修订)：

如果认为，正如根和水等等[先前不可见而后来可见]，当下存在的[火]在先前时也会由于缺少显现缘而为不可见，由于有了摩擦干木等显现缘，所以在后来[火]就成为可见，那么就先要思考：对于根和水等等，[这些]显现缘造做出了什么？这里首先，[根和水]的自体相不是被造作出来的，因为[它们]已经存在。如果说是[它们的]显现性 (abhivyakti) 被造做出来，这个所谓的“显现性”是什么？如果说[显现性]就是呈现之性，这样就是这个[显现性]被造作了出来，因为它先前是没有的。而这样就是抛弃了因中有果论，因为先前不存在的显现性

[1-]对于燃料余[亦]同，由正、已、未行已说。[-1]（10.13cd）

［梵］ *tathêndhane*[2] *śeṣam uktaṃ gamyamānagatāgataiḥ* //

［什］ 可燃亦如是，餘如去來說。

P 235b [3-]应当理解，对于燃料，其余的说法也同样可以用这些方式▼来解说。用哪些
方式呢？就是用“已行、未行、正行处”的方式。[-3] [4-]正如已行处没有行动，未行处也
D 208b St 152 没有，正行处也没有行动，同样，已烧的燃料上没有燃烧，▼未烧的也▼没有，正烧
的也没有燃烧。正如已行处没有行之发动，未行处也没有，正行处也没有行之发动，同样，已烧的[燃料]上没有燃烧的开始，未烧的也没有，正烧的也没有燃烧的开始。正如说行者不能行走，非行者也不能，既是行者又是非行者也不能行走，因为不存在，同样，火作为烧者不能烧，非烧者也不能，既是烧者又是非烧者也不能烧，因为不存在。其余的方式也应这样引出。[-4]（10.13）

火者非即是燃料，非异燃料而别有，
火非具有燃料者，火中无薪，反亦然。（10.14）

［梵］ *indhanaṃ punar agnir na nâgnir anyatra cêndhanāt* /
nâgnir indhanavān nâgnāv indhanāni na teṣu saḥ //

［什］ 可燃即非燃，離可燃無燃，燃亦無可燃，燃中無可燃，可燃中無燃。

后来成为存在。而且，既然[这些事物的]自体相不观待生缘，也就不会观待显现缘，就像空中花一样。

再者，这个显现性是构想为属于已显现的东西所有呢，还是未显现的？首先，已显现的东西不能显现，因为它的显现性就会是无用的，也会导致[其他]不可认许的过失。未显现者也不能显现，因为[它是]未显现，如空中花。这样，显现性是不可能有的。

如果认为，诸缘造作出来了当下存在着的[事物]的粗性(sthauly)，即使是这样，这个粗性先前不存在，它是[后来]被造作出来。那么怎么会有这个产生粗性的显现性呢？而且，细性成了无因，也就不可能有，那么，由于产生粗性而有的这个显现性，应该属于谁所有呢？

1 此处诸家注释的梵文底本可能有不同，造成理解差异，详细讨论参拙著 2011b，72–75，§3.2.9。该颂第三句前两个词，依《无畏》《佛护》《般若灯》应作 *tathêndhane*，《青目》《安慧》可能作 *tathêndhanaṃ*，依之两句应译作：燃料同样亦如是，余由正、已、未行说。《明句》则作 *atrêndhane*，依之两句应译作：其余对于此燃料，由正、已、未行已说。

2 $\mathrm{MK}_{\mathrm{Ms\ M}}$ *athendhanaṃ*; $\mathrm{MK}_{\mathrm{Ms\ Dr}}$ 磨损；$\mathrm{PsP}_{\mathrm{L}}$ *atrendhane*; 参本页注 1。

3 与《无畏》(D 54b6–7) 大致相同。“已行、未行、正行处”参第 2 品。

4 与《无畏》(D 54b7–55a2) 大致相同。参《明句》($\mathrm{PsP}_{\mathrm{L}}$ 211.10–11)：*dagdhaṃ na dahyate tāvad adagdhaṃ nâiva dahyate / dagdhādagdhavinirmuktaṃ dahyamānaṃ na dahyate //*。上面笔者译文中的“已烧的[燃料]上没有燃烧”，对应《明句》中的 *dagdhaṃ na dahyate*，也可译作“已烧的[燃料]不被烧”，关于这两种译法的讨论见本书第 26 页最末一段。另参第 51 页 3.3cd 的佛护释文。

[1-]首先，火不即是燃料，因为会导致作者和业是一的过失。[其次，] 火也不是在燃料之外别有，因为会导致不观待他者等等的过失。火不是具有燃料者(indhanavat)，[-1] 为什么呢？因为这个表示拥有的词缀(-vat)或是就火和燃料是一而言，或是就[两者]是异而言，然而这两种情况已由[上述]这些[考察]所破斥。

有人说：不可以[这么说]！因为在世间可见。因为，在世间可以看到，此火有燃料，彼火没有燃料。

ˇ回答：这里是对真实性(tattva)的思考，世间言说之中甚至还说"此[人]有我"，又有什么用呢？燃料不像枣在锅中一样存在于火中，火不像红莲花在水中一样存在于燃料中，为什么不存在呢？因为会导致[两者]是异的过失。[2] (10.14) P 236a St 153

由火、燃料[之考察]，无余解明诸一切，
[考察]我、取之步骤，以及瓶和布等等。(10.15)

[梵] *agnīndhanābhyāṃ vyākhyāta ātmopādānayoḥ kramaḥ |*
sarvo niravaśeṣeṇa sārdhaṃ ghaṭapaṭādibhiḥ ||

[什] 以燃、可燃法，説受、受者法，及以説瓶、衣，一切等諸法。

[3-]应当理解，通过火与燃料[的考察]，就无余解明了我与取用不可能是一、异、相互观待的一切[考察]步骤，以及瓶和布ˇ等等。[-3] [具体]如下。 D 209a

正如火与燃料不是一，也不可能是异，也不可能是相互观待而成，同样，我与取用不是一，也不可能是异，也不可能是相互观待而成。

正如火不从余处来，也不存在于燃料之中，同样，我也不从余处来，也不存在于取用之中。

正如火不即是燃料，火也不是在燃料之外别有，火不是具有燃料者，火中无燃料，燃料中也无火，同样，我不即是取用，ˇ我也不是在取用之外别有，我不是具有取用者，我中无取用，取用中也无我。 St 154

正如说火已烧过的燃料上没有燃烧，ˇ未烧过的[燃料]上也没有，正在烧的[燃料]上也没有燃烧。正如说火已烧过的燃料上没有燃烧的开始，未烧过的[燃料]上也没有，正在烧的[燃料]上也没有燃烧的开始。正如说火作为烧者不能烧，非烧者也不能烧，既是烧者又是非烧者也不能烧，因为不存在。同样，我已取用的[事物]上没有取用，未取用的[事物]上也没有，正在取用的[事物]上也没有取用。 P 236b

---

1 与《无畏》(D 55a3–4)相同。

2 此处所说两者之间的五种关系，后面的 16.2 颂和 22.8 颂都有述及，称为"五种推求"(pañcadhā mṛgyamānaḥ)。

3 与《无畏》(D 55a5–6)相同。

同样，我已取用的[事物]上没有取用的开始，未取用过的[事物]上也没有，正在取用的[事物]上也没有取用的开始。同样，我作为取者不能取用，非取者也不能，既是取者又是非取者也不能取用，因为不存在。

D 209b [颂文]所说“以及瓶和布等等”，▼通过火与燃料[的考察]解明了我与取用的[考察]步骤，这些步骤同时也就解明了瓶和布等等。意思就是，无余解明了我与取用以及瓶、布等等的一切[考察]步骤。应当知道这里的瓶、布等等，就是作为因与果、
St 155 ▼作为部分与整体、作为德与具德者、作为相与所相的这些种类[的事物]。[1] [具体]如下。

P 237a 瓶不即是泥，因为[如果是的话]瓶就不是由泥所做之果。▼瓶也不是在泥之外别有，因为会导致[瓶]不观待他者而成为常的过失。它们也不是相互观待而成，因为[无论它们]成立不成立都不可能发生观待。

树不即是叶，因为会导致叶落则树灭的过失。树也不是在叶之外别有，因为会导致[树]不观待他者而成为常的过失。它们也不是相互观待而成，因为[无论它们]成立不成立都不可能发生观待。

叶不即是青色，因为会导致青色消退则无叶的过失。叶也不是在青色之外别有，因为会导致叶落而青色仍安住的过失。它们也不是相互观待而成，因为[无论它们]成立不成立都不可能发生观待。

所相不即是相，因为能立(sādhana)和所立(sādhya)是不同的，[它们的]数量也是不同的。所相也不是在相之外别有，因为不被表征的事物是不成立的。它们也不是相互观待而成，因为[无论它们]成立不成立都不可能发生观待。

St 156
D 210a ▼正如说火不从余处来，也不存在于燃料之中，火不即是燃料，▼火也不在燃料之外别有，火不是具有燃料者，火中无燃料，燃料中也无火，同样，果也不从余处
P 237b 来，也不存在于因之中，果不即是因，果也不在因之外别有，▼果不是具有因者，果中无诸因，诸因中也无果。这样，一切[事物]都可以如其所应[来考察]。(10.15)

因此，不了知众多种类的我与事物不可能以自性而有，却有自以为智者的慢心，这些人：

若人说我与事物，有相即性或异性，
我不认为彼等者，精通教法之真义。(10.16)

［梵］ *ātmanaś ca satattvaṃ ye bhāvānāṃ ca pṛthak pṛthak |*
nirdiśanti na tān manye śāsanasyârthakovidān ||

［什］ 若人説有我，諸法各異相，當知如是人，不得佛法味。

---

[1] 参《明句》(PsP$_L$ 213.15–16)：*niravaśeṣaiḥ padārthaiḥ sarvathā vyākhyāto veditavyaḥ | ghaṭādayo hi kāryakāraṇabhūtā avayavāvayavibhūtā lakṣaṇalakṣyabhūtā guṇaguṇibhūtā vā syuḥ |*

¹⁻那些说我有相即性和异性以及事物有相即性和异性的人，我不认为他们精通教法之真义。⁻¹ 与之相俱就是“相即”(satat)，“相即性”(satattva)就是相即的状态。[2] 与我相即的状态就是我的相即性，与诸事物相即的状态就是事物的相即性。意思是说，以什么施设我或事物，我或事物就是与之相即，而不是别异。▾[具体]如下。 St 157

有人说：以取用而施设我，我就是与这个取用相即，而不是独有(kevala)，[3] 我与取用相即的这种状态就是相即性。有人说：在与我相异的能见[根]等之前有一个实体安住。[4] 同样，关于诸事物，有人说：以燃料而施设火，火就是与这个燃料相即，而不是独有，火与燃料相即的这种状态就是相即性。同样，▾有人说：作为具德者的叶，只有与青色等德相即才是叶，而不是独有。▾同样，有人说：作为果的布，只有与作为因的线相即才是果，而不是独有。同样，有人说：作为整体的身，只有与作为部分的手等相即才是整体，而不是独有。同样，有人说：作为所相的牛，只有与作为相的角等相即才是所相，而不是独有。有人说诸事物有异性，也就是火异于燃料，作为具德者的叶异于青色等德，作为果的布异于作为因的线，作为整体的身异于手等部分，作为所相的牛异于角等相。▾我不认为这些人精通教法之真义。 D 210b P 238a St 158

为什么呢？所谓与之相即的状态就是相即性，那么这个相即的状态是一体还异体呢？两种情况都不可能，因为上面的颂文已经解说过，[5] 也因为《贪著与贪著者之考察》一品已经详细解说了若是一性无俱有，[6] 已经成立了对于俱有(sahabhāva)的破除。(10.16)

[以上是]第 10 品《火与燃料之考察》。

1　与《无畏》(D 55a6–7)相同。

2　参《明句》(PsP$_L$ 214.9–10)：*tatra saha tena vartata iti satat, satato bhāvaḥ satattvam apṛthaktvam ananyatvam ekatvam ity arthaḥ /* 此处“相即”就是与之俱转，“相即性”就是相即的状态，也就是无别性、不异性、一体性的意思。

3　参《明句》(PsP$_L$ 214.11–12)：*tadyathā, ātmā upādānena prajñapyate yena sahâiva tenôpādānena saṃbhavati / sa na pṛthagavyatirekeṇâiva bhavatîty arthaḥ /*

4　参第 9 品。

5　即本品第 1–7 颂。

6　即从第 6.4 颂开始的诸颂。

第11品　轮回之考察[1]

Saṃsāraparīkṣā nāmaîkādaśamaṃ prakaraṇam

[1] 该品的标题在诸家注释中有不同。MK$_{\text{Ms M}}$，梵本《明句》：*pūrvāparakoṭiparīkṣā* (前后际之考察)；MK$_{\text{Ms Dr}}$ *pūrvākoṭīparīkṣā* (前际之考察)；藏译《中论颂》《明句》：*sngon dang phyi ma'i mtha' brtag pa* (前后际之考察)；藏译《无畏》《佛护》《般若灯》：*'khor ba brtag pa*（轮回之考察）；汉译《青目》：觀本際；汉译《般若灯》《安慧》：觀生死。前页上的梵文品题是依藏译《佛护》构拟。

ˇ有人说：我(ātman)还是有的。为什么呢？因为有轮回(saṃsāra)。[1] 这里世尊说： St 159

ˇ若不知正法，愚者轮回长。[2] P 238b

同样又说：

因此，比丘！为了轮回的终尽(kṣaya)你们应该努力修行并如是学。[3]

ˇ因此，[世尊]说它长，为了它的终尽要努力修行，这个轮回还是存在的，如果不存在的话，怎么会是长而有尽呢？所以，既然说[它]长而有尽，轮回还是有的。如果有轮回，就会知道有轮回者(saṃsartṛ)。为什么呢？一次又一次地在这里往来，就是轮回，这个一次又一次的往来者就是我，所以，我肯定是存在的。 D 211a

回答：那么你岂不是见蜂蜜而不见崖壁(prapāta)？ 你看到了轮回长且有尽的教导，为什么看不到世尊的这个另外的说教：

[4-]大牟尼者曾宣说，先前之际不可知。[-4]
因为轮回无始终[5]，彼无初始亦无后。(11.1)

〔梵〕 *pūrvā prajñāyate koṭir nêty uvāca mahāmuniḥ |*
saṃsāro 'navarāgro hi nâsyâdir nâpi paścimam ||

〔什〕 大聖之所說，本際不可得。生死無有始，亦復無有終。

---

[1] 参《明句》(PsP$_L$ 218.3)：*vidyata evâtmā saṃsārasadbhāvāt*。

[2] 梵本参《优陀那品》(Uv 1.19cd)：*dīrgho bālasya saṃsāraḥ saddharmam avijānataḥ ||*。巴利本参《法句经》(Dhp 60)：*dīgho bālānaṃ saṃsāro saddhammaṃ avijānataṃ ||*。维祇难等译《法句经》(T 4, no. 210, 563b20–21)：愚生死長，莫知正法。

[3] 出处不明，参《明句》(PsP$_L$ 219.10；依 de Jong 1978, 52修订)：*tasmāt tarhi bhikṣavaḥ saṃsāra-kṣayāya pratipatsyāmaha ity evaṃ vo bhikṣavaḥ śikṣitavyam iti |*

[4] 《无畏》《般若灯》将第一句理解作提问，第二句才是佛的回答，依之应译作："先前之际可知否？"大牟尼说"不[可知]"。

[5] "无始终"，梵：anavarāgra，对应巴利：anamatagga，多作"轮回"(saṃsāra)的形容词。PTSD (anamatagga条)和BHSD (anavarāgra条)都认为anavarāgra是梵语讹化形式。Anamatagga的词源尚无法确定，CPD和PTSD该条以及佐佐木現順(Sasaki 1986, 14ff.)列举了各种意见。觉音的注释(Spk II, 156.5ff.，转引自CPD该条)认为该词是anu("随知"或表强调，觉音释：*ñāṇena anu-gantvā pi*)+ a-mata(不可思量 < √man)+ agga(初始)，为佐佐木現順(Sasaki 1986, 14ff.)所采纳，封辛白(von Hinüber 1970, 8)则不认同。PTSD认为该词是ana(否定前缀)+ mata(思量)+ agga, Burrow(1979, 42)则认为其中的mata是√mā"测量"的分词形式。上述都可归纳为"其初始不可思量"之义。此外，CPD和BHSD (anavarāgra条)都联系到半摩揭陀语aṇavadagga/aṇavayagga (AMgD释作"无尽")，Wright(1996, 48)还认为anamatagga源自梵语anapavarga"无尽"。综上，巴利语anamatagga一词形容轮回，应是"无始"之义，也可能解作"无边无尽"，汉译阿含部类多译作"无始生死"或"生死无始"，也有作"生死长远，无有边际"(参第 160 页注 1)，笔者在其中没有找到意为无始无终的译例。无始(梵agra，藏thog ma)与无终(梵avara，藏tha ma)并列的意义应是梵语讹化为anavarāgra之后才产生，而此处龙树颂文所使用的正是这一意义。

世尊是知一切者、见一切者，是大牟尼，他曾说：

St 160 比丘！轮回无始无终，前际不▾可知。[1]

因此，通过无始无终的教导，世尊显示了轮回的自性是空。因为，如果有任何名为“轮回”的事物存在，毫无疑问它既有始又有终，[2] 因为事物如果存在又怎么会无始无终呢？因此，世尊依于世间言说之力才说轮回长而有尽，依胜义教导(paramārthadeśanā)之力则说：

彼无初始亦无后。(11.1d)

P 239a 因此，▾由于无始无终的教导，名为“轮回”的事物是绝不可能有的，没有了轮回，又怎么会有轮回者？(11.1)

[3-]有人说：这样虽然否认了[轮回的]始和终，却没有否认[其]中间[部分]，所以轮回还是存在的。[-3] 因为，如果事物不存在，又怎么会有中间[部分]？因此，由于有中间[部分]，轮回就是有。如果有轮回，就有轮回者。

D 211b 回答：▾只有有了中间[部分]，由于中间[部分]存在的缘故轮回才会存在，[然而]中间[部分]是不可能有的，它不存在，怎么会有轮回呢？

彼若无始亦无终，[又]如何会有中间？(11.2ab)

[梵] *nâivâgraṃ nâvaraṃ yasya　tasya madhyaṃ kuto bhavet* /

[什] 若無有始終，中當云何有？

一个没有起始和终结的东西，又怎么会有中间[部分]呢？因为，观待始和终

St 161 而有中间，▾如果它连始和终都没有，就是不存在的，又怎么会有中间呢？圣提婆(Āryadeva)阿阇黎也曾说过：

---

[1] 《青目》(ZY 1-15, 28a6 [2, 965]; T 30, no. 1564, 16a5–6)：《無本際經》説：“衆生往來生死，本際不可得。”《无畏》(D 55a7)也指出此句出自《无始终经》(*Thog ma dang tha ma med pa'i mdo*, = *Anavarāgrasūtra*)。其梵本参《天譬喻》(Divy 197.15–18)：*anavarāgro bhikṣavaḥ saṃsāro 'vidyā-nivaraṇānāṃ sattvānāṃ tṛṣṇāsaṃyojanānāṃ tṛṣṇārgalabaddhānāṃ dīrgham adhvānaṃ saṃdhāvatāṃ saṃsaratāṃ pūrvā koṭir na prajñāyate duḥkhasya* /。另参《明句》(PsP$_L$ 218.4–6)：*uktaṃ hi bhagavatā anavarāgro hi bhikṣavo jātijarāmaraṇasaṃsāra iti* / *avidyānivaraṇānāṃ sattvānāṃ tṛṣṇāsaṃyojanānāṃ tṛṣṇāgaṇḍurabaddhānāṃ saṃsaratāṃ saṃdhāvatāṃ pūrvā koṭir na prajñāyata iti* //。巴利本参《相应部》(SN 15.1, §3 [II, 178.8–9])：*anamataggāyaṃ bhikkhave saṃsāro pubbākoṭi na paññāyati*。汉文本参《杂阿含经》(《校释》第 4 册，第 21 页；T 2, no. 99, 241b16–17)：衆生無始生死，長夜輪轉，不知苦之本際。《别译杂阿含经》(T 2, no. 100, 485c12–13)：生死長遠，無有邊際，無有能知其根源者。关于anavarāgra“无始无终”参第 159 页注 5。

[2] 参《明句》(PsP$_L$ 219.4–5)：*yadi hi saṃsāro nāma kāścit syāt, niyataṃ tasya pūrvam api syāt paścimam api ghaṭādīnām iva* /

[3] 参《明句》(PsP$_L$ 220.12–13)：*atrâha* / *yady apy avarāgre na staḥ saṃsārasya tathâpi madhyam asty apratiṣedhāt* / *tataś câsti saṃsāro madhyasadbhāvāt* /

起始、中间与终结，于生之前不容有。
如果离开了二二，一一如何可发生？（《四百论》15.5）[1]

是故此处不当有，先、后、同时诸顺序。（11.2cd）

〔梵〕 *tasmān nâtrôpapadyante　pūrvāparasahakramāḥ* ‖

〔什〕 是故於此中，先、後、共亦無。

因此，先、后、同时诸顺序是不可能有的。（11.2）

这样，因为轮回没有起始、中间和终结，所以在此[世上]，轮回者的生和老死也就没有先、后、同时的顺序，这怎么说呢？

如果先前有出生，而后再有老和死，
则生成为离老死，未死殁者亦将生。（11.3）

〔梵〕 *pūrvaṃ jātir yadi bhavej　jarāmaraṇam uttaram* |
nirjarāmaraṇā jātir　bhavej jāyeta câmṛtaḥ ‖

〔什〕 若使先有生，後有老死者，不老死有生，不生有老死。

如果先有生，其后出现老死，那么这个生就成了离老死而有，如果它是离老
死而有，后来的老死从哪里出来呢？如果能出来的话，就导致了老死是无依处的 P 239b
过失。即使[老死]能与这个[生]相遇，在其上也无任何作为，因为这个[生]是以自
性而离老死。而且，[还会成为]未死也能生。因为如果认为先有生，[一个人]就会 St 162
不在别处死而在此处生，就导致了过失。这样，轮回就有了起始，这是不被认许
的。因此，生在先而老死在后是不可能的。（11.3）

如果为了避免这种过失，就说老死在先，生在后，对此回答：

如果出生在其后，而老和死在先前，
则未生者如何有，无有因之老和死？（11.4）

〔梵〕 *paścāj jātir yadi bhavej　jarāmaraṇam āditaḥ* |
ahetukam ajātasya　syāj jarāmaraṇaṃ katham ‖

〔什〕 若先有老死，而後有生者，是則爲無因，不生有老死。

---

[1] 梵本不存。玄奘译《广百论本·破有为品》（ZY 2-17, 7b9 [6, 598]; T 30, no. 1570, 185c21–22）：初中後三位，生前定不成。二二既爲無，一一如何有？据月称《四百论释》（D no. 3865, Ya, 223a3–5），始中终三者是有为法的生住灭三相，生前无有体，即无三相。如果认为三相异时而有，则生时只有生，就离开了住灭二者；住时只有住，就离开了生灭二者；灭时只有灭，就离开了生住二者。这样，于一时离二相，一相也不应转，因此有为法不成。

如果一个人先有老死，而后有生，那么，这个没有了依处的老死就成了无因，
D 212a 从而导致过失，这也是不被认许的。▼因为，[一个人]如果没有出生，就是不存在，他的老死就无依处而无因，又怎么会出现呢？一个已生的人才可能说有老死。因此，生在后而老死在先也是不可能的。（11.4）

1-有人说：它们是没有先后的，一个人伴随着老死的[同时]就有生。-1
回答：

老死与生同时有，是则亦为不合理。（11.5ab）

［梵］ *na jarāmaraṇaṃ câiva jātiś ca saha yujyate /*

［什］ 生及於老死，不得一時共。

生和老死不可能同时有，如果是[同时]的话，

正生者即成为死，二者俱成无因性。（11.5cd）

［梵］ *mriyeta jāyamānaś ca syāc câhetukatôbhayoḥ //*

［什］ 生時則有死，是二俱無因。

St 163 ▼如果生和老死是同时，那么一个正生的人就会死，这是不可能的。因为，生和灭两者是相互违逆的，怎么会于一处一时出现？[2] 而且，两者都会成为无因。如果生和老死同时出现的话，一个人的生就没有死作为前行，他的生就成了先首。
P 240a 生若是先首，▼就导致了无因的过失。圣无畏阿阇黎也曾说过：[3]

如果从业而生身，离身是则无有业，
先前业不从身生，则由何因而得生？

同样，如果是同时生起，一个人的老死就是不观待生而独自成立，老死就成了无依处而且无因，这也是不被认许的，因为会导致众多过失。所以，生和老死同时而有也是不可能的。

因此，这样在你所构想的轮回之中，不可能有生和老死的先、后、同时诸顺序，如果没有这些[顺序]，那个离了生和老死却能轮回的名为“我”的东西，它是什么呢？（11.5）

---

1 与《无畏》（D 55b6）相同。

2 参《明句》（PsP$_L$ 224.1–2）：*yadi sahabhāvo jātijarāmaraṇānāṃ syāt, tadā jāyamānasya maraṇaṃ syāt / na câitad yuktam / na ca parasparaviruddhatvād ālokāndhakāravad ekakālatā yuktā /*

3 圣无畏，*'phags pa 'jigs med* (*Āryābhaya)，此人及著作不明，《观誓》（D Zha 254b1）也引用了此颂，称其作者为 *slob dpon 'jig* (P *'jigs*) *byed*。

有人说：[生和老死]它们的先、后、同时的顺序有也好，没有也好，然而至少生和老死还是存在的，而它们不是无依处的，总要属于某个人，ᐁ这个存在的某人就是我，所以我还是有的。 St 164

回答：

既然于彼不可有，先、后、同时诸顺序，
ᐁ为何还要作戏论，谓有彼生及老死？（11.6） D 212b

［梵］ *yatra na prabhavanty　ete pūrvāparasahakramāḥ |*
prapañcayanti tāṃ jātiṃ　taj jarāmaraṇaṃ ca kim ||

［什］ 若使初、後、共，是皆不然者，何故而戲論，謂有生、老死？

1-这样依理考察，既然这个生和这个老死不可能有先、后、同时的顺序，也就是不存在，你为什么还要对于它们作这样的戏论，说“这是生”，“这是老死”？-1 如果有任何生或老死的话，必然是有先有后或同时，而[你]说生和老死是存在的，它们却没有先、后、同时的顺序，哪个正常人（prakṛtistha）会这么说？哪个有心智者会这么执取？因此，生和老死是不可能有的，没有这些又怎么会有我？ᐁ因此，主张我有违于理，抛弃它吧！（11.6） P 240b

彼或为因或为果，或为相及其所相，
领受以及领受者，任何存在之实体。（11.7）

［梵］ *kāryaṃ ca kāraṇaṃ câiva　lakṣyaṃ lakṣaṇam eva ca |*
vedanā vedakaś câiva　santy arthā ye ca kecana ||

［什］ 諸所有因果，及相、可相法，受及受者等，所有一切法，

2-经过考察，正如生和老死不可能有先、后、同时的顺序，同样，因与果、相与所相、受与受者，以及其他任何实体，ᐁ诸如解脱者（vimukta）与涅槃（nirvāṇa）、能知（jñāna）与所知（jñeya）、能量（pramāṇa）与所量（prameya）等等，只要是构想为存在的，一切都不可能有先、后、同时的顺序。-2 St 165

怎么讲呢？首先，如果先有果，后有因，那么果就成了无因。如果果[先已]有，因还有什么用？对因的构想也就没有了意义，从而导致过失。而如果先有因，后有果，因就成了无果者，这也是不可能的，因为，若无果，又怎么会是因？如果是的话，那就没有任何不是因的东西了。而如果因和果同时有，也会导致一样的过失，[也就是，] 两者都会成为无因，而且[因]不观待果而独自成立，这也是不可能的。

同样，如果先有相，后有所相，那么在所相ᐁ未生之时，它是谁的相？由它能表征，[它]才可称为相，而它表征的那个所相还没有生起，也就是不存在，如果不存 D 213a

[1] 与《无畏》（D 55a2）基本相同。

[2] 与《无畏》（D 55a3–5）相同。

P 241a 在，▼它就不能表征，又怎么会是相呢？而如果先有所相，后有相，那么所相就成了无相，从而导致过失，这也是不可能的。因为，怎么会有无相的事物呢？如果有
St 166 的话，兔角等也是有的。而且，对相的构想也就没有了意义。▼为了成立所相才认许相，如果这个所相离了相也成立，那么它还要相作什么？而如果相与所相是同时有，也会导致一样的过失，[也就是，] 两者都会成为无因，而且所相不观待相而独自成立，这也是不可能的。

同样，如果先有受者，后有受，那么在受尚无有及未生之时，它是什么的受者？能领受才是受者，如果受尚未生，也就是不存在，如果不存在，他领受什么？如果不作领受，又怎么会是受者呢？如果是的话，一切[众生]虽不值遇而能领受一切苦乐，这也是不可能的。而如果先有受，后有受者，那么就是不[由人]受而成为受，这也是不可能的。因为，不[由人]受怎么会是受呢？如果是的话，任何人在任何时处就都不能离受，这也是不被认许的。而如果受与受者是同时有，也会导
P 241b 致一样的过失，[也就是，] 两者▼都会成为无因，而且，不观待受，亦即不作领受，受
D 213b 者也能独自成立，并且，不观待受者，亦即不由任何人▼受，受也能独自成立，这也是不可能的。

St 167 同样，如果涅槃先于解脱者而有，▼有杂染者也入涅槃，那么就没有任何人不入涅槃，这是不可能的。而如果涅槃后于解脱者而有，未得涅槃者也成解脱者，那么一切未得涅槃者也成解脱者，解脱之后的涅槃也就没有了意义。如果说涅槃就是无生无起，而先起后起都等于是有生起，这也是不可能的。而如果解脱者与涅槃两者是同时有，也会导致一样的过失，[也就是，] 两者都会成为无因，而且，解脱者不观待涅槃而独自成立，涅槃不观待解脱者而独自成立，这也是不可能的。

能知与所知、能量与所量等也应同样看待。（11.7）

并非只有轮回之，先前之际不可得，
所有一切诸事物，前际亦是不可得。（11.8）

［梵］ *pūrvā na vidyate koṭiḥ saṃsārasya na kevalam |*
sarveṣām api bhāvānāṃ pūrvā koṭī na vidyate ||

［什］ 非但於生死，本際不可得，如是一切法，本際皆亦無。

[1-]因为，经过这样如实考察，一切事物都不可能有先、后、同时的顺序，因此，
P 242a St 168 ▼不仅轮回的前际不可得，▼一切被认为是事物的东西，前际都不可得，只是显现为事物，其成立就像幻像、蜃景、乾达婆城和倒影一样。[-1]（11.8）

[以上是]第 11 品《轮回之考察》。

[1] 与《无畏》(D 55a5–6) 相同。

第12品　苦之考察[1]

Duḥkhaparīkṣā nāma dvādaśamaṃ prakaraṇam

[1] $MK_{Ms\ Dr}$，梵本《明句》：*duḥkhaparīkṣā*（苦之考察）；藏译《无畏》《佛护》《般若灯》：*sdug bsngal brtag pa*（苦之考察）；汉译《青目》《般若灯》《安慧》：觀苦；藏译《中论颂》《明句》：*bdag gis byas pa dang gzhan gyis byas pa brtag pa*（自造他造之考察）。

▼有人说：我(ātman)还是有的，为什么呢？因为有苦(duḥkha)。▼在此[世上]，众所周知所谓身与根所成即是苦，世尊也曾说过： St 169 D 214a

总略来说，苦即是五取蕴。[1]

因此，苦是存在的。[2-]苦无依处而存在是不合理的，所以这个苦属于的那个人也是存在的，这个苦属于的那个人就是我，因此我还是存在的。

回答：有了苦才会有我，[-2] [然而]苦是不可能有的，又怎么会有我呢？怎么讲？

有人如是作认许："苦为自造或他造，
[自他]共造或无因。"此所造[苦]不合理。(12.1)

[梵] *svayaṃ kṛtaṃ parakṛtaṃ dvābhyāṃ kṛtam ahetukam /*
duḥkham ity eka icchanti tac ca kāryaṃ na yujyate //

[什] 自作及他作，共作、無因作，如是説諸苦，於果則不然。

这里，在主张有苦的人之中，一些人认为苦由自造，一些人认为苦由他造，一些人认为苦由自他共造，还有一些人认为苦是无因而忽起。[3] 这样，对于认为苦由自他或二者共造的人来说，由于这个苦是由自、他或二者共造，就会导致有自、他或二者之所造的过失，"此所造[苦]不合理。"(12.1b)▼这个苦为这些所造是不合理的。为什么呢？如果苦由自造，那么或是造存在的[苦]，或是不存在的[苦]。其中，首先，如果构想存在的苦由自所造，就是不合理的。因为，苦既然是存在，还需要造吗？如果能造，就不是存在。而那个由自所造的存在的苦，就成了无因而起，而且，如果[存在而又]由自造，那么就导致了无穷尽的过失，这是不被认许的。而如果构想不存在的苦由自所造，不存在的自体怎么能造自体呢？如果能造的话，兔角也能造自己。▼这样，首先，苦由自造是不合理的。如果苦尚未造，即不存在，又怎么会有他者？正是由于没有他者，苦由他造也是不合理的。由此也就解释了自他造皆不合理。(12.1) P 242b St 170 D 214b

---

[1] 梵语用例参《杂阿含·杂因诵》(NidSa 23.13bβ)：*saṃkṣiptena pañcopādānaskandhā duḥkham /* 另参《明句》(PsP_L 227.3–4)：*iha hi pañcopādānaskandhā duḥkham ity ucyate*。巴利语用例参《中部》(MN 9 [I 48.34–35])：*saṃkhittena pañcupādānakkhandhā dukkhā*。汉文本参《杂阿含经》(《校释》第 2 册，第 55 页；T 2, no. 99, 95a3)：如是略説五受陰苦。

[2] 参《明句》(PsP_L 227.4–5)：*tena ca duḥkhena kasyacid bhavitavyaṃ na nirāśrayeṇêti / ato vidyata eva duḥkhasyâśrayaḥ, sa câtmêti // ucyate / syād ātmā yadi duḥkham eva syāt*。

[3] 早期佛经中有类似观点的讨论，参第 172 页注 3。

再者，

如果[苦]为自所造，是则非依缘而有。
而以此等蕴为缘，彼等蕴方生起故。（12.2）

［梵］ *svayaṃ kṛtaṃ yadi bhavet pratītya na tato bhavet |*
skandhān imān amī skandhāḥ sambhavanti pratītya hi ||

［什］ 苦若自作者，则不從緣生。因有此陰故，而有彼陰生。

[1-]如果苦由自造，那么就不是依缘而有，然而[苦]是依缘而有，因为，以这些
St 171 现在诸蕴为缘，而生起那些未来诸蕴。[-1]▼世尊也曾说过“以识为缘而有名色”。如果苦由自造，就不是由因缘力而起，因此，苦由自造是不合理的。（12.2）

P 243a 有人说：是这样的：▼苦非由自造，因为苦是由他所造。[2-]怎么说呢？因为以相异的这些蕴为缘，而有那些蕴生起。[-2]

回答：不是由其他的苦所造，为什么呢？

唯此等[蕴]异彼等，彼等[诸蕴]异此等，
彼等即由此等造，则苦方为他所造。（12.3）

［梵］ *yady amībhya ime 'nye syur ebhyo vâmī pare yadi |*
bhavet parakṛtaṃ duḥkhaṃ parair ebhir amī kṛtāḥ ||

［什］ 若謂此五陰，異彼五陰者，如是則應言，從他而作苦。

[3-]只有当这些现在诸蕴异于那些未来诸蕴，那些未来诸蕴又异于现在诸蕴，那么这相异的现在诸蕴才可以造那些未来诸蕴，[-3] 然而这些[诸蕴]并非异于那些[诸蕴]，那些[诸蕴]也并非异于这些[诸蕴]。既然没有异性，怎么可能苦由他所造？如果有人想：为什么这些不相异呢？后面[有颂]说：

D 215a 此者▼既然缘于彼，即非离彼之异者。（《中论颂》14.5cd）

St 172 ▼因此，苦不可能由他所造。（12.3）

有人说：[5-]我们并不是说由于苦还由此苦所造所以苦是自造，也不是说由于苦从因缘生所以苦由他造，而是说，苦是由自人（svapudgala）[4]所造所以首先苦是自造，而且苦由他人（parapudgala）所造所以苦是他造。[-5]

---

[1] 与《无畏》（D 56b3–4）相同。

[2] 与《无畏》（D 56b4–5）相同。

[3] 与《无畏》（D 56b5–6）相同。

[4] 此处“人”译自 pudgala（补特伽罗），严格来说并不限于人，而是包含六道有情。

[5] 与《无畏》（D 56b7–57a1）相同。

回答：

若苦是由自人造，离苦则谁是自人？
[而且]即由此人者，自己即能造[此]苦。（12.4） P 243b

［梵］ *svapudgalakṛtaṃ duḥkhaṃ　yadi duḥkhaṃ punar vinā /*
svapudgalaḥ sa katamo　yena duḥkhaṃ svayaṃ kṛtam //

［什］ 若人自作苦，離苦何有人？而謂於彼人，而能自作苦。

如果说苦蕴(duḥkhaskandha)由自人造，那么你就得说，没有了苦蕴这个令其显发者，谁是这个自造苦蕴却不拥有苦蕴的人？因为，没有了这个苦蕴作为令其显发者，独有的人就无可施设，他怎么造苦？因此，说苦由自人造之说也是不合理的。(12.4)

对于苦由他人造之说，我们要说：

若苦是从他人生，又何来此无苦人？
苦由他人造之后，能被交付于此人。（12.5） St 173

［梵］ *parapudgalajaṃ duḥkhaṃ　yadi yasmai pradīyate /*
pareṇa kṛtvā tad duḥkhaṃ　sa duḥkhena vinā kutaḥ //

［什］ 若苦他人作，而與此人者，若當離於苦，何有此人受？

如果苦蕴是由他人造，而他造了这个[苦]之后能交给另一个人，那么你就得说，他人造出此[苦]之后所交付的那个人，他就是无苦者，是离苦者，是没有令其显发者而独有的人，这怎么可能呢？因为，一个离取[1][蕴]而独有的人就是无可施设的，没有了令其显发者，就算他是他者，又怎么能造苦？既然一切形式的离取 D 215b [蕴]而独有的人都不可能存在，又怎么会有一个他者造出这个人的苦来？[你竟然]毫无畏惧地说“苦由他造”！(12.5)[2]

---

1 “取”(nye bar len pa = upādāna)，即“取蕴”(upādānaskandha)，参第 128 页注 3，也就是“苦蕴”(duḥkhaskandha)。

2 此处《明句》(PsP$_L$ 231.13–14)、MK$_{Ms\ M}$和MK$_{Ms\ Dr}$均多出一颂：*parapudgalajaṃ duḥkhaṃ　yadi kaḥ parapudgalaḥ / vinā duḥkhena yaḥ kṛtvā　parasmai prahiṇoti tat //*。应译作：若苦是从他人生，谁是离苦之他人？由彼造作苦之后，复能置之于他人。藏译的《明句》(D 79a7)与《中论颂》(D 7b7)都有此颂，汉译的《青目》(ZY 1-15, 30a1 [2, 969]; T 30, no. 1564, 16c26–27)和《安慧》(ZY 2-18, 45a11 [6, 721]; T 30, no. 1567, 157c7–8)之中也出现了此颂，然而藏译《无畏》《佛护》和汉藏译《般若灯》之中没有该颂。《佛护》的这段释文，其实已经包含了这一颂的意思：他人若能造苦并且能交付苦，即成离苦之人。另参拙著2011b, 75–76, §3.2.11。

而且，

若不成立自造[苦]，又复何来他造苦？（12.6ab）

［梵］ *svayaṃ kṛtasyâprasiddher duḥkhaṃ parakṛtaṃ kutaḥ* |

［什］ 自作若不成，云何彼作苦？

P 244a 这里，只有苦由自造之说成立，才可以说苦由他造，▾然而苦由自造之说是不成立的，那么现在，由于自造苦不成立，又怎么会是苦由他造？为什么呢？

此苦若是他者造，对他即是自所造。（12.6cd）

［梵］ *paro hi duḥkhaṃ yat kuryāt tat tasya syāt svayaṃ kṛtam* ||

［什］ 若彼人作苦，即亦名自作。

如果苦由他者所造，这个苦对于这个他者来说，就是由自所造，而非由他所
St 174 造。而如果这个[苦]不是由他自己所造，▾对于另一个人又怎么会是由他者所造呢？所以，对于他者，这个[苦]就是由自所造。已经解说过苦由自[1]造是不可能的。因此，由于苦由自造不成立，没有了自造之苦，又如何苦由他造？他者所造的那个苦是什么呢？因此，苦由他人造之说也是不合理的。（12.6）

有人说：你岂不是不知说者心思，依自己的心智给词语附加意义，以此来构陷过失？因为，我们并不是说苦是由自造或苦是由他造，由于苦首先是由一个人自造，所以[我们]说"苦由自人造"。[2-]由于此人与此苦非异，所以此苦是由苦所造，从这个角度[我们]也说"苦由自造"。而此人与此苦也非一，所以从这个角度[我们]
D 216a 也说"苦由他▾造"。[-2]

回答：那么你岂不是在给一棵烂根的树浇水？既然离取[蕴]而独有的人以一
P 244b 切形式▾都不可得，而你竟然说"苦由自人造"！因为，如果一个没有取[蕴]而独有的人是成立的，那么"苦由自人造"这种说法也可以是合理的，然而离取[蕴]而独有的人无论如何都是不合理的，如果没有了这个[人]，

St 175 **▾首先苦不是自造，（12.7a）**

［梵］ *na tāvat svakṛtaṃ duḥkham*

［什］ 苦不名自作，

离取[蕴]而独有的人如果没有的话，苦就不是由自所造，所以，首先，苦不是由自人所造。

---

1 此处"自"藏译作*gzhan*"他"，斋藤明（Saito 1984, II, 174, n.2）怀疑此处应为*bdag*"自"之误。

2 与《无畏》（D 57b1–2）相同。

你说："由于此人与此苦非异，所以此苦是由苦所造，从这个角度[我们]也说'苦由自造'。"对此我们要说：

此不还即由此造，[1] **(12.7b)**

[梵]　*na hi tenâiva tat kṛtam |*

[什]　法不自作法，

这样，此苦不是还由此苦所造。为什么呢？因为[你]说过此[人]与所执受的苦[蕴]不异，没有任何[苦]可以由这个与取[蕴]不异的[人]来造。就算这个所取之苦可以由此人造，由于你说过[此人]与所造不异，所以就不是由一个离取[蕴]而独有的人所造。因此，此苦还由此苦所造之说是不合理的。

你说："此人与此苦也非一，所以从这个角度[我们]也说'苦由他造'。"对此我们又要说：

他者自体若未造，何有他者所造苦？(12.7cd)

[梵]　*paro nâtmakṛtaś cet syād　duḥkhaṃ parakṛtaṃ katham ||*

[什]　彼無有自體，何有彼作苦？

如果一个人自体尚未造，自体尚不成立，也就是没有离苦而独有的人，那么，
他者的自体就是不成立的，▼没有了这个[他者]，这个苦怎么会由他者所造呢？如 P 245a
果这些取[蕴]▼尚未生起，也就是没有，那么即使有人，又怎么会是[这些取蕴的]他 D 216b
者？因此，这一切▼前面都已经作了回应，而你用着另外的言词，想着另外的意思， St 176
说的却还是同样的这些东西。(12.7)

有人说：由自他各造之苦虽然是不合理的，但由自他二者合造之苦还是有的。回答：

只有[自他]能各造，才有二者共造苦。(12.8ab)

[梵]　*syād ubhābhyāṃ kṛtaṃ duḥkhaṃ　syād ekaikakṛtaṃ yadi |*

[什]　若彼此苦成，應有共作苦。

只有有了各自所造的[苦]，才可以有二者共造的苦，已经解说过苦由各自所造是不合理的，没有了各自所造的苦，怎么可能有二者共造的苦？既然自他两者都不可能离苦而独有，这个时候，两者如何能造苦？因此，苦由自他二者共造也是不可能的。

---

[1] 依《佛护》《般若灯》的理解翻译，该句中的 *hi* 是表示强调而非原因，而且，两释将第一句中的"自造"(svakṛtam)理解为特指"自人造"(svapudgalakṛtam)。若依《无畏》《明句》《青目》的理解，此句应译作"此不即由此造故"。其中的 *hi* 表原因，也就是第一句中"苦不是自造"的原因，而这里的"自造"不是指"自人造此苦"，而是"此苦造此苦"之义。

有人说：如果苦不是由[自他]各造，由二者共造也不合理，那么，苦既然不是由自他或二者所造，就是无因而生。

回答：

他不造且自不造，何有无因生之苦？（12.8cd）

［梵］ *parākārāsvayaṃkāraṃ duḥkham āhetukaṃ kutaḥ* ||

［什］ 此彼尚無作，何况無因作？

此由他者所造就是他造（parakāra），即此由他造的意思。“他不造”（*parākāra*）
St 177 即不由他造。▼此由自己所造就是自造（svayaṃkāra），即此由自造的意思。“自不
造”即不由自造（*asvayaṃkāra*）。[1]“他不造且自不造”（*parākārāsvayaṃkāra*），即不由
P 245b 他造并且不由自造。这样，既不由他造，[也不由自造，][2]▼苦又怎么会是忽起呢？如
果是的话，一切都常应生起，这样的话，一切努力就没有了意义，也就有混乱的
大过失，这是不被认许的。因此，苦是无因而起这种说法是不正确的。

D 217a 有人说：若是这样，▼苦即是无，为什么世尊说：“迦叶！有苦，我知苦。”[3]

---

[1] 参《明句》（PsP$_{L}$ 233.10）：*pareṇâkāro 'karaṇam asyêti parākāram* / *na svayaṃkāro 'syêty asvayaṃkāraṃ* /

[2] 依斋藤明（Saito 1984, I, 277, n. 25），此句是根据上下文义所补。

[3] 梵本参《杂阿含·杂因诵》（NidSa 20.9a–14b）：*kin nu bho Gautama svayaṃkṛtaṃ duḥkhaṃ* / *avyākṛtam idaṃ mayā Kāśyapa svayaṃkṛtaṃ duḥkham* / *kiṃ nu bho Gautama parakṛtaṃ duḥkhaṃ* / *etad api Kāśyapa avyākṛtaṃ mayā parakṛtaṃ duḥkham* / *kin nu bho Gautama svayaṃkṛtaṃ ca parakṛtaṃ ca duḥkhaṃ* / *etad api Kāśyapa avyākṛtaṃ mayā svayaṃkṛtaṃ ca parakṛtaṃ ca duḥkhaṃ* / *kiṃn nu bho Gautama asvayaṃkārāparakārāhetusamutpannaṃ duḥkhaṃ* / *etad api Kāśyapa avyākṛtaṃ mayā asvayaṃkārāparakārāhetusamutpannaṃ duḥkham* / [...] (20.10c) *kin nu bho Gautama nâsty eva duḥkham* / *na Kāśyapa nâsty eva duḥkham api tv asty eva duḥkhaṃ* / *sādhu me bhavāṃ Gautamas tathā dharmaṃ deśayatu yathâhaṃ duḥkhaṃ jāneyā duḥkhaṃ paśyeyaṃ* / *sā eva Kāśyapa vedanā sa vettîti yasyâivaṃ syāt svayaṃkṛtaṃ duḥkham evam ahaṃ na vadāmi* / *anyā vedanā anyo vetti iti yasyâivaṃ syāt parakṛtaṃ duḥkham evam ahaṃ na vadāmi* / *vedanâbhibhūtasya vā sataḥ pare duḥkhaṃ samavadadhati iti yasyâivaṃ syāt svayaṃkṛtaṃ ca parakṛtaṃ ca duḥkham evam apy ahaṃ na vadāmi* / *asatsu vā pratyayeṣu duḥkham utpaṃnaṃ iti yasyâivaṃ syād asvayaṃkārāparakārāhetusamutpannaṃ duḥkham evam ahaṃ na vadāmi* / *ity etāv ubhāv aṃtāv anupagamya madhyamayā pratipadā tathāgato dharmaṃ deśayati* / *yad uta asmin satîdaṃ bhavaty asyôtpādād idam utpadyate pūrvavad yāvat samudayo nirodhaś ca bhavati* /。巴利本参《相应部》（SN 12.17, §§7–15 [II 19.27ff.]）：*kiṃ nu kho, bho Gotama sayaṃkataṃ dukkhan ti* || *mā hevaṃ Kassapā ti bhagavā avoca* || *kiṃ pana, bho Gotama, paraṃkataṃ dukkhan ti* || *mā hevaṃ Kassapā ti bhagavā avoca* || *kiṃ nu kho bho Gotama sayaṃkatañ ca paraṅkatañ ca dukkhan ti* || *mā hevaṃ Kassapā ti bhagavā avoca* || *kiṃ pana bho Gotama asayaṃkāraṃ aparaṃkāraṃ adhicca-samuppannaṃ dukkhan ti* || *mā hevaṃ Kassapā ti bhagavā avoca* || *kiṃ nu kho bho Gotama, natthi dukkhan ti* || *na kho Kassapa natthi dukkhaṃ atthi kho Kassapa dukkhan ti* || *tena hi bhavaṃ Gotamo dukkhaṃ na jānāti na passatîti* || *na khvâhaṃ Kassapa dukkhaṃ na jānāmi na passāmi* || *jānāmi khvâhaṃ Kassapa dukkhaṃ passāmi khvâhaṃ Kassapa dukkhan ti.* [...] *ācikkhatu ca me bhante bhagavā dukkhaṃ desetu ca me bhante bhagavā dukkhan ti* || *so karoti so paṭisaṃvediyatîti kho Kassapa ādito sato sayaṃkataṃ dukkhan ti iti vadaṃ sassataṃ etaṃ pareti* || *añño karoti añño paṭisaṃvediyatîti kho Kassapa, vedanāhitunnassa sato*

回答：[我们]不说苦是无，[1] 我们不是说过吗？

是则非依缘而有。(12.2b)

因此，我们说苦是依缘而有，而不说自造、他造、二者共造和无因而起。(12.8)

不但四种形式之，苦蕴是为不可得，
而且四种形式之，外事物亦不可得。(12.9)

〔梵〕 *na kevalaṃ hi duḥkhasya　cāturvidhyaṃ na vidyate |*
bāhyānām api bhāvānāṃ　cāturvidhyaṃ na vidyate ||

〔什〕 非但說於苦，四種義不成，一切外萬物，四義亦不成。

不应这样理解：只是对于苦蕴，不存在自造、他造、二者共造和无因而起这四种形式。而[应知道]：对于色等外部事物四种形式也都是不存在的。这又怎么 St 178
说呢？首先，此色不能造色之自体，如果色能造自体的话，或是造存在的[色]，或是不存在的[色]。其中，首先，如果色是存在的，对它还需要再造吗？而如果色是不存在的，不存在的自体怎么能造自体呢？如果也能造的话，乾达婆城就也能筑造自己的城墙。如果色是自造，就不能说色是依缘而有，这是不被认许的。这里如果认为色是由作为他者的大种所造，也是不可能的。为什么呢？因为色并不异 P 246a
于作为色因的诸大种，后面[有颂]也说：

此者既然缘于彼，即非离彼之异者。(《中论颂》14.5cd)

---

paraṃkataṃ dukkhan ti iti vadam ucchedaṃ etaṃ pareti || ete te Kassapa ubho ante anupagamma majjhena tathāgato dhammaṃ deseti || avijjāpaccayā saṅkhārā | saṅkārapaccayā viññāṇaṃ || pe || evam etassa kevalassa dukkhakkhandhassa samudayo hoti ||。汉文本参《杂阿含经》(《校释》第2册，第45–46页；T 2, no. 99, 86a13–b3)：阿支羅迦葉白佛言："云何，瞿曇！苦自作耶？"佛告迦葉："苦自作者，此是無記。"迦葉復問："云何，瞿曇！苦他作耶？"佛告迦葉："苦他作者，此亦無記。"迦葉復問："苦自他作耶？"佛告迦葉："苦自他作，此亦無記。"迦葉復問："云何，瞿曇！苦非自非他無因作耶？"佛告迦葉："苦非自非他无因作者，此亦無記。"迦葉復問："[……]今無此苦耶？"佛告迦葉："非無此苦，然有此苦。"迦葉白佛言："善哉！瞿曇！說有此苦。爲我說法，令我知苦見苦。"佛告迦葉："若受即自受者，我應说苦自作，若他受、他即受者，是則他作，若受自受、他受復與苦者，如是者自他作，我亦不说。若不因自他無因而生苦者，我亦不说。離此諸邊说其中道，如來说法：此有故彼有，此起故彼起，謂緣無明行，乃至純大苦聚集，無明滅則行滅，乃至純大苦聚滅。"

[1] 依德格版(*sdug bsngal med do zhes de skad du ma zer*)翻译，若依北京版(*sdug bsngal med do zhes de skad su zer*)，应译作：谁说苦是无？

色未造、未生也就是无有，诸大种怎么会是异于它的他者呢？色也不会是二
D 217b 者共造，因为不可能由各个所造。色也不是无因而起，既然非他造又非自造，ʼ又怎么可能无因而起呢？因为会导致众多过失的缘故。

同样，对于声等一切事物，四种形式也都是不可能有的，这应当视作是成立的。(12.9)

[以上是]第 12 品《苦之考察》。

第13品　空性之考察[1]

Śūnyatāparīkṣā nāma trayodaśamaṃ prakaraṇam

[1] 该品标题在诸家注释中有不同。BP_{Ms}, $MK_{Ms\ Dr}$ *śūnyatāparīkṣā*（空性之考察）；梵本《明句》：*saṃskāraparīkṣā*（有为之考察）；藏译《中论颂》《明句》：*'du byed brtag pa*（有为之考察）；藏译《无畏》《佛护》：*de kho na nyid brtag pa*（真实性之考察）；藏译《般若灯》：*de kho na brtag pa*（真实性之考察）；汉译《青目》《般若灯》《安慧》：觀行。前页的汉、梵品题依 BP_{Ms}。

有人说：苦是存在的，外部事物(bāhyabhāva)也是存在的，对于这些存在，只是不可能有四种形式[1]，然而即使没有四种形式，诸事物也是成立的。 St 179

回答：那么你岂不是认为作为幻像的大象能行走？不由四种形式而造的事物，你竟然执为真实存在！在此[世上]只有真实(bhūta)才是应该掌握的。

问：在此[世上]什么是真实呢？

回答：

性欺诳者即虚妄[2]，是为世尊所宣说。
一切有为性欺诳，因此彼等是虚妄。[3]（13.1）

［梵］ *tan mṛṣā moṣadharmaṃ yad bhagavān ity abhāṣata /*
sarve ca moṣadharmāṇaḥ saṃskārās tena te mṛṣā //

［什］ 如佛經所説，虚誑妄取相。諸行妄取故，是名爲虚誑。

---

1 即自造、他造、二者共造和无因而起四种形式，参12.9颂。

2 “性欺诳者”(*moṣadharmam*)，多财释复合词，意为“以欺诳为性的事物”，参BHSD *moṣadharma*, *moṣadharmin*以及*-dharman*条，以及MW的*dharman*条。该词在《佛护》中译作*chos gang slu ba*，未反映出多财释结构。在藏译《明句》的注释部分该词被译作*slu ba'i chos can* (D 81a2)，《明句》的梵文注释中还出现了它的同义词*moṣadharmaka* (PsP$_L$ 238.1)，藏译作*slu bar byed pa'i chos can* (D 81a3)，这两个译语都表现了多财释的理解，笔者对《佛护》长行的翻译依此种理解。另参Saito 1984, I, 277, n. 3。

关于*moṣa*及后面第2颂中的*muṣyate*的意义，斎藤明(1982, n. 13; Saito 1984, I, 277–278, n. 6)曾作分析。若依古典梵语理解，moṣa来自√*muṣ*“劫夺”，沙耶(Schayer 1931, 26, n. 20)与爱哲顿(BHSD *moṣadharma*条目)认为这里的*moṣa*是巴利语*mosa*的梵语讹化形式，而巴利语*mosa*源自*musā* (= 梵语*mṛṣā*“虚妄”< √mṛṣ)，据此*muṣyate*应理解作巴利语*mussati*(成为迷惑性)，所以笔者在偈颂13.2b中将之译作“成欺诳”。沙耶(p. 27)认为，“抢劫”与“迷惑”这两个语源的会通之处在于，佛典中曾有这样的比喻，烦恼摄心如贼入村，以及外境如怨贼一般劫夺放逸之人的心识。这种会通在《佛护》本品第2颂的释文中即有体现，再如《般若灯》(D 147b4)将之理解为“夺念”：

称作“性欺诳者”是因为，[它]是以胜义为境的念等散失(pramoṣa)的因。

鸠摩罗什在《青目》中将*moṣa*译作“妄取”，似与巴利语源一致。而波罗颇蜜多罗在《般若灯》中译作“劫夺”，用的是古典梵语的意义。《明句》的注解(PsP$_L$ 238.4–6，依de Jong 1978, 55修订)则主要取其虚妄义：

这里，欺诳为性者即是说谎者(visaṃvādaka)，如不实显现之旋火轮。[宗:]由于没有如彼(显现形式)的自性，一切有为法是虚妄(mṛṣā)，[因:]因为其性欺诳(moṣadharmakatvāt)，[喻:]如蜃景等[所现]之水。

另参《六十如理》(YSK 25)：*anityaṃ moṣadharmāṇaṃ muktaṃ śūnyam anātmakam /*
viviktam iti paśyanti bhāvaṃ bhāvavicakṣaṇāḥ //

诸于事物明了者，观见事物为无常，欺诳为性亦虚散，亦空、无我是寂离。

月称《六十如理释》(YSV Br1–2)：事物之类本无自性，而于愚者显现为有自性，因此犹如幻像等，因为是说谎者(visaṃvādakatvāt)，这个事物即“欺诳为性”(moṣadharmā)。

3 《无畏》《佛护》《般若灯》《安慧》和《明句》都将该颂视作论主观点，只有《青目》(ZY 1-15, 30b5–9 [2, 970]; T 30, 17a26–b2)理解作敌方的问难：

問曰：[颂13.1] 佛經中説虚誑者，即是妄取相，第一實者，所謂涅槃，非妄取相。以是經説故，當知有諸行虚誑妄取相。答曰：[颂13.2]

这里，世尊在其他经中说：

> 性欺诳者，即是虚妄，诸比丘！性不欺诳之涅槃，即是最胜谛。[1]

P 246b 同样也说过“唯有一谛无有二”的偈颂[2]。同样在其他处也说：

> 彼有为法即性欺诳者，亦即性坏灭者。[3]

[这]就是说，一切有为法是性欺诳者。因此，一切有为法以欺诳为性，皆是虚
St 180 妄。既然是虚妄，怎么能成立呢？你说“事物是成立的”，这一说法只不过是由渴爱所引发。（13.1）

有人说：如果一切有为法是虚妄，岂不就是含蓄地说：“虽如是执取而无有一切事物”？

回答：不是的。

性欺诳者即虚妄，此中何者成欺诳？[4]
D 218a **世尊如是之言说，即是空性之显明。（13.2）**

［梵］ *tan mṛṣā moṣadharmaṃ yad　yadi kiṃ tatra muṣyate |*
etat tûktaṃ bhagavatā　śūnyatāparidīpakam ||

［什］ 虚誑妄取者，是中何所取？佛說如是事，欲以示空義。

---

[1] 巴利本参《中部》(MN 140 [III 245.16–21]): *taṃ hi, bhikkhu, musā yaṃ mosadhammaṃ, taṃ saccaṃ yaṃ amosadhammaṃ nibbānaṃ; tasmā evaṃ samannāgato bhikkhu iminā paramena saccādhiṭṭhānena samannāgato hoti. etaṃ hi, bhikkhu, paramaṃ ariyasaccaṃ, yadidaṃ amosadhammaṃ nibbānaṃ*。梵本参《明句》(PsP$_{L}$ 237.11–12; 依 MacDonald 2015, II, 160, n. 312 修订): *sūtra uktaṃ tan mṛṣā moṣadharma yad idaṃ saṃskṛtam | etad dhi khalu bhikṣavaḥ paramaṃ satyaṃ yad idam amoṣadharmaṃ nirvāṇaṃ sarvasaṃskārāś ca mṛṣā moṣadharmāṇa iti |*。另参《入菩提行论难语释》(*Bodhicaryāvatārapañjikā*, ed. La Vallée Poussin 1901–1914, 363.1–2; Vaidya 1960, 181.23–25): *yathôktaṃ bhagavatā — ekam eva bhikṣavaḥ paramaṃ satyaṃ yad uta apramoṣadharma nirvāṇam, sarvasaṃskārāś ca mṛṣā moṣadharmāṇaḥ | iti ||*。汉文本参《中阿含经》卷 42(T 1, no. 26, 692a14–15): 真諦者，謂如法也，妄言者，謂虚妄法。比丘！成就彼第一真諦處。另参《六十如理》(YSK 35, 梵本不存): 诸最胜者已宣说，涅槃即是唯一谛，此时智者谁不以，诸其余者为虚妄？

[2] 巴利本参《经集》(Sn 172.17–20, v. 884): *ekaṃ hi saccaṃ na dutīyam atthi, yasmiṃ pajāno vivade pajānaṃ, nānā te saccāni sayaṃ thunanti, tasmā na ekaṃ samaṇā vadanti*。另参《大毗婆沙论》卷 77(T 27, no. 1545, 399b10–13): 問: “若諦有四，何故世尊說有一諦? 如伽他說: ‘一諦無有二，衆生於此疑，别説種種諦，我説無，沙門！”

[3] 梵本参《明句》(PsP$_{L}$ 238.1): *moṣadharmakam apy etat, pralāpadharmakam apy etad iti ||* 其中 *pralāpadharmakam* 应是 *pralopa°* (= *'jig pa'i chos can*) 之误。巴利语本参《相应部》以及《经集》(SN 36.2 [IV 205.4–6] ≈ Sn 144.4–8): *etaṃ dukkhan ti ñatvāna || mosadhammaṃ palokinaṃ || phussaphussavayaṃ passaṃ || evaṃ tattha virajjatīti ||*

[4] *muṣyate* 译作“成欺诳”，参第 177 页注 2。

[佛]说的“性欺诳者”即是虚妄，如果[这]就是说“性欺诳者即是无(abhāva)”，那么请你回答：没有了性欺诳者，这里何者成欺诳？因为，既然无有谁成欺诳？如果也可以成欺诳的话，[1] 那么兽主派行者(Pāśupata)与无系派行者(Nirgrantha)的财物也可以被盗贼所侵害。[2] 因此，[佛]宣说“虚妄”并不是说诸事物是无。世尊已得无碍智(anāvaraṇajñāna)和解脱，如实而观，宣说“性欺诳者即虚妄”，就是对诸事物自性空性的显明，为一切外道所不解，远离有、无的过失。[3] (13.2)

---

1 此处“成欺诳”(muṣyate)通“被劫夺”义，参第 177 页注 2。

2 兽主派是湿婆派一支，也称涂灰外道。无系派即耆那教，也称裸形外道。两派尚苦行，出家者不蓄财物。

3 对此颂《无畏》《般若灯》与《佛护》的理解基本无异。

《无畏》(D 58a4–6)：这里有人说：如果以欺诳为性的有为法是虚妄，两者就等同于无之义(abhāvārtha)，那么性欺诳故即虚妄[之说]如何成立？对此回答：[颂 13.2] 如果所谓“欺诳为性者”即是虚妄，若与无之义等同，那么这其中何者成欺诳？因为，“欺诳”(moṣa)即是不如实显现(vitathapratibhāsa)，“虚妄”即所计执自性是空(vikalpitasvabhāvaśūnya)，不是无之义。所以，性欺诳故即虚妄[之说]是可以成立的。因此应当知道，世尊所说的“性欺诳”，就是空性的显明。

《般若灯》(D 148b6–149a3)：对于这种显示无自性性的推理，有些人认为：自性空性就是无之义，所说[因]“性欺诳故”也就是“无故”这一意义，所以[因]与宗义相同，有缺能立因的过失，因此所认许之义不成立。对此回答：[颂 13.2ab] 如果宗之因的意义就是无，这其中何者成欺诳？没有任何东西成为欺诳，因为无有，喻如兔角。也就是说，[世尊]所说的“虚妄有为法”的言词也是没有的。因此，“虚妄”与“性欺诳者”之言的意义不是无。那么是什么呢？这两者的意义[分别]是所计执自性的空性(vikalpitasvabhāvaśūnyatā)和不如实显现(vitathapratibhāsa)，所以与宗义不相同。不如实显现又是双方所共许的，所以，没有缺因[的过失]，因此所认许之义是成立的。

上述两家都认为佛所说“性欺诳”与“虚妄法”不是“无”(abhāva)之义，而只是无所执的自性，却还有不如实显现，颂文“何者成欺诳”的意思是：还是有东西(欺诳为性的不如实显现)迷惑众生，这与《佛护》的释文相合。《明句》的义理阐释(PsP_L 238.10–239.4)则有不同：

对此有人说：如果你说性欺诳故一切有为法是虚妄，如此岂不是说“一切事物不存在”，也就成了否定一切句义的邪见？回答：一切有为法的确是欺诳为性，它们现在还在欺诳着你！正所谓：[颂 13.2ab] 当我们说“性欺诳者即虚妄”之时，“此中何者成欺诳”？这其中何者成为无有？如果有某个句义的话，那么可以通过否定它和见其无而有邪见。然而当我们不见任何句义之时，这里有什么东西成为欺诳？就没有任何东西是无有，所以你的这个责难是不合理的。

《明句》虽然也认为“性欺诳者即虚妄”的说法即不落于“无”(abhāva)，原因却在于：“无”尚需有所依附，是某事物之无，对于一开始就不承认有任何事物的人，则无物可无。基于这种解释，“何者成欺诳”是反问，意为没有任何东西成欺诳，也就是没有任何东西是“无”，这样就等于承认了“成欺诳”的意义就是彻底的“无”。《青目》(ZY 1-15, 30b10 [2, 970]; T 30, no. 1564, 17b5–6)的倾向不是十分明确：若妄取相法是即虚誑者，是諸行中爲何所取？佛如是説，當知説空義。另参斎藤明 1982, 71–74。

有人说：[佛]所说的“虚妄”并非显明事物的自性是空性，世尊的这一说法[意在]：

St 181 ▼**事物有离自性性，因为可见异性故。（13.3ab）**

［梵］ *bhāvānāṃ niḥsvabhāvatvam anyathābhāvadarśanāt* /

［什］ 諸法有異故，知皆是無性。

P 247a [佛]所说的“虚妄”▼并不是显明诸事物就是无自性的（asvabhāva），而是由于诸事物的异性（anyathābhāva）可见，变坏（vipariṇāma）可见，以及自性不安住（anavasthitasvabhāva）可见，所以做显明。如果问怎么讲？[则回答]：

没有无自性事物，诸事物有空性故。（13.3cd）

［梵］ *nâsvabhāvaś ca bhāvo 'sti bhāvānāṃ śūnyatā yataḥ* ||

［什］ 無性法亦無，一切法空故。

因为，无自性的事物是不存在的，而[佛]又说诸事物有空性，所以，应当从事物的自性不安住，以及可见异性，来理解[佛]所宣说的“诸事物有离自性性”（niḥsvabhāvatva）。[1]（13.3）

---

[1] 对于该颂诸家注释有差异：

《无畏》（D 58a7–b1）：对此有人说：[颂13.3ab] 世尊所说的“虚妄”，不是“无”（abhāva）与“法无我”的意思，而是诸事物中没有补特伽罗的自性的意思。为什么呢？因为可见[事物]分位的异性。[颂13.3cd] 没有法的自性的事物是不存在的。为什么呢？因为，如果诸事物有空性，就不可能[没]*有法的自性。（*原文作 *yod*“有”，依斋藤明 1982, 86, n. 16 订正为 *med*）

《青目》（ZY 1-15, 32a12–b7 [2, 973–974]; T 30, no. 1564, 18a25–b8）：
復次，諸法無性故虛誑，虛誑故空。如偈說：[頌 13.3] 諸法無有性，何以故？諸法雖生，不住自性，是故無性。如嬰兒定住自性者，終不作匍匐乃至老年。而嬰兒次第相續，有異相現，匍匐乃至老年，是故說見諸法異相故知無性。問曰：若諸法無性，即有無性法，有何咎？答曰：若無性，云何有法？云何有相？何以故？無有根本故。但爲破性故說無性，是無性法若有者，不名一切法空。若一切法空，云何有無性法？

《般若灯》（149a5–b1）：对此有人说：[佛]虽然有“虚妄”这个说法，却不是无（abhāva）之义，不是法无我的显明。因为，世尊说“虚妄”，是说：[颂 13.3ab] 也就是“由于异性可见的缘故”的意思。世尊所说的“虚妄”，是说事物的离自性性（niḥsvabhāvatva）即是不安住的自性。因为，[这种]思考是合理的：[颂 13.3c] 又是怎么讲呢？[就是说事物都]是具有自性的。如果按你的理路，事物就成了无自性的，这是不合理的。[颂 13.3d] 因为诸事物离我与我所，所以，名为空性的事物不是没有，因此，应当知道事物是有的。

《明句》（PsP_L 240.1–11）：对此有人说：此教典不是显明事物的自性不生（bhāvasvabhāvānutpāda），而是离自性性、自性的不安住性和坏灭性。如果问为什么，[则回答]：[颂 13.3ab] 意思是，所观察的[事物]有异性，因为变坏是可见的缘故。可以这么说，如果事物没有自性，那么这些[事物]就没有异性可得。而变坏是可得的。因此，应当知道

的确应当这样理解，否则的话，

何者能拥有异性？如果自性不可得。（13.4ab）

［梵］ *kasya syād anyathābhāvaḥ svabhāvaś cen na vidyate* |

［什］ 諸法若無性，云何説嬰兒，乃至於老年，而有種種異？
若諸法無性，云何而有異？[1]

如果事物就是无自性的话，ʼ那么这个异性属于谁所有呢？所谓异性，就是对自性的背离（viparyaya）。这里，如果没有了自性，无疑也就没有异性，因为有异性，所以也就有自性。 D 218b

回答：ʼ对于“何者能拥有异性？如果自性不可得”（13.4ab）这种说法，我们要说： St 182

如何能拥有异性？如果自性是可得。（13.4cd）

［梵］ *kathaṃ*[2] *syād anyathābhāvaḥ svabhāvo yadi vidyate* ||

［什］ 若諸法有性，云何而得異？

经的意思是指自性的不安住性。之所以是这样，还因为：［颂 13.3cd］因为无自性的事物是不存在的，而“空性”又被认为是事物的属性。如果没有了拥有属性者，就不会有依于它的属性。如果没有石女儿，就不会有他的黑性。因此，事物的自性肯定是有的。

其中须说明四点：①《无畏》《佛护》《般若灯》《明句》都将该颂理解作敌方的质难。依此理解，对方玩了一个文字游戏，主张 *niḥsvabhāva* 不等于 *asvabhāva*。前缀 *niḥ-* 有“出离”之义，所以对方将 *niḥsvabhāva* 定义为异性（anyathābhāva）、变坏（vipariṇāma）、不安住（anavasthita），即从一个自性出离而走向另一个自性，是基于自性的变易。为了表达这种观点，笔者在这里将 *niḥsvabhāva* 译作“离自性”，以区别于 *asvabhāva* “无自性”。然而，这种区分理解并不为论主所认同，而且在大乘佛典中，这两个词一般都表示对自性的彻底否定，藏译中也不作区分。所以，笔者只在这处对二词分开翻译，其他地方还是都译作“无自性”。此外值得注意，《无畏》进一步将对方观点阐述为：离自性（*niḥsvabhāva*）而虚妄的意义只是“人无我”，而非“法无我”的“无自性”（*asvabhāva*），也就是在事物之中找不到人我，但事物本身还是存在的，也就是有法的自性。②《青目》将该颂理解作正面陈述论主的观点，其理路是，只要有变易就不可能有自性，而没有自性就没有事物。其中应注意，无论是《青目》还是其他诸家注释，“无自性则无事物”都是敌我双方共许的观点。参本书导论中第四节。③依《般若灯》，偈颂第 3 句译作“事物不是无自性”更为合适。*asti* 可作“有”，也可作“是”。④关于该颂第 3、4 句的逻辑结构，《佛护》《明句》将句末的 *yataḥ* 理解为统摄两句；而《无畏》《青目》《般若灯》都理解为只引导第 4 句，即第 4 句是第 3 句的因。关于该颂以及前后文脉的详细讨论参斋藤明 1982, 74–78。

[1] 此处的汉译颂文顺序依梵藏文本作了调换。该颂的梵藏文本与《安慧》和汉译《般若灯》均一致，而与《青目》不一致。如果单看偈颂的话，《青目》的第 4 颂在梵藏本中无，而第 5 颂相当于梵藏本第 4 颂，但是颂文的前半与后半次序相倒。如果结合《青目》释文理路的话，则《青目》第 4 颂（諸法若無性，云何説嬰兒，乃至於老年，而有種種異？）为对方质难，似与其他注释家理路中第 4 颂前二句相合，但文字差别较大。

[2] = $MK_{Ms\ Dr}$; PsP_{L} *kasya*。

如果诸事物有自性，这个不观待其他、自体成立、恒常不变的存在怎么会拥有异性？因为异性是依赖其他，是有变化的，而不是自性。所以，自性拥有异性是不可能的。(13.4)

有人说：如果自性不可能有异性，那么自性之外的其他者该如何拥有异性呢？

回答：

P 247b **此者本身无异性，▼异者有亦不合理。(13.5ab)**

［梵］ *tasyâıva nânyathābhāvo　nâpy anyasyâıva yujyate* |

［什］ 是法則無異，異法亦無異。

所计执的这个事物本身不可能拥有异性，与此不同的那个异者也不可能拥有异性。为什么呢？

因为青年不变老，因为老年不变老。(13.5cd)

［梵］ *yuvā na jīryate yasmād　yasmāj jīrṇo na jīryate* ||

［什］ 如壯不作老，老亦不作壯。

所谓与此不同的异性，[在这个例子中]就是老(jarā)。因为，这个老不属于落入青年分位的人所有，也不属于与青年有异的落入老年分位的人所有，所以，此
St 183 [事物]本身没有异性，异者也没有异性。如果▼一个青年人在青年的分位上变老的话，那么老年和青年两个[状态]将同时住于一处。这是不可能的。因为，两者是相互违逆的，怎么能同时住于一处呢？而如果一个老年人在老年的分位上变老，那
D 219a 么对变老的构想就没有了意义，▼因为老年人又何须变老？如果年已老之老年人还要变老，这里跟随这种想法就要说：“他的这个分位[到底]是怎么样的呢？”(13.5)

有人说：就是此者本身拥有异性，而不是异者有，例如奶的异性就是酸酪状态(dadhibhāva)。

回答：

若即此者有异性，乳者应该即是酪。(13.6ab)

［梵］ *tasya ced anyathābhāvaḥ　kṣīram eva bhaved dadhi* |

［什］ 若是法即異，乳應即是酪。

如果认为就是此者本身拥有异性，那么你[所谓]的奶本身就是酸酪，成为过失。为什么呢？因为如果[异性]属于此物，就不属于其他物，你说在奶的分位上就有酸酪状态，那么就导致了奶就是酸酪的过失。

[对方]说：我们不说"奶本身拥有酸酪状态，所以奶就是酸酪。"

回答：

▾离乳之外有何者，而将拥有此酪性？（13.6cd） P 248a

[梵] *kṣīrād anyasya kasyâtha dadhibhāvo bhaviṣyati* ||

[什] 離乳有何法，而能作於酪？

▾如果不说"奶本身拥有酸酪状态，所以奶就是酸酪"，那么离奶之外什么东西会有酸酪状态呢？是说酸酪本身有酸酪状态而就是酸酪？还是说水有酸酪状态所以水就是酸酪？所以，此者本身与其他者都不可能拥有异性。因为此者本身与其他者都不可能拥有异性，所以异性是不存在的。 St 184

因此，[佛]所说的"虚妄"就是显明事物的自性是空性，而不是说自性不安住。(13.6)

有人说：那么至少空性是有的，没有对立面的东西是绝不存在的，所以，有空性也就有不空性。

回答：如果认为事物可以由对立面来成立的话，也不可能有空[的事物]，为什么呢？因为没有[不][1]空[的事物]。

唯有些许不空者，▾是则才会有空者。 D 219b
而无任何不空者，空者从何而得有？（13.7）

[什] 若有不空法，則應有空法。實無不空法，何得有空法？

有一些不空的东西成立，才会有作为它对立面的空的东西。经过一切形式的考察，不可能有任何不空的东西，没有不空者，怎么会有空者？既然没有空者，为什么还要构想它的对立面——不空？（13.7）

[1] 藏译为：*stong pa med pa'i phyir ro*。应是遗漏了否定词，应作：*mi stong pa med pa'i phyir ro*。梵本中的 *śūnyābhāvāt* 之前是否有 a，难以辨识。

[梵] ▾... śūnyābhāvāt | Ms 42a

yady aśūnyaṃ bhavet kiṃcit syāc chūnyam api kiṃcana |
na kiṃcid asty aśūnyaṃ ca kutaḥ śūnyaṃ bhaviṣyati || (13.7)

yadi kiṃcid aśūnyaṃ prasiddhaṃ syāt | tatpratipakṣam *api śūnyaṃ kiṃcit syāt* | *yadā sarvathā parīkṣyamāṇaṃ na kiṃcid* aśūnyam upapadyate | asaty aśūnye kuta eva śūnyaṃ bhaviṣyati | asati cêdānīṃ śūnye *kutas* tatpratipakṣam aśūnyaṃ kalpayasi || (13.7)

St 185 对此有人说：你说过的东西却又不承认。你在前面说：

世尊如是之言说，即是空性之显明。(13.2cd)

而现在你又说：

唯有些许不空者，是则才会有空者。(13.7ab)

回答：你要接受此处的道理，而不要恼怒！

P 248b **胜者所说之空性，即一切见之出离。**
而彼等有空性见，即被说为不可救。(13.8)

［什］ 大聖說空法，爲離諸見故。若復見有空，諸佛所不化。

所谓“空性”，就是如实观、具最胜悲的诸胜者[佛陀]为了利益世间人而宣说的像海怪一样的一切见的出离[1]，既然说为一切见之海怪的止息，这个见之海怪的止息就不可能是一个存在的事物。比如某个心智愚痴者，将乾达婆城认作是城，由于灭离愚痴而如实观，其城觉便得止息，然而却找不到任何一个名为“城觉止
St 186 息”的事物，只不过是不实计执的灭离而已。同样，对于如实观见者，事物见之海怪的止息就是所谓的“空性”，却找不到任何一个名为“空性”的事物。

[1] 我执、我所执喻为海怪(梵 *grāha*，藏 *chu srin 'dzin khri*)，生死轮回则喻为大海(参第 248 页)。

［梵］ atrâha yad eva bravīṣi tad eva *nêcchasi* .. .. tadānīm evâvocaḥ |

etat tûktaṃ bhagavatā śūnyatāparidīpakam iti | (13.2cd)

yad etad idānī*m eva bravī*ṣi |

yady aśūnyaṃ bhavet kiṃcit syāc chūnyam api kiṃcanêti | (13.7ab)

ucyate | yuktim atra gṛhāṇa mā kupaḥ |

śūnyatā sarvadṛṣṭīnāṃ proktā niḥsaraṇaṃ jinaiḥ |
yeṣāṃ tu śūnyatādṛṣṭis tān asādhyān babhāṣire || (13.8)

śūnyatā nāma sarvadṛṣṭīnāṃ sarvagrāhāṇāṃ yathābhūtadarśibhiḥ paramakāruṇikaiḥ jinair jagadanugrahāya *niḥsaraṇam eva* proktā | sarvadṛṣṭigrāhāṇāṃ vinivṛttiḥ *procyate* | *sā* dṛṣṭigrāhavinivṛttir *bhāva iti nôpapadyate* | *tadyathā kasyacid mūḍhacittasya* gandharvanagaraṃ nagaram iti kṛtamateḥ saṃmohāpagamād yathābhūtadarśino *nagarabuddhir nivartate* | na ca nagarabuddhinivṛttir nāma kaścid *bhāvo vidyate* | abhūtavikalpāpagamamātram | evaṃ yathābhūta*darśinaḥ* ...

有些人将空性视作存在于“空性”名言之外的事物，就是被无明大暗▼障蔽了慧眼，明辨可救与不可救者的诸大医、胜者[佛陀]，也说他们是不可救药。为什么呢？对于那些执著于事物以自性而可得的人，通过这个空性的名言，也就是缘起，[来显示]由因缘力而有事物的施设，事物不是以自性而可得，这样开显事物以空性为自性，▼就能够止息他们的这种执著。然而，对于那些把空性执为事物的人，用什么其他[名言]也不能止息这种执著。比如，[对一个人]说：“无所有”，这个人说：“就给[我]那个无所有”，怎么才能让他理解“无”呢？因此，即使是拥有十力、获得了大悲的胜者[佛陀]也说他们不可救药。而那些把空性也视为空的人是观见真实性者，对于他们空性是成立的。(13.8) D 220a P 249a

[以上是]第 13 品《空性之考察》。

[梵] ... *mahāvaidyā* jinā asāddhyā eta iti babhāśire | ▽ kiṃ kāraṇam | yeṣām ayam abhiniveśaḥ svena bhāvena bhāvā vidyanta iti | teṣām anena śūnyatābhidhānena pratītyasamutpādena hetupratyayavaśād bhāvaprajñaptir bhavati | na bhāvāḥ *svabhāvena vidyanta* iti bhāvānāṃ svabhāvaśūnyatve pradarśyamāne śakyate so 'bhiniveśo nivartayitum | yeṣāṃ tu śūnyatāyām eva bhāvābhiniveśas teṣāṃ kenânyena so 'bhiniveśaḥ ....[1] *na śakyate* nivartayitum | *tadyathā na* kiṃcid *asty ity ukte yas tad eva* nakiṃcid dehîty āha | sa kathaṃ śakyetâbhāvaṃ grāhayitum | tasmāt tān daśabalā api bhūtvā mahākaruṇāṃ pratilabdhvā jinā asāddhyā eta iti babhāṣire | ye tu śūnyatā api śūnyêti paśyanti | teṣāṃ tattvadṛśāṃ śūnyatāsiddhiḥ || (13.8) Ms 42b

śūnyatāparīkṣā trayodaśamaṃ prakaraṇam ||

---

[1] 难以辨识，根据藏译，应是衍文。

第14品　和合之考察[1]

Saṃsargaparīkṣā nāma caturdaśamaṃ prakaraṇam

[1] $MK_{Ms\ Dr}$, 梵本《明句》: *saṃsargaparīkṣā*; 藏译《中论颂》《无畏》《佛护》《般若灯》《明句》: *phrad pa brtag pa*; 汉译《青目》《般若灯》《安慧》: 觀合。

▼有人说：诸事物不是自性空，事物之中是有自性的，为什么呢？因为有和合的 St 187
说法。在[佛教]中，世尊处处宣说，色、识、眼三者和合即是触，同样也有声、耳、识
[三者和合]，[1] 同样也说为贪爱、嗔恼、无明结所系。如果没有事物的自性，就不会
有和合。因为，没有自性的事物怎么会有和合呢？因此，事物的自性是存在的。

▼回答：只有在事物有和合的情况下，才会有事物的自性，然而事物不可能有 D 220b
这个和合，哪里会有它们的自性呢？ 怎么讲呢？

所见、能见与见者，此三者之两两间，
以及全部[三者]间，相互都不成和合。（14.1）

〔什〕 見、可見、見者，是三各異方。如是三法異，終無有合時。

[2-]所见、能见与见者这三者，▼两两以及全部[三者]相互都不构成和合。所 P 249b
见与能见不构成和合，所见与见者，能见与见者，所见与能见与见者，都不构
成和合。[-2] （14.1）

---

[1] 用例参《相应部》(SN 12.43, §§11–12 [II, 72.19–27])：*cakkhuṃ ca paṭicca rūpe ca uppajjati cakkhuviññāṇaṃ ‖ tiṇṇaṃ saṅgati phasso ‖* [...] *sotañ ca paṭicca saddo ca uppajjati sotaviññāṇaṃ ‖*。《杂阿含经》(《校释》第 1 册，第 278 页；T 2, no. 99, 54c22–23)：緣眼、色生眼識，三事和合觸。

[2] 与《无畏》(D 59a6–7)相同。

〔梵〕 āha | na svabhāvaśūnyā bhāvāḥ | vidyanta eva bhāveṣu svabhāvāḥ | kutaḥ | saṃsargāpadeśāt | iha tatra tatra bhagavatâbhihitam | trayāṇāṃ rūpavijñānacakṣuṣāṃ saṃgatiḥ sparśa iti | *tathā* śabdaśrotravijñānādīnām api | tathôktam anunayapratighāvidyāsaṃyojanena saṃyukta iti | na câsati bhāvasvabhāve saṃsarga upapadyate | kathaṃ hi nāma niḥsvabhāvānāṃ bhāvānāṃ saṃsargaḥ syāt | tasmād vidyate bhāvasvabhāva iti ‖

ucyate | *syād bhāvasva*bhāvo yadi bhāvānāṃ saṃsarga evôpapadyeta | naîva sa bhāvānāṃ saṃsarga upapadyate | kuta eṣāṃ svabhāvo bhaviṣyati | tat katham iti ‖

draṣṭavyaṃ darśanaṃ draṣṭā　trīṇy etāni dviśo dviśaḥ |
sarvaśaś ca na saṃsargam　anyonyena vrajanty uta ‖ (14.1)

draṣṭavyaṃ darśanaṃ draṣṭā ca | etāni trīṇi dve dve ca sarvāṇi ca nânyonyena saha saṃsargaṃ gacchanti | na draṣṭavyaṃ ca darśanaṃ ca saṃsargaṃ gacchataḥ | na draṣṭavyaṃ ca draṣṭā ca na darśanaṃ ca dṛṣṭā ca na draṣṭavyaṃ darśanaṃ ca draṣṭā ca saṃsargaṃ gacchanti ‖ (14.1)

St 188 **贪著、贪者与所贪，其余烦恼、其余处，**
即应以此三方式，同样如是而看待。（14.2）

〔什〕 染與於可染，染者亦復然。餘入、餘煩惱，皆亦復如是。

[1-]正如所见、能见与见者两两以及全部[三者]相互都不构成俱时和合，同样，贪著、贪著者与所贪两两以及全部[三者]相互都不构成俱时和合，贪著与贪著者不构成和合，贪著与所贪也不构成和合，贪著者与所贪也不构成和合，贪著与贪著者与所贪，都不构成和合。同样，嗔恨等等其余的烦恼，以及声、耳和听者等等其他处，两两以及全部[三者]相互都不构成俱时和合。[-1] (14.2)

有人说：为什么所见等等相互不能构成和合呢？
回答：

两者相异方有合，然而所见等之间，
D 221a **异性即是不可得，因此不能成和合。（14.3）**

〔梵〕 *anyenânyasya saṃsargas tac cânyatvaṃ na vidyate |*
draṣṭavyaprabhṛtīnāṃ yan na saṃsargaṃ vrajanty ataḥ ||

〔什〕 異法當有合，見等無有異，異相不成故，見等云何合？

这里，如果有任何名为“和合”的东西，必然是由于俱时而有的相异者，因为，
St 189 P 250a 所见等等不可能有异，其中没有了异性，所以相互就不构成俱时和合。(14.3)

不仅所见等之间，异性是为不可得，
任何者与任何间，皆不可能有异性。（14.4）

〔梵〕 *na ca kevalam anyatvaṃ draṣṭavyāder na vidyate |*
kasyacit kenacit sārdhaṃ nânyatvam upapadyate ||

〔什〕 非但可見等，異相不可得，所有一切法，皆亦無異相。

[2-]不仅这些所见等等相互不可能有异性(anyatva)，任何事物与任何事物都不可能有异性。如果没有异性，任何两者都不可能构成俱时和合。[-2] (14.4)

---

[1] 与《无畏》(D 59b1–4) 基本相同。

[2] 与《无畏》(D 59b6–7) 相同。

〔梵〕 **evaṃ rāgaś ca raktaś ca rañjanīyaṃ ca dṛśyatām |**
traidhena śeṣāḥ kleśāś ca śeṣāṇy āyatanāni ca || (14.2)

yathā draṣṭavyaṃ ca darśanaṃ ca draṣṭā ca dviśo dviśaḥ sarvaśaś ca nânyonyena *saha saṃsargaṃ gacchanti ...*

有人说：事物的异性是现前可得(pratyakṣopalabdha)的，谁能说没有呢？

回答：[你认为]你现前可得事物的异性所基于的原因，正是我们认为你不能见到事物的异性[1]的原因。事实上，事物的异性[2]，即使天眼也不能见，更不用说像你这样的肉眼。怎么讲呢？

此缘异物成异者，离异物则非异者，(14.5ab)

[梵] *anyad anyat pratītyânyan nânyad anyad ṛte 'nyataḥ* |

[什] 異因異有異，異離異無異，

[3-]一个名为"异者"的东西，须依于与它有异的某个东西才能成为异者，没有了异物，这个东西靠自己不能为异者。[-3] 既然是一物观待另一物才能称为"异者"，而靠自己不能成为异者，▼那么谁能说这个[异者]是可以现前可得的呢？ St 190

有人说：那么这样也就没有了不异性，[就等于]异性成立。

回答：愚者会这样想，而智者不会。

此者既然缘于彼，即非离彼之异者。(14.5cd)

[梵] *yat pratītya ca yat tasmāt tad anyan nôpapadyate* ||

[什] 若法從因出，是法不異因。

因为，缘于一物而生起一物，说此物是离于彼物的异者，▼岂不是不合道理？ P 250b
(14.5)

▼为什么呢？ D 221b

若对异物是异者，无异物则亦应是。(14.6ab)

[梵] *yady anyad anyad anyasmād anyasmād apy ṛte bhavet* |

[什] 若離從異異，應餘異有異。

如果[此物]缘于彼物而成为异者，而此物又是离于彼物的异者，那么没有彼物此物也应是异者。这样的话，瓶不观待席也是异者，然而不观待席瓶就不是异者，因此，瓶不是离于席的异者。

有人说：虽然不是离于彼物的异者，但至少异者还是存在的。

---

[1] 此处"异性"，原文作 *gzhan nyid*，斎藤明(Saito 1984, II, 189, n. 5)认为应作 *med pa gzhan nyid med pa*"不异性"，今不从。

[2] 此处"异性"，原文作 *gzhan nyid med pa*"不异性"，*med*"不"应为衍文。

[3] 与《无畏》(D 60a1)基本相同。

回答：那么你岂不是追随一个驱逐[你]的人？你竟然想用能遣除异性的因来成立异性！若是[一物]缘一物而名为异者，此物就不是离于彼物的异者，难道你认为仅以自体就可以成为异者？

St 191 **离异物则无异者，▼是故异者不存在。（14.6cd）**

［梵］ *tad anyad anyad anyasmād　ṛte nâsti ca nâsty ataḥ ‖*

［什］ 離從異無異，是故無有異。

1-因为，[靠着]离于一个异物而成为异者，没有了这个异物，就没有异者，靠自己不能成为异者，因此，应当知道异者就是不存在的。-1 （14.6）

有人说：正是因为所谓一物缘于异物而成为异者，所以，这不就是有异者吗？而如果是缘于[异物]也不能成为异者，怎么能说是异者呢？

回答：缘起（pratītyasamutpāda）的体性是这样的：因为，先是[有人说]缘于异物而名为异者，所以依于世间言说之力[我们]说[它]是异者。因为，如果如实考察的话，

异性不在异者中，不异者中亦无有，（14.7ab）

［梵］ *nânyasmin vidyate 'nyatvam　ananyasmin na vidyate |*

［什］ 異中無異相，不異中亦無，

P 251a 因为，瓶观待席而名为异者，由于[它]观待席、▼依赖席以及自体不成立，在[名为异者的]瓶之中就没有异性，又因为，不观待席的瓶就只能称为不异者，在其中
D 222a 还是没有与不异者相违逆的异性，所以，由于胜义之力，[我们]说异者不存在。▼因此，世尊也喻示芭蕉干，说芭蕉干内中空洞，不见其心，所以是毫无所有。

有人说：如果这样的瓶不是异者，那么这个瓶就是不异者，而没有异者就没
St 192 有不异者，▼所以异者也是存在的。

回答：即使依靠对立面，也不可能有异性。为什么呢？因为不存在不异者。因为，观待异者才能成为不异者，而经过考察，这个异性是不可能有的。

如果异性不可得，则无异者与同者。（14.7cd）

［梵］ *avidyamāne cânyatve　nâsty anyad vā tad eva vā ‖*

［什］ 無有異相故，則無此彼異。

现在，没有了这个异性，也就没有它的对立面——不异者，亦即同者，没有了不异者，也就没有它的对立面——异者，难道不应该这么说吗？

---

[1] 与《无畏》（D 60a4）基本相同。

另外，有人说：并不是观待异物而成异者，所谓“异性”其实是一种共性(sāmānya)，拥有了它就成为异者。

回答：如果拥有异性就成为异者的话，那就不是：由于自体不成立，只有观待异物才能成为异者，对吗？

[对方]说：异性就安住在异者之中，为什么[异者]还要再次观待那个[异物]？

回答：

异性不在异者中，(14.7a)

说异性就安住在异者之中是不合理的，▾异者之中没有异性，为什么呢？因为： P 251b

不异者中亦无有，(14.7b)

这里，瓶以自体不能成为异者，所以在其中没有与不异者▾相违逆的异性，如 St 193
果这个异性就安住在异者之中，则瓶以自体就能成为异者，这是不被认许的。这
样，因为瓶作为不异者[的时候]没有[异性]，所以，作为异者[的时候]也没有[异性]。
▾[异性]如果存在，就应该在一切分位上都存在。而如果认为，当瓶观待布而成异 D 222b
者的时候，这个瓶就有了异性，那么这样就说明了异性的不安住，因为其体是观待而有。仅仅在异者上建立和寻求[异性]的存在而立宗，也是不可能的，因为违反了[你]自己的理论。

再者，有两个事物才能和合，没有就不行。因此，且说这里瓶以自性是不异者，拥有了异性怎么就成了异者？正如掺了奶的水不会成为奶，[掺了水的]奶也不会成为水。而如果瓶以自性就是异者的话，还需要寻思异者拥有异性吗？

因此，说这个东西由于有了异性而成为异者，以及说异性安住于异者之中，这些说法都是毫无意义的。

有人说：异性安住于异者也好，不安住也好，至少被认为异性所属于的那个
异者的实体还是▾存在的。 P 252a

回答：那么你岂不是试图驱驰一匹草马？没有异性你竟然努力要成立异者！

▾如果异性不可得，则无异者与同者。(14.7cd) St 194

如果没有异者的体性，亦即异性，不正是说明了没有异者和同者吗？而如果没有异者的体性也是异者，按照你[的说法]没有蠢人的体性也是蠢人。如果不认同这种说法的话，那么没有异者的体性，就不是异者。(14.7)

因此，经过这样的考察，一切事物都不可能有异性。没有了异性，所见等和贪著等怎么会相互构成俱时和合呢？没有了和合，哪里会有你[所谓]的以和合为
D 223a 因而有的事物的自性呢？而如果你凭意愿认为既是异者又是此者[能和合]，那样的话还是不可能有和合，为什么呢？因为：

自与自及异与异，其和合皆不应理。(14.8ab)

［梵］ *na tena tasya saṃsargo nânyenânyasya yujyate |*

［什］ 是法不自合，異法亦不合，

这里，首先，此者与此者自身不能构成和合，为什么呢？因为只有它一个，不可能是相合之体。如果这样也构成[和合]的话，就没有不和合的东西，而这是不被认许的。因此，[此者]不能还与此者和合。

现在说，对于所谓"此是异者，彼亦是异者"这种情况也不可能有和合。为什
St 195 么呢？正因为[它们]是异者。如果异者也能和合的话，那么就没有不和合的东西，而这是不被认许的。因此，如果是异者也不可能和合。

P 252b 有人说：原本为异者的两者变成一体，正如奶与水和合一样，同样，异者与异者能和合。

回答：这里还是一样[有过失]。首先，当奶和水各自分开的时候没有和合，为什么？因为各自分开。而当成为一体的时候也没有和合，为什么？因为是一体。

[对方]说：成为一体的时候就是和合。

回答：不是说过了吗？如果一体也能和合，就没有不和合的东西。因此，这种说法也是不正确的。

有人说：正在和合(saṃsṛjyamāna)的作为异者的这些[事物]就有和合。

回答：这里还是一样[有过失]。如果被称为正在和合的这些事物是单个存在的，因为它们是"此是异者，彼亦是异者"这样的异者，就不可能有和合。而如果说，被称为正在和合的[事物]只是唯一一个，"正在和合"一词就不合理，一个东
D 223b 西怎么和合呢？

[对方]说：那些半已和合(ardhasaṃsṛṣṭa)的事物就被称为正在和合者，其中有和合。

St 196 回答：这里还是有一样的[过失]。首先，如果这些[事物]是半已和合，如果认为部分和合则所有自体都和合，[它们]就是一体，所以不可能有和合。而如果部分虽然和合而自体仍然别异，别异则哪里会有和合？如果这些[事物]是一部分和合而一部分不和合，就成了两个自体，在其和合的那个[自体]之中，由于是一，所
P 253a 以没有和合，在其不和合的那个[自体]之中，由于是异，也没有和合。

有人说：就算是没有正在和合的[事物]，至少已和合[的事物](saṃsṛṣṭa)还是有的。如果有了已和合，因为有已和合，和合就是成立的。

回答：[你]好大的心愿啊！既然不可能有正在和合者，也不可能有开始和合者，在这种情况下又怎么可能有已和合者呢？既然说成为一体，作为一体又怎么会是已和合者？而如果虽然和合却不是一体，那么异者不是已和合者。[1]

有人说：就算是没有已和合者，至少在成为一体之前的相异的事物作为和合者(saṃsraṣṭṛ)还是存在的。

回答：那么你岂不是在羡慕黄门？你竟然认为没有和合却有和合者！在此[世上]，由于能作和合，以和合为因者就是和合者，然而一切形式的和合都不可能有，St 197
没有了这个[和合]，怎么会有不和合的和合者？

因此，如果这样以理为先导，如实地作考察，那么，

正和合与已和合，及和合者不可得。(14.8cd)

〔梵〕 *saṃsṛjyamānaṃ saṃsṛṣṭaṃ saṃsraṣṭā ca na vidyate* //

〔什〕 合者及合時，合法亦皆無。

没有了这些，你[所谓]的以和合为因而有的事物的自性，怎么会成立？(14.8)

[以上是]第 14 品《和合之考察》。

[1] 原文作 *gzhan* *ma* *yin pa'i phyir* *ma* *phrad pa nyid ma yin no* //。斎藤明(Saito 1984, II, 196, n. 13)指出，句中划线的两个 *ma* 应为衍文，此处依之翻译。

第15品　有与无之考察[1]

Bhāvābhāvaparīkṣā nāma pañcadaśamaṃ prakaraṇam

[1] 该品的标题在诸家注释中有不同。$MK_{Ms\ Dr}$，梵本《明句》：*svabhāvaparīkṣā*（自性之考察）；藏译《中论颂》《明句》：*rang bzhin brtag pa*（自性之考察）；藏译《无畏》《佛护》《般若灯》：*dngos po dang dngos po med pa brtag pa*（有与无之考察）；汉译《青目》《般若灯》：觀有無；汉译《安慧》：觀性。前页上的梵文品题是依藏译《佛护》构拟。

▾有人说：如果你认为，因为事物的存在是不可见的，所以这些[事物]没有自性，[你]也承认诸事物是依缘而生，如果又说事物是无自性，那么，事物既然会生起又怎么会无自性？如果从因和缘不生起▾事物的自性，那应生起什么其他东西？如果从经纬不生起布的自性，难道只生起经纬的自性？而如果没有任何东西生起，[你]所谓的“生起”又该怎么解释？ D 224a St 198 P 253b

回答：那么你岂不是骑着马却看不见马？你都说了事物是依缘而生，却看不到这些[事物]的无自性性！这点连慧劣之人也容易理解。

由因缘有自性生，即是不合于道理。（15.1ab）

［梵］ *na sambhavaḥ svabhāvasya yuktaḥ pratyayahetubhiḥ* |

［什］ 衆緣中有性，是事則不然。

这里，所谓“自性”（svabhāva）即自己的存在（svo bhāvaḥ）。[1] 有了自己的存在的事物，就不会再从因和缘生起。因为，既然已经存在，怎么会有造作事（kriyā）？如果没有造作事，因和缘又作什么用？而如果它是从众因缘生起的话，那么，

因缘所成之自性，便是造作而成者。（15.1cd）

［梵］ *hetupratyayasambhūtaḥ svabhāvaḥ kṛtako bhavet* ||

［什］ 性從衆緣出，即名爲作法。

这也是不可能的。（15.1）

▾有人说：自性就是造作而成者。为什么呢？因为，布的存在（bhāva）就是先未有而后造。 St 199

回答：

自性如何又会是，造作而成[之事物]？（15.2ab）

［梵］ *svabhāvaḥ kṛtako nāma bhaviṣyati punaḥ katham* |

［什］ 性若是作者，云何有此義？

自性是造作而成者，这怎么可能合理呢？其义是矛盾的，如果是自性，就不是造作而成，而如果是造作而成，就不是自性，这个时候，哪个有心智的人会这样执取：[一物]既是自性又是造作而成？

[对方]说：[那么]你认为自性有什么原则（yukti）呢？

回答：

---

[1] 参《明句》（PsP$_L$ 260.4–5）：*iha hi svo bhāvaḥ svabhāva iti*。

自性即是非造作，亦不观待于他者。（15.2cd）

［梵］ *akṛtrimaḥ svabhāvo hi nirapekṣaḥ paratra ca* ‖

［什］ 性名爲無作，不待異法成。

D 224b P 254a ▾自性的原则就是：不由造作行为而成，不观待因和缘，自己的自性▾没有变化。由造作行为而成又观待因缘[的事物]，就是有赖于他者，由于是观待他者而非以自体成立，怎么能称为“自性”？（15.2）

有人说：至少这个事物(bhāva)所观待那个他性(parabhāva)是存在的。如果他性成立，自性也就是成立的。

St 200 ▾回答：即使依靠对立面，也不可能有自性。为什么呢？因为不可能有他性。

如果自性是无有，从何而将有他性？（15.3ab）

［梵］ *kutaḥ svabhāvasyâbhāve parabhāvo bhaviṣyati* |

［什］ 法若無自性，云何有他性？

只有自性成立的情况下，才有它的对立面——他性。而自性是不容有的，没有了自性，哪里会有他性？如果没有那个他性，又怎么可能有其对立面——自性？

另外，自性与他性并无差异，为什么呢？因为：

其他事物之自性，即被说为是他性。（15.3cd）

［梵］ *svabhāvaḥ parabhāvasya parabhāvo hi kathyate* ‖

［什］ 自性於他性，亦名爲他性。

因为，其他事物(parabhāva)的自性，就被称为“他性”(parabhāva)。因此，如果那个其他事物没有自性，那么它以何而存在？所以，所谓自性与他性有差异是不可能的。这样[它们]就没有了对立面，因为都是一样的。既然没有对立面，[自性]又怎么能缘于对立面而成立？（15.3）

[对方]说：这些“事物的自性是有是无”的说法对我有什么用？至少事物(bhāva)是存在的。

回答：

若离自性与他性，从何而又有事物？
St 201 P 254b **▾有自性与▾他性在，事物才得成立故。（15.4）**

［梵］ *svabhāvaparabhāvābhyām ṛte bhāvaḥ kutaḥ punaḥ* |
svabhāve parabhāve ca sati bhāvo hi sidhyati ‖

［什］ 離自性、他性，何得更有法？若有自、他性，諸法則得成。

如果有任何事物存在的话，[它]要么是自性，‸要么是他性。因此，有了自性和他性事物才能成立，既然没有自性也没有他性，这个时候又怎么会有一个离自性、他性的无可指称、非自非他的事物呢？（15.4） D 225a

有人说：那么诸事物的无（abhāva）是存在的，而如果无所观待就没有“无”[1]，所以那个领有“无”的事物还是存在的。

回答：即使这样，事物也是不可能成立的。为什么呢？因为“无”是不成立的。已经说过：

若离自性与他性，从何而又有事物？（15.4ab）

所以，

事物之有若不成，无亦即是不成立。（15.5ab）

［梵］ *bhāvasya ced aprasiddhir abhāvo nâiva sidhyati* |

［什］ 有若不成者，無云何可成？

有（bhāva）如果完全不成立，无（abhāva）就不成立，难道不是这么说吗？为什么呢？

因为有之变异性，人们即称之为无。（15.5cd）

［梵］ *bhāvasya hy anyathābhāvam abhāvaṃ bruvate janāḥ* ||

［什］ 因有有法故，有壞名爲無。

‸因为，人们说：“有（bhāva）的变异性（anyathābhāva）就是无。”连这个“有”都没有，没有了这个[有]，“无”属于谁所有呢？没有了无，哪里会有你[所谓的]它的对立面——有？（15.5） St 202

有人说：在[佛教]中说“见真实性（tattva）而解脱”，所谓“真实性”也就是其存在性（tasya bhāvaḥ），即彼本身（tattva），[也就是]事物的自性（bhāvasya svabhāvaḥ）的意思。这里如果没有事物的自性，你岂不是不能观见真实性？‸不观见真实性怎么可能解脱？因此，事物无自性的见解并不优善。 P 255a

回答：不要妄执取！

---

[1] 原文 *dngos po med pa yang ma ltos par byed pas*，其中的 *byed* 难以理解，斎藤明（Saito 1984, II, 201, n. 6）认为可能是 med (= myed) 之误，今依之翻译。

某些人等若观见，自性、他性及有、无，
彼等人则不观见，佛陀教中真实性。（15.6）

［梵］ *svabhāvaṃ parabhāvaṃ ca bhāvaṃ câbhāvam eva ca |*
ye paśyanti na paśyanti te tattvaṃ buddhaśāsane ||

［什］ 若人見有、無，見自性、他性，如是則不見，佛法真實義。

D 225b 那些这样▼观见自性、他性、[有、][1]无的人，就不能观见佛陀甚深教法之中的真实性。我们如实观见“缘起”（pratītyasamutpāda）的初升太阳所显照的事物无自性性，因此，正是我们观见了真实性，所以只有我们才能有解脱。（15.6）

St 203 ▼如果问为什么，因为：

于《教迦旃延经》中，能知有无之世尊，
对于存在、不存在，两种说法都遮止。（15.7）

［梵］ *Kātyāyanāvavāde câstîti nâstîti côbhayam |*
pratiṣiddhaṃ bhagavatā bhāvābhāvavibhāvinā ||

［什］ 佛能滅有無，於化迦旃延，經中之所說，離有亦離無。

因为，善巧于胜义的真实性、能知[2]有无的世尊，在《教迦旃延经》中，对存在和不存在二种说法都予以遮止。[3] 因此，那些在诸事物中观见存在性和不存在性

---

1 藏译缺，依上下文补。

2 “知”，此处藏译本作 *ston pas* “开显”，对应颂中的*vibhāvinā*，藏译《佛护》颂文也作*ston pas*。vibhāvin有开显之义，也有了知之义。《明句》（PsP_L 270 3–5）理解该词为“知”：*bhāvābhāvau vibhāvayituṃ śīlam asyêti bhāvābhāvavibhāvī, yathāvasthitabhāvābhāvāviparītasvabhāva<u>parijñānād</u> bhāvābhāvavibhāvîti bhagavān evôcyate |*。藏译《明句》的颂文也将 *vibhāvinā* 译作 *mkhyen pas*，笔者这里采取这种理解。

3 梵本参《杂阿含·杂因诵》（NidSa 19.4–8）：*evam ukto bhagavān āyuṣmantaṃ Sandhākātyāyanam idam avocat | dvayaṃ niśṛto 'yaṃ Kātyāyana loko yadbhūyasā astitāṃ ca niśṛto nāstitāṃ ca | upadhyupādānavinibaddho 'yaṃ Kātyāyana loko yad utâstitāṃ ca niśṛto nāstitāṃ ca |* [...] (19.7) *tat kasmād dhetoḥ | lokasamudayaṃ Kātyāyana yathābhūtaṃ samyakprajñayā paśyato yā loke nāstitā sā na bhavati | lokanirodhaṃ yathābhūtaṃ saṃmyakprajñayā paśyato yā loke astitā sā na bhavati | ity etāv ubhāv aṃtāv anupagamya madhyamayā pratipadā tathāgato dharmaṃ deśayati |*。另参《明句》（PsP_L 269.7–10）：*uktaṃ hi bhagavatā Āryakātyāyanāvavādasūtre | yad bhūyasā Kātyāyanāyaṃ loko 'stitāṃ vâbhiniviṣṭo nāstitāṃ ca, tena na parimucyate | jātijarāvyādhimaraṇaśokaparidevaduḥkhadaurmanasyopāyāsebhyo na parimucyate | pāñcagatikāt saṃsāracārakāgārabandhanān na parimucyate | mātṛmaraṇasaṃtāpaduḥkhān na parimucyate | pitṛmaraṇasaṃtāpaduḥkhād iti vistaraḥ ||*。《明句》随后（PsP_L 269.11）特别强调说：此经为一切部派所读诵。（*idaṃ ca sūtraṃ sarvanikāyeṣu paṭhyate |*）对应巴利本 *Kaccāyanagotta Sutta*，参《相应部》（SN 12.15, §§4–7 [II 17.8–24]）：*dvayanissito khvâyaṃ Kaccāyana loko yebhuyyena atthitañ ceva natthitañ ca || lokasamudayaṃ kho Kaccāyana yathābhūtaṃ sammappaññāya passato yā loke natthitā sā na hoti || lokanirodhaṃ kho Kaccāyana yathābhūtaṃ*

的人，就没有观见真实性，他们不可能有解脱。而对于我们这些不执著存在性和不存在性而作言说的人，[解脱]就不是不可能。如果见有和无就是见真实性的话，那就没有任何一个人不见真实性，所以这不是观见真实性。

因此，真实性就是诸事物无自性性，只有观见它才能解脱。ᵀ圣提婆(Āryadeva) P 255b 阿阇黎也说过：

> 有体之种即是识，境界是其所行境，
> 若见境界无我体，有体之种即断离。（《四百论》14.25）[1]

(15.7)

这只能这样理解，否则的话，

> **ᵀ彼若以本性存在，不应变为不存在。（15.8ab）** St 204
>
> ［梵］ *yady astitvaṃ prakṛtyā syān　na bhaved asya nāstitā* |
>
> ［什］ 若法實有性，後則不應無。

如果诸事物以本性(prakṛti)而存在，这个以本性而有的存在性，不会后来变成不存在性。为什么呢？因为：

> **因为确实不可能，本性还拥有异性。（15.8cd）**
>
> ［梵］ *prakṛter anyathābhāvo　na hi jātûpapadyate* ||
>
> ［什］ 性若有異相，是事終不然。

ᵀ因为，本性是变化(vikṛti)的对立面，所以本性应该是恒常不变的，而事物却 D 226a 显现出异性，因此它们不可能以自性而存在。(15.8)

这里有人说：如果是由于观见[事物的]“无”(abhāva)而理解事物的无自性，那么至少有事物的无。

回答：

---

sammappaññāya passato yā loke natthitā sā na hoti || || [...] (§7) *sabbam atthîti kho Kaccāyana ayam eko anto* || *sabbaṃ natthîti ayam dutiyo anto* || || *ete te Kaccāyana ubho ante anupagamma majjhena tathāgato dhammam deseti* || ||。汉文本参《杂阿含经》(《校释》第 2 册，第 44 页；T 2, no. 99, 85c19–28)：佛告詵陀迦旃延：“世間有二種依，若有若無，爲取所觸。取所觸故，或依有，或依無。[……] 所以者何？世間集如實正知見，若世間無者不有。世間滅如實正知見，若世間有者無有。是名離於二邊説於中道。”

[1] 参第 2 页注 5。

如果本性不存在，则异性为谁所有？[1] **（15.9ab）**

［梵］ *prakṛtau kasya vâsatyām anyathātvaṃ bhaviṣyati* /

［什］ 若法實無性，云何而可異？[2]

如果说诸事物在本性上是没有存在性的，此时诸事物的存在性就没有本性，那么这个异性属于谁所有呢？

有人说：如果诸事物的“无”是可见的话，没有本性就不可能有“无”，那么，那个领有“无”的事物无疑是有本性的。

St 205 ▼回答：

而或本性若存在，则异性为谁所有？（15.9cd）

［梵］ *prakṛtau kasya vā satyām anyathātvaṃ bhaviṣyati* //

［什］ 若法實有性，云何而可異？

前面不是已经说过了吗？

因为确实不可能，本性还拥有异性。（15.8cd）

P 256a 因为，本性是变化的对立面，所以▼本性应该是恒常不变的。因此，诸事物的无也是不可能有的。（15.9）

将事物视作存在和不存在，还会导致其他过失。

认为存在则执常，说不存在是断见。
因此智者不住于，存在和不存在性。（15.10）

［梵］ *astîti śāśvatagrāho nâstîty ucchedadarśanam* /
tasmād astitvanāstitve nâśrayeta vicakṣaṇaḥ //

［什］ 定有則著常，定無則著斷。是故有智者，不應著有無。

认为“事物是存在的”这样的有见，会导致执取常的过失。而认为“事物是不存在的”这样的无见，则会导致断见的过失。这两者都是无义而有害的。因此，由于视为存在和不存在会导致常、断见的过失，这是无义而有害的，所以智者想要证见真实性，想要渡出轮回旷野，▼不会住于存在性与不存在性。（15.10）

D 226b

[1] 诸家中唯《明句》（PsP_L 271.13–14）将此二句理解为对方的问难。

[2] 与其他注家相比较，《青目》中该颂的前二句和后二句次序相倒，此处所引是后二句。

有人说：观见存在性和不存在性，怎么就会导致常、断见的过失呢？ St 206

回答：

谓彼以自性存在，非不存在即是常。

认为先前曾出现，而今不存则成断。（15.11）

〔梵〕 *asti yad dhi svabhāvena na tan nâstîti śāśvatam |*
nâstîdānīm abhūt pūrvam ity ucchedaḥ prasajyate ||

〔什〕 若法有定性，非無則是常。先有而今無，是則爲斷滅。

因为，[1-]以自性而存在的某物，后来不会成为不存在，因为本性是不变化的。所以，观见存在性，由此就有了常见。观见了存在的坏灭，认为这个事物先曾出现而今成无，由此就有了断见。[-1]

[2-]这样，因为观见诸事物的存在性与不存在性有多种过失，所以，所谓诸事物无自性，这就是观见真实性，就是中道（madhyamā pratipat），这就是胜义成立（paramārthasiddha）。[-2]（15.11）

[以上是]第 15 品《有与无之考察》。

1 与《无畏》(D 61b5–7)基本相同。

2 与《无畏》(D 61b7)相同。

第16品　缠缚与解脱之考察[1]

Bandhamokṣaparīkṣā nāma ṣoḍaśamaṃ prakaraṇam

[1] 梵本《明句》: PsP_L 280 误作 *bandhanamokṣaparīkṣā*, PsP_L 301 *bandhamokṣaparīkṣā* = $MK_{Ms\ Dr}$; 藏译《中论颂》《无畏》《佛护》《般若灯》《明句》: *bcings pa dang thar pa brtag pa*; 汉译《青目》《般若灯》《安慧》: 觀縛解。

这里有人说：不观见某个[事物]的有(bhāva)与无(abhāva)，一个人就不可能有轮回和涅槃，缠缚与解脱，这怎么会是真实性呢？观见了有与无，所有这一切就可以有，因此观见有与无就是观见真实性。 P 256b St 207

回答：如果观见某个[事物]的有与无，那么它的这一切就都不可能有。若问怎么讲，[则回答，]这里，[那些]主张"有"的人(bhāvavādin)如果构想诸事物是有，就是构想有为法或众生是有，这些若被构想为有，或导致常的过失，或导致断的过失。其中，

诸有为法若轮回，彼是常则不轮回。
无常亦不能轮回，对于众生亦同理。(16.1)

[梵] *saṃskārāḥ saṃsaranti cen na nityāḥ saṃsaranti te /*
saṃsaranti ca nânityāḥ sattve 'py eṣa samaḥ kramaḥ //

[什] 諸行往來者，常不應往來。無常亦不應，衆生亦復然。

这里，首先，如果构想有为法来轮回，是不可能。

彼是常则不轮回。无常亦不能轮回，(16.1bc)

首先，有为法是常则不轮回，为什么呢？因为常的东西是不变的。在[佛教]中，流转相续于彼彼处生灭，就称为轮回，恒常不变的有为法不可能有生起与坏灭的属性，因此有为法是常则不轮回。 D 227a St 208

[而且，]有为法是无常也不轮回。因为，诸有为法于此处灭，并非是同一的有为法在别处生，因此，彻底灭失者不可能有轮回，所以有为法是无常也不轮回。这样，首先名为"有为法"的事物[无论]是常和无常都不可能轮回。 P 257a

这里如果认为，诸有为法不轮回，而众生轮回，对此回答：

对于众生亦同理。(16.1d)

对"有为法不可能轮回"的解说步骤(krama)，对于众生也是一样。因为，众生也是或常而轮回，或无常而轮回，因此这里也是，常则不可能轮回，因为没有变化；无常也不可能轮回，因为无需努力就彻底灭失。(16.1)

这里有人说：对"众生轮回"的[解说]步骤是不同的，因为众生不可说与蕴、处、界是一是异，也不可说是常是无常。因此，离常、无常过失的众生有轮回。[1]

---

[1] 《般若灯》(D 164b7–165a1; T 30, 96b24–27)中有类似表述，并指明是犊子部说。

回答：

补特伽罗若轮回，于诸蕴、处、界之中，

St 209 **五种推求彼皆无，是则由谁去轮回？（16.2）**

［梵］ *pudgalaḥ saṃsarati cet skandhāyatanadhātuṣu /*
pañcadhā mṛgyamāṇo 'sau nâsti kaḥ saṃsariṣyati //

［什］ 若衆生往來，陰、界、諸入中，五種求盡無，誰有往來者？

如果这样认为补特伽罗有轮回的话，这是绝无可能的。为什么呢？因为在诸蕴、处、界之中以五种方式推求，他都是没有的。你自臆所造的这个不存在的补
D 227b 特伽罗，就像假造的鹿一样，在蕴、处、界之中以五种方式推求而皆不可得，既然他以五种方式推求而皆不可得，又以什么其他形式而可被视为存在呢？因此，他就是不存在的。如果他不存在，你要回答：谁来轮回呢？（16.2）

而且，

P 257b **从一取往另一取，轮回者成无有体，**

无有体且无有取，谁将于何作轮回？（16.3）

［梵］ *upādānād upādānaṃ saṃsaran vibhavo bhavet /*
vibhavaś cânupādānaḥ kaḥ sa kiṃ saṃsariṣyati //

［什］ 若從身至身，往來即無身。若其無有身，則無有往來。

如果构想补特伽罗来轮回，那么他从一个取用（upādāna）[1]轮转至另一个取用，就成了无有体（vibhava）。为什么呢？因为，依托取用才能施设有体（bhava），而他的这一个取用在进入[与另一个]取用的间隙的时候是不存在的，由什么施设为有体呢？因此，由于他没有取用，就导致了无有体的过失。这个无有体、无取用、无
St 210 促显者、无言说施设者是谁？他又轮回于什么取用之中？当[他]不作取用之时，也就没有取用。

有人说：他拥有中有（āntarābhavika），所以还是有取用的。因此，正是由[这个]拥有取用者，取用另一个有体，所以[他]不是无取用。

回答：他舍弃此一取用而迁至中有的取用，以及舍弃中有的取用而迁至另一个取用，在其间隙之中他还是无有体并且无取用，所以还是有一样的[过失]。[2] 因此，众生也不可能轮回。（16.3）

[1] "取用"即所取，指五取蕴，参第 128 页注 3。

[2] 《般若灯》（D 165a5–7）对此义有批判。

现在说,

诸有为法有涅槃,无论如何不可能。(16.4ab)

〔梵〕 *saṃskārāṇāṃ na nirvāṇaṃ kathaṃcid upapadyate* |

〔什〕 諸行若滅者,是事終不然。

有为法有涅槃,无论如何是不可能的。为什么呢?因为会导致常与无常的过失。这里,首先,如果构想诸有为法是常,ᐁ对于常而不变的有为法,通过获得涅槃产生了什么差别呢?如果产生了[差别],就是有变化,就成了无常。ᐁ再者,如果诸有为法是无常,这样的话也就是具有坏灭的属性,那么对于灭而成无的[有为法],涅槃属于何者所有呢?因此,有为法不可能有涅槃。 D 228a P 258a

这里如果认为众生有涅槃,对此回答:

ᐁ**众生有涅槃亦是,无论如何不可能。(16.4cd)** St 211

〔梵〕 *sattvasyâpi na nirvāṇaṃ kathaṃcid upapadyate* ||

〔什〕 無常亦不應,衆生亦復然。

众生有涅槃,也无论如何是不可能的。为什么呢?因为会导致常与无常的过失。这里,首先,如果众生是常,对于常而不变者,获得涅槃就没有任何用处,而且有众多过失。再者,如果众生是无常,这样的话,无常也就是无需努力而有灭,涅槃又有什么用呢?涅槃属于谁所有呢?

这里如果认为,不可说是常是无常的众生就可以有涅槃,[1] 这也是不合理的。为什么呢?这个不可说是常是无常的[人]只有可能是拥有取用者,而不可能是无取用者,如果无取用的众生可以有涅槃,为什么这个离取用而独有者不可说是常是无常呢?这里如果认为,[这个]无取用者不可说是有是无,对此回答:不可说是有是无的这个[人],怎么可说有涅槃呢?

[对方]说:ᐁ这个无取用者不可说是有是无,ᐁ正如虽然有拥有取用者,而不可说[与取用]是一是异。 P 258b D 228b

ᐁ回答:对于一个无取用、无促显者的[人],由何知其有呢?如果是有的话,由何而知其有,这个东西就是他的取用,而一个有取用的[人]是不可能有解脱的。 St 212

这里如果认为:既然说了无取用者即不可说有,这时责难说“由何而知其有”,怎么会合理呢?则回答:可说与可了知是不同的,所以我们说“如何可知”而不说“如何可说”。对于不存在的兔角,你的可说与不可说的想法是不存在的,因此,

[1] 《般若灯》(D 166a2; T 30, 97a16–18)中有类似表述,并指明是犊子部说。

[难道不是]你心觉其有，为了避免言词过失而说为不可说？又或者，如果你心里也不确定其是有是无，那么为什么说为不可说呢？就应该坦白地说其不为[你]所了知。圣提婆（Āryadeva）阿阇黎也曾说过：

> 解脱时有我则常，　若无有则成无常，
> 士夫（puruṣa）即是不可说，　而非不为智者知。[1]

因此，众生无论如何也不可能有涅槃。（16.4）

St 213　　　　　　**具生灭性之有为，▼不缠缚亦不解脱，（16.5ab）**

[梵]　*na badhyante na mucyanta　udayavyayadharmiṇaḥ |*
[什]　諸行生滅相，不縛亦不解。

有为法不可能有缠缚，也不可能有解脱。为什么呢？因为，有为法具有生灭P 259a 的属性，每一刹那▼生起而自然灭，不得安住，无论如何不可能有缠缚和解脱。

有人说：有为法的相续有缠缚和解脱。

D 229a　　回答：如果有一个名为"有为法相续"的事物，可以如你所主张有缠缚或解脱，然而有为法生灭的因性（hetutva）就被称为相续，这个时候，这里是什么东西来缠缚和解脱呢？而就算有一个相续的事物，即使这样，由于它是有为，具有生灭的属性而且不得安住，又怎么会有缠缚和解脱？

这里如果认为，有为法不会有缠缚和解脱，然而众生有缠缚和解脱，对此回答：

众生亦如前[所说]，不缠缚亦不解脱。（16.5cd）

[梵]　*saṃskārāḥ pūrvavat sattvo　badhyate na na mucyate ||*
[什]　衆生如先說，不縛亦不解。

众生也不会有缠缚和解脱。如果问怎么讲，即如前[所说]。正如前面解说过众生是常则不可能有轮回和涅槃，无常也不可能有，这里同样，如果众生是常而St 214 不变则不可能有缠缚和解脱。如果能缠缚和解脱的话，▼[他]就是有变化，就成了无常。众生是无常，就是具有生灭的属性而不安住，也不能轮回和解脱，因为既然灭而成无，应由谁来缠缚和解脱？（16.5）

---

[1] 此颂出处不明，不见于提婆的《四百论》。《般若灯》（D 166a6–7; T 30, 97a27–28）也引用了此颂，但是为了支持犊子部观点而说。考察该颂的观点，像是支持犊子部所主张的不可说常无常的补特伽罗我，因此《佛护》这里归为提婆可能有误，但这里引用此颂，确实可以用犊子部自己的话来反诘其主张：不可说与不可知是不同的，你所谓不可说，实为不可知，不可得。

这里有人说：众生的取用就称为缠缚，取用的究竟息灭▾就称为解脱。众生不可说是常是无常，因此，离常、无常过失的众生可以有缠缚和解脱。 P 259b

回答：

如果取即是缠缚，有取者即无缠缚，（16.6ab）

〔梵〕 *bandhanaṃ ced upādānaṃ sopādāno na badhyate* /

〔什〕 若身名爲縛，有身則不縛，

如果取用是缠缚（bandhana），那么，首先，具有取用的众生不会被缠缚。为什么呢？因为他已经有了缠缚，因为，已被缠缚则何须再次被缠缚？

这里如果认为，无取用者就可以被缠缚，▾对此回答： D 229b

无取者亦无缠缚，（16.6c）

〔梵〕 *badhyate nânupādānaḥ*

〔什〕 無身亦不縛，

即使无取用，他也不可能被缠缚。因为，无取用就是无可施设、无言说施设、无促显者，他怎么会是存在的呢？一个不存在者怎么会被取用所缠缚？因此，无取用的众生也不可能被取用所缠缚。不然的话，你就要回答：你[所谓的]众生，

是则何时有缠缚？（16.6d）

〔梵〕 *kimavastho 'tha badhyate* //

〔什〕 於何而有縛？

（16.6）

▾这里有人说：至少作为缠缚的取用显然是存在的，由其能缠缚，所以称之为缠缚。这样，由于缠缚是存在的，所以被它所缠缚者也就是存在的。 St 215

回答：

被缚者前若有缚，此缚可缚[被缚者]。
然而此前彼无有，（16.7abc̱）

〔梵〕 *badhnīyād bandhanaṃ kāmaṃ bandhyāt pūrvaṃ bhaved yadi* /
na câsti tac

〔什〕 若可縛先縛，則應縛可縛。而先實無縛，

如果在[有]被缠缚者之前作为缠缚的取用存在的话，如你所主张，作为缠缚的取用可以缠缚[被缠缚者]，而在被缠缚者之前，这个[取用]是不存在的。因为，
P 260a 不被取用，又怎么会是取用呢？因此，取用不是缠缚。

余由正、已、未行说。（16.7cd）

［梵］ *cheṣam uktaṃ gamyamānagatāgataiḥ* ‖

［什］ 餘如去來答。

应当理解，除了缠缚不可能存在，其余的可由正行、已行、未行[的考察方式]来解说。[1] 正如已行处没有行动，未行处也没有，正行处也没有，同样，已被缠缚者没有缠缚，未被缠缚者也没有缠缚，正被缠缚者也没有缠缚。正如已行处不可能有行之发动，未行处也不可能有，正行处也不可能有，同样，已被缠缚者处不
St 216 可能有缠缚的开始，未被缠缚者也不可能有，正被缠缚者也不可能有。（16.7）

D 230a 这里有人说：且说解脱是世尊教导的主旨，如来是为了世间人解脱而生于世间，因此，至少解脱是存在的。而没有缠缚就没有解脱，所以缠缚也是存在的。

回答：有解脱才会有缠缚，而解脱是不可能有的，怎么会有缠缚？怎么讲呢？因为：

已缠缚者不解脱，（16.8a）

［梵］ *baddho na mucyate tāvad*

［什］ 縛者無有解，

这里，首先，已被缠缚者不能解脱，为什么呢？因为已被缠缚者即安住于缠缚之位，他怎么能解脱呢？如果也能解脱的话，那么就没有人不解脱了，这是不被认许的。因此，首先，已被缠缚者不能解脱。

[对方]说：已被缠缚者离了缠缚就有解脱。

回答：这还是一样，已被缠缚者不可能离缠缚，因为他就是已被缠缚者。

P 260b [对方]说：离缠缚就称为解脱。

回答：

未缠缚者不解脱，（16.8b）

［梵］ *abaddho nâiva mucyate*

［什］ 不縛亦無解。

---

[1] 参第 2 品。

因为，离缠缚者就是未被缠缚者，未被缠缚者就已解脱，他何须再次解脱？▼因此，未被缠缚者也不能解脱。 St 217

有人说：[就是]已被缠缚者解脱，因为，已被缠缚者能得解脱，这是世间皆知的。

回答：[你]所谓“这是世间皆知的”是正确的说法，正因为是世间皆知，所以不入胜义思维。怎么讲呢？因为：

若已缚时正解脱，缠缚、解脱成同时。（16.8cd）

〔梵〕 *syātāṃ baddhe mucyamāne yugapad bandhamokṣaṇe* ‖

〔什〕 縛時有解者，縛、解則一時。

如果是已被缠缚者解脱，这样的话，有了这个缠缚才可称为已被缠缚者，有了这个解脱才可称为已解脱者，[这样就]导致了缠缚和解脱两者同时而有的过失。相互违逆的缠缚和解脱▼两者不可能共住。因此，已被缠缚者有解脱之说是不合理的。（16.8） D 230b

这里有人说：如果解脱都不可能有的话，那么，惧怕轮回者的意愿：“何时我将离取而入涅槃？何时般涅槃将为我所有？”以及[关于如何]获得涅槃的教授，还有由于将得涅槃而有的震撼，这一切岂不是都没有意义？[1]

回答：由于不得方法，希求、说教以及努力无疑就是无意义的。[2]▼因为，▼“我将离取而入般涅槃”的想法，以及“涅槃将为我所有”的想法，怎么会是涅槃呢？此时， P 261a St 218

“我将离取入涅槃，涅槃将为我所有。”
若有如是执取者，彼等有取无善解。[3]（16.9）

〔梵〕 *nirvāsyāmy anupādāno nirvāṇaṃ me bhaviṣyati* /
iti yeṣāṃ grahas teṣām upādānam asugrahaḥ[4] ‖

〔什〕 若不受諸法，我當得涅槃。若人如是者，還爲受所縛。

---

[1] 参《明句》(PsP$_L$ 294.10–11)：*kadā nu khalv aham anupādāno nirvāsyāmi kadā nu me nirvāṇaṃ bhaviṣyatîti, nanu sa vyarthaka eva saṃjāyate* ‖

[2] 参《明句》(PsP$_L$ 295.10–11)：*tāvan niyatam evânupāyena nirvāṇaṃ prārthayatāṃ sarva evârambhā vyarthā bhavanti* /

[3] 此句依藏译《佛护》翻译。梵本《明句》(PsP$_L$ 295.5)作 *upādānamahāgrahaḥ*, MK$_{Ms\ Dr}$基本相同，唯缺末 *ḥ*，这一读法与藏译《明句》相符：*nyer len 'dzin pa chen po yin*，应译作：彼等有取大执取。而藏译《佛护》中此句作 *nyer len legs par zin ma yin*，藏译《无畏》《般若灯》中相同，汉译《般若灯》(此執爲不善，T 30, no. 1566, 98b12)，也支持这一读法。斎藤明 (Saito 1984, I, 285, n. 23) 据之构拟其梵文为 *upādānam asugraham*，笔者认为应构拟作 *upādānam asugrahaḥ*。《青目》的译文无法判断其所依梵本属于哪一种读法。

[4] 参本页注 3。

在[佛教]中，取用的究竟息灭就称为涅槃，一切取用的根本就是我、我所执，而那些思量“我当离取而入般涅槃”和“离取的般涅槃当为我所有”的人，由于他们安住执取于我、我所执，所以他们的我、我所执本身就是取而非善解。有取者怎么会有解脱呢？谁是那个离取而入般涅槃者？般涅槃将为谁所有？这一切都是由其爱（tṛṣṇā）和无明（avidyā）所生。（16.9）

D 231a 这里有人说：至少轮回和涅槃还是存在的，而它们必然属于某者，而非不属于任何者，所以轮回者和涅槃者也是存在的，对于我们来说这就足够了。

St 219 回答：那么你岂不是在守护一个空碗？不可能有缠缚和解脱的这些人，你竟然认为他们有轮回和涅槃。

此处无涅槃之立，亦无轮回之除遣，

P 261b **何者执为是轮回？何者执为是涅槃？（16.10）**

［梵］ *na nirvāṇasamāropo na saṃsārāpakarṣaṇam |*
yatra kas tatra saṃsāro nirvāṇaṃ kiṃ vikalpyate ||

［什］ 不離於生死，而别有涅槃。實相義如是，云何有分别？

因为，在某个轮回中，[1] 如果被缠缚的众生和诸有为法[不][2]除遣和断离轮回，不安立和趣入涅槃，那么在这里应计执什么为“轮回”？如果在这里什么都不除遣，在这里什么都不安立，那么在这里又应计执什么为涅槃？

或者，还可以有另一种意义。因为，某人虽然为了灭轮回得涅槃而有勤行，却不除遣和断离轮回，不安立和增益涅槃，[3] 从而远离不实计执（abhūtavikalpa），那么对于他，计执什么“轮回”？又计执什么“涅槃”？

因此，由于会导致常见和断见的过失，所以对于这些观见有与无的人，轮回与涅槃，缠缚与解脱都是不可能有的。只有对于说缘起者（pratītyasamutpāda-vādin），所谓“轮回”与“涅槃”，“缠缚”与“解脱”才是成立的。（16.10）

[以上是]第 16 品《缠缚与解脱之考察》。

---

[1] 此处藏译作 *'di ltar 'khor ba gang la*（= *yatra hi saṃsāre），佛护认为颂文中的 *yatra*“此处”指“在轮回中”，而《无畏》（D 63b6）、《般若灯》（D 169b2）和《明句》都认为指“在胜义中”，参《明句》（PsP_L 299.4）：*yatra hi nāma paramārthasatye* [...]。注意佛护在下面又给出另一种理解，*yatra* 指对于离执之人。

[2] 藏译中无否定词，根据上下文补入。

[3] 意为不作“有轮回可除，有涅槃可入”之想。

第17品　业与果之考察[1]

Karmaphalaparīkṣā nāma saptadaśamaṃ prakaraṇam

[1] $MK_{Ms\ M}$ *dharmmadharmaparikṣā*（“法法之考察”，恐有抄误）；$MK_{Ms\ Dr}$ *karmmaparīkṣā*（业之考察）；梵本《明句》（PsP_L）：*karma[phala]parīkṣā*（“业果之考察”，*phala*“果”一字为校勘者所加）；藏译《中论颂》（P）：*las brtag pa*（业之考察）；藏译《中论颂》（D）、《无畏》《佛护》《般若灯》《明句》：*las dang 'bras bu brtag pa*（业果之考察）；汉译《青目》《般若灯》《安慧》：觀業。

这里有人说：所谓“若见有、无，轮回就不可能有，因为会导致常、断的过失”，这一说法是不合理的，为什么呢？因为有业果联系（karmaphalasambandha）。什么是业呢？ St 220 D 231b

克己、利他与慈爱，如是之心即是法。
此世以及后世果，此[心]即是彼种子。（17.1）

［梵］ *ātmasaṃyamakaṃ cetaḥ　parānugrāhakaṃ ca yat /*
maitraṃ sa dharmas tad bījaṃ　phalasya pretya cêha ca //

［什］ 人能降伏心，利益於衆生，是名爲慈善，二世果報種。

“克己”（*ātmasaṃyamaka*）就是能克制自我。“利他”（*parānugrāhaka*）就是能利益他人。“慈爱”（*maitra*）即存在于友人之中（mitre bhavam），从爱友所生的意思。或者，“慈爱”指慈爱性（mitratva），即仁爱的意思，这是表示原义（svārtha）的词缀（pratyaya）。[1] 能克制自我的、能利益他人的、慈爱的心即是法[2]，它就是果报的种子，是此世与后世果报的因。因为，世尊也曾说： P 262a

修慈有八胜处（anuśaṃsa），诸人欢喜。[3]

---

[1] 《般若灯》（D 171a1–2）与《明句》对 maitra 的构词有类似的两种解释。《明句》（PsP_K 90.7–8; PsP_L 305.3）：*mitre bhavam aviruddhaṃ sattveṣu yac cetas tan maitraṃ cetaḥ / mitram eva maitram /*。第一种将 maitra 理解为 mitra 加词缀 aṆ，表存于 mitra 中（参 Pā 4.3.53 *tatra bhavaḥ*），或从 mitra 而来（参 Pā 4.3.74 *tata āgataḥ*）。第二种理解为所加词缀 aṆ 表 mitra 的存在状态（bhāva），意义等于 mitratva，参 Pā 5.1.119, 130。另参梶山雄一 1979, 346, n. 6; Kragh 2006, 209–211。

[2] 此处“法”（dharma）指防恶向善之心，反之即“非法”（adharma）。《明句》（PsP_K 88.1–90.2; PsP_L 304.1–9）有详细解释：

tad etad ātmasaṃyamakaṃ kuśalaṃ cetaḥ prāṇātipātādiṣu pravṛttividhārakaṃ durgatigamanād dhārayatîti dharma ity ucyate // dharmaśabdo 'yaṃ pravacane tridhā vyavasthāpitaḥ svalakṣaṇa-dhāraṇārthena kugatigamanavidhāraṇārthena pāñcagatikasaṃsāragamanavidhāraṇārthena // tatra svalakṣaṇadhāraṇārthena / sarve sāsravā anāsravāś ca dharmā ity ucyate // kugatigamanavidhāra-ṇārthena daśakuśalādayo dharmā ity ucyante / [...] pāñcagatikasaṃsāragamanavidhāraṇārthena nirvāṇaṃ dharma ity ucyate / dharmaṃ śaraṇaṃ gacchatîty atra // iha tu kugatigamana-vidhāraṇārthenâiva dharmaśabdo 'bhipretaḥ //

这个克己的善心能防止（*vidhāraka*）杀生等行为，防止（*dhārayati*）进入恶趣，所以称为“法”（*dharma*）。“法”这个词在言教中有三种安立：依任持自相（*svalakṣaṇadhāraṇa*）之义，依防止（*vidhāraṇa*）进入恶趣之义，依防止（*vidhāraṇa*）进入五趣轮回之义。其中，依任持自相之义，一切有漏无漏即称为“法”。依防止进入恶趣之义，十善等即称为“法”。[……]依防止进入五趣轮回之义，涅槃即称为“法”，[如]“皈依法”之说。此处的“法”一词正是依防止进入恶趣之义而言。

[3] 参《增支部》（AN 8.1.2 [IV, 150.10–12]）：*mettāya bhikkhave cetovimuttiyā āsevitāya bhāvitāya bahulīkatāya yānīkatāya vatthukatāya anuṭṭhitāya paricitāya susamāraddhāya aṭṭhānisaṃsā pāṭikaṅkhā*。梵语残叶（SHT I, 276, Nr. 620r2）：*... bhāvayata maitrāyām āsevitā ...*。

其后广说[从略]。因为，三种业都是法，说心是种子，是因为身和语两者依赖于它。因为，世尊也曾说过偈颂：

诸法以意为先导。[1]

(17.1)

St 221 ▾**最胜仙人曾宣说，思业、思已[所造]业。**
[佛陀也]曾遍解说，种种此业之差别。(17.2)

［梵］ *cetanā cetayitvā ca karmôktaṃ paramarṣiṇā /*
tasyânekavidho bhedaḥ karmaṇaḥ parikīrtitaḥ //

［什］ 大聖説二業，思與從思生。是業別相中，種種分別説。

最胜仙人亦即佛世尊曾说过，诸业略说有二种业，即作为种子的思[业](cetanā)以及后时发起的思已[业](cetayitvā)。[2] 这二种业又有种种差别，世尊曾处处宣说这样的众多种类。(17.2)

此中所说之思业，传承许为是意业。
所说思已[所造业]，即是身、语[所造业]。(17.3)

［梵］ *tatra yac cetanêty uktaṃ karma tan mānasaṃ smṛtam /*
cetayitvā ca yat tûktaṃ tat tu kāyikavācikam //

［什］ 佛所説思者，所謂意業是。所從思生者，即是身、口業。

其中，被说为思的这个业，传统认为是意[业]，被说为思已的这个业，就是心
P 262b D 232a 想“此▾应做”之后▾由身或语所造，它属于身和语，但并非不思而造。(17.3)

言语[业]及行为[业]，诸不止息无表[业]，
及余止息无表[业]，即是传承所认许。(17.4)

［梵］ *vāg viṣpando 'viratayo yāś câvijñaptisaṃjñitāḥ /*
avijñaptaya evânyāḥ smṛtā viratayas tathā //

［什］ 身業及口業，作與無作業，如是四事中，亦善亦不善。

---

[1] 梵本参《优陀那品》(Uv 31.23a)：*manaḥpūrvaṅgamā dharmā*。巴利本参《法句经》(Dhp 1a)：*manopubbaṅgamā dhammā*。维祇难等译《法句经》(T 4, no. 210, 562a13)：心爲法本。

[2] 参《中阿含经》(T 1, no. 26, 600a23–24)：云何知業？謂有二業：思、已思業，是謂知業。巴利本参《增支部》(AN III, 415.7–8)：*cetanâhaṃ bhikkhave kammaṃ vadāmi, cetayitvā kammaṃ karoti kāyena vācāya manasā*。南传上座部对 *cetayitvā* 的解释与这里所说的“思已业”不同，参 Kragh 2006, 226, n. 348。

随受用生之福[业],▼及如是之非福[业], St 222

连同思[业]共七法,传承说为具业相。(17.5)

[梵] *paribhogānvayaṃ puṇyam　apuṇyaṃ ca tathāvidham |*
cetanā cêti saptâite　dharmāḥ karmāñjanāḥ smṛtāḥ ||

[什] 從用生福德,罪生亦如是,及思爲七法,能了諸業相。

这里,“言语”(*vāg*)就是发出清晰的音节(varṇa),“行为”(*viṣpandaḥ*)就是身体的活动。[1] 由于这两者是业的主首,所以是包含于业道,这里也应说算作业数。

所谓“诸不止息无表[业]”(aviratyavijñaptayaḥ),持有不善心,想道:“此为不善业,我将以身或语做之。”至此虽然还没有以身或语做这个不善,仅以所持的不善心为因而生的不善[业],这些就得名为“不止息无表”。其他的止息无表[业](viratyavijñaptayaḥ)也应这样认许。即是,持有善心,想道:“此为善业,我将以身或语做之。”至此虽然还没有以身或语做这个善,仅以所持的善心为因而生的善[业],这些就得名为“止息无表”。[2]

“随受用生之福[业]”(*paribhogānvayaṃ puṇyam*),以受用为因而生的福[业]。所谓“随生”(*anvaya*),就是随行(anugama)、随系(anubandha)和相续增长(saṃtānaṃ puṇati),就是▼福(puṇya)[3]。随受用生之非福[业]也是同理。[4] P 263a

所谓“思[业]”(*cetanā*)就是心的造作(cittābhisaṃskāra)。

[1] 参《明句论》(PsP$_K$ 98.5; PsP$_L$ 307.10): *tatra vyaktavarṇoccāraṇaṃ vāk | viṣpandaḥ śarīraceṣṭā ||*。将身业理解为身体的活动,可能承自《无畏》(D 64a6),颂文中以 *viṣpanda* 一词指身业可能已有此意。《俱舍论》(T 29, no. 1558, 67c8始; AbhK-Bh 192.23ff.)和《成业论》(T 31, no. 1609, 781b4始)所列有部观点为身业是形色(saṃsthāna),并批判了余部所说的身业是“行动”(gati),《俱舍释》(AbhK-Vy 345.16)指出此处余部指犊子部(Vātsīputrīya),善慧戒的《成业释》(D no. 4071, 68a2–3)说是正量部(Sāṃmatīya),汉传《俱舍》注疏也说是正量部,例如普光的《俱舍论疏》(T 41, no. 1821, 201c2)。U. T. Kragh(2006, 233–234)指出,《中论颂》所用的 *viṣpanda* 一词并不一定说明这里引述观点局限于犊子或正量部。

[2] 《佛护》认为身语未动而唯由心意生无表业,《般若灯》(D 171b4–7)有类似解释。Kragh 指出(2006, 240, n. 372)此说与有部传统理解不符,有部认为身、语无表业由身、语表业所生。

[3] Kragh 指出(2006, 244–245),此处佛护用 *'phel ba* (= puṇati) “积聚、增长”释 *anvaya*,以训 *puṇya*“福”,《般若灯》(D 172a1–2)虽然也说 *'phel ba* 是 *anvaya* 的同义词,却是以 *dag par byed pa* (= punāti “净化”)训 *puṇya*。

[4] 据《明句》等注释,随受用而生之福业是指所施之物被僧等善者享用之后,施主所获得的福业。如果未享用,则只有布施的福业,没有随受用生福业。随受用而生之非福也是一样,例如出资建庙,当此庙用作杀生祭祀之用时,施主即得非福业。另参《青目》(ZY 1-15, 39b1–4 [2, 988]; T 30, no. 1564, 21c20–22a2):復有從用生福德,如施主施受者,若受者受用,施主得二種福,一從施生,二從用生。如人以箭射人,若箭殺一人,有二種罪,一者從射生,二者從殺生。若射不殺,射者但得射罪,無殺罪。

St 223 D 232b ▾这样，这些多种的业也就包含在言语等法▾之中，正是因此，传统认为言语等七法是具业相者（karmāñjana），即以业为名者，以业为相者（karmalakṣaṇa）。[1] 这样，由于这七种业与果报相联系，轮回就是合理的，而没有常、断的过失。（17.4–5）

回答：[2] 只有当业不导致常、断的过失[之时]，这个[说法]才没有过失，然而[业]会导致过失，所以，既不可能有业，也不可能有业果联系。怎么讲呢？

业若住至成熟时，则彼恒常而延续。（17.6ab）

［梵］ *tiṣṭhaty āpākakālāc cet　karma tan nityatām iyāt* |

［什］ 業住至受報，是業即爲常。

首先，如果业安住直至成熟时，这样也就是能于其他时间安住，于是就成了常，恒常不变的这个[业]怎么能异熟呢？

再者，如果想要避免这种过失，转而认为业是刹那性，由刹那性而灭，对此回答：

业若已灭，既已灭，又如何能引生果？（17.6cd）

［梵］ *niruddhaṃ cen niruddhaṃ sat　kiṃ phalaṃ janayiṣyati* ||

［什］ 若滅即無業，云何生果報？

如果业由刹那性而成为灭坏，它怎么能生起果报呢？而如果不存在的业也能
生果报，那么布树[3]的花也能将香气熏染至衣服，由于不存在，所以不能熏染，因
St 224 此，已灭的业不能生起果报。▾这样，由于业会导致常、断的过失，既然不可能有业，
P 263b 又怎么会有业果▾联系？（17.6）

---

[1] 《观誓》（D Za 29b1）将前五颂观点归于毗婆沙师，梶山雄一（1979, 310）列表将七业说与《俱舍论》第 4 品中业的分类对应起来，可见两者实为暗合。三谷真澄（1996, 79）再录此表并加注七业序号，笔者略作调整抄录于下，右侧的楷体字表示《俱舍论》概念体系（依玄奘译本，T 29, no. 1558, 67c 始）。

思已业
　② 身业
　　身表业
　　身无表业
　① 语业
　　语无表业
　　语表业
（身无表业、语无表业）
　③ 不止息无表业 = 不律仪 — 不善
　④ 止息无表业 = 别解脱律仪 — 善
　⑤ 随受用生之福业 = 受类福 — 善
　⑥ 随受用生之非福业 = 受类非福 — 不善
　（⑤⑥ 处中）
　（③④⑤⑥ 表业所生）
　静虑律仪 — 善 — 有漏定所生
　无漏律仪 — 善 — 无漏定所生
⑦思业 = 意业

[2] 此处“回答”（ucyate）暗示 17.6 颂是论主正答，与《无畏》（D 64b4）、《般若灯》（D 172a6）理解相同，而《明句》认为下面一颂出自另一部派（PsP$_L$ 311.6; PsP$_K$ 104.4 *atrâike paricodayanti*）。

[3] 布树，藏文作 *shing pa ṭa* (= *paṭavṛkṣa)，可能指布扎成的树，或是虚构的树名。

这里有人说：[1] 业果联系的确是合理的，为什么呢？因为通过相续连接(saṃtānaprabandha)可以成立果报，正如：

即从种子而有彼，芽等相续得生成，
[复]从彼有果实生，离种彼[相续]不生。(17.7)

[梵] *yo 'ṅkuraprabhṛtir bījāt saṃtāno 'bhipravartate /*
tataḥ phalam ṛte bījāt sa ca nâbhipravartate //

[什] 如芽等相續，皆從種子生，從是而生果，離種無相續。

从种子有相续[生]，从相续有果实生。
种子处于果之前，因此非断亦非常。(17.8)

[梵] *bījāc ca yasmāt saṃtānaḥ saṃtānāc ca phalodbhavaḥ /*
bījapūrvaṃ phalaṃ tasmān nôcchinnaṃ nâpi śāśvatam //

[什] 從種有相續，從相續有果。先種後有果，不斷亦不常。

[2-]这里，种子▼在生起芽的相续之后就灭了，芽等相续是从种子生成，从这个相续[又]生成了果实，如果没有种子，这个芽等相续也就不会生成。因为，从种子生成相续，从相续生成果实，种子是果实的前行，所以，非断非常。[也就是说，]因为，并非是种子完全断掉之后有相续生，而是相续随之转起，所以不是断灭。因为种子灭而不住，所以也不是恒常。(17.7–8) D 233a

▼与此相同：[-2] St 225

即从此心而有彼，心之相续得生成，
[复]从彼有果报生，离心彼[相续]不生。(17.9)

[梵] *yas tasmāc cittasaṃtānaś cetaso 'bhipravartate /*
tataḥ phalam ṛte cittāt sa ca nâbhipravartate //

[什] 如是從初心，心法相續生，從是而有果，離心無相續。

从心即有相续[生]，从相续有果报生。
业即处于果之前，因此非断亦非常。(17.10)

[梵] *cittāc ca yasmāt saṃtānaḥ saṃtānāc ca phalodbhavaḥ /*
karmapūrvaṃ phalaṃ tasmān nôcchinnaṃ nâpi śāśvatam //

[什] 從心有相續，從相續有果。先業後有果，不斷亦不常。

---

1 下面“相续”理论的部派归属，诸家注释均未明言。相续虽然是经量部(Sautrāntika)的代表观点之一，而一般认为经量部成立于 3 世纪末或 4 世纪初，在龙树的时代很可能还未形成，此处的引述有可能出自经量部的前身——譬喻部(Dārṣṭāntika)。参 Kragh 2006, 269–271。

2 与《无畏》(D 64b7–65a3)相同。

[2-]这个心相续(cittasaṃtānaḥ)从这个被称为业的正在灭去的心(cetas)而生成,[1] 从这个相续[又]生成了果报,如果没有心,这个心相续也就不会生成。因为,
P 264a ▾从被称为业的心生成心相续,从心相续生成果报,这个业是果报的前行,所以,非断非常。[也就是说,]因为,从正在灭去的心生起心相续,而非一切形式的心都灭去,所以不是断灭。因为心灭而不住,所以也不是恒常。因此,如果这样以相续来成立果报,就可以有轮回,而不会导致常、断的过失。[-2] (17.9–10)

再者,

St 226 **能成就法之途径,▾即是十种善业道。**
此世、后世五欲乐,即是[此]法之果报。(17.11)

[梵] *dharmasya sādhanopāyāḥ　śuklāḥ karmapathā daśa |*
phalaṃ kāmaguṇāḥ pañca　dharmasya pretya cêha ca ||

[什] 能成福德者,是十白業道。二世五欲樂,即是白業報。

D 233b [3-]在[佛教]中,▾世尊曾经说过,成就法的途径就是十善业道,其果报就是此世和后世的五种欲乐。[-3] 那么,如果没有业果联系,[佛陀]就不会说成就法的途径,也不会说法的果报,而世尊说了二者,所以业果联系还是存在的。(17.11)

---

[1] *citta*和*cetas*难以作译词区分,笔者都译作“心”。《佛护》这里对*cetas*的解释袭自《无畏》,似将之视同“思”(cetanā),即思业。而《明句》(PsP_K 112.1; PsP_L 313.9)将这里的*cetas*解释为*kuśalākuśalacetanāviśeṣasaṃprayukta- citta-*“与特定的善不善思相应的心”,即与思业相俱之心,而非思业本身。相关讨论见Kragh 2006, 279–281。

[2] 与《无畏》(D 65a4–7)相同。

[3] 与《无畏》(D 65b1–2)相同。未找到符合此语的经句,相近段落参《杂阿含经》(《校释》第 4 册,第 157 页;T 2, no. 99, 273a2–5):復問:“世尊!行何等法行,何等正行,身壞命終得生天上?”佛告婆羅門長者:“謂離殺生乃至正見,十善業跡因緣故,身壞命終得生天上。巴利本参《中部》(MN 41 [I, 285ff.])。在主张心相续的派别看来,佛此处所说的“法”(dharma)指防恶之心(参第 219 页注 2),反之即“非法”(adharma)。《明句》(PsP_K 114. 10–116.6; PsP_L 314.10–315.3)特别说明了这个法与作为其途径的十善业道之间的联系与区别:法指某种特殊的心(*cittaviśeṣa eva kaścid dharmaśabdenôktaḥ*),是十善业道的果,十善业道的圆满状态(*pariniṣṭhitarūpa*)就称为法,此法(通过相续)感生未来五种欲乐。这一理论是为了解决身语业灭而于未来感果的问题,称为法的心及其相续就是业果联系的纽带。十善业道依《青目》译语(ZY 1-15, 40a6–7 [2, 989]; T 30, no. 1564, 22a29–b3)为:不杀(prāṇātipātavirati)、不盗(adattādānavirati)、不邪淫(kāmamithyācāravirati)、不妄语(mṛṣāvādavirati)、不两舌(paiśunyavirati)、不恶口(pāruṣyavirati)、不無益语(sambhinnapralāpavirati)、不嫉(abhidhyāvirati)、不恚(vyāpādavirati)、不邪见(mithyādṛṣṭivirati)。其中前三属身(kāyika),中四属语(vācika),后三属意(mānasa),参《明句》(PsP_K 116.9–10; PsP_L 315.6–7)。五种欲乐以色声香味触为相,参《明句》(PsP_K 118.3–4; PsP_L 315.9–11)。

有其他人说：[1]

若有此种构想者，过失甚多且重大。
以是之故于此处，此种构想不得有。（17.12）

〔梵〕 *bahavaś ca mahāntaś ca　doṣāḥ syur yadi kalpanā /*
syād eṣā tena nâivâîṣā　kalpanâtrôpapadyate //

〔什〕 若如汝分别，其過則甚多。是故汝所説，於義則不然。

如果如你所构想，像种子与芽的相续相联系那样，业与果相联系，那么就会
产生众多大过失。虽然能说相当多的[过失]，而这里仅说喻例。在这个[构想]之中，
从种子生起与种子▼同类的芽的相续，这样的话，从芒果（āmra）树种子唯生芒果 P 264b
[树]而不生苦楝（nimba）[树]，从苦楝树种子也唯生苦楝[树]而不生芒果[树]，所以
从芒果树唯生芒果▼而不生苦楝果，从苦楝树唯生苦楝果而不生芒果，这样，只会 St 227
生起与种子相似的相续，而不会生起不相似者。

如果从相联系的心相续生起果报，就会与这个[心相续]相似，那么从人心唯生起人的相续，从天人心唯生起天人的相续，从畜生心唯生起畜生的相续，[2] 这样的话，诸趣就不能被打破，一切努力就没有了意义。这其中就产生了众多大过失，这是不被认许的。

从善、不善、有覆、无覆和无记的差别有种种心，▼从种种心有种种相续，从种 D 234a
种相续有种种业，从种种业有趣（gati）、种（gotra）、族（kula）、地（deśa）、身（kāya）、根（indriya）、色（varṇa）、形（saṃsthāna）、力（bala）、慧（buddhi）等差异，凭此[相续的]构想，这些是不可能[发生]的。因此，由于会造成众多大过失，在这里这一构想是不合理的。（17.12）

那么怎样才合理呢？

---

[1] 此处引导语，诸家注释之中唯《青目》作“答曰”，似理解为论主正答，其他注释多说为“其他人”而未明指，《观誓》（D Za 39b5）说是毗婆沙师。据后面颂文提出的“不失法”这一主张，应是正量部（Sāṃmatīya），参 Kragh 2006, 293–294。

[2] 参《明句》（PsP$_{L}$ 316.11; PsP$_{K}$ 122. 1–2）：*manuṣyacittān manuṣyacittam eva syān na devanārakatiryagādyanyacittam /*。如 Kragh（2006, 297）所指出，主张心相续的派别一般认为一刹那唯有一种心，所以心只能单线同类延续，这是佛护此处质难的背景，但佛护与诸家注释均未明言。

而我将说之构想，于此即是合于理，
且为诸佛与独觉，及诸声闻所赞许。（17.13）

［梵］ *imāṃ punaḥ pravakṣyāmi　kalpanāṃ yâtra yujyate*[1] /
buddhaiḥ pratyekabuddhaiś ca　śrāvakaiś cânuvarṇitām //

［什］ 今當復更説，順業果報義，諸佛、辟支佛，賢聖所稱歎。

P 265a ▾这个[构想]又是什么呢？

St 228 ▾**不失[法]即如债券，业则如同于债务。（17.14ab）**

［梵］ *pattraṃ yathâvipraṇāśas　tathârṇam iva karma ca* /

［什］ 不失法如券，業如負財物。

这里，业是刹那性的，刹那性的业能生起它的名为“不失”（avipraṇāśa）的非刹那性的法（dharma），[2-]业应被视作如同债务，不失[法]应被视作如同债券。[3] 例如，虽然贷出的钱财已被使用，由于有债券，这个财主的钱财不会消失，而是会带着利息（sopacaya）回来。同样，刹那性的业虽然灭去，以之为因而生起的不失法是存在的，所以作者的业果不会失坏，而是会回来。[-2] 正如财主取回钱财、享用[其]果[4]之后，即使有债券也不能再次越获钱财，同样，作者受用果报之后，不失[法]也不能再次生起果报。

此依诸界分四种，（17.14c）

［梵］ *caturvidho dhātutaḥ sa*

［什］ 分别有四種。

---

[1] = MK$_{\text{Ms Dr}}$, Lindtner 1988; PsP$_{\text{L}}$, PsP$_{\text{K}}$, dJ *yojyate*。

[2] 与《无畏》(D 65b6–7)基本相同，《无畏》末句：*所以作者的业果不会失坏，有差别的果会回来*。

[3] 关于“不失”（avipraṇāśa）这一概念，原语为动词 vi-pra-√naś 形成的带有否定前缀的名词，可以指“不失坏”的状态，例如 kramaṇo ’vipranāśaḥ 可以译为“业不失坏”，但正量部将其意义固化，特指一种不会失坏的法（avipranāśadharma），而“法”（dharma）字经常可以省略。在这一意义之下，kramaṇo ’vipranāśaḥ 就应译作“业的不失[法]”或“业有不失[法]”，有时这两种意义会重合而难以分辨（例如17.20颂中的情况）。如 Kragh（2006, 307ff.）所指出，“业不失”的说法多次出现在早期经律文献中，这可能就是前颂所说“且为诸佛与独觉，及诸声闻所赞许”的原因。常见的例子如《根本说一切有部毗奈耶药事》（T 24, no. 1448, 16c22–23）：假令經百劫，所作業不亡，因緣會遇時，果報還自受。梵本参 GM III.1, 108.8–9: *na praṇaśyanti karmāṇi　api kalpaśatair api / sāmagrīṃ prāpya kālaṃ ca　phalanti khalu dehinām* //（也引用于《明句》[PsP$_{\text{L}}$ 324.1–2]，其中第二句作 *kalpakoṭiśatair api*）但这些用例中的“不失”一词并非特指一法的专有名词。将不失法比喻为债券的说法还见于《师子月佛本生经》（T 3, no. 176, 444c11–12）：業能莊嚴身，處處隨趣趣，不失法如券，業如負財人。

[4] 指利息。

不失法依界[的差别]有四种，即欲[界]所摄、色[界]所摄、无色[界]所摄以及无漏。

其本性是无记别。(17.14d)

［梵］ *prakṛtyâvyākṛtaś ca saḥ* ‖

［什］ 此性則無記，

而这个[不失法]在本性上不可记别善不善。(17.14)

[此法]不因断而断，乃由修或[余]所断。(17.15ab)

［梵］ *prahāṇato na praheyo　bhāvanāheya eva vā* |

［什］ 見諦所不斷，但思惟所斷。

这个[不失法]不因见苦集灭道[四谛]▼所断[随眠]的断离而断离，它是在向其他果位渡越之时由修所断离。[1] D 234b St 229

因此由于不失[法]，业之果报得生起。(17.15cd)

［梵］ *tasmād avipraṇāśena　jāyate karmaṇāṃ phalam* ‖

［什］ 以是不失法，諸業有果報。

这样，因为这个[不失法]不因见苦等[四谛]所断[随眠]的断离而断离，所以虽然已经获得果位，仍由不失[法]▼生起诸业的果报。(17.15) P 265b

---

[1] 此即《青目》所说“从一果至一果”(ZY 1-15, 41a1 [2, 991]; T 30, no. 1564, 22c8)。《观誓》(D Za 35a2–6)对此有详细解释：

> 这个不失[法]不在见道的十五刹那之中断离，而是从第十五刹那至第十六刹那向预流果渡越之时，摄持着凡夫不善、有漏业和预流向者业的异熟[果]的这个无记性的不失[法]，由修道所断离。同样，从预流果向一来果渡越之时，摄持着预流者和一来向者善、无漏业的异熟[果]的这个无记性的不失[法]，由修道所断离。从一来果向不还果渡越之时，一来者和不还向者的这个不失[法]，由修道所断离。从不还果向阿罗汉果渡越之时，不还者和阿罗汉向者的这个不失[法]，由修道所断离，阿罗汉的不失[法]于无余依涅槃界断离。因此，这个不失[法]就是修所断。

颂文17.15b 中的*vā*“或”，《佛护》未作解释。《般若灯》《明句》指出此*vā*表示不失法的断离还有另一种可能性(vikalpārtha)，《无畏》没有单注此词，但其注释也通此义。这种可能性具体指什么诸家解释有差异。《无畏》(D 66a4)说是“由生果断离”(*'bras bu bskyed pas kyang spang ba*)，在后面解释17.19颂时(D 66b5)又重复了这一说法。然而这与17.18颂文所说不失法在生果后仍安住有矛盾。《佛护》舍弃了这一说法，而《般若灯》(D 174a6)则继承了这种说法。《观誓》(D Za 35a7–b3)似乎想把《般若灯》中的“由生果断离”解释为生果后失效，但理路并不明确。《明句》(PsP_{L} 320.2; PsP_{K} 128.10–130.1)则说这另一种可能性是指由超越界(*dhātusamatikramaṇa*)所断离，《佛护》在对17.16颂注释的末尾也提到了这一情况，这种对*vā*的理解更符合《中论颂》的文脉。

若与所断之断离，及与业渡越[相同]，[1]
于此处则会导致，业遭破坏等过失。（17.16）

［梵］ *prahāṇataḥ praheyaḥ syāt　karmaṇaḥ saṃkrameṇa ca /*[2]
yadi doṣāḥ prasajyeraṃs　tatra karmavadhādayaḥ //

［什］ 若見諦所斷，而業至相似，則得破業等，如是之過咎。

---

[1] 此二句依《佛护》释文的理解翻译。颂文第二句藏译《无畏》《佛护》《般若灯》译作：*gal te spong*（《般若灯》作*mthong*）*bas spang ba dang // las 'pho ba dang mthun gyur na //*，其中 *mthun*"相同"在现有颂文梵本（从《明句》辑出）中没有对应词，由于很难在不改变主体行文的情况下构拟出一个包含*mthun*意义的颂文梵本，而在上述三家的长行释文中出现了*ris mthun pa*（samānanikāya"同部"）或*rigs mthun pa*（samānajātīya"同类"，尚不知两词差异是源于藏文拼写还是梵文原本，也难以确定其梵本中的对应词。关于以nikāya"部"来分别见道修道所断烦恼，参《大毗婆沙论》卷51［T 27, no. 1545, 265c12始］以及《俱舍论》卷4［T 29, no. 1559, 189a29始; AbhK-Bh 85.16ff.］），所以笔者猜想，可能是藏译者将这一意义补入颂文。然而，三家注释对颂文的理解又有细微差异。

《无畏》（D 66a6; 依安井光洋 2015, II, 123）：*de la gal te chud mi za ba de sdug bsngal la sogs pa mthong bas spang bar bya ba spong bas spang ba dang las 'gag cing 'pho ba dang / ris*（DC *rigs*）*mthun pa yin par 'gyur na /*

这里，如果这个不失[法]是因见苦等所断的断离而断离，以及是业灭而渡越的同部，

为了推测《无畏》中的颂文梵本，笔者构拟其释文为：tatra **yadi** so 'vipraṇāśo duḥkhādidarśanapraheyasya **prahāṇataḥ praheyaḥ karmaṇaś ca** nirodhena **saṃkrameṇa** samānanikāyaḥ **syāt** |。此处《无畏》对颂中*spong bas spang ba*的理解与其对17.15a中该词组的解释相同，即*spang ba*（praheya）修饰未出现于颂中的"不失[法]"（chud mi za ba, = avipraṇāśaḥ），所以*spang ba*对应的梵文词应是第一格*praheyaḥ*，而注释中补充的*ris mthun pa*（samānanikāyaḥ），仅与颂文中第三格词*saṃkrameṇa*搭配。因此猜测《无畏》中此二句偈颂梵本应与《明句》传本无异：*prahāṇataḥ praheyaḥ syāt　karmaṇaḥ saṃkrameṇa ca /* 但其理解却与《明句》不同，依《无畏》的理解应译作：若[此法]因断而断，及与业渡越[相同]。

《青目》的注释简略而不明确，其"業至相似"的译法似乎也与《无畏》一致，"至"即*saṃkrameṇa*，"相似"是对其第三格的理解，相当于藏译的*mthun*。

《佛护》虽然承袭《无畏》补入*ris mthun pa*来解颂文，但解释并不相同（D 234b3, Saito 1984, II, 229.12–13）：

gal te sdug bsngal la sogs pa mthong bas spang bar bya ba spong ba dang las 'pho ba dang ris mthun pa yin par 'gyur na /（汉译见第229页第1行）

其梵本可构拟为：yadi duḥkhādidarśana**praheyasya prahāṇataḥ**（或prahāṇena）**karmaṇaś ca saṃkrameṇa** samānanikāyaḥ **syāt** |。故而猜测其颂文梵文本为：prahāṇataḥ（或prahāṇena）praheyasya　karmaṇaḥ saṃkrameṇa ca |。须注意注释所补充的*ris mthun pa*（samānanikāyaḥ）与prahāṇataḥ（或prahāṇena）和saṃkrameṇa两个词搭配，同时也应看到，即使不另补词，这两个词的形式也都可以表示不失法的存在状态。《般若灯》颂文第一句中*spong*作*mthong*，其注释似乎也支持这一读法（D 174b1; Ames 1986a, 521）：

de la gal te chud mi za ba de sdug bsngal la sogs pa mthong bas spang bar bya ba nyon mongs pa'i phra rgyas sdug bsngal la sogs pa mthong bas spang bar bya ba dang / las 'pho ba dang / ris（DC *rigs*）*mthun pa yin par gyur na* [...]

这里，如果这个不失[法]与见苦等所断，[亦即]见苦等所断的烦恼随眠，以及与业渡越是同部，[……]

如果这个[不失法]与见苦等所断[随眠]的断离，以及与业的渡越是同部(samānanikāya)[1]，那么就如同见苦等所断[随眠]一样，也如同业一样，这个[不失法]也就被断离，这里就导致了业坏等过失。那么，凡夫(pṛthagjana)断离了见苦等[四谛]所断随眠(anuśaya)，也就断离了凡夫的其他任何业[2]。如果不是这样的话，那就是得见者还有凡夫的业，而得见者有凡夫业这种说法是不被认许的。现在在[我们的观点]这里，这些业断离之后，由不失[法]摄持这些业的异熟[果]而安住，所以既不是得见者有凡夫业，也不是诸业有失坏，ˇ而是[诸业]有异熟[果]。 St 230

因此，这个[不失法]并非如同见苦等所断[随眠]的断离和业一样被断离，而是在向其他果位渡越之时断离。[而且,] 欲界所摄不失[法]由超越欲界而断离，色[界]、无色[界]所摄诸[不失法]由超越色界、无色界而断离。(17.16)

上述释文的语法结构并不十分清晰，笔者试构拟为：tatra yadi so 'vipraṇāśo duḥkhādi**darśanena praheyair** duḥkhādidarśanapraheyakleśānuśayaiḥ **karmaṇaś ca saṃkrameṇa** samānanikāyaḥ **syāt** |。由此猜想《般若灯》的颂文梵本为：darśanena praheyaiḥ syāt　karmaṇaḥ saṃkrameṇa ca |。可译作：若[此法]与见所断，及与业渡越[相同]。

《观誓》(D Za 35b7) 中所录颂文第一句与《般若灯》不同，是 *spong* 而非 *mthong*，笔者尚无法解释其原因。值得注意的是，《观誓》(D Za 36a1–2) 释文清晰地表明，*ris mthun pa* (samānanikāyaḥ) 一词是与 praheyaiḥ 和 saṃkrameṇa 两个词相搭配，这点在《佛护》注释中也有体现。

《明句》理解又有不同，是将第三格的 *saṃkrameṇa* 理解为 *praheyaḥ* 的逻辑主语，颂文前二句应译作：若[此法]因断而断，及由业渡越[而断]，其藏译作 *gal te spong bas spang ba dang* ‖ *las 'pho ba yis 'jig 'gyur* ‖ 即反映了这一理解，在长行中看得更为清晰：

> 《明句》(PsP_K 130.4–14; PsP_L 320.5–321.3)：*yadi punar asyâvipraṇāśasya karmaṇaḥ prahāṇena prahāṇāt prahāṇataḥ prahāṇaṃ syāt* / *karmaṇaś ca saṃkrameṇa karmaṇo vināśena karmāntarasaṃmukhībhāvena vināśaḥ syāt ko doṣaḥ syād iti* / *ucyate* / [K. 17.16] *yadi darśanamārgeṇa pāthagjanikakarmavad avipraṇāśaḥ prahīyeta tadā karmaṇo nāśa eva syāt* / [...] *evaṃ karmavadhādayo doṣāḥ prasajyante prahāṇataḥ praheyatvābhyupagame saty avipraṇāśasya* / *evaṃ karmaṇaḥ saṃkrame 'pi yojyam* ‖
>
> 而如果由于业的断离，因为业的断离，即因为断离，故而这个不失[法]有断离，以及由于业的渡越，即一业由于另一业的现前而灭去，故而[不失法]有灭失，[这其中]有什么过失？[颂 17.16] 如果像凡夫的业一样，不失[法]由见道所断，这时业就会有灭失。[……] 这样，如果承认不失[法]因断而断，就导致了业遭破坏等过失。对于业的渡越也同样适用[上述解说]。

此外，关于"业的渡越"(*karmaṇaḥ saṃkramaḥ*)这一概念，上述《明句》释文解释为"一业由于另一业的现前而灭去"，《观誓》(D Za 36a1) 则解释为"业造作之后无间灭而渡越"(*las byas ma thag tu rang 'gag cing 'pho ba*)。

[2] 该颂梵本第一句诸家传本恐有不同(参第 228 页注 1)，由于目前尚无写本确证，这里的梵文本暂依《明句》传本录出。第二句末词，PsP_L, PsP_K, dJ 作 *vā*，依 $MK_{Ms\ Dr}$ 改为 *ca*。

[1] 参第 228 页注 1。

[2] 这里特指不善业，参《般若灯》(D 174b2; T 30, no. 1566, 101a21)。

D 235a **对于同界ˇ一切业，不同类及同类者，**

P 266a **于结生时唯有一，ˇ[不失之法]得生起。（17.17）**

［梵］ *sarveṣāṃ visabhāgānāṃ sabhāgānāṃ ca karmaṇām |*
pratisaṃdhau sadhātūnām eka utpadyate tu saḥ ||

［什］ 一切諸行業，相似、不相似，一界初受身，爾時報獨生。

同界的一切同类与不同类的业，在现世各各生起其不失法，而于结生之时这一切[不失法]都会灭去，唯独一个[不失法]生起。（17.17）

一切两类之诸业，各个业之[不失法]，

即于现世得生起，于异熟时犹安住。（17.18）

［梵］ *karmaṇaḥ karmaṇo dṛṣṭe dharma utpadyate tu saḥ |*
dviprakārasya sarvasya vipakve 'pi ca tiṣṭhati ||

［什］ 如是二種業，現世受果報。或言受報已，而業猶故在。

1-在现世的各种业，[可分为]思、思已两种，或善、不善两种，这一切业的不失法各各得生，在异熟时仍然安住，这个[不失法]并非一定如同以业异熟为因的灭

St 231 [那样灭去]。-1 在业异熟之时，只要还无违逆，这期间[不失法]得以安住，ˇ有违逆则灭。虽然安住，却不能生果，正如执行完毕的债券。

此由果位之渡越，或由死殁而灭去。

此中差别可表为，无漏以及有漏者。（17.19）

［梵］ *phalavyatikramād vā sa maraṇād vā nirudhyate |*
anāsravaṃ sāsravaṃ ca vibhāgaṃ tatra lakṣayet ||

［什］ 若度果已滅，若死已而滅。於是中分别，有漏及無漏。

这个业的不失法只有两种灭，即果位渡越和死亡。其中，果位渡越即[17.15b]说过的修所断，死亡即[17.17cd]说过的众[不失法]灭而于结生时唯独一个[不失法]生起。这其中的差别又可以表示为两种，即由有漏业和无漏业所区别。

P 266b 因此，这样，虽然业是刹那性，由于不失法的摄持ˇ而仍能与果相联系。与果

D 235b 相联系的这个[众生]又由于业的差别而有趣、种、族、地、时ˇ的差异，以身、根、色、形、力、慧等差异而受用各种境地的乐和苦。（17.19）

1 与《无畏》(D 66b2–3)基本相同。

因此，

> **亦有空性而非断，亦有轮回而非常，**
> **亦有业之不失坏，此法即是佛所说。（17.20）**[1]
>
> ［梵］ *śūnyatā ca na côcchedaḥ　saṃsāraś ca na śāśvatam /*
> *karmaṇo 'vipraṇāśaś ca　dharmo buddhena deśitaḥ //*
>
> ［什］ 雖空亦不斷，雖有而不常，業果報不失，是名佛所說。

这样，这个业果联系由于趣等差别而有各种分位，有各种分位就不可说是一 St 232
是异，因此，就是自性不安住（anavasthitasvabhāva）、不可说，空性就是合理的。虽然有空性，却也不会导致断的过失。轮回也是合理的，虽然有轮回，却也不会导致常的过失。佛世尊现见众生的业和异熟［果］而宣说的这个业的不失法，也是合理的。[2]

---

[1] 诸家注释都以此颂为主张不失法一派的总结陈词，唯独《青目》（ZY 1-15, 41a7 [2, 991]; T 30, no. 1564, 22c19–20）认为该颂是论主对"若尔者则无业果报"这一质难的回应。此外，《大智度论》（T 25, no. 1509, 64c5–10, 117c22–118a2, 170b4–13, 338b16–19）中四次引述此颂，都当作正面观点。

[2] 诸家对该颂的解释有所不同。

> 《无畏》（D 67a1–3）：这样，由于业果有联系，所以空性就是合理的，［这是］因为有为法中外道所执之我是空。却也不是断灭，因为有不失［法］安住。轮回也是合理的，因为不同趣的有为法有生成之相。也不是常，因为业会灭。诸业也不会失坏，因为佛所说的名为"不失"的法是成立的。因此，这里这一构想是合理的。

这一释文被《般若灯》（D 175a4–6）几乎原文复述。其中值得注意的是，"空性"被理解为特指人无我。《佛护》将此处的空性解释为"自性不安住"和"不可说"，似通于人无我和法无我。关于这一点还可参看本书第 180 页佛护对 13.3 颂中"离自性性"（*niḥsvabhāvatva*）的注释（此处《无畏》也同样理解为人无我）。《明句》对空性的解释则采纳了《佛护》"自性不安住"的说法。

> 《明句》（PsP$_K$ 136.8–138.10; PsP$_L$ 323.1–10）：因为业是造已而灭，不以自性安住（*na svabhāvenâvatiṣṭhate*），所以，由于业不以自性安住，空性就是合理的。这样也不会由于业的不安住而导致断见，因为，由于不失［法］的摄持而有业异熟的存在，［认为］业无异熟才会有断见。由于不失法的存在，以及由于没有了对种子和相续的相似性的构想，分为不同趣、类、生、界的各种五趣轮回也就是成立的。也不会导致常论，因为承认业不以自相安住。业也不会失坏，因为有不失［法］的存在。这样，由于无余断离无明昏寐的觉者佛陀世尊宣说了此法，所以前面对方所说：［偈颂17.6］这种［责难］不适用于我方。因此，我们所陈述的构想是合理的。

《青目》的释文有些难解（ZY 1-15, 41a9–11 [2, 991]; T 30, no. 1564, 22c23–28）：

> 此論所説義離於斷常。何以故？業畢竟空，寂滅相，自性離有，何法可斷？何法可失？顛倒因緣故，往來生死亦不常。何以故？若法從顛倒起，則是虛妄無實，無實故非常。復次，貪著顛倒不知實相故，言業不失，此是佛所説。

前面《青目》虽然以论主正答的方式引出此颂（参本页注 1），这里似乎仅把偈颂前两句当作正面观点，解释后两句时则说是由于"贪著颠倒"才主张"业不失"。不过可以确定的是，鸠摩罗什

因此，在这里只有这一构想才是合理的，像成立从芽的相续而有果实那样来成立业果，那种构想是不可能的。（17.20）

回答：那么你岂不是因修造乾达婆城墙而烦扰？明明业不容有，你竟然为业的果报而争辩。[1] [2-]因为，如果你能证明[哪怕是]一点点业以自性而成立的话，那么，认为这个存在的业通过相续的连接或者通过不失[法]的摄持而与果报相联系，
P 267a 这种想法ᵛ也算是合理。[然而，]当这个业以自性而毫不容有之时，这种没有了依处的想法有什么用？

有人说：业如何不容有？[-2]

回答：是这样的，

业不生起以何故？（17.21a）

［梵］ *karma nôtpadyate kasmān*

［什］ 諸業本不生，

St 233 由于业不生，所以不容有，因为，ᵛ如果不生，怎么可能有呢？

[对方]说：以何故业不生？

D 236a ᵛ回答：

以其无有自性故。（17.21b）

［梵］ *niḥsvabhāvaṃ yatas tataḥ* |

［什］ 以無定性故。

因为业没有自性，所以不生。因为，只有业有了自性，才能说："这是业的生起，"[业]才可以有生。如果业没有自性，谁生呢？而如果能生的话，也不是以自性生，不是以自性生的东西就不是业，因为它没有业的自性。因此[3]，业是不可能有的。

所译《青目》和《大智度论》（参第 231 页注 1）将该颂中"空而不断、有而不常"的说法视作中道的"标准解释"，对汉传佛教产生了深远的影响，从而和龙树的中道观拉开了距离，详参Ye 2019。

[1] 参《明句》（PsP$_L$ 323.11–13）：

atrôcyate | *kim iha bhavanto gandharvanagaraprākārapatanāśaṃkitayâtīvodvignās tatparirakṣāpariśramāyāsam āpannāḥ, ye nāma yūyaṃ karmaṇy anupapadyamāne tatphalanimittaṃ vipravadadhvam* ||

对此回答：这里你们岂不是由于害怕乾达婆城墙的倒塌而极度烦扰，[并且]为了维护这个[城墙]而至精疲力竭？明明不可能有业，你们竟然因其果而起纷争。

[2] 与《无畏》（D 67a4–5）基本相同。

[3] 此处原文作 *de'i*"彼之"，费解，疑为 *de'i phyir*"因此"。

有人说：业就是有生。为什么呢？因为业有不失。因为，世尊也曾说过：

诸业不失。[1]

如果业没有生，那么不失属于谁所有？因此，业就是有生。

回答：[业]如果有生，就不可能不失。

复由彼不生起故，彼亦不会有坏失。（17.21cd）

［梵］ *yasmāc ca tad anutpannaṃ　na tasmād vipraṇaśyati* ‖

［什］ 諸業亦不滅，以其不生故。

正是由于此业不生，世尊才说不失。否则，如果有生怎么会不失？而如果可以[不失]的话，生者就可以不死，然而生者不可能不死，所以业也不会是生起之后而不失坏。

有人说：我们说，虽然业是刹那性而灭，但由于有不失法，果报还是成立的， St 234
是在这种情况下说业生而不失，对此说法[你还]有什么回应呢？ P 267b

回答：对此回应如下。如果你[说]业是刹那性而灭，那么这个不失[法]属于谁所有？没有依处，不失[法]是不可能有的，因为，既然是业的不失[法]，这个业灭而成无，没有了这个[业]，也就没有[它的]不失[法]。所以，所谓“[业]灭而有不失[法]”的说法是相违的。

[对方]说：业虽灭而异熟[果]不失，所以没有过失。

回答：这也不合理。为什么呢？这里作者所获得的可爱不可爱业的可爱不可 D 236b
爱果称为异熟[果]，而这个[异熟果]是依此世、当来世或其他世之中缘的诸种差别而被受用，那么，这个观待未生的缘、依赖[未生]的缘[而有的异熟果]，不失[法]怎么能摄持它呢？而如果这个[缘]已经生起，它就必须让作者受用乐苦果报，这样的话，不失[法]在这里还有什么用？而如果[缘]虽然已经生起，却暂且不能让作者受用乐苦，那么由彼而知此[缘]已生的那个生相是什么？如果这个[缘]虽然已经生起，却不能让作者受用乐苦，那么它以后也不能让这个[作者]受用任何[乐
苦]，是谁在后来给予了作者这些[乐苦]呢？ St 235

因此，[你们]不知真实义（tattvārtha），在唯是言词的“不失”之上执著为有，便说了这如此多的各种无实质意义[的话]。实际上，业就是无自性的，因为无自
性，所以不生，因为不生，所以不失，决定应当这样看待。（17.21） P 268a

否则的话，

[1] 出处参第 226 页注 3。

如果业以自性有，无疑即成为恒常，（17.22ab）

［梵］ *karma svabhāvataś cet syāc chāśvataṃ syād asaṃśayam |*

［什］ 若業有性者，是則名爲常。

如果业有自性，无疑则成为常，因为，本性即不变化，不可能变异。所以，

业亦成非所作性，因为常者非所作。（17.22cd）

［梵］ *akṛtaṃ ca bhavet karma kriyate na hi śāśvatam ||*

［什］ 不作亦名業，常則不可作。

如果业是常，就会导致非所作性的过失。为什么呢？因为常者不可被造作。因为，具有恒常不变的属性的[事物]不可能被造作。非造作而成的恒常的业，它的果报怎么会异熟呢？因为常者不可能有变化。（17.22）

D 237a 如果构想，业虽然是恒常不变，以之为因而生的果报却可以到来，▾那么，

如果业非造作成，不造而来有恐惧。（17.23ab）

［梵］ *akṛtābhyāgamabhayaṃ syāt karmâkṛtakaṃ yadi |*

［什］ 若有不作業，不作而有罪。

St 236 ▾如果业不是造作而成却能生起果报，那么就会有不造而来的恐惧。因为，虽然一个人没有造不善业，他却有不善业，所以不可爱果会到来，于是他就会生起大恐惧。

再者，

[1-]而且于彼将导致，不住梵行之过失。[-1]（17.23cd）

［梵］ *abrahmacaryavāsaś ca doṣas tatra prasajyate ||*

［什］ 不斷於梵行，而有不净過。

如果业是非造作而成，这里还会导致其他的大过失。一个未作非梵行的人也有[非梵行]，所以任何人都不可能住梵行，同时，一个未行非[2]梵行的人也有梵行，
P 268b 所以住梵行也就没有了意义，因此，就导致了不住梵行▾的过失。（17.23）

---

[1] 依《佛护》的注释翻译，《明句》(PsP$_L$ 325.5–7；依 de Jong 1978, 222 修订）也有相同的理解，其中特别指出颂文中 *tatra*“于彼”表 *tatra pakṣe*“对于这种观点”。依《无畏》《般若灯》(D 176a4）释文则应译作：于彼不住梵行者，[却有梵行]，成过失。兹录《无畏》(D 67b5–6）备考：

如果业不是造作而成却能生起果报，就会导致不住梵行者却住于梵行的过失，因为，未造获得涅槃之业却也有这个[业]。

[2] 疑此“非”(*ma yin pa*)为衍文。

同样，

毫无疑问即违反，[世间]一切诸言说，（17.24ab）

［梵］ *vyavahārā virudhyante　sarva eva na saṃśayaḥ |*

［什］ 是則破一切，世間語言法，

这样，如果业是非造作而成，1-也就违反了世间人为了果而做的所有一切言说：农业、商业、畜牧、侍奉王事等，对正理、工巧、技艺的熟习，以及对这些[事务]的教授。为什么呢？因为将会导致造[业]与不造[业]的人都会获得这些[业]的果报。-1

而且，

▼作福者与作恶者，亦即不容有区别。（17.24cd） St 237

［梵］ *puṇyapāpakṛtāṃ nâiva　pravibhāgaś ca yujyate ||*

［什］ 作罪及作福，亦無有差別。

如果业是非造作而成，2-就不可能有所谓"这是作福者，这是作恶者"这样的区别。为什么呢？因为会导致一切善不善业未造而有的过失，并且导致[未造业却]获得这些[业]的果报▼的过失。-2（17.24） D 237b

再者，

彼[业]异熟[果]已熟，将会再次得成熟，
3-如果由业安住故，所以即是有自性。-3（17.25）

［梵］ *tad vipakvavipākaṃ ca　punar eva vipakṣyati |*
karma vyavasthitaṃ yasmāt　tasmāt svābhāvikaṃ yadi ||

［什］ 若言業决定，而自有性者，受於果報已，而應更復受。

---

1 与《无畏》(D 67b6–68a1) 基本相同。

2 与《无畏》(D 68a1–2) 基本相同。参《明句》(PsP_L 326.2–3)：*puṇyakṛd ayaṃ pāpakṛd ayam iti ca pravibhāgo na prāpnoti |*

3 依《佛护》的释文翻译，《无畏》《般若灯》的理解与之相同，即将颂文后两句整体视为条件，由 *yadi*"如果"引导，而 *yasmāt*"因为"和 *tasmāt*"所以"表示这个条件内部两个成分之间的因果逻辑结构：因为业安住，所以有自性。《明句》(PsP_L 326.8–9) 的理解有不同：

> *tad evaṃ* ***yadi*** *karma* ***svābhāvikam*** *iti manyase* ***yasmāt*** *tat* ***karma vyavasthitam*** *asti* ***tasmān*** *niḥsaṃśayaṃ yathopavarṇitā doṣāḥ prāpnuvanti sasvabhāvatve |*
>
> 这样，如果你认为业是有自性的，那么，因为这个业有安住，所以，有自性[的观点]无疑就会获得如上所述的过失。

《明句》将末句的 *yadi svābhāvikam*"如果[业]有自性"当作前提，由此导出 *karma vyavasthitam*"业有安住"，并且以 *yasmāt* 和 *tasmāt* 表示"业有安住"是前两句的因。依此理解应译作：如果业是有自性，是则业有安住故。藏译诸家注释中的偈颂译文也反映了上述理解差异。

如果业有自性的同时又能生果，那么这个[业]已经成熟的异熟[果]就会再次异熟。为什么呢？因为业能安住，所以就是有自性，如同它先前自性安住而生果，现在同样也是安住，所以它此时此处也必须[再次]生起其他的果。不然的话，就得指出[其之所以]有区别的原因，为什么都是一样的[自性]安住，先前它能生果，

P 269a ▾现在却不能再次生[果]？（17.25）

有人说：你只不过是说明了业有自性的过失而已，而所谓“如此则业无自性”

St 238 ▾却一点也没有说。因此，如果说“业无自性”有一些道理，由这个[道理]能让我相信“业无自性”的话，那么请讲！

回答：请听！

> **业即是由烦恼成，而彼烦恼非真实，**
> **若彼烦恼非真实，[1-]业如何是彼所成？[-1]（17.26）**
>
> ［梵］ *karma kleśātmakaṃ cêdaṃ te ca kleśā na tattvataḥ /*
> *na cet te tattvataḥ kleśāḥ karma syāt tattvataḥ*[2] *katham //*
>
> ［什］ 若諸世間業，從於煩惱出，是煩惱非實，業當何有實？

这个所谓的业是以烦恼为因而生，因为，有染污心者的身语意所作就是业。这样，以烦恼为因而生的[事物]就是以烦恼为本性、以烦恼为自体，而非以自性存在。“而彼烦恼非真实，”（17.26b）作为业的自体，这些烦恼也不是真实存在，其

D 238a 存在性（tasya bhāvaḥ）▾即真实性（tattva），烦恼是没有存在性的，就是不以自性存在的意思。因为后面[有颂]也说：

> 若缘净、不净颠倒，彼等方得以生成，
> 彼等即是无自性，因此烦恼非真实。（《中论颂》23.2）[3]

St 239 ▾如果作为业的自体的这些烦恼不是真实，不是以自性存在，那么现在，业以

P 269b 什么为自体？应该说，因为业是以烦恼为因而生，诸烦恼▾是以颠倒为因而生，所以，业没有自性。（17.26）

---

[1] 此句诸家注释的传本恐有不同，此处译文依藏译《无畏》《佛护》《般若灯》的注释和偈颂译文。依梵本《明句》应译作：业又如何为真实？参本页注 2。

[2] *tattvataḥ* 为梵本《明句》所传，依藏译《无畏》《佛护》《般若灯》的注释和偈颂译文，此词应作 *tatkṛtaṃ*。由于目前尚无写本确证，这里暂依《明句》传本。

[3] ［梵］ *śubhāśubhaviparyāsān sambhavanti pratītya ye / te svabhāvān na vidyante tasmāt kleśā na tattvataḥ //* ［什］ 若因净、不净，顛倒生三毒，三毒即無性，故煩惱無實。

有人说：业和烦恼都是有自性的，为什么呢？因为它们的果是有自性的。在[佛教]中，业和烦恼被说为是身的缘，[1] 因为身是有自性的，所以，由于果有自性，业和烦恼就是有自性的。

回答：

业行以及诸烦恼，即被称作身之缘，
彼业、烦恼若是空，对于身将作何说？（17.27）

［梵］ *karma kleśāś ca dehānāṃ　pratyayāḥ samudāhṛtāḥ /*
karma kleśāś ca te śūnyā　yadi deheṣu kā kathā //

［什］ 諸煩惱及業，是説身因緣，煩惱諸業空，何况於諸身？

这里你说“业行以及诸烦恼，即被称作身之缘”，是想由果成立来证明因成立，却丝毫没有说其他的因成立的道理。我们说，作为身的因，由于这个业和这些烦恼是依缘而生，所以自性是空。应当承认，果是以因的德（guṇa）为自体，所以，如果作为身缘的业烦恼是空的，既然它们是空，怎么能说身是有自性？所谓“身就是有自性”这种话绝对不合理（asambaddha）。（17.27） St 240

有人说：业还是存在的。为什么呢？因为受用业果的受用者是存在的。这里世尊也曾处处宣说： D 238b

众生为无明所覆，亦为渴爱所结缚。[2]

还说过：

而且，你自造此恶业，你即自受用此[业]之异熟。[3]

---

[1] 《无畏》（D 68b2）和《般若灯》（D 177a2–3）都说这一说法出自论典（*bstan bcos*, = śāstra），《观誓》（D Za 44b2）则说是出自阿毗达磨论（*chos mngon pa'i bstan bcos*）。笔者只找到《成实论》（T 32, no. 1646, 251b21）中有类似的表达：諸業煩惱是後身因緣。

[2] 此句藏译《佛护》作偈颂形式，具体出处不明。其他材料均录作散文形式。《青目》（ZY 1-15, 42a8 [2, 993]; T 30, no. 1564, 23b10–11）：《無始經》中説：衆生爲無明所覆，愛結所縛，於無始生死中往來，受種種苦樂。《青目》也曾称此经为《无本际经》（参第160页注1）。《无畏》（D 68b3–4）指出此句出自《无始终众经》（*Thog ma dang tha ma med pa'i mdo dag las*, = *Anavarāgra-sūtreṣu*）。此句梵本参《明句》（PsP_L 328.6）：*yathoktaṃ sūtre / avidyānivṛtāḥ sattvās taṣnāsaṃyojanā iti //*，也见于《明句》（PsP_L 218.4–6）和《天譬喻》（Divy 197.15–18），参第160页注1。巴利本参《相应部》（SN 15.1, §3 [II, 178.9–10]）：*avijjānīvaraṇānaṃ sattānaṃ taṇhāsaṃyojanānaṃ sandhāvataṃ saṃsarataṃ //*。汉文本参《杂阿含经》（《校释》第4册，第17页；T 2, no. 99, 240b20–21）：衆生無始生死，無明所蓋，愛繫其頸。《别译杂阿含经》（T 2, no. 100, 4865c13–14）：一切衆生皆爲無明之所覆蓋，愛結所使，纏繫其頸，生死長途，流轉無窮。

[3] 该句也引用于《无畏》（D 68b4–5）。梵本参《明句》（PsP_L 328.7–8）：*atha ca punar idaṃ pāpaṃ karma svayam eva kṛtam asya svayam eva vipākaḥ pratyanubhavitavya iti vacanāt /*。巴利本参《增支部》

P 270a ▾因此，

彼人为无明所覆，亦为渴爱所结缚，（17.28ab）

［梵］ *avidyānivṛto jantus tṛṣṇāsaṃyojanaś ca yaḥ* |

［什］ 無明之所蔽，愛結之所縛，

“众生为无明所覆，为渴爱所结缚”所说的，以及“你即自受用此[业]之异熟”所说的，就是受用业果的这个受用者。因此，首先，受用业果的受用者是合理的，没有[业]就没有果报，没有作者就不可能有业，由于有了受用者，作者和业也就是成立的。

彼即受者，与作者，非别异亦非同一。（17.28cd）

［梵］ *sa bhoktā sa ca no kartur anyo na ca sa eva saḥ* ||

［什］ 而於本作者，不異亦不一。

现在说，受用业果的受用者和这个业的作者不是别异，因为有“受用自异熟”
St 241 的说法。也不是不异，因为取[蕴]是不同的。▾这样，轮回也就是合理的，而不会导致常、断的过失。（17.28）

回答：那么你岂不是还没有修墙基就施设栏杆？作者、业和果报都还没成立，你竟然要成立受用业果的受用者！因为，如果不可能有作者、业和果报，怎么会有受用者？怎么讲呢？

无论是从缘生起，还是无缘而生起[1]，
D 239a **此业▾皆不可存在，是故作者亦无有。（17.29）**

［梵］ *na pratyayasamutpannaṃ nâpratyayasamutthitam* |
asti yasmād idaṃ karma tasmāt kartâpi nâsty ataḥ ||

［什］ 業不從緣生，不從非緣生，是故則無有，能起於業者。

（AN 3.35.1 [I, 139.10–11]）：*atha kho tayā 'vêtaṃ pāpakammaṃ kataṃ, tvaṃ yeva tassa vipākaṃ paṭisaṃvedissasîti*。汉文本参《增壹阿含经》卷 24（T 2, no. 125, 674c15）：本自作罪，今自受報。

[1] “无缘而生起”译自 *apratyayasamutthita*，其中 *apratyaya* 可作依主释理解为“非缘”，也可作多财释解为“无缘”。若作“非缘”解，则与 1.5、12、14 颂的 *apratyaya* 用法相同。《般若灯》（D 177b2–3）这里引用了 1.14 颂，说明他将该词解作“非缘”，偈颂的藏、汉译本也随此解。而《佛护》《明句》（PsP_L 329.5）释文都以“无因而生”（nirhetuka）解释该词，为多财释。《无畏》行文简略而未明言。

因为，对于主张缘起的人，[1] 所谓“此为业，它是从缘而生”，[这种说法]是不可能的。而对于主张无因生的人，所谓“此为业，它是无因而生”，[这种说法]也是不可能的，因此，首先，‘从缘而生的业是不存在的，[再者，] 无缘而生的业也是不存在的。因为业不存在，所以，不存在的业的作者也是不存在的。(17.29) P 270b

若无有业和作者，何有业所生之果？
而若果是无所有，又如何会有受者？(17.30)

[梵] *karma cen nâsti kartā ca kutaḥ syāt karmajaṃ phalam /*
asaty atha phale bhoktā kuta eva bhaviṣyati //

[什] 無業無作者，何有業生果？若其無有果，何有受果者？

如果经过考察[发现]既没有业也没有作者，没有了这些，‘哪里会有从业而生的果报呢？如果有[果报]的话，就不是从业而生的果报，而是无因而生的果报，这是不被认许的，因为会导致众多过失。现在，如果没有果报，哪里会有受用者？因为，既然是果报的受用者，而这个果报是不可能有的，没有了它，应是什么东西的受用者？因此，所谓“作者、业、果报和受用者是存在的”之说不过是欺诳语而已。如果不可能有作者、业、果报和受用者，又怎么会有轮回？(17.30) St 242

[2-]有人说：作者、业、果报、受用者和烦恼都是不存在的，这一说法[你]确定吗？
回答：凡依缘而生者，说它“是有”“是无”怎么会合理？[-2]
[对方]说：那么现在，在这个[世上]实有(sadbhāva)是什么呢？
回答：哪里有实有？为了止息对实有的执取，应当理解[这个]比喻：

如师以具足神通，而幻化出幻化人，
‘此幻化之所成[人]，又复幻化出他者。(17.31) D 239b

[梵] *yathā nirmitakaṃ śāstā nirmimītârddhisampadā /*
nirmito nirmimītânyaṃ sa ca nirmitakaḥ punaḥ //

[什] 如世尊神通，所作變化人，如是變化人，復變作化人。

---

[1] “主张缘起的人”译自 *phyir rten cing 'brel par 'byung ba smra ba* (= pratītyasamutpādavādin)。该词在前面多次出现(第 100、101、102、216 页)，都是佛护用以称呼自派学人，而这里应是指主张业果缘生的部派。

[2] 与《无畏》(D 69a1–2)基本相同。

如是作者、所作业，行相即如所幻化，

St 243
P 271a
喻如幻化所成[人]，'而幻化出余幻化。（17.32）

［梵］ *tathā nirmitakākāraḥ　kartā yat karma tatkṛtam /*
tadyathā nirmitenânyo　nirmito nirmitas tathā //

［什］ 如初變化人，是名爲作者，變化人所作，是則名爲業。

诸烦恼、业以及身，诸作者及诸果报，
其行相如寻香城，如同蜃景与梦境。（17.33）

［梵］ *kleśāḥ karmāṇi dehāś ca　kartāraś ca phalāni ca /*
gandharvanagarākārā　marīcisvapnasaṃnibhāḥ //

［什］ 諸煩惱及業，作者及果報，皆如幻與夢，如炎亦如響。

因此，业、烦恼、身、作者、果报、受用者就像作幻化者、幻化、乾达婆城、幻像、蜃景、梦境一样，对此完全理解并如实而说，怎么能说[它们]“是有”“是无”呢？因为，对有、无的一切构想都与常、断的过失相联系，而缘起则在有见和无见之外，所以就脱离了常见和断见的过失。

因此，应当理解，我确定地认为事物是假托施设（upādāya prajñapti）。这样，作者、业、果报、受用者、烦恼、身的说法也就是合理的，而不会导致常、断的过失，轮回也是成立的。（17.31–33）

[以上是]第 17 品《业与果之考察》。

第18品　我与法之考察[1]

Ātmadharmaparīkṣā nāmâṣṭādaśamaṃ prakaraṇam

[1] 该品的标题在诸家注释中有不同。$MK_{Ms\ M}$ *saddharmmaparīkṣā*（正法之考察）；$MK_{Ms\ Dr}$ *tattvaparīkṣā*（真实性之考察）；梵本《明句》：*ātmaparīkṣā* (我之考察)；藏译《中论颂》(P)、《明句》：*bdag brtag pa* (我之考察)；藏译《中论颂》(D)、《无畏》《佛护》《般若灯》：*bdag dang chos brtag pa*（我与法之考察）；汉译《青目》《般若灯》《安慧》：觀法。前页上的梵文品题是依藏译《佛护》构拟。

有人说：如果有见和无见会导致常和断的过失，所以不是真实性(tattva)，那么请说，你[说]的真实性是什么？如何证得真实性？ St 244

回答：从[《中论颂》]最初开始就是在开显真实性。总略来说，最胜真实性就是于内于外无我无我所的见解(darśana)，通过对真实性见解的修习(bhāvanā)证得真实性。 D 240a

有人说：如何观见于内于外无我无我所？ P 271b

回答：在这里，想要观见真实性的考察者，应当这样思择，这个所谓的"我"(ātman)，就是诸蕴还是异于诸蕴。无非就是我即诸蕴或我异诸蕴，这里所有的其他说法都可以总结为异与不异之说。[1] 然而两者都是不可能的，怎么讲呢？

若我即是诸蕴者，我则具有生与灭。
若我异诸蕴别有，是则无有诸蕴相。(18.1)

[梵] *ātmā skandhā yadi bhaved udayavyayabhāg bhavet /*
skandhebhyo 'nyo yadi bhaved bhaved askandhalakṣaṇaḥ //

[什] 若我是五陰，我即爲生滅。若我異五陰，則非五陰相。

首先，如果我就是诸蕴，那么[我]就有生灭的属性，因为诸蕴有生灭的属性。这里还会导致我成为多的过失，称说"我"也就没有了意义，因为所谓"我"不过是诸蕴的别称(paryāya)。因此，首先，说"我即是五蕴"是不可能的。 St 245

而如果[我]异于诸蕴，那么[我]就没有诸蕴的相。诸蕴以生灭为相，那么由于我异于诸蕴，就没有生灭相。这样的话，[我]就是常。如果我是常，一切努力就没有了意义，因为，既然是恒常不变，还有什么可做？所以，有我的构想就没有了意义，这个[我]没有任何的转起或止息。因此，说"我异于五蕴"也是不可能的。(18.1) D 240b P 272a

一个如此决定心智的人还要这样思择：

如果我是不存在，如何还有我所有？(18.2ab)

[梵] *ātmany asati câtmīyaṃ kuta eva bhaviṣyati /*

[什] 若無有我者，何得有我所？

---

[1] 参《明句》(PsP$_L$ 341.5–7)：为什么在《如来之考察》和《火与燃料之考察》等其他地方都说到五种观点(*pakṣa*)，而这里却只有两种观点呢？回答：在那两品之中已经说过了五种观点，正是因为在其他地方说过，所以这里不再说，[而是]简略地说两种观点。
关于二者关系的五种观点参10.14颂，以及本书第153页注2。

[1-]经过考察，如果一切形式的我都不可能有，哪里会有我所(ātmīya)？因为，属于我的那个东西就称为“我所”，连这个我都没有，没有了它，又怎么可能说“这是它所有”？[-1] 因此，我所也是不可能有的。

这样，于内于外不观见我和我所，就是观见真实性。此人应当修习并坚定于
St 246 这个[真实性]。修习并坚定于这个[真实性]的人对我和我所的执著就会息灭。[2]

息灭我与我所有，即无我所执、我执。(18.2cd)

[梵] *nirmamo nirahaṃkāraḥ　śamād ātmātmanīyayoḥ*[3] *||*

[什] 滅我、我所故，名得無我智。

[4-]这样，由于对我、我所的执著息灭，他便没有了我执和我所执。[-4] (18.2)

有人说：一个人如果能这样如实而观，那么这个被说为无我执、无我所执的人就是我，因为有他存在，我和我所一定也是存在的。

回答：

无我所执、无我执，之人亦是不可得。
见无我所、我执者，彼即不见[真实性]。(18.3)

[梵] *nirmamo nirahaṃkāro　yaś ca so 'pi na vidyate |*
nirmamaṃ nirahaṃkāraṃ　yaḥ paśyati na paśyati ||

[什] 得無我智者，是則名實觀。得無我智者，是人爲希有。

这样，这个无我执、无我所执的人也是不存在的，应说他是依托取[蕴]而施设，因为，世尊也说过：

> 尊者！这个所谓如是名字、如是种族[的人]，离了取[蕴]就没有补特伽罗的名字和种族。[5]

---

[1] 与《无畏》(D 69b2)基本相同。

[2] 此段中两处“坚定于”依德格版 *brtan par byed pa*，北京版作 *bstan par byed pa* “讲说”。

[3] = $MK_{Ms\ M}$; dJ, PsP_L *ātmātmanīnayoḥ*; $MK_{Ms\ Dr}$ *ātmātmanītayoḥ*，应为°*ātmanīnayoḥ* 之误，参 $MK_{Ms\ Dr}$ 中 24.15 颂第一句末词 *ātmanīnān*；详细讨论参拙著 2011b, 62–63, §3.2.3，以及 Niisaku 2017。

[4] 与《无畏》(D 69b3)基本相同。

[5] 梵本引用于《俱舍释》(AbhK-Vy 706.10–12)：*bhārahāraḥ katamaḥ. pudgala iti syād vacanīyaṃ. yo 'sāv āyuṣmān evaṃnāmā evaṃjanya evaṃgotraḥ evamāhāraḥ evaṃsukhaduḥkhapratisaṃvedī evaṃdīrghāyur evaṃcirasthitika evamāyuṣmanta iti*。巴利本参《相应部》(SN 22.22, §5 [III, 25.24–26])：*katamo ca bhikkhave bhārahāro | puggalo tissa vacanīyaṃ | yo yaṃ āyasmā evaṃnāmo evaṃgotto | ayaṃ vuccati bhikkhave bhārahāro ||*。汉文本参《杂阿含经》(《校释》第 1 册，第 135 页；T 2, no. 99, 19a22–24)：云何擔者？謂士夫是。士夫者，如是名，如是生，如是姓族，如是食，如是受苦樂，如是長壽，如是久住，如是壽命齊限。此处佛护所引文句与上述均不同，也有可能“离了取[蕴]”之后的话并非引语而是佛护所加，而藏译未能正确区分。

因此，[人]只不过是依于取[蕴]而说，无我执、无我所执的这个单独的人是毫不存在的。如果他存在的话，存在的他又怎么会无我执、无我所执呢？而如果他有[无我执、无我所执]这些[观点]的话，那么他的这些[观点]就只是邪见，而不是真实见。圣提婆(Āryadeva)阿阇黎也曾说过： P 272b D 241a St 247

如果所谓"我"是有，说"无我"则不合理。
抑或证得真实者，定入涅槃是虚妄。(《四百论》10.20)[1]

[2-]因此，谁观见了无我执、无我所执者，他就是被邪见损伤慧眼，没有观见真实性。[-2] (18.3)

我所有执与我执，外内皆得灭尽时，
是则取亦得消灭，由彼灭故生亦灭。(18.4)

［梵］ *mamêty aham iti kṣīṇe　bahiś câdhyātmam eva ca |*
nirudhyata upādānaṃ　tatkṣayāj janmanaḥ kṣayaḥ ||

［什］ 内外我、我所，盡滅無有故，諸受即爲滅，受滅則身滅。

现在，他的于内于外谓"我"谓"我所"的妄执取如果灭尽，就既没有能取者也没有所取的东西，于是四种取(upādānacatuṣṭaya)[3]灭，取灭则有体(bhava)灭，有体灭则生(janman)灭，这就称为解脱。这样如实观见者就证得了真实性。证得真实性就是解脱。[4] (18.4)

---

[1] 梵本不存。玄奘译《广百论本·破我品》(ZY 2-17, 3a2 [6, 589]; T30, no. 1570, 183a28–29)：我若實有性，不應讚離我，定知真實者，趣解脱應虛。

[2] 与《无畏》(D 69b6–7)基本相同。参《明句》(PsP$_L$ 348.8–9)：*yas tv evam asaṃvidyamāna-svarūpaṃ nirmamaṃ nirahaṃkāraṃ ca paśyati sa tattvaṃ na paśyatîti vijñeyam ||*

[3] 即欲(kāma)、见(dṛṣṭi)、戒禁(śīlavrata)、我语(ātmavāda)取，参《明句》(PsP$_L$ 349.12–13)。

[4] 《佛护》此处以及下面释 18.5 颂时所说的"真实性"(tattva)，均未突出人无我和法无我的判分。《无畏》(D 70a1–2)则强调，通过灭我执、我所执断烦恼障所证得的是"人无我的真实性"(*gang zag la bdag med pa'i de kho na*)，而通过息灭戏论断所知障所证得的是"法无我的真实性"(*chos bdag med pa'i de kho na*)，并说由前者得有余依涅槃，由后者得无余依涅槃。这两种涅槃的判法，笔者在其他文献中没有找到类似说法。一般认为，"有余依"是烦恼永断而五蕴身犹存(参《明句》[PsP$_L$ 519.9–13])，而声闻、独觉二乘通过证人无我，既可以得有余依涅槃，也可以得无余依涅槃。《青目》(ZY 1-15, 44b5–7 [2, 998]; T 30, no. 1564, 24c4–9)也提到了这两种涅槃，但归判与《无畏》正相反，即 18.4 颂为无余依涅槃，18.5 颂为有余依涅槃，吕澂在《藏要》中缝注中指出是误译。《般若灯》(D 185a1–2)的释文继承了《无畏》的人法无我的判分，但没有提到两种涅槃。《明句》(PsP$_L$ 351.15ff.)则批判了清辨的观点(实际上也包含《无畏》)，并提出月称的独特主张——二乘也证法无我，这一理论在其《入中论》(*Madhyamakāvatāra*)中有详细论证。

业、烦恼灭故解脱，从计执有业、烦恼，

St 248 **▾从戏论有彼等[执]，于空性中戏论灭。（18.5）**

［梵］ *karmakleśakṣayān mokṣaḥ　karmakleśā vikalpataḥ |*
te prapañcāt prapañcas tu　śūnyatāyāṃ nirudhyate ||

［什］ 業、煩惱滅故，名之爲解脱。業、煩惱非實，入空戲論滅。

在此[世上]，因为业和烦恼是生的因，所以说业、烦恼灭故解脱。这些业和烦
P 273a 恼又是从不实▾计执（abhūtavikalpa）而生，不是以自性而存在。烦恼从不如理计执
D 241b 而生，正如对于唯是一境，有人贪著，有人嗔恨，有人▾愚痴。因此，诸烦恼从计执
而生。业就是具有染污心者（kliṣṭacittavat）的身语意造作（abhisaṃskāra）。因为，
世尊也曾说：

这个具有无明的人造作福行……[1]

其后广说[从略]。所以，业、烦恼是以不实计执为因而生。

这些不实计执是从戏论而生，是从世间戏论而生。那些有执著心的人，认为世间的利与不利等法是真实，便会计执这些东西。因此，诸计执从戏论而生。

戏论于空性中灭，即这个人的利与不利等世间戏论于空性中灭，即由于证得
St 249 事物自性即是空性而灭，▾证得空性之后而灭。[2]

---

[1] 梵本引于《明句》（PsP$_{\text{L}}$ 558.8–10；依 de Jong 1978, 248 修订）：*avidyānugato 'yaṃ pudgalo bhikṣavaḥ puṇyān api saṃskārān abhisaṃskaroty apuṇyān api saṃskārān abhisaṃskarotîti bhagavadvacanāt |*。巴利本参《相应部》（SN 12.51, §12 [II, 82.9–12]）：*avijjāgato yaṃ bhikkhave, purisapuggalo puññaṃ ce saṅkhāram abhisaṃkharoti | puññūpagaṃ hoti viññāṇaṃ | apuññaṃ ce saṅkhāraṃ abhisaṅkharoti | apuññūpagaṃ hoti viññāṇaṃ |*。不同传本的梵本参《杂阿含·杂因诵》（NidSa 10.11bγ）：*sa puṇyān api saṃskārān abhisaṃskaroti avidyāpratyayān | apuṇyān apy āniјyān apy saṃskārān abhisaṃskaroti avidyāpratyayān |*。汉文本参《杂阿含经》卷 12（《校释》第 2 册，第 22 页；T 2, no. 99, 83b6–7）：彼福行無明緣，非福行亦無明緣。

[2] 颂文 18.5d 中的 *śūnyatāyāṃ*“于空性中”（第七格），藏译作 *stong pa nyid kyis*“由空性”，是意译，未反映其第七格。由此推测，《佛护》这段释文前两次出现的 *stong pa nyid kyis*，其梵本很可能也作 *śūnyatāyāṃ*，因此笔者都译为“于空性中”。此段释文先复述颂文，然后注解“戏论”，最后以两种说法注解 *śūnyatāyāṃ*“于空性中”：*stong pa nyid du rtogs pas* (DC *par*) *'gags te*“由证得空性而灭”和 *stong pa nyid rtogs nas 'gag go*“证得空性之后而灭”，通过这两句藏译难以确定其背后的梵文形式，仅就藏译来看，似乎是说“证得空性”与“戏论灭”是因果关系和相继发生的关系。这里释文所补充的“证得”（*rtogs* = adhi-√gam）一词值得注意，可能是受了《无畏》（D 70a5: *chos bdag med pa nyid kyi mtshan nyid rtogs pas*）的影响，《般若灯》也说此处应补充“证得”一词来理解（D 185a7: *rtogs pas zhes bya ba'i tshig gi lhag ma'o*）。根据这种理解，偈颂原文中的 *śūnyatāyāṃ* 应理解为 *śūnyatāyām adhigatāyām* / *śūnyatādhigame sati*“证得空性之时”。此外，《般若灯》（D 185b1）提供了对 *śūnyatāyāṃ* 的另一种解释：此处“空性”指空性智（*stong pa nyid ces* [shes?] *pa* = śūnyatājñāna）。《明句》则将该词理解为“有空性见解之时”（PsP$_{\text{L}}$ 350.16: *śūnyatāyāṃ sarvabhāvasvabhāvaśūnyatādarśane sati*）。另值得注意，在《中论颂》24.7 中也出现了 *śūnyatāyāṃ* 一词，

因此，空性是真实性，只有通过修习空性才能证得真实性，证得真实性才能称为解脱，圣提婆(Āryadeva)阿阇黎也曾说过：

总而言之诸如来，宣扬法即是不害，
涅槃即唯是空性，此中唯有此二者。(《四百论》12.23)[1]

(18.5)

▾有人说：如果我和我所是如此般无所有，诸佛世尊怎么还处处说我？ P 273b
回答：我们也不说"我就是无"。后面[有颂]也说：

如是我非异取[蕴]，我者亦非即取[蕴]，
亦非无有取[蕴]者，亦非此者决定无。(《中论颂》27.8)[2]

然而，▾善知众生意乐和随眠的诸佛世尊为了止息被教化者(vineya)的执著， D 242a

亦有"有我"之施设，亦有"无我"之宣说。
佛陀也曾宣说过，▾"我、无我皆无所有"。(18.6) St 250

［梵］ *ātmêty api prajñapitam anātmêty api deśitam /*
buddhair nâtmā na cânātmā kaścid ity api deśitam //

［什］ 諸佛或説我，或説於無我，諸法實相中，無我無非我。

[4-]这里，如果一些被教化者生起这样的见解，认为"无此世，无他世，无化生有情"[3]，这些人被妄取执著迷惑心智，不顾虑他世，不因违越世间律理而羞耻，奔向地狱深堑，为了止息他们的"无我"见，[佛陀]也会施设"我"(ātman)。[-4]

是和 *prayojanam* 联系在一起，藏译作 *stong nyid dgos*"空性[的]用意"，《无畏》的释文作"宣说空性的用意"(D 88b6: *stong pa nyid bstan pa'i dgos pa*)，也补充了一个动词"宣说"，那么这里的 *śūnyatāyāṃ* 可理解为 *śūnyatāyām deśitāyām* "宣说空性之时"。

1 梵文：*dharmaṃ samāsato 'hiṃsāṃ varṇayanti tathāgatāḥ / śūnyatām eva nirvāṇaṃ kevalaṃ tad ihôbhayam //* (Lang 1986, 116; 引用于《明句》[PsP$_L$ 351.13–14])。玄奘译《广百论本·破见品》(ZY 2-17, 5a9 [6, 593]; T30, no. 1570, 184b20–21)：略言佛所説，具二别餘宗，不害生人天，觀空證解脱。

2 ［梵］ *evaṃ nânya upādānān na côpādānam eva saḥ / ātmā nâsty anupādāno nâpi nâsty eṣa niścayaḥ //*
［什］今我不離受，亦不即是受，非無受、非無，此即决定義。

3 梵本参《明句》(PsP$_L$ 356.6–7)：*nâsty ayaṃ loko nâsti paraloko nâsti sukṛtaduṣkṛtānāṃ karmaṇāṃ phalavipāko nâsti sattva upapāduka ityādinā /*。巴利语用例参《相应部》(SN 24.5, §§1–2 [III, 206.])：*natthi dinnam natthi yiṭṭhaṃ natthi hutaṃ natthi sukaṭadukkaṭānaṃ kammānam phalaṃ vipāko natthi ayaṃ loko natthi paro loko natthi mātā natthi pitā natthi sattā opapātikā* [...]。汉文用例参《杂阿含经》(《校释》第 3 册，第 274 页；T 2, no. 99, 43c24–25)：無施，無會，無説，無善趣惡趣、業報，無此世、他世，無母、無父、無衆生[……]

4 与《无畏》(D 70a7–b1)类似。

[1-]如果一些被教化者生起这样的见解，认为既然[佛]说是善不善业的作者受用这些[业]的可爱不可爱果，而且说就是他有缠缚和解脱，这其中应有一个名为“我”的东西，[-1] 否则，如果没有我，这一切[教法]都成了无意义。这些人堕于轮回
P 274a 大海，被我执、我所执的海怪（grāha）所执持，被见的洪流▼冲散心智，贪于有体（bhava）之乐，为了止息他们的我见，[佛陀]也会宣说“无我”（anātman）。

[2-]如果有一些优秀的被教化者，善[法]资粮成熟，能渡离有体洪流，堪为胜义言教之器，[-2] 诸佛世尊作为说胜义真实性者、伟大导师，就说：“此幻惑愚夫，”[3]说其中“我”与“无我”皆无所有。圣提婆（Āryadeva）阿阇黎也曾说过：

D 242b St 251 说有、无及有亦无，▼以及[有、无]二皆非，
岂非由于疾病故，而有药草为适宜？（《四百论》8.20）[4]

或者，还可以有另一种[解释]。有些人背向对真实性的观见，不是知一切者却有自以为知一切的增上慢，随顺自寻思而有这样的恐惧，认为如果没有我则一切不容有，他们也会施设“我”。[5] 同样，另有一些心智惑乱者能以诸“无”损害世间，[认为]业和诸趣不可知（parokṣa），他们也会宣说“无我”。[6] 诸佛世尊得无障碍解脱智，是知一切者、见一切者，欲利益世间而显明这两者皆无，宣说中道非我、非无我，就是“此有故彼起，此无故彼不起”。[7]（18.6）

P 274b [8-]这里有人说：所谓“戏论于空性中灭”，其中道理▼何在？[-8]
对此回答：

---

[1] 与《无畏》（D 70b1–2）类似。

[2] 与《无畏》（D 70b2–3）类似。

[3] 出处见第 62 页注 1。

[4] 梵文：*sad asat sadasac cêti nôbhayaṃ cêti kathyate / nanu vyādhivaśāt pathyam auṣadhaṃ nāma jāyate //*（Lang 1986, 84；引用于《明句》[PsP$_{L}$ 372.5–6，其中末句的 *pathyam* 被误改为 *sarvam*]）

[5] 《明句》（PsP$_{L}$ 360.3）认为是指数论派（Sāṃkhya）。Lindtner (1981, 216, n. 86) 认为佛护所说的“不是知一切者却有自以为知一切的增上慢”，可能暗指数论的著名观点：*sarvaṃ sarvātmakam* “一切以一切为体”（*Māṭharavṛtti* ad kārikā 15, ed. Sarma 1922, 27），汉译参《百字论》（T 30, no. 1572, 250b14）：僧佉曰：一切法一相。

[6] 《明句》（PsP$_{L}$ 360.4）认为是指顺世论（Lokāyatika）。Lindtner (1981, 216, n. 87) 认为佛护所说“损害世间”可以构拟为 lokavināśin，类似“损世论”，是对其名称 lokāyata 的反讽。

[7] 参第 20 页注 3。

[8] 与《无畏》（D 70b6–7）相同。

名言所诠当止息，（18.7a）

［梵］ *nivṛttam abhidhātavyaṃ*

［什］ (心行)言語斷，

由于观见诸事物是空则所诠止息，所以戏论于空性中灭。因为，如果有所诠，依之而有戏论，没有了所诠，戏论就没有依处，还怎么存在呢？

▼有人说：一个人的所诠如何得以止息？ St 252

回答：

心所行境当止息，（18.7b）

［梵］ *nivṛttaś cittagocaraḥ* |

［什］ 心行(言語)斷，

心的所行境就是色等境，由于一个人的心所行境亦即色等得以止息，所以所诠止息。因为，如果所诠是就色等[境]，没有了这些[色等]，还有什么所诠？

有人说：▼ 一个人的心所行境亦即色等如何得以止息？ D 243a

回答：

因为无生无灭之，法性即如同涅槃。（18.7cd）

［梵］ *anutpannâniruddhā hi　nirvāṇam iva dharmatā* ||

［什］ 諸法實相者，(心行言語斷)，無生亦無滅，寂滅如涅槃。

因为，如果一个人能如实而观，便能解了无生无灭的法性就如同涅槃，所以心所行境得以止息。因此，戏论于空性中灭。圣提婆(Āryadeva)阿阇黎也曾说过：

有体之种即是识，境界是其所行境，
若见境界无我体，有体之种即断离。（《四百论》14.25）[1]

▼有人说：所谓“无此世，无他世，无化生有情”等见解，[2] 与所谓“一切事物无生无灭”的见解，两者有什么差别吗？ St 253

回答：两者有巨大差别。你▼不知空性之义，才会认为两者相同。一个不由思择而舍之人（apratisaṃkhyāyopekṣaka），与一个择已而舍之人（pratisaṃkhyāyopekṣaka），两者虽然同样能舍，然而，不思择而舍之人被说为具有无明的结缚，而另一种能舍之人则为诸佛世尊所敬重，所以两者有巨大差别。同样，这 P 275a

[1] 出处见第 2 页注 5。

[2] 参第 247 页注 3。

里，观见"无此世"等等的人，其心为无明所惑，而另一种人认为"一切事物自性是空，所以无生无灭"，是以智为先导，所以两者有巨大差别。

D 243b 再者，并未观见[此世的]"无"，唯作"无此世"之说，这就好像生盲者说"此地不平正"一样，由于无眼而不能观，[仍]会迷乱而栽倒。同样，说"无此世"的人，由于无智眼而不能观，就会被这些过失所染污。

St 254 再如在一场诉讼中，两个证人就同一件真实发生的事情而发言。其中一人亲见此事，另一个人未亲见此事，而顾念财物及亲友。两人都就此事发言，其中一人所言虽然也与真实所发生的事情一致，但是由于没有亲见此事，即是妄[语]，
P 275b 非法而有污名。另一个人所言此事，由于是亲见此事，即是真实语，合法而有美名。那么同样，一切法是空，因为空所以无生无灭，虽然如此，只有对此有现见智的人才是胜善而可称叹，而另一方没有现见空性，则为见之过失所染污，也为诸智者所斥责。因此两者有巨大差别。[1] 罗睺罗跋陀罗（Rāhulabhadra）阿阇黎在《般若波罗蜜多赞》（*Prajñāpāramitāstotra*）中也曾说过：

> 正是见你有缠缚，不观见亦有缠缚。
> 正是见你得解脱，不观见亦得解脱。（《般若波罗蜜多赞》15）[2]

这样，对于拥有知真实性的无垢慧眼的人，这个[空性]是他的境，而对于被无明大暗障蔽慧眼的人，这个[空性]不是他的境。

D 244a
St 255 再者，你以自以为智者的慢心为先导，认为见解是一样的，故而责难我们，却对说有说无的人不作[责难]，[我们]要说，这其中还是有差别的。怎么讲呢？说有说无都是依于见，我们视诸事物如兔角一般是无，而为了远离言语的过失，[我们]不说[事物]"既不是有也不是无"，而是这样说：由于它们是依缘而生，有与无
P 276a 皆应视作如同倒影一样。这就好像，你是以蓝宝石的价格售卖水晶石，不会获得与心想一致的结果，却会显示自己的心智浅薄。

---

[1] 上述对比两方观点差别的话题，为《般若灯》和《明句》所承袭。《般若灯》（D 188b1ff.）中称两方为"虚无论者"（*med pa pa* = nāstika）和"中观论者"（*dbu ma smra ba* = madhyamakavādin / *dbu ma pa* = mādhyamika）。《般若灯》（D 188b3）批判了佛护对两方差别的陈述，而以二谛为框架重新组织了理论。《明句》（PsP$_L$ 368.4 ff.）也采纳了二谛理论，而将佛护所说归结为胜义上的差别，并且复述了佛护所举的三个比喻，即不亲见而作证、未择而舍和盲人涉险三个比喻。

[2] 梵本见 Hahn 1988, 70: *tvām eva badhyate paśyann apaśyann api badhyate / tvām eva mucyate paśyann apaśyann api mucyate //*。此处 *tvām* "你"指般若波罗蜜多（prajñāpāramitā）。汉译本参《大智度论》卷 18（T 25, no. 1509, 190c13–16）：若不見般若，是則爲被縛，若人見般若，是亦名被縛。若人見般若，是則得解脱，若不見般若，是亦得解脱。

有人说：如果一切事物等同于涅槃，法与非法就没有差别，岂不是一切努力都没有意义？

回答：如果你如实而观，还会认为有努力吗？既然前面已经说过：

名言所诠当止息，心所行境当止息，(18.7ab)

因此，对于心智愚痴者，努力是有的，而对于观见真实性者，没有任何所作之事。正如所谓"所作已办，过此无余"[1]，同样还说"这个具有无明的人造作福行"[2]。

ˇ圣提婆(Āryadeva)阿阇黎也曾说过： St 256

"若无一切我何为？"你生如是之怖畏，
[其中]若有可作为，此法即非能止息。(《四百论》8.9)[3]

因此，"法性即如同涅槃"(18.7d)这一句是由胜义而说。(18.7)

由世间言说

即：

一切是实，或不实，ˇ或既是实又不实，(18.8ab) D 244b

［梵］ *sarvaṃ tathyaṃ na vā tathyaṃ　tathyaṃ câtathyam eva ca* /

［什］ 一切實、非實，亦實亦非實，

因为世尊也说过：

世间公认为有的，我也说有，世间公认为无的，我也说无。[4]

---

[1] 阿罗汉得涅槃而自知："我生已尽，梵行已立，所作已办，不受后有。"梵文用例参《杂阿含经·杂因诵》(NidSa 7.14c)：*kṣīṇā me jātir uṣitaṃ brahmacaryaṃ kṛtaṃ karaṇīyaṃ nâparaṃm asmād bhavaṃ prajānāmi* //。有时(例如《大事》[*Mahāvastu*, Senart 1897, 447.8])末句也有作 *nôparim itthatvam* "过此无余"。

[2] 出处见第 246 页注 1。

[3] 梵文：*kiṃ kariṣyāmy asat sarvam　iti te jāyate bhayam / vidyate yadi kartavyaṃ　nâyaṃ dharmo nivartakaḥ* // (Lang 1986, 80)

[4] 梵本引用于《明句》(PsP_L 370.6–8)：*yathā ca bhagavatôktaṃ / loko mayā sārdhaṃ vivadati nâhaṃ lokena sārdhaṃ vivadāmi // yal loke 'sti saṃmataṃ tan mamâpy asti saṃmatam / yal loke nâsti saṃmataṃ mamâpi tan nâsti saṃmatam ity āgamāc ca* //。巴利本参《相应部》(SN 22.94, §§3–4 [III, 138.27–32])：*nâham bhikkhave lokena vivadāmi, loko ca mayā vivadati // na bhikkhave dhammavādī kenaci lokasmiṃ vivadati // yam bhikkhave natthi sammataṃ loke paṇḍitānam aham pi tam natthîti vadāmi // yam bhikkhave atthi sammataṃ loke paṇḍitānam aham pi tam atthîti vadāmi* //。汉文本参《杂阿含经》(《校释》第 1 册，第 162–163 页；T 2, no. 99, 8b16–25)：我不與世間諍，世間與我諍。[……]世間智者言有，我亦言有。[……]世間智者言無，我亦言無。

因此，当作世间言说事的时候，世间公认为是实(tathyam)的东西，世尊也说
P 276b 它是实，▾世间公认为不实(atathyam)的东西，世尊也说它不实，世间公认为既实
又不实(tathyaṃ câtathyam ca)的东西，世尊也说它既实又不实。

这样就好像，有两个城市居民为某事而前往一个城市，进入一座神庙去参观，
St 257 开始观看[壁]画(citra)。▾其中一个人说："这个手执三叉戟(triśūla)的就是那罗延
天(Nārāyaṇa)，这个手执轮盘(cakra)的就是大自在天(Maheśvara)。"另一个人说：
"你认错了，手执三叉戟的是大自在天，手持轮盘的是那罗延天。"两人发生争论，
便去找住在旁边的出家人(parivrāj)，礼敬之后向他说明了各自的想法。这个[出
家人]对一个人说："你所说属实(satya)。"对另一个人说："[你所说]不实
(asatya)。"这里，虽然这个出家人知道，此处并没有任何大自在天，也没有那罗
延天，那些只是附在墙上的绘画，然而依于世间言说之力，说"此属实""此不实"
D 245a 并没有妄语的过失。同样，世尊虽然见到诸事物自性是空，▾依于世间言说之力也
说此是实，此不实，此既实又不实。而从胜义上讲，

既非不实又非实，此即佛陀之教法。(18.8cd)

［梵］ *nâivâtathyaṃ nâiva tathyam* [1-]*etat tad buddhaśāsanam*[-1] /

［什］ 非實非非實，是名諸佛法。

P 277a ▾自性空的事物，就如同幻像、梦境、蜃景、倒影、回声一样，怎么能说是实或
St 258 不实呢？因此，诸佛世尊▾的教法远离了有与无的过失，为一切外道所不共，能显
明胜义。

或者，还可以有另一种意义。有些人说一切从有而生，另外一些人说从先前无果的因而生，还有一些人说从亦有亦无而生。[2] 诸佛世尊的教法就是，事物不过是以因和缘而施设，不是有和无。这样，[佛]也说：

迦旃延！这些世间人住于二者，主要是住于存在性和不存在性。[3]

因此，诸佛世尊依于世间言说之力也说过这样那样的话，所以，想要见真实性的人不应该执著于依世间言说之力的教导，所要理解的就是这个真实性。[4] (18.8)

---

[1] = MK$_{\text{Ms M}}$; MK$_{\text{Ms Dr}}$ *eta .. buddhaśāsanaṃ*; PsP$_{\text{L}}$, dJ *etad buddhānuśāsanam*, 参本页注 4。

[2] 这种解释将该颂中"一切是实""一切不实""一切既实又不实"这三种表述理解为外道主张，即以数论派为代表的因中有果论(satkāryavāda)，以胜论派为代表的因中无果论(asatkārya-vāda)和以耆那教为代表的因中亦有果亦无果论(sadasatkāryavāda)。

[3] 出处见第 71 页注 1。

[4] 依《佛护》释文，18.8 颂"一切是实""一切不实""一切既实又不实"三种表述，都是佛随顺世俗而说，甚至也可以理解为外道主张，而最后一种表述"(一切)既非不实又非实"才是佛依胜义的说教，该颂末句的意思是：这才是佛(真正的)教法。因此猜测《佛护》的梵文底本中末句

有人说：真实性以何为相(lakṣaṇa)？

回答：

不从他知是寂灭，不为戏论所表述，

无分别亦无多种，此即真实性之相。(18.9)

［梵］ *aparapratyayaṃ śāntaṃ　prapañcair aprapañcitam /*
nirvikalpam anānārtham　etat tattvasya lakṣaṇam //

［什］ 自知不隨他，寂滅無戲論，無異無分別，是則名實相。

应如原民族宫藏《中论颂》写本($MK_{Ms\,M}$)的读法：*etat tad buddhaśāsanam*。《佛护》藏译的北京、那塘版作 *de ni sangs rgyas bstan pa'o*（德格、卓尼版中该句与藏译《明句》相同，应是后来改动，参下面的讨论），也反映了这一意义。而在《明句》梵文本中该句读作：*etad buddhānuśāsanam*"此即佛陀随应教"，相应地，其藏译作：*de ni sangs rgyas rjes bstan pa'o*。《明句》(PsP_L 371.13–14)还专门解释了 *anuśāsana*（"随应教法"，藏译作 *rjes su bstan pa*）一词：

etac ca buddhānāṃ bhagavatām anuśāsanaṃ / unmārgād apanīya samyaṅmārgapratiṣṭhāpanaṃ śāsanam / evam anupūrvyā śāsanam anuśāsanaṃ / vineyajanānurūpyeṇa vā śāsanaṃ anuśāsanaṃ /

这就是诸佛的，诸世尊的随应教法。引离邪道使住正道，即是"教法"。这样随次第的教法，即"随应教法"。或者，随顺被教化人的教法，即"随应教法"。

在这段话之前，《明句》已经依次解释了"实""不实"等四种表述是佛针对不同阶段的众生所施设的不同教法，那么 *anuśāsana*"随应教法"一词显然涵盖了所有这四种表述。《无畏》《般若灯》对该颂的理解与《明句》基本一致，其释文中也都出现了 *rje su ston pa* (= anu-√śās)一词，然而其偈颂末句译文均无 *rje*，作 *de ni sangs rgyas bstan pa'o*，由于缺少梵本确证，尚无法判断其偈颂梵本，有可能与《明句》相同，也有可能作 *etat tad buddhaśāsanam*，而在长行中以 *anu-√śās* 释 *śāsana*。详细讨论参拙著 2011b, 63–68, §3.2.4。兹录《无畏》(D 71a6–b6)释文备考：

"一切是实"是因为，如果不违反言说谛(vyavahārasatya)，眼等处和色等境就是有。"不实"是因为，依于胜义则[诸法]生起如幻像，由于自性不成立，如其显现非如是有。"既是实又不实"是因为观待二谛的行相。"既非不实又非实"是因为，于现证之时，瑜伽士对一切法一切行相的真实性都没有计执。或者，"一切是实"是指诸内外处，世尊为了断离烦恼障而说内外处是以远离我、我所为不动相，是所知。"不实"是指以识(vijñāna)为相之我，由于[被执为]有我和我所的缘故，[我]被说为是作者，能作闻思修。"既是实又不实"是观待于世间和论典的言说。所谓"既非不实又非实"，因为依胜义理则一切法无生，而依于作为有分别和无分别智所行境的事物之理，或分别为实，或分别为不实，而这样[的事物]都是没有的。所谓"此即佛陀之教法"，依据上述四种次第，为了让众生获得真实义而说的这个教法，就是佛世尊的教法。对于众多种类的弟子，根据根机、意乐、随眠以及时机，此[佛陀]无颠倒随应教授(anu-√śās)升天和解脱之道，即是"教法"。

“不从他知”(*aparapratyayam*)，即对于这个[真实性]没有从他者而有的了知，是无经教(āgama)而自所亲证，即唯由自所亲证的意思。“寂灭”(*śāntam*)是自性
St 259 P 277b D 245b 空的意思。▾“不为戏论▾所表述”(*prapañcair aprapañcitam*)是远离世间▾法的意思。“无分别”(*nirvikalpam*)即不可以“此”“彼”来分别。“无多种”(*anānārtham*)即没有“亦是此，亦是彼”这样的意义差别。这里，因为没有分别，所以不为戏论所表述，因为不为世间法所表述，所以是寂灭。因为寂灭，所以无多种，所以，[只能]自证而知其本性如是，不从他知，应当知道这就是真实性的相。(18.9)

[1-]这里还有真实性的其他相。[-1]

缘于彼而彼现起，首先彼彼非同一，
彼彼亦非是别异，因此非断亦非常。(18.10)

[梵] *pratītya yad yad bhavati　na hi tāvat tad eva tat |*
na cânyad api tat tasmān　nôcchinnaṃ nâpi śāśvatam ||

[什] 若法從緣生，不即不異因，是故名實相，不斷亦不常。

因为，缘于一个东西而一个东西现起，首先，这个东西并非就是那个东西，[再者，]也不是异于它而别有。如果这个东西异于那个东西而别有的话，就应该没有它也能现起，[而实际上]是不现起的，所以不是异于它而别有。这就好像，缘于种子而有芽生，芽并非就是种子，而离了种子就没有芽的自性，所以芽也不是异于种子。这样，因为缘于一个东西而一个东西现起，这个东西并非就是那个东
St 260 西，也非异于那个东西而别有，所以，既不是断▾也不是常。因为，如果种子即是芽，种子就成为恒常，而由于种子不即是芽，所以种子不是常。如果种子与芽相异，
P 278a 那么种子就断离了一切形式的相续▾而成为断灭，而由于芽并非异于种子而别有，所以种子不是断灭。圣提婆(Āryadeva)阿阇黎也曾说过：

因为事物有运转，是故即是非断灭。
D 246a 因为事物有息止，▾是故即是非恒常。(《四百论》10.25)[2]

因此，由于不可说彼彼同一或相异，所以非常亦非断就是真实性的相。(18.10)

---

[1] 与《无畏》(D 72a3)相同。《般若灯》(D 190b1–2)说前颂是说胜义真实性(paramārthatattva)，此颂则解说世俗(saṃvṛti)。《明句》(PsP_L 375.9–10)采纳了这一理解，认为前颂是说圣者的真实性之相(*āryāṇāṃ tattvalakṣaṇam*)，此颂是世间真实性之相(*laukikaṃ tattvalakṣaṇam*)。

[2] 梵文：*yasmāt pravartate bhāvas　tenôcchedo na jāyate | yasmān nivartate bhāvas　tena nityo na jāyate ||* (Lang 1986, 102；引用于《明句》[PsP_L 376.14–15])。玄奘译《广百论本·破我品》(ZY 2-17, 3a7 [6, 589]; T 30, no. 1570, 183b9–10)：以法從緣生，故體而無斷。以法從緣滅，故體亦非常。

无有一亦无有多，无有断亦无有常，
佛乃世人之依怙，此即诸佛甘露法。（18.11）

［梵］ *anekārtham anānārtham　anucchedam aśāśvatam /*
etat tal lokanāthānāṃ　buddhānāṃ śāsanāmṛtam //

［什］ 不一亦不異，不常亦不斷，是名諸世尊，教化甘露味。

这样的对升天和解脱之道的简择，是无一无多，无断无常，远离了一多断常的过失，是最极甚深，能显明胜义真实性，得以获得世间和出世间之乐，▼是作为 St 261
知一切者、见一切者、拥有十力之力、无缘之慈者的诸佛世尊的甘露教法，此[教法]是所应成办。因为，悟入此[法]者自所亲证而当下成就，那些未足资粮者不能当下成就，他们也于后生决定成就。圣提婆（Āryadeva）阿阇黎也曾说过：

知真实者于此[世]，即使不能证涅槃，
必于后生如[其]业，不费功用得[涅槃]。（《四百论》8.22）[1]

(18.11)

若诸佛陀未出世，若诸声闻已灭尽，
诸独觉等之智慧，即从远离而生起。（18.12）

［梵］ *sambuddhānām anutpāde　śrāvakāṇāṃ punaḥ kṣaye /*
jñānaṃ pratyekabuddhānām　asaṃsargāt pravartate //

［什］ 若佛不出世，佛法已滅盡，諸辟支佛智，從於遠離生。

而在此[世]仅作少许修习的人，▼ 2-[未来生于]某个时候，诸正觉佛陀未生，诸 P 278b
声闻已灭，缘不具备，虽然如此，以他们的先前修习为因的独觉智，不从他知，唯
以远离（asaṃsarga）为缘▼而得生起。-2 对这样的甘露教法的成办是有成果的。因此，D 246b
想要远离充满计执的轮回旷野的人，▼想要获得不朽之位（amṛtapada）的人，应当 St 262
用功成办于此，只有以此才能成立胜义。（18.12）

[以上是]第 18 品《我与法之考察》。

---

[1] 梵文：*iha yady api tattvajño　nirvāṇaṃ nâdhigacchati / prāpnoty ayatnato 'vaśyaṃ　punarjanmani karmavat //*（Lang 1986, 102；引用于《明句》[PsP$_L$ 376.14–15]）

[2] 与《无畏》（D 72a7–b1）相同。关于“远离”（*asaṃsarga*），《般若灯》（D 191a6–7）解释为“身心独处”，《明句》也采用了这一说法，还增加了“寻不得善知识”这一解释（PsP$_L$ 378.12: *kāyacetasoḥ praviveko 'saṃsargaḥ kalyāṇamitrāparyeṣaṇaṃ vā*）。

第19品　时间之考察[1]

Kālaparīkṣā nāmaîkonaviṃśatitamaṃ prakaraṇam

[1] MK$_{Ms\ M}$, MK$_{Ms\ Dr}$, 梵本《明句》: *kālaparīkṣā*; 藏译《中论颂》《无畏》《佛护》《般若灯》《明句》: *dus brtag pa*; 汉译《青目》《般若灯》《安慧》: 觀時。

▾有人说：你在考察作者和业之后，紧接着进一步考察了其道理，已经动摇了我意地之中有、无见这棵坚固久住的大树的根本，那么现在，要利益于我，就应当考察时间（kāla）。 St 263

回答：好的！

有人说：在[佛教]中，世尊处处宣说三时，如果没有[三时]，就不应说，因此三时还是存在的。[1]

回答：世尊是依于世间言说之力而说三时，从真实上讲则三时不容有。这是怎么说呢？这里首先，如果[一个事物]先是未来，而后成为现在，成为现在之后再成为过去，这样的话就成了一。这就好像，到达城市的是制多罗（Caitra），已过城市的还是同一个制多罗，这里未到达、到达和已过三者是没有差别的。而如果未来是异于现在又异于过去，▾那么三部分就都成为常。如果是常，对时间的构想就没有了意义，因为不需要了。 P 279a

再者，在此[世上]如果有一个名为"时间"的事物，[2] 是自然成立还是有观待而成立？▾这里先说，如果认为[时间]▾观待三时而成立，对此回答： St 264 D 247a

如果观待于过去，而有现在与未来，
是则现在与未来，应于过去时存在。（19.1）

〔梵〕 *pratyutpanno 'nāgataś ca yady atītam apekṣya hi |*
pratyutpanno 'nāgataś ca kāle 'tīte bhaviṣyataḥ ||

〔什〕 若因過去時，有未來、現在，未來及現在，應在過去時。

现在和未来时如果观待过去时而有，那么现在和未来时就应存在于过去时，而如果存在于过去时，两者也就都成了过去，这样的话就成了只有一时。只有一时就不可能有观待，因为，它自己怎么观待自己？由于没有了观待，也就不可能有时间。而且，过去时消逝而灭，就是无有，其中又怎么会有这两者？而如果认为虽然是过去但仍然存在，由于存在，就成了现在，而不是过去，这是不被认许的。[3] （19.1）

---

1 参《明句》（PsP$_L$ 382.3–4，依 de Jong 1978, 230 修订）：*atrâha | vidyata eva bhāvānāṃ svabhāvaḥ kālatrayaprajñaptihetutvāt || ihâtītānāgatapratyutpannās trayaḥ kālā bhagavatôpadiṣṭās te ca bhāvāśrayāḥ |*

2 《般若灯》（D 192a2）称主张时间实有的人为：*'du yod par smra ba dag*"说时者"。《观誓》（D Za 95b6）中则明确其为：*bye brag pa la sogs pa*"胜论派等"。汉译《般若灯》（T 30, no. 1566, 109a14）也译作"鞞世师"。《明句》称 *kālavādin*"说时者"而未有明指。"时"为胜论所主张的实句义（dravyapadārtha）之一，是实有（dravya）而恒常（nitya）。

3 《般若灯》（D 193a2–4）对此义有批判。

有人说：当[我们]说现在和未来观待过去而成立的时候，怎么就成了两者存在于过去呢？

回答：正是因为[你]说[两者]观待这个[过去]而成立，才导致了两者存在于这个[过去]的过失，不然的话，

如果现在与未来，于[过去]时尚无有，

St 265 **ᵛ云何现在与未来，能够观待彼[过去]？（19.2）**

［梵］ *pratyutpanno 'nāgataś ca na stas tatra punar yadi |*
pratyutpanno 'nāgataś ca syātāṃ katham apekṣya tam ||

［什］ 若過去時中，無未來、現在，未來、現在時，云何因過去？

P 279b [1-]现在ᵛ和未来时如果在过去时为无，在它那里是无的现在和未来时又怎么能观待它呢？因为，三部分聚合才可能有观待。[-1] 而如果在它那里已有，这两者既然是有，又何须再作观待？因此，首先，现在和未来不可能观待过去而成立。（19.2）

[2-]这里如果认为，现在和未来不观待过去也是成立的，对此回答：

D 247b **ᵛ若不观待于过去，彼二即不得成立，（19.3ab）**

［梵］ *anapekṣya punaḥ siddhir nâtītaṃ vidyate tayoḥ |*

［什］ 不因過去時，則無未來時，

不观待过去时，现在和未来时两者就不能自体成立。

现在时与未来时，因此即是不可得。（19.3cd）

［梵］ *pratyutpanno 'nāgataś ca tasmāt kālo na vidyate ||*

［什］ 亦無現在時，是故無二時。

这样，由于现在、未来两者不存在于过去时，故而不能观待，不观待过去则两者不能成立，所以也就不存在现在和未来时。[-2]（19.3）

由此[考察]之步骤，当知余二之轮转，

St 266 **ᵛ及上、中、下等[事物]，单、[双、复]等皆明了。（19.4）**

［梵］ *etenâivâvaśiṣṭau dvau krameṇa parivartakau |*
uttamādhamamadhyādīn ekatvādīṃś ca lakṣayet ||

［什］ 以如是義故，則知餘二時，上、中、下、一、異，是等法皆無。

---

[1] 与《无畏》（D 72b7–73a1）基本相同。

[2] 与《无畏》（D 73a1–4）基本相同。

以这种[考察]步骤，就可以明了其余时间的轮转，以及上、中、下和单等等。

现在和过去如果观待未来而有，那么这两者就应存在于这个[未来时]，那么现在和过去就成了未来，因为[两者]存在于[未来]的缘故。这样的话就成了只有一时，其中就不可能有观待，由于没有了观待，也就没有这些[时间]。[而且,] 未来是还未生起，▼就是无有，其中又怎么会有这两者？而如果虽是未来但仍然存在， P 280a
由于存在，就成了现在，而不是未来，这是不被认许的。而且，这两者如果在它那里是无，又怎么能观待它呢？而如果能观待的话，就是已有，对观待的构想就没有了意义。[因此,] 两者不可能观待未来而成立。

同样，过去和未来如果观待现在而有，那么这两者就应存在于这个[现在时]，那么过去和未来就成了现在，因为[两者]存在于[现在]的缘故。这样的话就成了只有一时，其中就不可能有观待，由于没有了观待，也就没有这些[时间]。[而且,] 过去和▼未来是已逝和未生，就是无有，它们又怎么可能存在于现在时？▼ 而如果存 D 248a St 267
在的话，存在就是已经成立，两者又何须再作观待？然而不作观待两者就不能成立。因此，既不存在过去，也不存在未来，也不存在现在。

上和下如果是观待中间而成立，那么上和下也应有了中间才能存在，而不是自体而有。如果没有中间，上、下又怎么能观待它而有呢？不观待中间，这两者就不能成立。这里如果认为，有了中间就有上和下，对此回答：既然三部分都已经存在，又何须再作观待？▼ 没有了观待，这些之中的任何一个都不可能自体成立。 P 280b
因此，上、下、中不是以自性而存在。

同样，若上、中观待下而有，若中、下观待上而有，若始、终观待中，若始、中观待终，若终、中观待始，若近观待远，若远观待近，同样，若先、后，若一、异，若即、离，若因、果，若短、长，若大、小，若我、无我，若有为、无为，若单、双观待多，若单、多▼观待双，若双、多观待单，[1] 如此等等▼观待任何一点东西而成立的这一切 St 268 D 248b
所说[的事物]，都要在[所观待的]那些东西那里存在，因为如果不存在就不可能观待。因此，从真实上讲，这一切都不是以自体成立，是依于世间言说之力而说。(19.4)

有人说：所谓“没有观待这些就不能成立”的说法是不合理的。这里的时间就以刹那(kṣaṇa)、瞬息(lava)、须臾(muhūrta)、夜(rātri)、昼(divasa)、半月(pakṣa)、月(māsa)、季(ṛtu)、半年(ayana)、年(saṃvatsara)等固定量度(parimāṇavat)而成立，[2] 这其中何须观待？

---

[1] 梵语语法中名词有单数、双数、复数的变形。

[2] 参《明句》(PsP$_L$ 385.12–13)：*asti ca kālasya parimāṇavattvaṃ kṣaṇa-lava-muhūrta-divasa-rātry-ahorātra-pakṣa-māsa-saṃvatsarādibhedena* / 另参《摄法句义论》(*Padārthadharmasaṃgraha*, ed. Dvivedin 1895, 63.19–21)：*kṣaṇa-lava-nimeṣa-kāṣṭhā-kalā-muhūrta-yāmâhorātrârdhamāsa-māsârtv-ayana-saṃvatsara-yuga-kalpa-manvantara-pralaya-mahāpralaya-vyavahārahetuḥ* /

P 281a ▾回答：

不住之时不可取，无有安住可取时，
而若不可取[其相]，时间如何可施设？（19.5）

［梵］ *nâsthito gṛhyate kālaḥ sthitaḥ kālo na vidyate /*
yo gṛhyetâgṛhītaś ca kālaḥ prajñapyate katham //

［什］ 時住不可得，時去亦叵得。時若不可得，云何說時相？

[2-]在此[世上]，安住的事物都可以以[一定的]量度而被执取，[1-]例如此树为高，此牛体长，此人为矮，[-1] 此大象巨大。而对于时间，不存在任何一个完整安住的量度可以用来执取它。[-2] 因为，须臾也是在一部分过去和一部分未来之上所施设的须臾，而不存在任何一个完整安住[的事物]名为"须臾"，更不用说昼等等。

St 269 ▾这里如果认为刹那是安住而存在的，对此回答：这个所谓的安住的刹那，既不是过去，也不是未来。为什么呢？因为它是安住的。正因为安住，所以不是现在。正在转起（pravartamāna）才能称为"现在"（pratyutpanna），如果它已是安住，就已经成立而非正在转起，不正在转起又怎么会是现在呢？因此，安住的时间是不存

D 249a 在的。既然不存在，又怎么能被执取？▾既然它们不可执取，怎么能施设为刹那、瞬息、须臾等等？因此，不可能存在任何名为"时间"的事物。（19.5）

[4-]这里有人说：时间还是有的。为什么呢？因为有征相（liṅga），所谓"彼时、此时、同时、不同时、长时、迅速就是时间的征相"[3]，因为有这样的征相，所以时间是存在的。[-4]

回答：

依于事物而有时，（19.6a）

［梵］ *bhāvaṃ pratītya kālaś cet*

［什］ 因物故有時，

---

[1] 这三个短句《佛护》藏译作（D 248b4; St 268.18–19）：*dper na shing 'di ni mtho ba / 'di ni chu ring ngo // 'di ni* (D 缺 *ni*) *thung ngo //*。可能传抄有误。此处翻译依《般若灯》（D 194b3; P 243a5）中引文：*dper na shing 'di ni mtho'o // ba 'di ni chur* (D *chu*) *ring ngo // mi 'di ni* (D 缺 *ni*) *thung ngo //*。

[2] 《般若灯》（D 194b3–4）引用此句并予以批判。

[3] 见《胜论经》2.2.6（*Vaiśeṣikasūtra*, ed. Jambuvijayaji 1961, 17.6）：*aparasmin paraṃ yugapad ayugapac ciraṃ kṣipram iti kālaliṅgāni /* 汉译参《胜宗十句义论》（T 54, no. 2138, 1262c24–25）：時云何？謂是彼、此、俱、不俱、遲、速詮緣因，是爲時。何欢欢 2020, 115：此（时）、彼（时）、同时、异时、慢、快是时间的相状。

[4] 与《无畏》（D 73a7–b1）基本相同。

▼如果彼[时]、此[时]等是时间的征相，那么时间就是依托事物而施设，而非自体成立。 P 281b

有人说：不是的，时间就是自体成立，所谓“时间”就是彼[时]、此[时]等等的因，▼正是由于时间才有了这些。[1] St 270

回答：

离事物则何有时？（19.6b）

［梵］ *kālo bhāvād ṛte kutaḥ* /

［什］ 離物何有時？

离开了事物，怎么可能有你[所谓]的自体成立并且安住的时间？如果因是不变、恒常、安住的时间，怎么会导致有差异的果？如果先世为制多罗，后世为笈多，如果这个[时间]是本性不异而安住，相异的两者又怎么能由它造出？制多罗和笈多两人先世、后世的自体没有差异，是由于时间先后才有了先世、后世，既然这个时间没有差异，相异的两者又怎么能由时间造出来？圣提婆（Āryadeva）阿阇黎也曾说过：

由于因与果相异，所以即是无有常，
或者因所在之处，于彼处即无有果。（《四百论》9.18）[2]

而如果这两者本没有差异，是依时间而有异，这样的话，由于没有了差异的[固定]说词，就成了一切或有差异，一切或无差异。因此，只有依托事物才能施设时间，离开了事物时间就不可能安住而独存。

有人说：时间的确是依托事物而施设，▼因为有“[某物]存在了一须臾”“[某物]存在了一日”▼“[某物]存在了一月”的说法，因此，时间还是有的。 D 249b St 271

回答：如果事物是存在的，▼那么时间也可以依于事物， P 282a

1 参《胜论经》2.2.11（*Vaiśeṣikasūtra*, ed. Jambuvijayaji 1961, 18.8）：*kāraṇe kālākhyā* / 何欢欢 2020, 117：“时间”的名称（可用）于因。

2 梵本不存。《佛护》所引此颂前二句作：*'bras bu rgyu ni tha dad pas // des na rtag pa yod ma yin //*，此处汉译依之。藏译《四百论》作：*'bras bu yis ni rgyu bshig pa // des na rgyu ni rtag ma yin //*（D no. 3846, Tsha, 10b7; Lang 1986, 92），依之应译作：由于果能破坏因，所以因即是非常。玄奘译《广百论本·破我品》（ZY 2-17, 1b10 [6, 586]; T30, no. 1570, 182c2–3）：若因爲果壞，是因即非常。或許果與因，二體不同處。其前二句也与藏译《四百论》相符。

事物既然无所有，时间又将从何有？（19.6cd）

［梵］ *na ca kaścana bhāvo 'sti kutaḥ kālo bhaviṣyati ||*

［什］ 物尚無所有，何况當有時？

事物是毫无可能存在的，这在前面已经证明完毕。因此，如果认为时间依于事物而成立，由于这个事物是毫不存在的，怎么会有你[所谓]的时间？

有人说：如果没有时间，那么就没有区别，“已作”“正作”“将作”如此等等的这些名言就不合理，而[这些名言]是合理而有的，所以时间还是存在的。

回答：前面说过：

名言所诠当止息，（《中论颂》18.7a）

此时，你只说：“如此等等的这些名言就不合理”，其实不仅如此等等，所有一切名言都不合理。而依于世间言说之力这一切又是合理的。这里曾说过：

一切是实，或不实，（《中论颂》18.8a）

因此，应当知道名为“时间”的事物是毫无所有的，是以假托施设（upādāya prajñapti）而成立。

[以上是]第 19 品《时间之考察》。

第20品　因与果之考察[1]

Hetuphalaparīkṣā nāma viṃśatitamaṃ prakaraṇam

[1] 该品的标题在诸家注释中有不同。$MK_{Ms\ M}$ *sāmagrīhetu(phalaparīkṣā)*（和合因果之考察）；$MK_{Ms\ Dr}$ *hetuparīkṣā*（因之考察）；梵本《明句》：*sāmagrīparīkṣā* (和合之考察)；藏译《中论颂》《明句》：*tshogs pa brtag pa* (和合之考察)；藏译《无畏》《佛护》《般若灯》：*rgyu dang 'bras bu brtag pa*（因与果之考察）；汉译《青目》《安慧》：觀因果；汉译《般若灯》：觀因果和合。前页上的梵文品题是依藏译《佛护》构拟。

▼有人说：时间还是存在的。为什么呢？因为从与时间的和合才能生果。在此[世上]，仅仅有了土地、种子和水，并不能生芽，有了这些[事物]与时节的和合，这个时候才能生芽。这样，没有与时间的和合就不生芽，有了就生芽，所以，时间就是存在的。 St 272

回答：如果果可以生起，▼那么由于能生果，时间也可以是存在的。然而果▼是不可能生起的，作为果之因的时间又怎么可能存在呢？因为，如果从和合生果，这个果是于和合中已有而生，还是无有而生？ P 282b D 250a

从因与缘之和合，若有[果]得生起者，
于和合中果已有，云何能从和合生？（20.1）

〔梵〕 *hetoś ca pratyayānāṃ ca sāmagryā jāyate yadi |*
phalam asti ca sāmagryāṃ sāmagryā jāyate katham ||

〔什〕 若衆緣和合，而有果生者，和合中已有，何須和合生？

合而为一的存在状态（samagrasya bhāvaḥ）就是和合（sāmagrī）。[1-]如果从因缘和合生果，如果在这个和合之中已经有了这个果，这个已经存在的果，怎么能从这个和合生起呢？[-1] 而如果虽然已有却能再次生起，那么构想它的生起就没有了意义。因为，既然已有，▼何须再生？还会导致无穷尽的过失，因为无时不生的缘故。（20.1） St 273

如果认为，在因缘和合之中没有果，生起的是因缘和合中所无之果，对此回答：

从因与缘之和合，若有果得生起者，
于和合中果无有，云何能从和合生？（20.2）

〔梵〕 *hetoś ca pratyayānāṃ ca sāmagryā jāyate yadi |*
phalaṃ nâsti ca sāmagryāṃ sāmagryā jāyate katham ||

〔什〕 若衆緣和合，是中無果者，云何從衆緣，和合而生果？

[2-]如果从因缘和合生果，如果在这个和合之中没有这个果，这个不存在的果，怎么能从这个和合生起呢？[-2] 而如果虽然是无却能生起，那么它生起后也是无，生时是无，生起后怎么会是有？因为不像生牛一样。（20.2）

再者，

---

[1] 与《无畏》（D 73b4–5）相同。

[2] 与《无畏》（D 73b6）相同。

于因缘之和合中，如果已有果存在，

P 283a **于和合中当可取，ˇ而于合中不可取。（20.3）**

［梵］ *hetoś ca pratyayānāṃ ca sāmagryām asti cet phalam /*
gṛhyeta nanu sāmagryāṃ sāmagryāṃ ca na gṛhyate //

［什］ 若衆緣和合，是中有果者，和合中應有，而實不可得。

如果在因缘和合之中已经有了这个果，那么在这个和合中安住的这个[果]，
D 250b 就应该像树中鸟一样可以执取，而存在于其中的这个[果]是不可执取的，ˇ既然不
St 274 可取，怎么能说是有呢？ˇ因此，和合中是不可能有果的。（20.4）

于因缘之和合中，如果无有果存在，
是则诸因与诸缘，与非因缘相等同。（20.4）

［梵］ *hetoś ca pratyayānāṃ ca sāmagryāṃ nâsti cet phalam /*
hetavaḥ pratyayāś ca syur ahetupratyayaiḥ samāḥ //

［什］ 若衆緣和合，是中無果者，是則衆因緣，與非因緣同。

如果在因缘和合之中没有这个果，因缘和非因缘就成为等同，这样就会从一切生起一切，这是不可认许的。因此，果于和合中无而能生起，是不可能的。

有人说：不是[这样]，因为因缘是确定的。如果一切是一切的因缘，那么可以说从一切生起一切，然而一切并非一切的因缘，因为确定的因缘是可以观察到的，从麦种唯生麦芽而不生稻芽，从线唯生布而不生瓶。这样，由于因缘确定，不会从一切生起一切。

回答：[这]不合理，因为未指出确定的因。你说“因为因缘是确定的”，并未指
P 283b 出确定的因。如果没有的话，它就没有了确定的因，怎么会合理？ˇ因此，由于没有
St 275 确定的因，ˇ就会导致因缘和非因缘成为等同的过失。这样，一切从一切生起，麦种之中也无麦芽，稻种之中也无稻芽，既然其中都无二者，所谓“麦种唯是麦芽之因，而非稻芽之因”这种确定是由何而来？如果因缘中有果，那么可以通过有果而得以确定，然而[因缘中]没有这个[果]，没有了这个[果]，就没有确定的因，这种
D 251a [观点]怎么会合理呢？因此，ˇ由于没有确定的因，一定会导致因缘和非因缘成为等同的过失。

[对方]说：对于现见，因是没有意义的。当现见麦种生麦芽而非稻芽的时候，还需要找什么其他的因？

回答：这种对确定的解说，只适用于因缘中有果的情况，而不适用于无[果]的情况，所以[我们]说无[果]则不生。因此，[你]要另外说出一个无而能生的因，然后用这个另外的因来证明无而能生，才可以说由于确定可见所以并非从一切生

起一切，然而[你]并没有说出[证明]无而能生的这个另外的因，所以，[你说的]确定可见，所显示的只是和合中有果的情况。（20.4）

有人说：在此[世上]，因将因给与果之后灭去，所以因能成立果，诸缘对其能作助益，[1] 这其中何须思考和合中有果还是无果？

ʼ回答： St 276

将因给与果之后，ʼ如果此因当灭去， P 284a

此所给与及所灭，是则因成有二体。（20.5）

［梵］ *hetuṃ phalasya dattvā ca　yadi hetur nirudhyate /*

yad dattaṃ yan niruddhaṃ ca　hetor ātmadvayaṃ bhavet //

［什］ 若因與果因，作因已而滅，是因有二體，一與一則滅。

如果因将因给与果之后而灭去，那么因就有二体，一个给与，一个灭去。因不可能二体，因为灭去者不是引生者。把因给予[果]也是不可能的，因为[无论]果是存在和不存在，都不可能把因给与它。因为，对于存在的果，何须把因给与它，对于不存在的[果]，给与谁呢？（20.5）

[2-]有人说：并非是因将因给与果之后灭去，而是因灭后无间隔有果生起。[-2]

回答：

若未将因给与果，此因即当成灭去，

于因灭后有果生，此果即成无因者。（20.6）

［梵］ *hetuṃ phalasyâdattvā ca　yadi hetur nirudhyate /*

hetau niruddhe jātaṃ tat　phalam āhetukaṃ bhavet //

［什］ 若因不與果，作因已而滅，因滅而果生，是果則無因。

如果因ʼ未将因给与果而灭去，因灭坏之后生起的这个果岂不成了无因而生？ D 251b
无因生是不可认许的，因为会导致众多过失。（20.6）

ʼ有人说：果与因以及和合是同时生起，像灯与明一样。[3] 因此，和合及果如灯 St 277
与明一样一时得生，这样就不会有所谓“和合中有果还是无果”这样的思考。

---

1 《观誓》(D Za 127a7) 指出是毗婆沙师主张。“与果”(phaladāna) 是说一切有部业果理论的一个术语，指果正生起时，因将其能力给与果的过程。参 Dhammajoti 2015, §7.4。

2 与《无畏》(D 74a6) 相同。《观誓》(D Za 127a7) 指出是经量部师主张，考虑到经量部出现的年代较晚，颂文中指涉的可能是譬喻部观点。

3 参《明句》(PsP_L 395.6；依 de Jong 1978, 232 修订)：*tadyathā pradīpaḥ prabhāyā iti //*

回答:

又若[因缘之]和合，和果俱时现起者，
则能生者与所生，一时而有成过失。(20.7)

［梵］ *phalaṃ sahâiva sāmagryā　yadi prādurbhavet punaḥ /*
ekakālau prasajyete　janako yaś ca janyate //

［什］ 若衆緣合時，而有果生者，生者及可生，則爲一時俱。

如果和合及果恰是同时生起，那么能生的因和所生的实体两者就成了一时得生，而这是不可认许的，因为，父子二人怎么会同时出生？而如果[因和果]是同
P 284b 时生起，这里怎么会有"此为彼之因，"彼为此之果"这样的安立？因此，和合与果也不可能是同时。(20.7)

1-有人说：果在和合之前就已存在，它是被后来生起的和合所显发，正如灯[能显]瓶。-1

回答:

如若果即出现于，[因缘]和合之先前，
St 278 **此果即是无因缘，将成无因[而生]者。(20.8)**

［梵］ *pūrvam eva ca sāmagryāḥ　phalaṃ prādurbhaved yadi /*
hetupratyayanirmuktaṃ　phalam āhetukaṃ bhavet //

［什］ 若先有果生，而後衆緣合，此即離因緣，名爲無因果。

如果先有果而后和合生起，这样的话，没有因缘和合，离了因缘和合，果也能无因而生。既然果已经生起，何须在因缘和合之上构想[其]再次生起？因为，是为了果才主张因缘和合，而果已经生起完毕了。因此，这种[说法]是毫无意义的。(20.8)

有人说：果可由因转变来成立，所以，由于先前分位的灭，因灭而转变为果。
D 252a 这样，因不灭则不能转变为果，果也不是无因而生。[2]

回答:

---

[1] 与《无畏》(D 74b3)相同。《观誓》(D Za 129a4)指出此观点出自数论派中主张能力(śakti)和显现(vyakti)一部。

[2] 《般若灯》(D 199a1)说此观点出自数论派中另一部，《观誓》(D Za 129b5)指出是数论派的说转变部(pariṇāmavāda)。

若于因灭时有果，是即为因之渡越，
先前已生起之因，再次生起成过失。（20.9）

［梵］ *niruddhe cet phalaṃ hetau　hetoḥ saṃkramaṇaṃ bhavet /*
pūrvajātasya hetoś ca　punarjanma prasajyate //

［什］ 若因變爲果，因即至於果，是則前生因，生已而復生。

如果先已灭去的因体，至另一个分位而被称为果，那么[这]就是因的渡越而不是生起。正如演员脱去一身衣服而着另一身衣服不是生起一样。[1] 如果渡越至另一个分位也是生起的话，那么先前已经生起的因就会再次生起，成为过失。而且这样的话，ˇ具有转变属性的事物不会安住，就会无时不生。（20.9） P 285a St 279

有人说：当说"因灭时有果"的时候，[你]为什么说会成为渡越而导致再次生起的过失？

回答：那么你岂不是正走在路上却问路？你明明说了转变之体即称为果，竟然不理解自己话的意义！所以，你太艰难了，可以安坐一下，现在让我来讲讲你所说的见解，也就是对因果联系的[种种]构想。这些话你要摄心谛听！

这里，如果因能生果，是灭而生果，还是安住而生果？是生已生之果，还是生未生之果？然而一切形式都是不可能的。怎么讲呢？

灭而消失之因者，如何能生已生果？
若包含果而安住，此因如何能生果？（20.10）

［梵］ *janayet phalam utpannaṃ　niruddho 'staṃgataḥ katham /*
hetus tiṣṭhann api kathaṃ　phalena janayed vṛtaḥ //

［什］ 云何因滅失，而能生於果？又若因在果，云何因生果？

首先，如果构想，在一切形式上都已灭而消失的因能生起已生之果，这是不合理的。因为，已经灭而消失的因，怎么能生起已生起的、已存在的果？既然无因，所构想的这个能引生者ˇ又是什么？ˇ而且，[果]既已生又何须[再]生？其次，如果认为，包含了果的因携果安住就能生果，这也是不可能的。因为，安住的并且有果的因，怎么能生[果]？因为当时包含于因中的[只能]是已生之果，而非未生之果。既然已生，何须再次由因生。ˇ因此，这也是不可能的。（20.10） St 280 D 252b P 285b

如果此因不含果，则当生起何等果？（20.11ab）

［梵］ *athâvṛtaḥ phalenâsau　katamaj janayet phalam /*

［什］ 若因遍有果，更生何等果？

[1] 参《明句》(PsP$_L$ 396.13–14)：*naṭasya veṣāntaraparityāgena veṣāntarasaṃcāravat*。

如果认为，因不包含果，亦即不具有果而能生果，那么你就得说，你[所谓]的因能生什么果？果未生即是无，当一个名为“果”的东西还不存在的时候，怎么可能说“因生果”呢？而如果虽然不存在，这个[因]也拥有生如是[果]的能力，那么无疑兔角也能生起。

而且，

无论是见是不见，此因皆不能生果。(20.11cd)

［梵］ *na hy adṛṣṭvā* [1-]*ca dṛṣṭvā ca*[-1] *hetur janayate phalam* ||

［什］ 因見、不見果，是二俱不生。

这里，如果因能生果，是见[果]还是不见[果]而生[果]？而两者都是不可能的。怎么讲呢？首先，如果是见了以后生，这样就成了生起已生的东西，因为未生者

St 281 不可见。▼已生则何须再生？其次，如果构想因不见[果]而生果，那么凡是不见的果，因都应能生，然而并不能生，所以因不能不见而生果。[2] (20.11)

再者，这里，如果因能生果，则应[与果]会遇之后而生，然而因果的会合无论如何也是不可能的。怎么讲呢？

---

[1] = $MK_{Ms\,M}$, $MK_{Ms\,Dr}$; PsP_L *vā dṛṣṭvā vā*; dJ *na dṛṣṭvāpi*; 参拙著 2011b, 54, §3.1.3。

[2] 这里《佛护》将“见”(dṛṣṭvā)理解为会遇，其宾语为果，《青目》大意同此，《明句》(PsP_L 399.6–9)也继承了这一理解。《无畏》(D 75a4–5)有不同理解，认为此处特指眼根见色：

> 这里如果眼根是眼识的因，它是见色之后生眼识，还是不见色而生？两种情况都不可能。为什么呢？因为，如果见了，[生识]就没有了意义，如果不见，[生识]就没有缘。

在《无畏》的理解中，“见”的宾语是色，而果是眼识。《般若灯》(D 200a3–6)沿用了这一理解，并对佛护的说法进行批判。

Ms 68a ［梵］▼…

iha yadi hetuḥ phalaṃ janayet | dṛṣṭvā vā janayed adṛṣṭvā vā | ubhayathā ca nôpapadyate | katham iti | yadi tāvad dṛṣṭvā janayed evaṃ sati jātaṃ janayatîty āgataṃ bhavati | na hy ajātaṃ dṛśyata iti | jātasya kim punar janayitavyam iti | athâpy adṛṣṭvā hetuḥ phalaṃ janayatîti *kalpyate* | *tathâpi hetur yad yad na paśyati tat* tad utpādayet | na côtpādayati | tasmād adṛṣṭvâpi hetuḥ phalaṃ nôtpādayati || (20.11)

kiṃ ca bhūyaḥ | iha yadi hetuḥ phalaṃ janayet prāpya janayet | na ca phalahetvoḥ saṃgatiḥ kathaṃcid apy upapadyate | katham iti |

因为无有过去果，与过去因之会合，
亦无[彼]与未生因，及已生因之会合。（20.12）

［什］ 若言過去因，而於過去果，未來、現在果，是則終不合。

1-过去的果▼与过去、未生的因没有会合，因为过去和未来▼的因果都是不存在的。过去的果与已生的因没有会合。因为果不存在。-1 （20.12） D 253a P 286a

因为无有未生果，与未生因之会合，
亦无[彼]与过去因，及已生因之会合。（20.13）

［什］ 若言未來因，而於未來果，現在、過去果，是則終不合。

2-未生的果与未生的因没有会合，因为过去和未来的因果都是不存在的。未生的果与已生的因▼没有会合，因为果不存在。-2 （20.13） St 282

因为无有已生果，与已生因之会合，
亦无[彼]与未生因，及已灭因之会合。（20.14）

［什］ 若言現在因，而於現在果，未來、過去果，是則終不合。

1 与《无畏》(D 75a7–b1) 相同。　2 与《无畏》(D 75b1–2) 相同。

［梵］ **nâtītasya hy atītena　phalasya saha hetunā |**
nâjātena na jātena　saṃgatir jātu vidyate || (20.12)

atītasya phalasyâtītena câjātena ca hetunā saṃgatir na vidyate | atītānāgatayoḥ phalahetvor abhāvād | atītasya phalasya[1] jātena hetunā saṃgatir na vidyate | phalābhāvāt[2] || (20.12)

3-nâjātasya hy-3 ajātena　phalasya saha hetunā |
nâtītena na jātena　saṃgatir jātu vidyate || (20.13)

ajātasya phalasyâjātena câtītena ca hetunā *saṃgatir na vidyate* | *atītānāgatayoḥ* phalahetvor abhāvāt | ajātasya phalasya jātena hetunā saṃgatir na vidyate | phalābhāvāt || (20.13)

na jātasya[4] hi jātena　phalasya saha hetunā |
nâjātena na[5] naṣṭena　saṃgatir jātu vidyate || (20.14)

1 BP_{Ms} 缺 *phalasya*。　2 BP_{Ms} *phalābhāt*。

3 = BP_{Ms}, $MK_{Ms\ Dr}$; $MK_{Ms\ M}$ *nājātasyāpy*; dJ, PsP_L *na jātasya hy*。*nājātasya* 的读法为《无畏》《青目》《佛护》《般若灯》释文所支持，而 *na jātasya* 则为《明句》释文所支持。详参拙著 2011b, 68, §3.2.5。

4 = BP_{Ms}, $MK_{Ms\ M}$, $MK_{Ms\ Dr}$; dJ, PsP_L *nājātasya*。*na jātasya* 的读法为《无畏》《青目》《佛护》《般若灯》释文所支持，而 *nājātasya* 则为《明句》释文所支持。详参拙著 2011b, 68, §3.2.5。

5 BP_{Ms} 缺 *na*。

已生的果与已生的因没有会合。因为不可能有“此为因，彼为此之果”这样[分明]的因果，[1-]并且因为这样的两者不可能会合。[-1] [2-]已生的果与未生的、过去的因没有会合，因为过去和未来因不存在。[-2] (20.14)

如果无有会合者，则因如何能生果？(20.15ab)

〔什〕 若不和合者，因何能生果？

这样，过去、未来、现在的果与过去、未来、现在的因不可能有任何形式的会合，在这种情况下，怎么能说“因生果”？

而或已经有会合，则因如何能生果？(20.15cd)

〔什〕 若有和合者，因何能生果？

而如果虽然不可能有，仍然构想因果的会合，[3-]那么因怎么会生起这个存在的果？[-3] 因为，[果]已有则无须再生，而且因将成为无作用。(20.15)

---

[1] 此句依藏译，梵本中缺否定词。

[2] 与《无畏》(D 75b3–4)相同。

[3] 此句依梵本翻译，藏译为：*de lta na yang rgyu yod pa nyid kyis 'bras bu de ji ltar skyed par 'gyur* / 应译作“那么存在的因怎么会生这个果？”似不符前后文。

〔梵〕 jātasya phalasya jātena hetunā saṃgatir na vidyate | ayaṃ hetur idam asya *phalam ity evaṃ hetuphalayor anupapa*tteḥ evambhūtayoś ca saṃgatyupapatteḥ[1] | jātasya phalasya ajātena câtītena ca hetunā saṃgatir na vidyate | atītānāgatayor hetvor abhāvāt || (20.14)

asatyāṃ saṃgatau hetuḥ　kathaṃ janayate phalam | (20.15ab)

tad evam atītānāgatavartamānasya phalasya atītānāgatavartamānena hetunā *sarvathâpy anupapadyamānāyāṃ* saṃgatau katham idam upapatsyate hetuḥ phalaṃ janayatîti |

satyāṃ vā saṃgatau hetuḥ　kathaṃ janayate phalam || (20.15cd)

athânupapadyamānâpi hetuphalasaṃgatiḥ kalpyate | tathâpi kathaṃ hetuḥ sad[2] eva tat phalaṃ janayet | na hi sataḥ punar janayitavyam asti | ...

---

[1] 依藏译，该词应读作 *saṃgatyanupapatteḥ*。

[2] 依藏译，该词似读作 *sann*。

▾再者， St 283

▾如果因空无有果，则因如何▾能生果？（20.16ab） P 286b D 253b

〔什〕 若因空無果，因何能生果？

这里，如果因能生果，它是空无果体(śūnyaḥ phalātmanā)而生这个果，还是不空而生？这里，首先，如果构想由空无果体的因生起果，这无论如何也是不可能的。而如果是可能的话，沙也能生芝麻油，水也能生酥油。沙与芝麻之中同样都没有芝麻油，水和酸酪之中同样都没有酥油，而芝麻油唯从芝麻生，不从沙[生]，酥油唯从酸酪生，不从水[生]，其中差别是什么呢？因此，说“空无果体的因能生果”是不合理的。

这里如果认为，果体不空的因就能生果，对此回答：

如果因中果不空，则因如何能生果？（20.16cd）

〔什〕 若因不空果，因何能生果？

如果因是不空果体，它怎么可能生这个果呢？果是存在的，[因]并不空无其自性，在这种情况下，[果]已生则无须再生。因此，所谓“果体不空的因能生果”是人云亦云者的理解。(20.16)

〔梵〕 ▾*kiṃ ca bhūyaḥ* Ms 68b

hetuḥ phalena śūnyaś cet　kathaṃ janayate phalam | (20.16ab)

... dadhny eva navanītaṃ bhavati nôdakāt | tasmān naîtad upapadyate | śūnyaḥ phalātmanā hetuḥ phalaṃ janayatîti |

tatrâitat syād aśūnyaḥ phalātmanā hetuḥ phalaṃ janayatîty atra *brūmaḥ* |

hetuḥ phalenâśūnyaś cet　kathaṃ janayate phalam || (20.16cd)

yadi *hetur eva phalātmanâ*śūnyaḥ kathaṃ tat phalaṃ janayatîty upapadyate | yadā [1-]sata eva[-1] phalasya svabhāvenâśūnyo na ca jātasya punar janayitavyam asti | tasmād etad apy anurodhijanagrāhyam aśūnyaḥ phalātmanā hetuḥ phalaṃ *janayatîti* ||

---

1 BP$_{Ms}$ *sa«ta» [va] de*。

St 284 ▼再者，这里，所谓“因生果”，这个因是自性不空而有生灭，还是空[而有生灭]？对此我们要说：

不空之果不得生，不空之果不得灭，
是则此[果]若不空，即成不灭亦不生。（20.17）

［什］ 果不空不生，果不空不滅，以果不空故，不生亦不滅。

P 287a ▼一个自性不空、以自体安住的果，就不会生起，也不会灭。为什么呢？因为[它]
D 254a 以自体安住，因为本性不可能有变化。▼因此，由于是恒常的，所以这个被构想为不空的果对于你就成了不灭亦不生。因此，不空的果不会生起，也不会灭。(20.17)

这里如果认为，空的果就会有生灭，对此回答：

此若是空云何生？此若是空云何灭？
即使是空亦导致，不灭不生之过失。（20.18）

［什］ 果空故不生，果空故不滅，以果是空故，不生亦不滅。

St 285 一个自性空、自体不成立的果，它怎么会生起，怎么会灭？而▼如果构想，果虽

［梵］ *kiṃ ca bhūyaḥ* | *iha yad dhetuḥ phalaṃ janayatîti tad* api svabhāvenâśūnyaṃ vôtpadyeta niruddhyeta ca śūnyaṃ vā | tatra vayaṃ brūmaḥ ||

phalaṃ nôtpadyate[1] 'śūnyam aśūnyaṃ na nirotsyate |
aniruddham anutpannam aśūnyaṃ tad bhaviṣyati || (20.17)

yat phalaṃ svabhāvenâśūnyaṃ svātmanâvasthitaṃ tan nâivôtpatsyate *nâpi nirotsyate* | *kutaḥ* | *svātmanâvasthitatvāt* | *na hi prakṛter vikāra* upapadyate | tasmāt tat phalam aśūnyam iti parikalpyamānaṃ nityatvād aniruddham anutpannaṃ ca te bhaviṣyati | tasmān nâśūnyaṃ phalam utpadyate | nâpi nirotsyate | (20.17)

tatrâitat syāt | śūnyaṃ phalam utpadyate ca nirudhyate cêty atra brūmaḥ |

katham utpatsyate śūnyaṃ kathaṃ śūnyaṃ nirotsyate |
śūnyam apy aniruddhaṃ tad anutpannaṃ prasajyate || (20.18)

*yat phalaṃ svabhāvena śūnyam ātmanâpra*siddhaṃ tat katham utpatsyate kathaṃ nirotsyate | atha ...

---

1 = BP_{Ms}, $MK_{Ms\ M}$; $MK_{Ms\ Dr}$, dJ, PsP_{L} *notpatsyate*。

无自性却有生灭，对此就要说，难道是这个果的体性(bhāva)之外的其他东西有生灭吗？如果是果体性之外的其他东西有生灭，它怎么就成了果呢？因为，[这]是非果生而不是果[生]。这样，如果构想果是空，就成了无，从而导致不灭亦不生的过失。这是不可认许的。因此，空的果不会生起，也不会灭。（20.18）

再者，如果有因和果，[它们]是一体还是异体？经过考察，

是则因者及果者，绝无可能是一体。
是则因者及果者，'绝无可能是异体。（20.19） P 287b

［梵］ *hetoḥ phalasya caîkatvaṃ na hi jātûpapadyate /*
hetoḥ phalasya cânyatvaṃ na hi jātûpapadyate //

［什］ 因果是一者，是事終不然。因果若異者，是事亦不然。

为什么呢？因为：

因果若是一体者，能生、所生则成一。
因果若是相异者，因与非因则等同。（20.20）

［梵］ *ekatve phalahetvoḥ syād aikyaṃ janakajanyayoḥ /*
pṛthaktve phalahetvoḥ syāt tulyo hetur ahetunā //

［什］ 若因果是一，生及所生一。若因果是異，因則同非因。

因为，如果因果是一体，那么能生者与所生实体就成了一体，而这是不可能的。因为，父与子怎么会是一体呢？而如果因果'是“此为因，彼为果”'这样的异体， St 286 D 254b
那么因与非因就成为等同。正如对于麦芽来说稻种是异者，对于稻芽来说麦种也是异者，那么为什么说麦芽的因是麦种而不是稻种？因此，因果既不是一体，也不会是异体。以一、异的方式都不能成立[的事物]，就是不成立，因为[事物]不可能以这两种之外的其他方式成立。（20.19–20）

再者，如果因能生果，是自性实有而生[果]，还是不实有而生果？这里我们要说：

果若实有自性者，如何能由因生起？
果若无有自性者，如何能由因生起？（20.21）

［梵］ *phalaṃ svabhāvasadbhūtaṃ kiṃ hetur janayiṣyati /*
phalaṃ svabhāvāsadbhūtaṃ kiṃ hetur janayiṣyati //

［什］ 若果定有性，因爲何所生？若果定無性，因爲何所生？

如果果以自性而实有(svabhāvena sadbhūtam),不经造作也是圆满实有,那么由于这个[果]已有,为什么还要由另外的因来生?而如果构想就是由[因]生,这是不合理的,已生则无须再生。如果这个果是自性不实有(svabhāvenâsadbhūtam),
P 288a 它▼怎么能由因生?而如果自性不实有的果也能由因生,那么无疑布树[1]的花也能
St 287 串成花鬘。▼因此,实有和不实有的果都不可能由因生。(20.21)

如果不能生起[果],因性即是不容有,(20.22ab)

[梵] *na câjanayamānasya hetutvam upapadyate* /

[什] 因不生果者,則無有因相,

凡是不能生果的因,它就不可能有因性。因为,能生果才能叫作因,如果不能生也能是因的话,那就没有任何东西不是因,一切都有了因性,而这是不可认许的。所以,因性是不可能存在的。

而若因性不可得,果将属于谁所有?(20.22cd)

[梵] *hetutvānupapattau ca phalaṃ kasya bhaviṣyati* //

[什] 若無有因相,誰能有是果?

D 255a 如果▼没有了能生果的因性,就没有因,那么果属于谁所有呢?因为,果被认为是属于因的,而这个[因]是不存在的,没有了这个[因],就不可能有"果"名。如果也可以有的话,没有父也可以有子,而这是不可认许的。因此,没有因就没有果。(20.22)

而且因缘之和合,由此和合之自体,

尚不能生其自体,如何能够引生果?(20.23)

[梵] *na ca pratyayahetūnām iyam ātmānam ātmanā* /

yā sāmagrī janayate [2]*kathaṃ janayate*[2] *phalam* //

[什] 若從衆因緣,而有和合法,和合自不生,云何能生果?

如果构想因缘和合能生果,那么首先,这个[因缘和合]自己都不能生自己,
St 288 为什么呢?因为[都]知道和合是众多[3]。▼圣提婆(Āryadeva)阿阇黎也说过:

---

[1] 参第 222 页注 3。

[2] = $MK_{Ms\,M}$, $MK_{Ms\,Dr}$; dJ, PsP_L *sā kathaṃ janayet*; 参拙著 2011b, 55, §3.1.4。

[3] 即《无畏》(D 76b5)所说"非实质有"(*rdzas su yod pa ma yin pa* = na dravyam asti)。

和合即非是一体，如此无有少事物，
若彼与彼为别异，是则应有些许一。[1]

现在说，和合自体▾未生，亦即自体不成立，又怎么构想它生果呢？而如果和合虽然自体未生却能生果，那就是母未生而生子。（20.23） P 288b

故无和合所生果，亦无无合而生果。
是则若无有果者，何有众缘之和合？（20.24）

〔梵〕 *na sāmagrīkṛtaṃ tasmān*[2] *nâsāmagrīkṛtaṃ phalam* /
asti pratyayasāmagrī kuta eva phalaṃ vinā //

〔什〕 是故果不從，緣合、不合生。若無有果者，何處有合法？

这样，因为这些和合是未生且不成立，所以没有和合所生的果。这里如果认为，无和合而生的果就是有的，对此回答：

亦无无合而生果。（20.24b）

既然和合所生的果不可能存在，在这个时候无和合而生的果就是无因而生，这怎么可能呢？如果可能的话，没有父母也会有儿子出生，然而是不会出生的，所以，无和合而生的果也是不存在的。

▾有人说：说了这么多违反世间的言论有什么用？至少▾众因缘和合是存在的，有了这个，果就是存在的。 St 289 D 255b

回答：那么你岂不是在空城上构筑城堡？没有果，你竟然认为有和合！只有能生果才能称为和合，而果无论如何是不可能有的，这时，既然没有果，怎么会有众缘和合？圣提婆（Āryadeva）阿阇黎也说过：

因为世间一切名，于和合中得显现，
因此事物无所有，无事物亦无和合。[3]

---

[1] 此颂不见于提婆《四百论》，其意义也不十分明了。兹录藏文本：*tshogs pa gcig* (P *cig*) *pu* (P *bu*) *ma yin te / de bzhin dngos po 'ga' yang med // gal te de yang de las gzhan // de yang gcig pu 'ga' zhig yod //*。《般若灯》（D 203a5）复述了佛护的注释，也出现了此颂，但随后对佛护的注释理路展开批判，并且认为佛护这里的引用不符合颂义。

[2] = $MK_{Ms\,M}$, $MK_{Ms\,Dr}$; dJ, PsP_L *phalaṃ*；参拙著 2011b, 55–56, §3.1.5。

[3] 此颂也引于《般若灯》（D 203b5–6），但不见于提婆《四百论》，兹录藏文本：*gang phyir 'jig rten ji snyed ming // tshogs pa nyid la snang 'gyur ba // de phyir dngos po yod min te // dngos med tshog pa'ang yod ma yin //*

P 289a 因此，由于果不存在，和合就不存在，这样，所谓“与时间和合[所生的]果是成立的，所以时间就是存在的”，这种说法不合理。

有人说：如果时间也不存在，因、果以及和合也不存在，其他还存在什么？这样就成了虚无论（nāstivāda）。

回答：不是的。你构想时间等[事物]以自性而存在，如你所构想的存在是不可能的，而它们是以假托施设（upādāya prajñapti）而成立。

[以上是]第 20 品《因与果之考察》。

第21品　生成与坏灭之考察[1]

Sambhavavibhavaparīkṣā nāmaîkaviṃśatitamaṃ prakaraṇam

[1] MK$_{Ms\ Dr}$，梵本《明句》: *saṃbhavavibhavaparīkṣā*; 藏译《中论颂》《无畏》《佛护》《般若灯》《明句》: *'byung ba dang 'jig pa brtag pa*; 汉译《青目》《般若灯》《安慧》: 觀成壞。

有人说：时间等还是存在的。为什么呢？因为某事物于某时某处有生成和坏灭。因为，如果没有时间等，那么就没有了差别，一切[事物]就应于一切时一切处生成和坏灭，然而不会是这样，所以时间等还是存在的。 St 290

回答：只有某些[事物]有生成和坏灭，那么时间等才可以存在，而既然，

离生成则无坏灭，共生成亦无坏灭。
离坏灭则无生成，共坏灭亦无生成。（21.1）

［梵］ *vinā vā saha vā nâsti vibhavaḥ sambhavena vai /*
vinā vā saha vā nâsti sambhavo vibhavena vai //

［什］ 離成及共成，是中無有壞。離壞及共壞，是中亦無成。

这时，如果有生成和坏灭的话，或是相离，或是相俱。[1] 既然两者都不可能，这个时候以之为因的时间等怎么会存在？（21.1） D 256a

这怎么讲呢？因为是不可能的。

如果离于生成者，如何可得有坏灭？
将成离生而有死，离生起则无坏灭。（21.2）

［梵］ *bhaviṣyati kathaṃ nāma vibhavaḥ sambhavaṃ vinā /*
vinâiva janma maraṇaṃ vibhavo nôdbhavaṃ vinā //

［什］ 若離於成者，云何而有壞？如離生有死，是事則不然。

因为，坏灭怎么会离生成而有呢？只有在某物生起的情况下才能坏灭，没有依处就不会有坏灭。正如有生才有死，未生则无死，同样，有生成才有坏灭，没有生成就不会有坏灭。（21.2） St 291 P 289b

这里如果认为：坏灭是与生成共存，离了生成即不存在，对此回答：

即此坏灭与生成，如何可为共存有？
因为出生与死亡，同时而有不可得。（21.3）

［梵］ *sambhavenâiva vibhavaḥ kathaṃ saha bhaviṣyati /*
na janma maraṇaṃ câiva tulyakālaṃ hi vidyate //

［什］ 成壞共有者，云何有成壞？如世間生死，一時則不然。

---

[1] 参《明句》(PsP$_{L}$ 410.10–11) *iha yadi saṃbhavavibhavau syātāṃ tāv anyonyaṃ sahabhāvena vā syātāṃ vinābhāvena vā / ubhayathā ca vicāryamāṇau na saṃbhavataḥ /*

因为，坏灭怎么会与生成共存呢？这两者既然是相互违逆之体，两者就不可能共存于一时，正如死亡和出生是相互违逆的，所以不会同时而有，那么同样，坏灭与生成相违逆，不能共存。（21.3）

有人说：如果坏灭离生成也不可能，共生成也不可能，那么坏灭就不存在了，但至少生成还是有的，有了它，时间等就还是存在的。

回答：

如果离于坏灭者，如何可得有生成？
无常性于事物中，任何时皆不可无。（21.4）

［梵］ *bhaviṣyati kathaṃ nāma sambhavo vibhavaṃ vinā /*
anityatā hi bhāveṣu na kadācin na vidyate //

［什］ 若離於壞者，云何當有成？無常未曾有，不在諸法時。

St 292 ▼因为，生成怎么会离坏灭而有呢？在诸事物之中，任何时候都不会没有无常性，这样，生成怎么会离坏灭而有呢？既然一切事物都由于无常性而与无常相联系，那么任何时候诸事物之中都不会没有无常性。因为，如果事物能仅一刹那▼离开无常性，就能长时间离开［无常性］，那么就导致了常的过失，这是不可认许的。因此，诸事物常与无常性相联系，▼所以生成不会离坏灭而有。（21.4）
D 256b
P 290a

这里如果认为：生成是与坏灭共存，离了坏灭即不存在，对此回答：

即此生成与坏灭，如何可为共存有？
因为出生与死亡，同时而有不可得。（21.5）

［梵］ *sambhavo vibhavenâiva kathaṃ saha bhaviṣyati /*
na janma maraṇaṃ câiva tulyakālaṃ hi vidyate //

［什］ ［无对应］[1]

因为，生成怎么会与坏灭共存呢？这两者既然是相互违逆之体，两者就不可能共存于一时，正如出生和死亡是相互违逆的，所以不会同时而有，那么同样，生成与坏灭相违逆，不能共存。（21.5）

因此，经过这样的考察，生成与坏灭相离和相俱都不可能成立。

---

1 《青目》、《安慧》、$MK_{Ms\,M}$、$MK_{Ms\,Dr}$ 中无此颂，参拙著 2011b, 76–77, §3.2.12。

无论相俱或相离，此二者皆不成立。 St 293
然则[成、坏]之二者，又当如何得成立？（21.6）

［梵］ *sahânyonyena vā siddhir　vinânyonyena vā yayoḥ /*
na vidyate tayoḥ siddhiḥ　kathaṃ nu khalu vidyate //

［什］ 成壞共無成，離亦無有成，是二俱不可，云何當有成？

相俱和相离都不能成立的生成和坏灭这两者，想以什么其他方式来成立呢？因此，生成与坏灭是不存在的，没有了它们，时间等又怎么会存在？（21.6）

有人说：由于有安住，所以没有过失。在此[世上]，生成与坏灭之间有安住，因为有安住，[而]生成与坏灭之中没有了任何一个都不会有[安住]，而且生成与坏灭不在一时，所以没有过失。

回答：这也是不可能的。为什么呢？事物都是与无常性相联系的，因为任何事物在自位上连一刹那也不能停驻，因此，

有灭是即无生成，（21.7a）

［梵］ *kṣayasya sambhavo nâsti*

［什］ 盡則無有成，

因为诸事物任何时候都不会离开无常性，是常与无常性相联系，所以有灭的事物没有生成，没有生成又怎么会有安住？ D 257a P 290b

有人说：生成之时不会灭，所以有生成，生成而住，住后坏灭。

回答： St 294

不灭亦是无生成。（21.7b）

［梵］ *nâkṣayasyâsti sambhavaḥ /*

［什］ 不盡亦無成。

一个离灭相的东西也没有生成，为什么呢？因为不是事物。因为，事物有灭相，所以离灭相者就不是事物。既然不是事物，怎么会生成呢？连“它有如此生成”这样的言说都不会有，所以不灭者也没有生成。

有灭是即无坏灭，不灭亦是无坏灭。（21.7cd）

［梵］ *kṣayasya vibhavo nâsti　vibhavo nâkṣayasya ca //*

［什］ 盡則無有壞，不盡亦不壞。

这样，因为有灭者不可能有生成，没有生成也就没有安住，所以未生未住的有灭者就没有坏灭，不灭者也没有坏灭。生成与坏灭既不存在于有灭者中，也不存在于不灭者中，那么它们存在于其他什么东西之中？因此，生成是不存在的，坏灭也是不存在的。(21.7)

有人说：至少诸事物是存在的，未生者就不可能是事物，所以生成也是成立的。有生成的东西就一定有坏灭，所以坏灭也是成立的。

回答：那么你岂不是想要毗杜罗藤(Vidula)的果实？没有生成和坏灭，你竟然认为有事物！破斥了生成与坏灭不就是破斥了事物吗？这怎么讲呢？因为：

St 295 **▼离开生成与坏灭，事物即是不可得。(21.8ab)**[1]

［梵］ *sambhavaṃ vibhavaṃ câiva　vinā bhāvo na vidyate |*

［什］ 若離於成壞，是亦無有法。

P 291a 因为，如果▼有任何事物的话，就会有生成的属性或坏灭的属性，既然生成和
D 257b 坏灭▼不可能有，这个时候“事物存在”这种说法怎么可能合理呢？

离开生成与坏灭，事物即是不可得。(21.8cd)

［梵］ *sambhavo vibhavaś câiva　vinā bhāvān na vidyate ||*

［什］ 若離於成壞，是亦無有法。

这样，经过考察[发现]事物是不可能存在的，所以无事物而无依处的生成与坏灭就是不存在的，这里，“有事物存在，生成与坏灭就是成立的”这种说法是不合理的。(21.8)

再者，如果有生成与坏灭的话，它们是属于自性空的事物所有，还是自性不空的[事物]？

空者是即不可能，拥有生成及坏灭。(21.9ab)

［梵］ *sambhavo vibhavaś câiva　na śūnyasyôpapadyate |*

［什］ 若法性空者，誰當有成壞？

首先，自性空的事物不可能有生成和坏灭。为什么呢？因为不存在。因为，对于无自性者，它们属于谁所有呢？由于没有自性，对于一个连“是它”这样的言说都无可施设的东西，怎么能说“某者生”或“某者灭”呢？因此，空者不可能有生成和坏灭。

---

[1] 《明句》(PsP$_{\mathrm{L}}$ 416.11–13)以及 MK$_{\mathrm{Ms\ Dr}}$ 中该颂前二句与后二句次序相倒，参拙著 2011b, 69–70, §3.2.6。

这里如果认为，自性不空的事物有生成和坏灭，对此回答： St 296

不空者亦不可能，拥有生成及坏灭。(21.9cd)

[梵] *sambhavo vibhavaś câiva　nâśūnyasyôpapadyate* ||

[什] 若性不空者，亦無有成壞。

以自体性而存在、没有变化的事物不可能有生成与坏灭，因为本性不会变异。因此，不空者也不可能有生成与坏灭。(21.9)

再者，如果生成与坏灭是存在的话，[它们]是一还是异呢？ P 291b

生成以及坏灭者，即不可能是同一。
生成以及坏灭者，亦不可能是各异。(21.10)

[梵] *sambhavo vibhavaś câiva　nâika ity upapadyate*
sambhavo vibhavaś câiva　na nānêty upapadyate ||

[什] 成壞若一者，是事則不然。成壞若異者，是事亦不然。

首先，生成和坏灭不可能是一。为什么呢？因为，生成就是生，坏灭就是灭，由于是异体，相违逆的两者怎么会是一？[其次,] 生成与坏灭也不可能是异。为什么呢？因为一切事物都以灭为体性。因为，任何事物连一刹那都不能离开无常性，一切事物以灭为体性。事物以自性而不异，所以生成与坏灭不可能是异。[1] 这样，因为生成与坏灭不可能是一是异，生成与坏灭就不可能有。(21.10) D 258a St 297

生成以及坏灭者，若汝以为是可见，(21.11ab)

[梵] *dṛśyate sambhavaś câiva　vibhavaś cêti*[2] *te bhavet* |

[什] 若謂以眼見，而有生、滅者，

[3-]你认为："诸事物的生成和坏灭是现前可见的，对此还须思考什么其他道理？"[-3] 而这是不合理的。为什么呢？因为，

即是出于妄愚痴，而见生成与坏灭。(21.11cd)

[梵] *dṛśyate sambhavaś câiva　mohād vibhava eva ca* ||

[什] 則爲是癡妄，而見有生、滅。

[1] 意为：事物自性如一，故其所拥有的两个体性——生成和坏灭不可能是异。参《无畏》(D 79b2)：因为[生成和坏灭]依于同一个事物，正如某物的体性。

[2] = $MK_{Ms\ M}$, $MK_{Ms\ Dr}$; dJ, PsP_L *caiva*; 参拙著 2011b, 56, §3.1.6。

[3] 与《无畏》(D 79b3)基本相同。

“生成和坏灭是可见的”，虽然愚痴蔽心的愚者是这样认为，但生成和坏灭不可能是可见的。为什么呢？因为，如果有生成和坏灭，是依于有（bhāva）还是无（abhāva）？有与无都是不存在的，没有了它们，就没有了依处，生成和坏灭可见怎么会合理？（21.11）

P 292a 有人说：有和无▾怎么就不存在了呢？

回答：在此[世上]，如果存在有和无，是从有而生还是从无而生？这里，

从有不能生起有，从有不能生起无。
St 298 **从无不能生起有，▾从无不能生起无。**[1] **（21.12）**

［梵］ *na bhāvāj jāyate bhāvo 'bhāvo bhāvān na jāyate |*
nâbhāvāj jāyate bhāvo 'bhāvo 'bhāvān na jāyate ||

［什］ 從法不生法，亦不生非法。從非法不生，法及於非法。

这里，首先，从有不生有。因为，从安住的泥不能产生瓶。而如果认为从变造
的泥就能产生瓶，那么，泥变造而灭之时产生瓶，就不是从有生有，因为，灭而成
D 258b 无即是无，而有、无异体。而▾如果认为泥的存有本身就是瓶，那么也不是从有生
有，因为并不是从泥生起另一个有，因为说了泥本身就是瓶。这里如果认为，从
树木之有生果实之有，这也是不合理的。为什么呢？因为树木不可能是离果实而
别有。这样，首先，从有不生有。

[其次，]从有也不生无。因为从安住的瓶不能产生破碎的瓶，因为安住者之
中没有破碎者。破碎的瓶也不能从瓶的有而产生，因为破而成无即是无。这里如
果认为，瓶的无是从锤子的有而产生，这也是不合理的。因为，如果无是从锤子
P 292b 产生，就成了瓶虽无而能生起。如果无还能生起，[它]就不是无，因为有生起。▾谁
会相信所谓“生”就是“生起毫无所有”？因此，从有也不生无。

St 299 ▾[再次，]从无也不生有。因为，瓶不能从破灭中产生，因为灭而成无。而如果
事物从灭无而生，那么事物就成了无因生，这是不可认许的。因为[这样]就会一
切时从一切生起一切，以及一切努力都没有意义。因此，从无也不生有。

[最后，]从无也不生无。因为，从瓶的无不能生无，瓶的无就只是对瓶的否定，
是毫无所有，而且，所生之体是什么呢？而如果毫无所有能从毫无所有而生，那
么兔角也能从马角生。而且，如果无还是任何东西的话，因为[它]是个东西，就是
D 259a 有，▾而不是无。因此，从无也不生无。（21.12）

---

[1] 在《明句》（$\mathrm{PsP_L}$ 419.11–12）的偈颂梵本中，avagraha的有位置不同，依之应译作：从有不能生起有，从无不能生起有。从无不能生起无，从有不能生起无。

再者，如果事物能生起的话，是从自身、他者还是从[自他]两者而生？这里，

事物不从自生起，亦不从他而生起
不从自他而生起，是则从何而生起？（21.13）

[梵]　*na svato jāyate bhāvaḥ　parato nâiva jāyate* /
　　　na svataḥ parataś câiva　jāyate jāyate kutaḥ //

[什]　法不從自生，亦不從他生，不從自他生，云何而有生？

首先，事物不从自生。因为，对于已经以自体而存在的东西，构想再次生起是无意义的，而且▾[这样也]会导致无穷尽的过失。对于无有自体的东西，就不可 St 300
能有“从自”这样的言词。因此，事物不从自生。

[其次，] 事物不从他生。▾因为当事物未生而为无之时，就不可能有其他。因为， P 293a
有一个此物才有其他，而此物是没有的，没有它怎么会有其他？如果有[其他]的话，此物也是有，它已有而何须再生？对生的构想就是无意义的。因此，[此物]未生就没有其他，所以事物不从他生。

[再次，] 事物不从自他生。因为会导致上述两种过失。因此，事物也不从[自他]二者生。

[最后，] 既然事物不能从自、他及[自他]二者生起，还想要它们从其他什么东西生起呢？因此，事物是不可能有的。没有了事物，无属于谁所有呢？没有了有与无，生成与坏灭就没有依处，又怎么会存在呢？（21.13）

再者，

如果承认有事物，则致常、断见之过。
因为若有彼事物，或为恒常或无常。（21.14）

[梵]　*bhāvam abhyupapannasya　śāśvatocchedadarśanam* /
　　　prasajyate sa bhāvo hi　nityo 'nityo 'pi[1]　*vā bhavet* //

[什]　若有所受法，即墮於斷常。當知所受法，若常若無常。

▾有事物的见解在这里还有其他大过失。因为，如果承认有这个事物，就会导 St 301
致常见和断见的过失。怎么讲呢？因为这个事物或常或无常。因为，如果承认一
个事物是有，它▾或是常或是无常，不可能有此外的情况。这里，首先，如果事物是 D 259b
常就会导致常的过失，其次，如果是无常就会导致断的过失，这是不可认许的，因为是大过失。（21.14）

---

[1] = MK$_{\text{Ms M}}$, MK$_{\text{Ms Dr}}$; dj, PsP$_{\text{L}}$ *'tha*；参拙著 2011b, 57, §3.1.7。

有人说:

虽然承认有事物，而无断灭无恒常，(21.15ab)

［梵］ *bhāvam abhyupapannasya nâivôcchedo na śāśvatam |*

［什］ 所有受法者，不墮於斷常，

P 293b 因为，虽然承认有事物，既不会导致常见的过失，也不会导致断见的过失，你没有理解清楚[我的]理论才会这么想。因为，如果承认有事物就会导致常、断的过失，那么有体(bhava)就不可能有。为什么呢?因为[有体]安住就是常，[有体]不转就是断。然而，虽然有事物的见解，而有体是合理的，所以不会导致常、断见的过失。这是怎么说呢?

因为彼因与果之，生灭相续即有体。(21.15cd)

［梵］ *udayavyayasaṃtānaḥ phalahetvor bhavaḥ sa hi ||*

［什］ 因果相續故，不斷亦不常。

St 302 因为，果和因的生灭相续就是有体。其中，由于因会灭去，所以不会导致常的过失，由于因灭时有果生，所以不会导致断的过失。因此，这样，虽然承认有事物，而有体是存在的，所以不会导致常和断的过失。(21.15)

回答:

如果彼因与果之，生灭相续即有体，
灭而不复生起故，则有因断之过失。(21.16)

［梵］ *udayavyayasaṃtānaḥ phalahetvor bhavaḥ sa cet |*
vyayasyâpunarutpatter hetūcchedaḥ prasajyate ||

［什］ 若因果生滅，相續而不斷，滅更不生故，因即爲斷滅。

如果果和因的生灭相续就是有体，那么对于你来说就有断的过失。为什么呢?因为灭后不再生起。因为，因灭后不会再次生起。这样，由于因灭而不再生，就导致了因断的过失。

有人说:不会的。因为果并不异于因。因为，果不可能异于因而别有，你也曾说:

D 260a 缘于彼而彼现起，首先彼彼非同一，
彼彼亦非是别异，因此非断亦非常。(《中论颂》18.10)

P 294a
St 303 所以，由于果不异于因，因就不会成为断灭。

回答：我虽然这么说过，你却没有理解其真实的意义。因为，如果是事物灭而事物生，两者怎么会不导致一或异呢？因为，首先，如果一个因舍弃了因的分位，渡越至果的分位，那么它就[一直]是因，只不过它的分位变成了另一个。就好像，演员脱去一身衣服而取用另一身衣服，这里只是衣服有差异，而演员没有差异。正如衣服虽有差异而演员还是同一个，那么同样，虽然渡越至另一个分位，因还是同一个，这样怎么会不导致同一呢？

而如果认为：因不会渡越至另一个分位，因会灭去，因灭时有果生，这样的话，既然是一个[事物]灭而另一个[事物]生，又怎么会不导致别异呢？对于我们来说，事物都是假托施设而自性空，如幻像、蜃景、倒影一样，这种事物属于何者？这种事物异于何者？[所以]一性和异性都是不存在的。因此，如果有事物的见解，由于因灭而不再生，就一定会导致断的过失。（21.16）

再者，

事物若以自性有，ˇ不应成为无所有。（21.17ab） St 304

〔梵〕 *sadbhāvasya svabhāvena　nâsadbhāvaś ca yujyate* /

〔什〕 法住於自性，不應有有、無。

如果事物以自性而存在，有自性的东西就不应变成无。为什么呢？因为本性不会变异。因此，如果有事物的见解，因就不可能灭，果也不可能生，因为破除了生灭，这里就会导致常的过失。

而且，

ˇ于涅槃时即成断，有体相续息灭故。（21.17cd） D 260b P 294b

〔梵〕 *nirvāṇakāle côcchedaḥ　praśamād bhavasaṃtateḥ* /

〔什〕 涅槃滅相續，則墮於斷滅。

涅槃之时，阿罗汉的有体相续会息灭，也就导致了断的过失。因此，构想这个有体相续是存在就一定会导致常和断的过失。（21.17）

有人说：至少有体相续是成立的。涅槃之时阿罗汉的有体相续会息灭，并不会对我们不利，[我们]宁愿说涅槃之时它会成为断。

回答：对于你所说“有有体相续却不导致常断过失”这个[说法]，我们已经说明，有体相续一定会导致常断过失。你又说“至少有体相续是存在的”，这也是不合理的。有体相续无论如何都是不可能有的。为什么呢？因为：

St 305 ▼**如果终有已灭去，是即不能结初有。（21.18ab）**

［梵］ *carame na niruddhe ca prathamo yujyate bhavaḥ |*

［什］ 若初有滅者，則無有後有。

现在有体的最末心是“终有”（caramo bhavaḥ），未来有体的最初生心是“初有”（prathamo bhavaḥ）。这里，首先，已灭的终有不能结生初有，因为终有已灭即是无。因为，一个事物怎么会从灭而成无的事物生起呢？因此，初有就成了无因而生，这是不可认许的，因为会导致众多过失。

这里如果认为，未灭的终有就能结生初有，对此回答：

如果终有未灭去，是亦不能结初有。（21.18cd）

［梵］ *carame nâniruddhe ca prathamo yujyate bhavaḥ ||*

［什］ 初有若不滅，亦無有後有。

P 295a 未灭的终有也▼不能结生初有。为什么呢？因为会导致两个有体［并存］的过失，以及无因而生的过失。（21.18）

D 261a 有人说：虽然已灭、未灭的终有不能结生初有，然而正灭的［终有］就可以▼结生［初有］。

回答：

St 306 **正值终有灭之时，▼如果初有当生起，**
是则有一正灭者，又有另一正生者。（21.19）

［梵］ *nirudhyamāne carame prathamo yadi jāyate |*
nirudhyamāna ekaḥ syāj jāyamāno 'paro bhavet ||

［什］ 若初有滅時，而後有生者，滅時是一有，生時是一有。

如果正灭的终有结生初有，正灭者就是灭了一半，正生者就是生了一半，这两者［并存］就导致了两个有体的过失，因为有一个正灭［的有体］和一个正生的［有体］。（21.19）

有人说：

若正灭与正生者，同时亦为不可得。
则于何等诸蕴死，即于此等诸蕴生。（21.20）

［梵］ *na cen nirudhyamānaś ca jāyamānaś ca vidyate*[1] *|*
sārdhaṃ ca [2-]*yeṣu mriyate*[-2] *teṣu skandheṣu jāyate ||*

［什］ 若言於生滅，而謂一時者，則於此陰死，即於此陰生。

---

[1] ＝MK$_{Ms\ M}$, MK$_{Ms\ Dr}$; dJ, PsP$_L$ *yujyate*，参拙著 2011b, 70, §3.2.7。

[2] ＝MK$_{Ms\ M}$, MK$_{Ms\ Dr}$; dJ, PsP$_L$ *mriyate yeṣu*。

“同时亦”(*sārdhaṃ ca*)之中的“亦”(*ca*)一词，表示也含摄已灭和未灭的终有。[1] 如果正灭的终有和正生的初有同时共存也不能结生，已灭的终有也不能结生初有，未灭的终有也不能结生初有，这样如果还说初有的生起是有的，那么就成了在哪些蕴中死亡，ˇ就还在那些蕴中出生，ˇ因为不可能有其他的生。这也是 St 307 P 295b
不可认许的。因此，这三种[情况]之外的有体[也]不可能生起。(21.20)

如是即于三时中，有体相续不应理。

既于三时中无有，有体相续当何有？(21.21)

［梵］ *evaṃ triṣv api kāleṣu　na yuktā bhavasaṃtatiḥ /*
[2-]*yā nâsti triṣu kāleṣu　kutaḥ sā bhavasaṃtatiḥ //*[-2]

［什］ 三世中求有，相續不可得。若三世中無，何有有相續？

因此，经过这样的考察，已灭、未灭、正灭的终有都不可能结生初有，所以在三时中有体相续都是不合理的。既然三时中都没有有体相续，它还怎么可能是有体相续？没有了有体相续，哪里会有生成和坏灭？没有了生成和ˇ坏灭，你[所说]的 D 261b
时间等怎么会成立？(21.21)

[以上是]第 21 品《生成与坏灭之考察》。

---

[1] 参《明句》(PsP_L 426.10)：*caśabdaḥ samuccayārthaḥ*(原文误作 *sasuccayā°*) / *pṛthak pṛthak cêty etat saṃnidhāpayati* /

[2] ＝$MK_{Ms\,M}$, $MK_{Ms\,Dr}$(缺 *sā*); dJ, PsP_L *triṣu kāleṣu yā nāsti　sā kathaṃ bhavasaṃtatiḥ //*; 参拙著 2011b, 57, §3.1.8。

第22品　如来之考察[1]

Tathāgataparīkṣā nāma dvāviṃśatitamaṃ prakaraṇam

[1] MK$_{Ms\ Dr}$, 梵本《明句》: *tathāgataparīkṣā*; 藏译《中论颂》《无畏》《佛护》《般若灯》《明句》: *de bzhin gshegs pa brtag pa*; 汉译《青目》《般若灯》《安慧》: 觀如來。

▾有人说：有体相续还是存在的。为什么呢？因为有如来。[1] 如来亦即世尊、阿罗汉、正等觉，是存在的。他用无数劫来修集菩提，而且其他经中也说："彼时彼间我曾为名为善眼(Sunetra)之童子"[2]，"彼时彼间我曾为名为曼陀多(Māndhātṛ)之王"[3]。如果没有有体相续，这就是不可能的，所以有体相续还是存在的。 St 308

回答：只有如来是合理的，有体相续才是存在的，然而如来是不可能有的，又怎么会有有体相续呢？怎么讲呢？在此[世上]，如果有一个名为如来者存在，他即是诸蕴还是异于诸蕴？

如来非蕴，非异蕴，彼中无蕴，蕴无彼，
如来▾亦非有蕴者，是则何者为如来？ （22.1） P 296a

［梵］ *skandhā*[4] *na nânyaḥ skandhebhyo nâsmin skandhā na teṣu saḥ |*
tathāgataḥ skandhavān na katamo nu[5] *tathāgataḥ ||*

［什］ 非陰不離陰，此彼不相在，如來不有陰，何處有如來？

首先，如来不即是诸蕴。为什么呢？因为诸蕴有生灭的属性，[这样]就会导致如来是无常的过失，而且取者(upādātṛ)与取用(upādāna)不可能是一体。

[其次，] 如来也不是异于诸蕴而另有非蕴的属性。▾为什么呢？拥有与无常诸蕴相反的属性就会导致[如来]是常的过失。而且既然是异就应[各个]可取，然而是不可取的，所以如来也非异于诸蕴。 St 309

[再者，] 也不是像雪山中有树林那样在如来中有诸蕴。为什么呢？因为能持(ādhāra)、所持(ādheya)不异▾就会导致[如来]是无常的过失。 D 262a

[再次，] 也不是像树林中有狮子那样在诸蕴中有如来。为什么呢？因为会导致刚刚说过的过失。

[最后，] 也不是像树木有心那样如来拥有诸蕴。为什么呢？因为[如来]不异于诸蕴就会导致[如来]是无常的过失。

---

1 参《明句》($\mathrm{PsP_L}$ 431.3; de Jong 1978, 235)：*atrâha | vidyata eva bhavasaṃtatis tathāgatasadbhāvāt |*

2 参《中阿含经》卷 2 (T 1, no. 26, 429b29)：我於爾時名善眼大師。另参《增支部》(AN 7.69 [IV, 135.10ff.])。

3 梵本参《天譬喻》(Divy 228.15–16)：*yo mūrdhāto rājâham eva sa tena kālena tena samayena |* 另参《明句》($\mathrm{PsP_L}$ 574.6–7)：*yat tarhîdaṃ paṭhyate sūtre | aham eva sa tena kālena tena samayena Māndhātā nāma rājā cakravartī abhūvam iti*。巴利本参《本生》(Jā II, 314.15)：*tadā Mandhātumahārājā aham eva ahosin ti*。汉译参《文陀竭王经》(T 1, no. 40, 825a13)：時文陀竭王者，是我身也。

4 斎藤明 (1987b, 762–760) 指出，《般若灯》和《观誓》的颂文底本中 *skandha* 可能均作 *kāya*，藏译者先译出《观誓》，作 *sku*，而后将偈颂译文代入《无畏》和《佛护》，而据《佛护》释文来看，其颂文底本中应作 *skandha*。

5 = $\mathrm{MK_{Ms\ M}}$; $\mathrm{MK_{Ms\ Dr}}$ *na*; dJ, $\mathrm{PsP_L}$ *'tra*; 参拙著 2011b, 57–58, § 3.1.9。

经过这样五种方式的推求，都不可能有如来[和]取[蕴]，那么你就得说，这个被你用来构想有体相续的如来是什么？（22.1）

[对方]说：我说如来即是诸蕴或如来异于诸蕴了吗？你为什么把[其]所导致
P 296b 的常、无常的过失安立到我身上？我说的是如来是依托诸蕴而被施设，ʼ是假托所施设（upādāya prajñapita）就不说与取[蕴]是一是异。[1] 因此，由于不可说是一，所
St 310 以不会导致无常的过失，ʼ由于不可说是异，所以不会导致常的过失。[2]

回答：那么你岂不是妆饰一半而舞蹈？你既然说假托而施设如来，竟然又认为如来以自性而成立！那么，

若佛依取蕴而有，是则非以自性有。（22.2ab）

［梵］ *buddhaḥ skandhān upādāya　yadi nâsti svabhāvataḥ* /

［什］ 陰合有如來，則無有自性。

如果佛陀是依托诸蕴而被施设，这意义不就是佛陀无自性吗？因为，如果是以自性而存在，又何用假托施设？他的自性是什么，就可以以什么来施设。而由于他没有自性，所以才以取[蕴]来施设。因此，如来不是以自性而存在。

若彼非以自性有，何来彼以他性有？（22.2cd）

［梵］ *svabhāvataś ca yo nâsti　kutaḥ sa parabhāvataḥ* //

［什］ 若無有自性，云何他性有？

一个不以自性而存在的如来，想要以其他什么东西而存在呢？（22.2）

D 262b ʼ有人说：是以他性[而存在]。如来是依于作为他者的诸蕴而被施设，因此如来是以他性而存在。

回答：

若依他性而有者，彼即不可称为"我"，（22.3ab）

［梵］ *pratītya parabhāvaṃ yaḥ　sa nâtmêty upapadyate* /

［什］ 法若因他生，是即爲非我，

---

[1] upādāya "依托"或"假托"（藏：brten nas）和 upādāna "取[蕴]"或"所取"（藏：nye bar len pa）都源自动词 upā-√dā，这一动词兼"依托"与"取用" 二义。这里对方其实是在玩文字游戏，认为既然如来与诸蕴之间难以建立取者与所取的关系，可以将诸蕴视作施设如来的所依托。为了表现这一双关意义，笔者在下面的偈颂译文中将 upādāya 合并二义译作"依取"，而在释文中则根据上下文分开翻译，若与"施设"连用则译作"依托"或"假托"，若指取者对取蕴的执取则译作"取用"，后一译法见 22.5 颂之后的释文。关于 upādāna 表"所取"，参本书第 128 页注 3。

[2] 《般若灯》（D 211b4–5）中有类似表述并指明是犊子部观点。

[1-]▼凡以他性而被施设者，就不可能说其“有自体”，为什么呢？因为不是自体成立。 St 311

若彼即是无有我，彼又如何是如来？（22.3cd）

［梵］ *yaś cânātmā sa ca katham bhaviṣyati tathāgataḥ //*

［什］ 若法非我者，云何是如來？

一个没有自体的如来，是以作为他者的取[蕴]而被施设，这怎么会是如来呢？[-1]▼如果他没有自体，依托取[蕴]才变得有了自体，那么他就是依取[蕴]而生，这也是不可认许的，因为会导致无常等过失。 P 297a

再者，

如果自性不存在，如何还会有他性？
若无自性与他性，是则谁是彼如来？（22.4）

［梵］ *yadi nâsti svabhāvaś ca parabhāvaḥ katham bhavet /*
svabhāvaparabhāvābhyām ṛte kaḥ sa tathāgataḥ //

［什］ 若無有自性，云何有他性？離自性、他性，何名爲如來？

如果如来无自性，亦即不是有自性，怎么会有他性呢？因为，自性之外的他者就称为他性，没有了自性，它是谁之外的他性呢？因此，他性也是不存在的。那么你就得说，在自性和他性之外如来是什么？以什么而被施设？（22.4）

有人说：你不理解假托所施设的意义，▼说了这么多毫无道理的[话]，仅靠对他人言论的嘲弄（viḍambana）并不能了知真实义。诸如来是假托所施设，对此所谓“如来是自性而有还是以他性而有”这样的话并不构成责难。 St 312

回答：世间人言：

毗舍遮鬼（piśāca）之所为，即是愚者之所为。

此言不虚。▼我不理解假托所施设的意义，看看你不是吗？你在诸蕴之上构想如来的存在，而这个诸蕴却不可取用。这是怎么说呢？ D 263a

若不依取于诸蕴，而有某个如来者，
则彼现时当有取，▼取已由此有[如来]。（22.5） P 297b

［梵］ *skandhān yady anupādāya bhavet kaścit tathāgataḥ /*
sa idānīm upādadyād upādāya tato bhavet //

［什］ 若不因五陰，先有如來者，以今受陰故，則説爲如來。

1 与《无畏》(D 82b3–5)基本相同。

如果在取用诸蕴之前就有一个名为如来者，由他来取用诸蕴，那么如来可以取用之后而存在。然而他受生之时也是由诸蕴所显明，那么，

St 313 **而若不依取诸蕴，'无有任何之如来。**
不取[诸蕴]即无彼，彼又如何取[诸蕴]？（22.6）

［梵］ *skandhāṃś câpy anupādāya nâsti kaścit tathāgataḥ |*
yaś ca nâsty anupādāya sa upādāsyate katham ||

［什］ 今實不受陰，更無如來法。若以不受無，今當云何受？

1-不取用诸蕴就不可能有任何如来，既然他不取用诸蕴就不存在，不存在的他怎么能取用诸蕴呢？-1 （22.6）

有人说：怎么可以说与教义相违的话呢？因为，既然世尊说“轮回无始无终”[2]，这里取者和所取怎么可能有先有后呢？他是以常有取（sopādāna）而被施设。

回答：如果由于轮回无始无终取者和所取就不可能有先有后，这不就是说“如来是取者、诸蕴是所取”这种说法不合理吗？为什么呢？因为，

如果不是所依取，任何取[蕴]皆无有。
而无取[蕴]之如来，无论如何不存在。（22.7）

［梵］ *na bhavaty anupādattam upādānaṃ ca kiṃcana |*
na câsti nirupādānaḥ kathaṃcana tathāgataḥ ||

［什］ 若其未有受，所受不名受。無有無受法，而名爲如來。

3-这里，所取用（upādatta）就称为“取”（upādāna）[蕴]，能取用（upādatte）者就
D 263b 称为“取者”（upādātṛ）。-3 因此，不由取者所取用就不是取[蕴]，不能取用所取'也就
St 314 不是取者。3-轮回无始无终，就不可能说“这是所取，他能取用”。-3 这样，没有了先
P 298a 后，你就得说，你[所谓]的诸蕴怎么'会是所取，你所构想的如来怎么会是取者？因此，没有了先后，就既不可能有取者，也不可能有所取。

有人说：这是可能的。为什么呢？因为不可说是一是异，[我们]不说取者和所取是一还是异。首先，不说是一，因为施动者名词[与所取]是有区别的。[4] [其次，]也不说是异，因为[两者]并非各自成立。因此，这两者是存在的，不能说是一是异。

---

[1] 与《无畏》（D 83a5）基本相同。

[2] 出处参第 160 页注 1。

[3] 与《无畏》（D 83b1–2）基本相同。

[4] 施动者名词（kartṛ）指 upādātṛ“取者”。

回答：那么你岂不是把敌人认作友人而取为证人？正是由于它，取者和取不能成立，你竟然努力用它来成立这[取者和取]！因为，如果有取和取者的话，无疑或为一或为异，既不以一而有又不以异而有的两者，怎么能以其他方式存在呢？因此，所取不存在，取者也不存在，而如果依于言说之力说取者和所取，就必须说既不是一又不是异，决定应当这样看待。否则的话，如来是我，ˈ取[蕴]是无我，两者怎么会不异呢？圣提婆（Āryadeva）阿阇黎也说过： St 315

因为色中无有我，是故我即异于色，
正如当不可以说，冷与热是无差异。[1]

(22.7)

而如果有任何取者存在的话，那么，

彼由一性及异性，ˈ五种推求皆无有， P 298b
是则如何以取[蕴]，ˈ而施设彼如来者？（22.8） D 264a

［梵］ *tattvānyatvena yo nâsti　mṛgyamāṇaś ca pañcadhā |*
upādānena sa kathaṃ　prajñapyeta tathāgataḥ ||

［什］ 若於一、異中，如來不可得，五種求亦無，云何受中有？

如果如来是以取[蕴]而被施设，而就在这个取[蕴]之中以五种方式推求这个如来，却不可说是一是异，既然在取[蕴]中无有，怎么能说如来存在呢？因此，是假托施设又是存在，是不可能的。（22.8）

有人说：只要有名为“取”的这些五蕴现前可得，那么[取蕴]怎么会是不存在呢？因此，至少取[蕴]是存在的。而没有御者的车是不会走的，所以其中的取者也是存在的。

回答：那么你岂不是被迅猛洪流所冲击却抓住了无根之草？你竟然想要以所取来成立取者！ˈ此时， St 316

又若彼者是取[蕴]，是则非以自性有。（22.9ab）

［梵］ *yad apîdam upādānaṃ　tat svabhāvān na vidyate |*

［什］ 又所受五陰，不從自性有。

被[你]认为存在的这个所取也是依缘而生，所以无自性。

---

[1] 此颂不见于提婆《四百论》。兹录藏文本：*gang phyir gzugs la bdag med pa || de phyir gzugs las bdag gzhan 'gyur || grang dang tsha ba tha dad nyid || med ces brjod par mi rung bzhin ||*

有人说：至少它是存在的，虽然不是以自性而存在，却是以他性而存在。

回答：

若彼非以自性有，何来彼以他性有？（22.9cd）

〔梵〕 *svabhāvataś ca yan nâsti kutas tat parabhāvataḥ ||*

〔什〕 若無自性者，云何有他性？

这些取[蕴]没有自性，又怎么会以他性而存在？有一个自性才会有他者，取[蕴]不以自性而存在，所以就没有它之外的他者。没有他者，怎么以他者而存在呢？因此，取[蕴]也不是以他性而存在。

所谓现前可得，也只是由于自心愚痴过患而观见，如见幻像和梦境，这其中

P 299a 不存在任何一点真实(bhūta)。ˇ为了断离认此为真实(satya)的执著，世尊宣说聚沫、水泡、蜃景、芭蕉干、幻像之喻，[1] 也说："此幻惑愚夫。"[2] 因为这些都是不存在的，所以：

St 317
D 264b

ˇ如是一切之形式，ˇ取[蕴]是空，取者空，

如何还以空[之蕴]，施设是空之如来？（22.10）

〔梵〕 *evaṃ śūnyam upādānam upādātā ca sarvaśaḥ |*
prajñapyeta ca śūnyena kathaṃ śūnyas tathāgataḥ ||

〔什〕 以如是義故，受空、受者空，云何當以空，而說空如來？

这样，因为取[蕴]既不是以自性而存在，也不是以他性而存在，所以取[蕴]是空。因为经过一切形式的考察，取者既不是以自性而存在，也不是以他性而存在，所以取者也是空。因此你就得说，如何以如同聚沫、水泡、蜃景、芭蕉干、幻像一般无实、无自性、是空的取[蕴]，将如同幻化人、梦境、倒影、乾达婆城一般无实、无自性、是空的如来施设为有呢？

因此，先是一个人于自方观点抱有爱著，通过假托而施设为有，而另一个人通过假托而远离有无，成立中道，施设为"此有故彼起，此无故彼不起"，你说这两人之中哪一个不理解假托所施设的意义呢？因此，假托所施设的意义就是，凡是假托而被施设的[事物]在一切形式上都是自性空，所以不可说是有是无，唯此，在言说词句(vyavahārapada)上才没有过失。（22.10）

---

[1] 出处见第 62 页注 2。

[2] 出处见第 62 页注 1。

有人说：这样，▾既然不可说“这一切是空”，▾而你不就是在无所顾虑地秘宣“这一切是空”吗？ P 299b St 318

回答：所谓“不可说是空”，只是[我要说的]很少[一部分]的话。

既不可以说是空，也不可说是非空，
合二、非二亦不可，但为施设故言说。（22.11）

［梵］ *śūnyam ity apy avaktavyam　aśūnyam iti vā bhavet |*
ubhayaṃ nôbhayaṃ cêti　prajñaptyarthaṃ tu kathyate ||

［什］ 空則不可說，非空不可說，共、不共叵說，但以假名說。

1-既不可以说是空，也不可以说是非空，还不可以说亦空亦非空以及非空非非空。为了断离不实计执（abhūtavikalpa），▾为了施设胜义真实性（paramārtha-tattva），才说了这些话。-1 后面[有颂]也说： D 265a

如果不依于言说，不能解说最胜义，
如果不悟入胜义，不能证得于涅槃。（《中论颂》24.10）[2]

圣提婆（Āryadeva）阿阇黎也说过：

若事物以自性有，观见空有何功德？
由计执有见缠缚，此者于此应遣除。（《四百论》16.23）[3]

（22.11）

▾有人说：如果如来既不以自性而存在，也不以他性而存在，为什么还说不可说常、无常、尽、无尽等等[4]，就应该直接明说如来就是不存在。 St 319

---

1 与《无畏》（D 84a6–b1）类似。

2 ［梵］ *vyavahāram anāśritya　paramārtho na deśyate | paramārtham anāgamya　nirvāṇaṃ nâdhigamyate ||* ［什］ 若不依俗諦，不得第一義，不得第一義，則不得涅槃。

3 梵本不存。玄奘译《广百论本·破我品》（ZY 2-17, 9b5 [6, 602]; T30, no. 1570, 186c21–22）：若法本性空，見空有何德？虛妄分別縛，證空見能除。

4 常、无常、尽、无尽，以及后文的如来灭后是有是无的问题，属于“十四无记”。参《明句》（PsP$_{L}$ 446.9–14，依 de Jong 1978, 237 修订）：*iha caturdaśâvyākṛtavastūni bhagavatā nirdiṣṭāni | tad yathā | śāśvato lokaḥ, aśāśvato lokaḥ, śāśvataś câśāśvataś ca lokaḥ, nâiva śāśvato nâśāśvataś ca loka iti catuṣṭayaṃ | antavān lokaḥ, anantavān lokaḥ, | antavāṃś cânantavāṃś ca lokaḥ, nâivântavān nânantavāṃś ca loka iti dvitīyaṃ | bhavati tathāgataḥ paraṃ maraṇān na bhavati tathāgataḥ paraṃ maraṇād bhavati ca na bhavati ca tathāgataḥ paraṃ maraṇān nâiva bhavati na na bhavati tathāgataḥ paraṃ maraṇād iti tṛtīyam | sa jīvas tac charīram anyo jīvo 'nyac charīram iti ||* 另参《中部》（MN 63, 72）以及《中阿含》第 221 经（T 1, no. 26, 804a）、《杂阿含经》（《校释》第 4 册，第 32 页始；T 2, no. 99, 244a 始）。

回答：如来是假托所施设，怎么可以说是有是无呢？因为，如果有一个如来话，就应没有取[蕴]也有[如来]，然而没有取[蕴]就没有[如来]。既然他没有取[蕴]
P 300a 就不会有，又怎么能说是有呢？作为假托所施设的如来，又怎么可以说是无呢？正如无花果树（uḍumbara）的花是无，就没有施设。这样，首先，由于如来既不以自性而存在，也不以他性而存在，所以说：

于此寂灭中何有，常与无常等四者？
于此寂灭中何有，尽与无尽等四者？（22.12）

［梵］ *śāśvatāśāśvatādy atra kutaḥ śānte catuṣṭayam |*
antānantādi câpy atra kutaḥ śānte catuṣṭayam ||

［什］ 寂滅相中無，常、無常等四。寂滅相中無，邊、無邊等四。

对于自性空、自性寂灭的如来，常与无常等四者，也就是所谓如来是常，如
St 320 D 265b 来是无常，如来[说]常也常、[说]无常也无常，如来既非常也非无常，这些说法怎么可能呢？尽与无尽等四者，也就是所谓如来有尽，如来无尽，如来[说]有尽也有尽、[说]无尽也无尽，如来既非有尽也非无尽，这些说法怎么可能呢？所谓如来，既然是远离自性和他性，由谁成为常、无常等之中的任何一个呢？由于是依托诸蕴而被施设，所以不可说如来是无，因为，既然是假托所施设，怎么会是无呢？后面[有颂]也说：

如是我非异取[蕴]，我者亦非即取[蕴]，
亦非无有取[蕴]者，亦非此者决定无。（《中论颂》27.8）[1]

因此，这样的如来远离了有、无的观点，不可以住此世者而缘取如来，对此
P 300b 的愚痴缠绕其心，真实见就隐而不现。（22.12）

而彼取于深取者，于已涅槃[之如来]，
St 321 **则计如是之计执，谓如来是有或无。（22.13）**[2]

［梵］ *ghanagrāho gṛhītas tu yenâstîti tathāgataḥ |*
[3-]*nâstîti vā vikalpaṃ sa nirvṛtasya vikalpayet ||*[-3]

［什］ 邪見深厚者，則説無如來，如來寂滅相，分別有亦非。

[1] ［梵］ *evaṃ nânya upādānān na côpādānam eva saḥ | ātmā nâsty anupādāno nâpi nâsty eṣa niścayaḥ ||* ［什］ 今我不離受，亦不即是受，非無受、非無，此即决定義。

[2] 《明句》对该颂有不同的理解断句，依其释文该颂应译作：然而彼者执取于，如来是有之深取，于已涅槃[之如来]，计无[如来]之计执。

[3] = $MK_{Ms\ Dr}$；王俊淇（2018, 809, n.5）也有相同建议，另参 MacDonald 2007, 41–43。

执取于深厚执取的人认为“此即真实(satya)，其他则无意义”，对于已入涅槃的如来，他作这样的计执，计执如来是有或如来是无，也就是作这样的计执：如来涅槃后是有，如来涅槃后是无，如来涅槃后[说]有也有、[说]无也无，如来涅槃后既非有也非无。（22.13）

伟大者(mahātman)由缘起智之灯炬所照显，ʼ摄受慧眼而如实观见诸事物，对于他们， D 266a

彼[如来]既自性空，于彼不容有是思，
谓于入灭度之后，佛陀是有或是无。（22.14）

［梵］ *svabhāvataś ca śūnye 'smiṃś　cintā nâivôpapadyate |*
paraṃ nirodhād bhavati　buddho na bhavatîti vā ||

［什］ 如是性空中，思惟亦不可，如來滅度後，分別於有、無。

如来自性和他性都是空，入于如同幻像、倒影、幻化的涅槃，对于他，所谓“佛世尊涅槃后是有”或“佛世尊涅槃后是无”的这些想法，都是不可能有的。同样世尊也说过：

难陀！你于此世若不如是观如来，即得安乐。[1]

(22.14)

ʼ以“如来涅槃后是有”或“如来涅槃后是无”这些说法， St 322

ʼ佛本不灭超戏论，有人于佛作戏论， P 301a
彼等皆为戏论害，而不观见于如来。（22.15）

［梵］ *prapañcayanti ye buddhaṃ　prapañcātītam avyayam |*
te prapañcahatāḥ sarve　na paśyanti tathāgatam ||

［什］ 如來過戲論，而人生戲論，戲論破慧眼，是皆不見佛。

因此，对于完全超越世间所有戏论的不灭的佛世尊，有些人以有、无、常、无常等诸戏论来妄作冗言，这所有人就被这些戏论损害慧眼，如生盲者[不能见]日，不得观见如来。如来住于出世间法，怎么能以“有”等世间戏论而观见呢？所谓“不灭”(*avyaya*)，就是无迹(apada)的意思，就如同说：

---

[1] 出处不明，关于“观如来”(*tathāgata iti samanu-√dṛś)的主题可参看《相应部》(SN 22.86)以及《杂阿含经》(《校释》第1册，第216页始；T 2, no. 99, 32c始)。

汝以何迹循无迹?[1]

因此，如来就是无自性，所以[你]所说“有体相续还是存在的，因为有如来”，就是不合理的。(22.15)

这里，世间有两种，说为有情世间(sattvaloka)和有为世间(saṃskāraloka)。
D 266b 这里应当知道，对如来的考察就是对有情世间的考察，通过对如来的这种考察，
St 323 也就可以理解对有为世间的考察。为什么呢?因为，

彼如来之自性者，即此世间之自性，(22.16ab)

[梵] *tathāgato yatsvabhāvas tatsvabhāvam idaṃ jagat |*

[什] 如來所有性，即是世間性，

因为如来的自性就是这个世间的自性，所以通过对如来的这种考察，就考察了世间。

有人说：如来的自性是什么呢?

回答：

如来即是无自性，此世间亦无自性。(22.16cd)

[梵] *tathāgato niḥsvabhāvo niḥsvabhāvam idaṃ jagat ||*

[什] 如來無有性，世間亦無性。

P 301b 怎么说呢?因为如来是依托诸蕴而被施设，而非自体成立，所以是无自性。这些世间也是依托此彼种种而被施设，它们毫无自体上的成立，所以世间和如来一样无自性。由于没有自性，这里也说：

于此寂灭中何有，常与无常等四者?
于此寂灭中何有，尽与无尽等四者?(《中论颂》22.12)

有人说：不是这样!有为法被说为一向无常，而如来不可说是无常，那么这
St 324 里说“彼如来之自性者，即此世间之自性”(22.16ab)怎么可能合理呢?

回答：后面[有颂]说：

---

[1] 梵本参《优陀那品》(Uv 29.52cd)：*tam buddham anantagocaraṃ hy apadaṃ kena padena neṣyasi ||*。巴利本参《法句经》(Dhp 179cd)：*tam buddham anantagocaraṃ apadaṃ kena padena nessatha ||*。汉译参竺佛念译《出曜经》(T 4, no. 212, 752b16)：佛有無量行，無跡誰跡將?

诸佛陀之所说法，乃依二谛而宣说，
即是世间俗成谛，以及最极胜义谛。（《中论颂》24.8）[1]

这里，以世俗谛而说“瓶存在”“篱笆存在”，还以此[世俗谛]说它们是无常，所谓“瓶碎了”“篱笆烧了”。而当思考真实之时，[2] 瓶和篱笆都是假托所施设，是不可能有的，认为它们碎和烧的见解怎么可能合理呢？

再者，依于世俗之力也说如来无常，所谓“如来老了”▼“如来涅槃了”，当依胜义思考之时，如来是不可能有的，认为[如来]老和涅槃的见解怎么可能合理呢？因此，如来的自性就是这个世间的自性。这样，通过考察有情世间，对有为世间的考察也是成立的。 D 267a

▼[以上是]第 22 品《如来之考察》。 P 302a

[1] ［梵］ *dve satye samupāśritya buddhānāṃ dharmadeśanā / lokasaṃvṛtisatyaṃ ca satyaṃ ca paramārthataḥ //* ［什］ 諸佛依二諦，爲衆生説法，一以世俗諦，二第一義諦。

[2] 原文作：*gang gi tshe de kho na sab ma tsam pa*，费解。三谷真澄（1988, 37, 注 40）根据宗喀巴《菩提道次第》中的引文，将 *sab ma tsam pa* 修订为 *bsam pa brtsam pa*，今依之翻译。

参考文献

中文

何欢欢　2020　何欢欢译注《胜论经·月喜疏》，北京：商务印书馆。

蒋扬仁钦　2019　蔣揚仁欽譯註《中觀根本論釋·佛護論——附〈中論〉新譯/藏中對照》，臺北：商周出版社。

李学竹、叶少勇

2014　《〈六十如理颂〉——梵藏汉合校·导读·译注》，上海：中西书局。

陆辰叶　2020　《新出梵文写本〈般若灯中观本颂〉》，《复旦学报（社会科学版）》2020年第2期，第55–64页。

王建伟、金晖　2014　求那跋陀羅譯，王建偉、金暉校釋《雜阿含經校釋》，上海：華東師範大學出版社。

王俊淇　2020　《月称〈明句论〉中的自他共比量》，《世界哲学》2020年第3期，第78–88页。

2021　《〈明句论〉中的归谬、归谬翻转与他比量》，《逻辑学研究》2021年第4期，第80–91页。

姚卫群　2003　《古印度六派哲学经典》，北京：商务印书馆。

2020　《印度古代宗教哲学文献选编》，北京：商务印书馆。

叶少勇　2011a　《〈中论颂〉——梵藏汉合校·导读·译注》，上海：中西书局。

2011b　《〈中论颂〉与〈佛护释〉——基于新发现梵文写本的文献学研究》，上海：中西书局。

2013　《〈中论佛护释〉译注：第1品》，《北大南亚东南亚研究》第一卷，北京：中国青年出版社，第188–204页。

2014　《〈中论佛护释〉译注：第2品》，《北大南亚东南亚研究》第二卷，北京：中国青年出版社，第233–245页。

2016　《龙树中观哲学中的自性》，《世界哲学》2016年第2期，第150–159页。

2017　《龙树中观哲学中的几个关键概念》，《世界哲学》2017年第2期，第148–159页。

2021　《中道立于一谛还是二谛？——基于〈中论颂〉诠释史的考察》，《唯识研究》第七辑，北京：商务印书馆，2021年，第169–182页。

张建木　1988　张建木译，多罗那它著《印度佛教史》，成都：四川民族出版社。

日文

巌城孝憲　1989　「中論ブッダパーリタ釈第18章和訳」『藤田宏達博士還暦記念論集：インド哲学と仏教』，457–472。

宇井伯寿　1929　「玄奘以前の印度诸论师の年代」『印度哲学研究』5，109–161。

王俊淇　2018　「『プラサンナパダー』における『中論』偈頌の形態について」『印度學佛教學研究』66/2，812–809。

大竹照真 1931–1936 「中論仏護釈和訳」『密教研究』42 (1931): 152–160; 45 (1932): 82–90; 59 (1936): 77–86。

奥住毅 1979 「『ブッダパーリタ根本中註釈書』第一章和訳」『二松学舎大学東洋学研究所集刊』10, 139–166。

1985 「『ブッダパーリタ根本中註釈書』第二章和訳」『東方』1, 130–154。

2000 「『ブッダパーリタ中論註釈書』第十八章(「我と法との考察」)和訳」『加藤純章博士還曆記念論集: アビダルマ仏教とインド思想』, 251–266。

梶山雄一 1979 「バーヴァヴィヴェーカの業思想·『般若灯論』第十七章の和訳」『業思想研究』, 平楽寺書店, 305–358。

金子芳夫 1980 「蔵文『仏護根本中論註』抄訳·訳注」『中央学術研究所紀要』9: 25–52。

斎藤明 1982 「『中論頌』解釈の異同をめぐって一第13章「真実の考察」を中心として一」『仏教学』14: 65–88。

1987a 「『根本中論』チベット訳批判」『仏教学創刊十周年記念特輯: 仏教研究の諸問題』, 東京: 山喜房, 246–221。

1987b 「根本中論テクスト考」『高崎直道博士還暦記念論集: インド学仏教学論集』, 東京: 春秋社, 764–755。

1988 「<初期>中観派とブッダパーリタ」『仏教学』24, 29–51。

1991 「『中論頌』第 1 章·第8偈(前半部)の解釈およびチベット語訳文をめぐって」『印度学仏教学研究』39/2: 888–892.

2000 「空性論者から縁起論者へ一Buddhapālitaを中心として一」『江島惠教博士追悼記念論集·空と実在』(木村清孝編), 東京: 春秋社, 93–115。

2003a 「『無畏論』の著者と成立をめぐる諸問題」『印度學佛教學研究』51-2: 863–869。

2003b 「『無畏論』とその成立年代: 『般若経』の引用を手がかりとして」『印度学』45: 1–29。

2012 「中観思想の成立と展開」『シリーズ大乗仏教6 空と中観』(高崎直道監修、桂紹隆·斎藤明·下田正弘·末木文美士編), 東京: 春秋社, 3–41。(汉译: 何欢欢译, 斋藤明《中观思想的形成与发展》,《世界哲学》2013年第4期, 第139–153页)

白館戒雲 1991 「ブッダパーリタと『無畏註』の年代」『仏教学セミナー』54: 38–53。

三谷真澄 1988 「中論『仏護註』第二十二章和訳」『龍谷大学大学院紀要』9 文学研究科, 22–40。

1991 「『佛護註』について——“因施設”の用法を中心として」『哲學』43: 43–53。

1996 「中論『仏護註』第十七章和訳: 業と果報の考察」『仏教学研究/龍谷大学仏教学会』52: 56–84。

安井光洋 2015 『初期「中論」注釈書の研究』, 大正大学(博士学位論文)。

西文

Ames 1986a William L. Ames. "Bhāvaviveka's *Prajñāpradīpa*: Six Chapters (3, 4, 5, 17, 23, 26)." Unpublished doctoral dissertation, University of Washington.

1986b "Buddhapālita's Exposition of the Madhyamika." JIP 14: 313–348.

1994 "Bhāvaviveka's *Prajñāpradīpa*: A Translation of Chapter One: 'Examination of Causal Conditions' (Pratyaya), Part Two." JIP 22: 93–135.

1995 "Bhāvaviveka's *Prajñāpradīpa*: A Translation of Chapter Two: 'Examination of the Traversed, the Untraversed, and that Which is Being Traversed.'" JIP 23: 295–365.

2003 "Bhāvaviveka's Own View of His Differences with Buddhapālita." In: Georges B. J. Dreyfus and Sara L. McClintock ed., *The Svātantrika-Prāsaṅgika Distinction: What Difference Does a Difference Make?* Boston: Wisdom Publications.

2019 *The Lamp of Discernment: A Translation of Chapters 1–12 of Bhāviveka's Prajñā-pradīpa*. Moraga: Institute of Buddhist Studies and BDK America, Inc.

Andersen and Smith

1913 Dines Andersen and Helmer Smith, ed. *Sutta-nipāta*. London: PTS.

Bernhard 1965 Franz Bernhard, ed. *Udānavarga, Band I*, Sanskrittexte aus den Turfanfunden 10. Göttingen: Vandenhoeck & Ruprecht.

Burrow 1979 T. Burrow. *The Problem of Shwa in Sanskrit*. Oxford: Clarendon Press.

Chimpa and Chattopadhyaya

1970 Lama Chimpa and Alaka Chattopadhyaya. *Tāranātha's History of Buddhism in India*. Edited by Debiprasad Chattopadhyaya. Simla. Reprint, Delhi: Motilal Banarsidass, 1990.

Chung and Fukita

2020 Jin-il Chung and Takamichi Fukita. *A New Edition of the First 25 Sūtras of the Nidānasaṃyukta*. Tokyo: Sankibo Busshorin.

Datar 1951 Indumati Datar. "A Study of the First Chapter of Buddhapālita *Mūla-madhyamakavṛtti*." *Royal Asiatic Society, Journal of Bombay Branch* 26, no. 2: 129–139.

de Jong 1977 Jan Willem de Jong. *Nāgārjuna: Mūlamadhyamakakārikāḥ*. Madras: Adyar Library and Research Centre.

1978 "Textcritical notes on the *Prasannapadā*." *Indo-Iranian Journal* 20: 25–59, 217–252.

Dhammajoti 2015 Bhikkhu K.L. Dhammajoti. *Sarvāstivāda Abhidharma*. 5 rev. ed., The Buddha-Dharma Centre of Hong Kong.

Dvivedin 1895 Vindhyeśvarī Prasāda Dvivedin, ed. *The Bhāshya of Praśastapāda together with the Nyāyakandalī of Śrīdhara*. Benares: E. J. Lazarus &co.

Fausbøll 1877–1896 V. Fausbøll, ed. *The Jātaka, together with Its Commentary*, 6 vols. London: PTS.

Feer 1884–1898 M. Léon Feer, ed. The *Saṃyutta-Nikāya of the Sutta-Piṭaka*, 5 vols. London: PTS.

Fehér 1984 Judit Fehér. "Buddhapālita's *Mūlamadhyamakavṛtti*: Arrival and Spread of Prāsaṅgika-Mādhyamika Literature in Tibet." In: Louis Ligeti, ed., *Tibetan and Buddhist Studies: Commemorating the 200th Anniversary of the Birth of Alexander Csoma de Kőrös*, vol. 2, Budapest: Akadémiai Kiadó, 211–240.

Ferraro 2017 Giuseppe Ferraro. "Realistic-Antimetaphysical Reading Vs Any Nihilistic Interpretation of Madhyamaka." JIP 45: 73–98.

Frauwallner 1969 Erich Frauwallner. *Die Philosophie des Buddhismus*. 3 rev. ed., Philosophische Studientexte. Texte der indischen Philosophie 2. Berlin: Akademie Verlag.

von Hinüber 1970 Oskar von Hinüber. "Gāthā anacchariyā pubbe assutapubbā." *Zeitschrift für vergleichende Sprachforschung* 84/1: 5–10.

von Hinüber and Norman 1995 O. von Hinüber and K. R. Norman, ed. *Dhammapada*. London: PTS.

Jaini 1920 J. L. Jaini. *Tattvārthādhigama sūtra: A Treatise of the Essential Principles of Jainism*. Reprint, New Delhi: Today & Tomorrow's Printers & Publishers, 1990.

Jambuvijayaji 1961 Muni Śrī Jambuvijayaji. *Vaiśeṣikasūtra of Kaṇāda, with Commentary of Candrānanda*. Baroda: Oriental Institute.

Johnston 1938 E. H. Johnston, "Nāgārjuna's List of *kuśaladharmas*." *Indian Historical Quarterly* 14: 314–323.

Johnston and Kunst 1948–1951 E. H. Johnston and Arnold Kunst. "The *Vigrahavyāvartanī* of Nāgārjuna with the Author's Commentary." *Mélanges chinois et bouddhiques* 9: 99–152.

Hahn 1988 Michael Hahn. "Bemerkungen zu zwei Texten aus dem Phudrag-Kanjur." In: Helmut Eimer, ed., *Indology and Indo-Tibetology: Thirty Years of Indian and Indo-Tibetan Studies in Bonn*, Indica et Tibetica 13. Bonn: Indica et Tibetica Verlag, 53–80.

Kajiyama 1964 Yuichi Kajiyama. "Bhāvaviveka's Prajñāpradīpaḥ (1. Kapitel), (Fortsezung)." *Wiener Zeitschrift für die Kunde Süd-und Ostasiens und Archiv für indische Philosophie* 8: 100–130. Reprint, Yuichi Kajiyama, *Studies in Buddhist Philosophy*. Edited by Katsumi Mimaki et al. Kyoto: Rinsen, 1989, 443–474.

Kimura 2006 Takayasu Kimura, ed. *Pañcaviṃśatisāhasrikā Prajñāpāramitā*, VI–VIII. Tokyo: Sankibo Busshorin.

Kragh 2006 Ulrich Timme Kragh. *Early Buddhist Theories of Action and Result: A study of Karmaphalasambandha, Candrakīrti's Prasannapadā, Verses 17.1–20*, Wiener Studien zur tibetologie und Buddhismuskunde 64. Wien.

La Vallée Poussin 1901–1914 Louis de La Vallée Poussin, ed. *Bodhicaryāvatārapañjikā: Prajñākaramati's Commentary on the Bodhicaryāvatāra of Çāntideva*, Bibliotheca Indica 150. Calcutta.

1903–1913 ed. *Madhyamakavṛttiḥ: Mūlamadhyamakakārikās (Mādhyamikasūtras) de Nāgārjuna avec la Prasannapadā Commentaire de Candrakīrti*, Bibliotheca Buddhica 4. St. Petersbourg: Commissionnaires de l'Académie Impériale des Sciences.

Lang 1986 Karen Lang, ed. *Āryadeva's Catuḥśataka, on the Bodhisattva's Cultivation of the Merit and Knowledge*. Copenhagen: Akademisk Forlag.

Li 2015 Li Xuezhu."*Madhyamakāvatāra-kārikā* Chapter 6." JIP 43: 1–30.

Lindtner 1981 Christian Lindtner. "Buddhapālita on Emptiness: *Buddhapālita-mūla-madhyamakavṛtti* XVIII." *Indo-Iranian Journal* 23: 187–217.

MacDonald 2007 Anne MacDonald. "Revisiting the *Mūlamadhyamakakārikā*: Text-Critical Proposals and Problems." *Studies in Indian Philosophy and Buddhism* 14: 25–55.

2015 *In Clear Words: The Prasannapadā, Chapter One*, 2 vols. Wien: Verlag der Österreichische Akademie der Wissenschaften.

Mainkar 1964 T. G. Mainkar. *The Sāṃkhyakārikā of Īśvarakṛṣṇa with the Commentary of Gauḍapāda Translated into English and with notes*. Poona: Oriental Book Agency.

May 1959 Jacques May. *Candrakīrti, Prasannapadā Madhyamakavṛtti: Douze chapitres traduits du sanscrit et du tibétain, accompagnés d'une introduction, de notes et d'une édition critique de la version tibétaine*, Collection Jean Przyluski 2. Paris: Adrien-Maisonneuve.

Morris and Hardy 1885–1900 R. Morris and E. Hardy, ed. *Aṅguttara-Nikāya*, 5 vols. London: PTS.

Niisaku 2017 Niisaku Yoshiaki. "*Mūlamadhyamakakārikā*, Chapter 18, Verse 2 and the *Prasannapadā*'s Commentary Thereon." *Journal of Indian and Buddhist Studies* 65/3: 1198–1204.

Oetke 2007 Claus Oetke. "On MMK 24.18." JIP 35: 1–32.

Pradhan 1967 P. Pradhan, ed. *Abhidharmakośabhāṣya of Vasubandhu*, Tibetan Sanskrit Works Series 8. Patna: K.P. Jayaswal Research Institute.

Saito 1984 Akira Saito. "A study of the *Buddhapālita-mūlamadhyamaka-vṛtti*." Unpublished doctoral dissertation, Australian National University.

1995 "Problems in Translating the *Mūlamadhyamakakārikā* as Cited in its Commentaries." In: *Buddhist Translations: Problems and Perspectives*, Delhi: Manohar, 87–96.

2006 "Is Nāgārjuna a Mādhyamika?" In: K. Mochizuki (望月海淑), ed., *Rengekyō to Daijō Kyōten no Kenkyū* (蓮華経と大乗経典の研究), Tokyo: Sankibo Busshorin (山喜房仏書林), 153(662)–164(651).

2019 "Bhāviveka versus Candrakīrti on the Logic of *Mūlamadhyamakakārikā*: Negation of Arising in the Four Possible Ways." *International Journal of Buddhist Thought and Culture* 29/1: 11–27.

Salvin 2011 Mattia Salvin. "*Upādāyaprajñaptiḥ*: and the Meaning of Absolutives: Grammar and Syntax in the Interpretation of Madhyamaka." JIP 39: 229–244.

Sasaki 1986 Genjum H. Sasaki. *Liguistic Approach to Buddhist Thought*. Delhi: Motilal Banarsidass, 1986.

Sarma 1922 P. Vishnu Prasad Sarma, ed. *Sāṅkhyakārikā by Īśvara Kṛṣṇa, with Commentary of Māṭharācārya*. Benares: Vidya Vilas Press.

Schayer 1931 Stanisław Schayer. *Ausgewählte Kapitel aus der Prasannapadā (V, XII, XIII, XV, XVI). Einleitung, Übersetzung und Anmerkungen*. Cracow: Nakładem Polskiej Akademji Umiejętności.

Senart 1897 Émile Senart, ed. *Le Mahâvastu*, 3 vols. Paris: Imprimerie nationale.

Seyfort Ruegg 2000 David Seyfort Ruegg. *Three Studies in the History of Indian and Tibetan Madhyamaka Philosophy*, Wiener Studien zur Tibetologie und Buddhismuskunde 50. Wien: Arbeitskreis für tibetische und buddhistische Studien, Universität Wien.

Skilling 1998 Peter Skilling. "The Sūtra on the Four Conditions: A (Mūla)Sarvāstivādin Discourse on Causality." *Wiener Zeitschrift für die Kunde Südasiens* 42: 139–149.

Speyer 1906 J. S. Speyer, ed. *Avadānaśataka: A Century of Edifying Tales Belonging to the Hīnayāna*, vol. 2, Bibliotheca Buddhica 3/b. St. Petersbourg: Commissionnaires de l'Académie Impériale des Sciences.

Spackman 2014 John Spackman. "Between Nihilism and Anti-Essentialism: A Conceptualist Interpretation of Nāgārjuna."*Philosophy East and West* 64/1: 151-173.

Suzuki 1994 Koshin Suzuki. *Sanskrit Fragments and Tibetan Translation of Candrakīrti's Bodhisattvayogācāracatuḥśatakaṭīkā*. Tokyo: Sankibo Busshorin.

Tachikawa 1974 Musashi Tachikawa. "A Study of Buddhapālita's *Mūlamadhyamakavṛtti* (1)." *Journal of the School of Letters, Nagoya University* 63: 1–19.

Trenckner and Chalmers 1888–1899 V. Trenckner and R. Chalmers, ed. *Majjhima-Nikāya*, 3 vols. London: PTS.

Vaidya 1960 P. L. Vaidya, ed. *Bodhicaryāvatāra of Śāntideva: With the Commentary Pañjika of Prajñākaramati*, Buddhist Sanskrit Text 12. Darbhanga: Mithila Institute.

Walleser 1913–1914 *Buddhapālita, Mūlamadhyamaka-vṛtti, Tibetische Übersetzung*, Bibliotheca Buddhica 16. St. Petersbourg: Commissionnaires de l'Académie Impériale des Sciences.

Watanabe 2013 Watanabe Toshikazu. "Dignāga on Āvīta and Prasaṅga." *Journal of Indian and Buddhist Studies* 61/3: 1229–1235.

Wogihara 1932–1936 Unrai Wogihara, ed. *Sphuṭārthā Abhidharmakośavyākhyā* by Yośomitra. Tokyo.

Woodward 1929–1937 F.L. Woodward, ed. *Saṃyuttanikāya-aṭṭhakathā (Sāratthapakāsinī)*, 3 vols. London: PTS.

Wright 1996 J. Clifford Wright. "Sithila, Kathā and other Current Topics in Pali." *Bulletin of the School of Oriental and African Studies* 59/1: 44–62.

Ye 2019 Ye Shaoyong. "Kumārajīva and Nāgārjuna on the Refutation of Annihilationism: A Comparative Inquiry into Nāgārjuna's *Mūlamadhyamakakārikā* and Kumārajīva's Translation." *International Journal of Buddhist Thought and Culture* 29/1: 73–90.

Yonezawa 1999 Yoshiyasu Yonezawa. "**Lakṣaṇaṭīkā*: A Sanskrit Manuscript of an Anonymous Commentary on the *Prasannapadā*." *Journal of Indian and Buddhist Studies* 47/2: 1024–1022.

2008 "*Vigrahavyāvartanī*: Sanskrit Transliteration and Tibetan Translation." *Journal of the Naritasan Institute for Buddhist Studies* 31: 209–333.

2019 "A Textual Study of the **Lakṣaṇaṭīkā*." Unpublished doctoral dissertation, Universiteit Leiden.

《中论佛护释》引文索引

说明：括号内为颂号、节号或文献起止

阿含经类 (*Āgama*) 2 (AN 7.48, §§3–4), 54 (? SN 22.9–10; T 2, no. 99, 1c23–29), 61 (NidSa 7.10a; SN 12.62 §9; T 2, no. 99, 82a15–18), 62 (SN 22.95, v. 5; T 2, no. 99, 69a27–28), 62 (SN 22.95, v. 1; T 2, no. 99, 69a18–20), 71 (NidSa 19.5aα; SN 12.15, §4; T 2, no. 99, 85c21), 160 (Divy 197.15–18; SN 15.1, §3; T 2, no. 99, 241b16–17), 167 (NidSa 23.13bβ; MN 9 [I 48.34–35]; T 2, no. 99, 95a3), 172 (NidSa 20.9a–14b; SN 12.17, §§7–15; T 2, no. 99, 86a13–b3), 178 (MN 140 [III 245.16–21]; T 1, no. 26, 692a14–15), 178 (Sn 172.17–20, v. 884), 178 (SN 36.2 [IV 205.4–6] ≈ Sn 144.4–8), 219 (AN 8.1.2), 237 (AN 3.35.1; T 2, no. 125, 674c15), 244 (T 2, no. 99, 19a22–24), 246 (SN 12.51, §12; NidSa 10.11bγ; T 2, no. 99, 83b6–7), 251 (SN 22.94, §§3–4; T 2, no. 99, 8b16–25), 252 (NidSa 19.5aα; SN 12.15, §4; T 2, no. 99, 85c21), 297 (T 1, no. 26, 429b29; AN 7.69), 297 (Divy 228.15–16; Jā II, 314.15; T 1, no. 40, 825a13)

《般若波罗蜜多赞》(*Prajñāpāramitāstotra*) 250 (15)

《佛所行赞》(*Buddhacarita*) 2 (16.77ab)

《胜论经》(*Vaiśeṣikasūtra*) 262 (2.2.6), 263 (2.2.11)

《四百论》(*Catuḥśataka*) 2 (14.25), 5 (8.25), 22 (14.13), 50 (14.16), 63 (8.16), 87 (11.17, 11.23, 11.24), 161 (15.5), 203 (14.25), 245 (10.20), 247 (12.23), 248 (8.20), 249 (14.25), 251 (8.9), 254 (10.25), 255 (8.22), 263 (9.18), 303 (16.23)

《优陀那品》(*Udānavarga*) 117 (Uv 1.3; SN 6.2.5.6), 159 (Uv 1.19cd; Dhp 60), 220 (Uv 31.23a; Dhp 1a), 306 (Uv 29.52cd; Dhp 179cd)

出处不明 4, 159 (佛语), 162 (无畏所作偈颂), 212 (提婆偈颂), 233 (佛语), 237 (佛语), 279 (提婆偈颂), 301 (提婆偈颂), 305 (佛语)

《中论颂》注释摘译索引

说明：n后为脚注号，括号内为文献起止

《无畏》(*Akutobhayā*) 1n2 (D 29b3–4), 17n2 (D 34b2–3), 24n1 (D 35a5), 28n1 (D 35b1–2), 29n1 (D 35b3), 30n1 (D 35b4–5), 34n2 (D 36b1), 63n4 (D 40a6), 93n1 (D 45a5–6), 100n2 (D 47b1–2), 101n1–102 (D 47b2–4), 179n3 (D 58a4–6), 180n1 (D 58a7–b1), 228n1 (D 66a6), 231n2 (D 67a1–3), 234n1 (D 67b5–6), 252n4–253 (D 71a6–b6), 272n2 (D 75a4–5), 287n1 (D 79b2)

《般若灯》(*Prajñāpradīpa*) (27) (D 70b4–71a1), (28) (≈ D 49a5–b1), 11n1 (D 55a3–5), 24n1 (D 62a6–b1), 28n1 (D 64b3–4), 29n1 (D 65a2), 30n1 (D 65a5), 34n2 (D 68a3), 100n2 (D 106b7), 101n1–102 (D 107b2–3), 103n1 (D 108a2–3), 177n2 (D 147b4), 179n3 (D 148b6–149a3), 180n1 (D 149a5–b1), 228n1 (D 174b1)

《观誓》(*Prajñāpradīpaṭīkā*) 227n1 (D Za 35a2–6)

《明句》(*Prasannapadā*) (28) (PsP_M §§22–23, PsP_L 14.1–15.2), 11n1 (PsP_M §128; PsP_L 79.1–4), 17n2 (PsP_M §§144–145; PsP_L 84.3–85.2), 18n3 (PsP_M §147; PsP_L 86.1–3, 9–10), 24n1 (PsP_M §157; PsP_L 90.1), 26n1 (PsP_L 92.5–6), 27n2 (PsP_L 93.4–9), 29n2 (PsP_L 94.8–95.3), 30n1 (PsP_L 95.10–12), 34n2 (PsP_L 99.1–3), 41n1 (PsP_L 102.15), 44n3 (PsP_L 105.12–13), 68n2 (PsP_L 131.3), 93n1 (PsP_L 151.13–152.2), 99n1 (PsP_L 158.8–13), 101n1 (PsP_L 161.1–2), 113n1 (PsP_L 171.4–172.1), 123n1 (PsP_L 182.10–11), 128n3 (PsP_L 212.18), 146n1 (PsP_L 205.14–16), 151n3 (PsP_L 210.8–211.3), 177n2 (PsP_L 238.4–6), 179n3 (PsP_L 238.10–239.4), 180n1 (PsP_L 240.1–11), 219n2 (PsP_K 88.1–90.2; PsP_L 304.1–9), 228n1–229 (PsP_K 130.4–14; PsP_L 320.5–321.3), 231n2 (PsP_K 136.8–138.10; PsP_L 323.1–10), 232n1 (PsP_L 323.11–13), 235n3 (PsP_L 326.8–9), 243n1 (PsP_L 341.5–7), 252n4–253 (PsP_L 371.13–14)

中文词汇索引

说明:

(1) 中文词汇后“[]”中的内容是对该词的进一步说明或限定;

(2) 对于出现在《佛护》译文中的词汇,录出其对应梵、藏文词,藏文用斜体以示区别,梵文词多为笔者构拟,也有一些有梵本可征,不再加以说明;

(3) 对于笔者的论述或征引中提及的佛教学术语,注出对应梵文;

(4) 若该词只出现在某页脚注中,以n注出脚注号,若正文和脚注中都有出现,则只列页码;

(5) 《中论颂》及其注释《无畏》《青目》《佛护》《般若灯》《观誓》《明句》《安慧》,及其作者或译者,即龙树、青目、佛护、清辨、观誓、月称、安慧和鸠摩罗什,不列入本索引。

阿赖耶识 (ālayavijñāna) (26)

阿罗汉 (arhat, *dgra bcom pa*) (16), 227n1, 251n1, 291, 297

阿毗达磨 (abhidharma) (5), (6), (8), 82, 237

爱/渴爱 (tṛṣṇā, *sred pa*) 54, 178, 237, 238

爱染 (saṃrāga, *sred pa*) 2

安乐/乐 (sukha, *bde ba*) (5), 61, 164, 230, 233, 248, 255, 305

暗/暗昧/黑暗(tamas/andhakāra, *mun pa*) (32), 2, 93–95, 185, 250

阿阇黎 (ācārya, *slob dpon*) 1–3, 5, 10, 22, 50, 63, 87, 135n3, 160, 162, 203, 212, 245, 247–251, 254, 255, 263, 278, 279, 301, 303

芭蕉 (kadalī, *chu shing*) 62, 117, 192, 302

《百字论》 248n5

《般若波罗蜜多赞》(*Prajñāpāramitāstotra*) 250

般若经 (5), (20), 17n2

般若之眼目 (prajñācakṣus, *shes rab kyi mig*) 2

半年 (ayana, *nur ba*) 261

半月 (pakṣa, *zla ba phyed*) 261

悲 (karuṇā/kāruṇika, *thugs rje*) (14), 2, 184, 185

被教化者 (vineya, *gdul bya*) 1n2, 247, 248, 252n4

《本生》(*Jātaka*) 297n3

本体论 (11), (12), (25)

　本体论虚无主义 (10)

本性 (prakṛti, *rang bzhin*) 1, 3, 203–205, 227, 236, 254, 263, 276, 287, 291

比量 (26)–(30)

比丘 (bhikṣu, *dge slong*) 2, 83n1, 54n1, 159, 160, 178

必要条件 (33)

变化 (vikāra/vikṛti, *'gyur ba*) (11), 1n2, 182, 200, 203–205, 209, 211, 212, 234, 276, 287

变坏 (vipariṇāma, *rnam par 'gyur ba*) 180

变异性/异性 (anyathābhāva, *gzhan du 'gyur ba*) (16), 180–183, 201, 203, 234, 287, 291

遍计所执 (parikalpita) (25)

别相 见“相”

补特伽罗/人 (pudgala, *gang zag*) 3, 168–170, 171n1, 180n1, 210, 212n1, 244

不从他知 (aparapratyaya, *gzhan las shes pa ma yin pa*) 253–255

不存在性 [古译“无”] (nāstitva/nāstitā/asattva, *med pa nyid*) (17), 71, 112, 202–205, 252

不还 (anāgāmin) 227n1

不可救/不可救药 (asādhya, *bsgrub tu med pa/bsgrub tu mi rung ba*) 184, 185

不如实显现 (vitathapratibhāsa) 179n3

不善 (akuśala, *mi dge ba*) 121, 63n1, 221, 222n1, 224n1, 225, 227, 229n2, 230, 234, 235, 248

不失/不失法 (avipraṇāśa, *chud mi za ba*) 226–233

不实计执 [古译“虚妄分别”](abhūtavikalpa, *yang dag pa ma yin pa'i rnam par rtog pa*) 216, 246, 303

不朽之位 (amṛtapada, *bdud rtsi'i go 'phang*) 255

勘误表

页数.行数	更正前	更正后
22.13	〔什〕若謂緣無果，而從緣中出， 是果何不從，非緣中而出？	〔什〕若果從緣生，是緣無自性。 從無自性生，何得從緣生？
86.12	无为法即是常时	有为法即是常时
124.10	〔什〕罪、福等無故，罪、福報亦無。	〔什〕若無作等法，則無有罪、福。
286.14	离开生成与坏灭，事物即是不可得。 (21.8cd)	生成以及坏灭者，离事物即不可得。 (21.8cd)
286.16	〔什〕若離於成壞，是亦無有法。	〔什〕若當離於法，亦無有成壞。

补记：

本书第43页第19–24行涉及“杀者”的两段话，笔者当时未能理解藏译文义。本书出版以后，笔者读到伊恩·詹姆斯·科格伦（Ian James Coghlan）的译文（*Buddhapālita's Commentary on Nāgārjuna's Middle Way: Buddhapālita-Mūlamadhyamaka-Vṛtti by Buddhapālita*, New York: American Institute of Buddhist Studies and Wisdom Publication, 2021, 57），豁然开朗，故对译文做如下修改：

页数.行数	更正前	更正后
43.19	此处说：你能制服杀者吗？	此处有人说：你能仅仅制止杀者[而不制止其业]吗？
43.22	回答：我不能制服杀者。	回答：我不能仅仅制止杀者[而不制止其业]。
43.30–31	（脚注1）	（删除）

（2023年5月）